Über den Autor:

Carsten Peter Thiede, geboren 1952, ist Historiker und Papyrologe. Er ist Professor für Zeitgeschichte und Umwelt des Neuen Testaments in Basel (STH) und lehrt an der Ben-Gurion-Universität des Negev in Beer-Sheva, Israel. Für die Israelische Antikenbehörde in Jerusalem leitet er die Schadensanalyse der Schriftrollen vom Toten Meer.

Von ihm sind zuletzt u.a. erschienen: *Der Jesus-Papyrus,* mit Matthew d'Ancona (1996), *Panorama des Heiligen Landes* (1999), *The Quest for the True Cross,* mit Matthew d'Ancona (2000), und *The Dead Sea Scrolls and the Jewish Origins of Christianity* (2000).

Carsten Peter Thiede

Ein Fisch für den römischen Kaiser

Juden, Griechen, Römer:
Die Welt des Jesus Christus

BASTEI LÜBBE TASCHENBUCH
Band 64173

1. Auflage: September 2000

Überarbeitete Taschenbuchausgabe

Bastei Lübbe Taschenbücher ist ein Imprint der Verlagsgruppe Lübbe

© 1998 by Luchterhand Literaturverlag GmbH, München
Lizenzausgabe:
Verlagsgruppe Lübbe GmbH & Co. KG,
Bergisch Gladbach
Umschlaggestaltung: R•M•E, Roland Eschlbeck
Collage: Roland Eschlbeck/Anna Schöll
Satz: Textverarbeitung Garbe, Köln
Druck und Verarbeitung: Clausen & Bosse, Leck
Printed in Germany
ISBN 3-404-64173-6

Sie finden uns im Internet unter
http://www.luebbe.de

Inhalt

Für meinen Bruder Frank,
der mit anderen Mitteln
den Dingen auf den Grund geht:
»Das längste Lied«.

Vorwort

Indiana Jones« ist fast schon ein Mythos geworden. So stellen sich viele den typischen Archäologen vor, der die Geheimnisse der Antike aufdeckt und alte Geheimnisse entschlüsselt. Auf den Spuren des historischen Jesus geht es meist nicht ganz so abenteuerlich zu. Archäologen, Historiker und Literaturwissenschaftler verbringen oft mehr Zeit über den längst bekannten Funden, die es neu zu bewerten gilt, als in der Hitze der Wüste Juda oder in den Höhlen von Qumran. Spektakuläre Entdeckungen gelingen dennoch immer wieder, auch in der Welt des Jesus Christus. Gerade erst wurden die wichtigsten Ausgrabungen in Bet(h)saida am See Genezareth abgeschlossen, dem Herkunftsort von Petrus, Andreas und Philippus, erstmals sind sie nun auch Touristen zugänglich, und zu den Funden aus neutestamentlicher Zeit gehört das Bruchstück eines Weinkrugs, in das jemand ein christliches Kreuz einritzte, indem er das Zeichen des unbesiegbaren Sonnengottes geschickt verlängerte und veränderte. Archäologisch ist gesichert, daß dies noch im 1. Jahrhundert geschehen sein muß, vielleicht noch vor 70 n. Chr., und so besitzen wir plötzlich und unerwartet einen Beleg dafür, daß Christen das Kreuzeszeichen über 200 Jahre früher benutzten, als allgemein angenommen wird.[1] Sie hatten

---

[1] Siehe das Buch eines der leitenden Ausgräber: Frederick M. Strickert, *Bethsaida. Home of the Apostles*, Collegeville 1998.

eben doch sehr viel früher den Mut, sich zum Symbol des Gekreuzigten zu bekennen, das doch so problematisch und abschreckend war. Denn es war das sichtbare Zeichen dafür, daß man diesen Juden aus Nazareth, an den sie glaubten, nach römischem Recht und Verfahren als gemeinen Schwerverbrecher ans Kreuz geschlagen hatte.

Die Welt des Jesus Christus, vernetzt im Römischen Reich, in jüdischer Kultur, in mehreren Sprachen, wird längst nicht mehr nur von Theologen und Bibelforschern untersucht. Auch in den zwei Jahren seit der ersten Auflage dieses Buchs sind wieder viele Beiträge von Historikern, Altphilologen und immer wieder von Archäologen erschienen, die uns näher an den Jesus der Geschichte heranführen und die uns seine Zeit wieder etwas genauer verstehen lassen. Klaus Berger, Professor für Neues Testament an der Universität Heidelberg, beschrieb den bisherigen Stand der Dinge in einer Rezension von *Ein Fisch für den römischen Kaiser*: »Eine engere Verbindung zwischen der Erforschung des Neuen Testaments und der Disziplin ›Alte Geschichte‹ gab es bisher kaum. Das klingt erstaunlich … Sieht man von einigen Leihgaben ab, die sich die soziologische Erforschung des Neuen Testaments seit den siebziger Jahren auf den Kaminsims gestellt hat, so hat eigentlich nur der in Deutschland recht einsame Martin Hengel aus Tübingen hier konsequent gearbeitet. Ein zusätzliches Erschwernis: Was dabei an Thesen herauskommt, sieht immer extrem konservativ aus, und je mehr sich Evangelikale darauf stürzen, um so angewiderter wenden sich ›kritische‹ Forscher davon ab. Das Gros versteht sich als ›kritisch‹, selbstverständlich.« Und Berger fügte hinzu: »Den Vertretern der Schultradition sei ins Stammbuch geschrieben, daß es mit der Selbstgefälligkeit so nicht weitergehen darf. Denn Thiedes Buch zeigt nicht zuletzt dies: Die alten Etiketten ›konservativ‹ oder ›progressiv/wirklichkeitsnahe‹ haben jeden Wert verloren, oft müssen sie plötzlich umgekehrt verwendet werden.«[2]

Es steht also einiges auf dem Spiel, wenn neue Forschungsergebnisse dem »mainstream«, wie Berger das nennt, nachhaltig widersprechen, und wenn sie dennoch gerade von Altertumswissenschaftlern außerhalb der Theologie für richtig und wichtig gehalten werden. Wir können es auch anders sagen: Der historische Jesus und seine Zeit gehören nicht einer einzigen wissenschaftlichen Schule. Die ungebrochene Popularität von Jesus-Büchern zeigt darüber hinaus, daß ein großes, vielleicht sogar wieder wachsendes Interesse an einer allgemeinverständlichen Information über den neuesten Kenntnisstand besteht. Gerade *Ein Fisch für den römischen Kaiser* will dazu beitragen, dieses Interesse zu vertiefen. So versteht es auch Professor Lutz E. von Padberg, Historiker an der Universität Paderborn. Er unterstreicht, »daß sich die ersten Christen keineswegs von der Gesellschaft zurückzogen, sondern offen den Dialog mit ihr suchten. Das war auch nötig, wenn sie in einer Welt von Handel und Wandel, Theater und Literaturproduktion, Religionsvermischung und Modekulturen bestehen wollten. Es ist ihnen trotz aller inneren Konflikte und äußeren Anfeindungen eindrucksvoll gelungen, so daß die Christen am Ende des 1. Jahrhunderts im römischen Reich unübersehbar präsent waren. Diese Leistung beschreibt Thiede in seiner Alltags- und Kulturgeschichte. Anhand neuer Forschungen und archäologischer Funde entsteht so ein lebendiges Bild jener Gesellschaft, in der das Christentum sich ausbreitete.«[3]

---

[2] Klaus Berger, »Und was verdient so ein Fisch, frage ich euch? Die Realien hinter den Gleichnissen: Carsten Peter Thiede erklärt, warum Jesus Petrus die Steuermünze angeln ließ«, in: *Frankfurter Allgemeine Zeitung*, 10.08.1998.

[3] Lutz E. v. Padberg, »Spannende Spurensuche«, in: *idea spektrum* 29/1998, 15.07.1998.

Wie geht es weiter? Auch unter Forschern, die keiner Kirche eng verbunden sind, ist aus der Unzufriedenheit mit den immer gleichen Legenden über unser angeblich so geringes Wissen von dieser Epoche und ihren Menschen eine lebhafte Diskussion entstanden. Aus ihr entstehen immer öfter Veröffentlichungen, die, wie Padberg es ausdrückt, »zu einer spannenden Lektüre« werden. Gerade die hohe Zuverlässigkeit der Quellen, die so oft bezweifelt wurde, darf mittlerweile wieder nachdrücklich betont werden. Ein unverdächtiger Sachkenner, der Altphilologe Ulrich Victor von der Berliner Humboldt-Universität, formulierte es am Ende einer aufsehenerregenden Studie so: »1. Es ist nach dem Befund der handschriftlichen Überlieferung des Neuen Testaments auszuschließen, daß es je eine Editionsgeschichte der Evangelien gegeben hat. Die Evangelien sind in der Form verfaßt worden, in der sie uns vorliegen … 2. Es gibt keinerlei Anhaltspunkte dafür, daß die vorliegenden Evangelien auf einer mehr oder weniger langen, theologisch und literarisch schöpferischen ›Gemeinde‹-Tradition von sehr zahlreichen, mündlich und/oder schriftlich umlaufenden Einzelstücken gründen.«[4]

Mit anderen Worten: Als frühe literarische und historische Quellen dürfen wir auch und gerade die Evangelien wieder ernst nehmen. Noch klingt das aufrührerisch, doch schon bald wird es zur Selbstverständlichkeit geworden sein. Die Welt des Jesus Christus und die Möglichkeit, sie zu verstehen, sind greifbar nahe gerückt.

Carsten Peter Thiede
Ostern 2000

---

[4] Ulrich Victor, »Was ein Texthistoriker zur Entstehung der Evangelien sagen kann«, in: *Biblica* 79/4 (1998), 499-513, hier 513.

Einleitung

»Mutter! Laßt doch den Krug!
Laßt mich in der Stadt versuchen,
Ob ein geschickter Handwerksmann die Scherben
Nicht wieder Euch zur Lust zusammenfügt.
Und wärs um ihn geschehn, nehmt meine ganze
Sparbüchse hin, und kauft Euch einen neuen.
Wer wollte doch um einen irdnen Krug,
Und stammt er von Herodes' Zeiten her,
Solch einen Aufruhr, so viel Unheil stiften.«

Heinrich von Kleist,
Der zerbrochene Krug, *478-486 (1805/1811)*

»Sieh dich aber vor, daß diese Schriftstücke
nicht in die Hände ungebildeter Leute fallen,
denn meines Erachtens gibt es kaum etwas,
was der großen Menge lächerlicher vorkäme
als solche Belehrungen, wie es andererseits
für die fähigen Köpfe nichts gibt, was mehr
Bewunderung und Begeisterung
hervorrufen könnte.«

Platon (?),
Zweiter Brief an Dionysios, *314a. (ca. 365 v. Chr.)*

Im Credo, dem Glaubensbekenntnis, das Christen sonntags in den Kirchen beten, erscheint plötzlich, auf halber Strecke, ein Name, mit dem das Bekenntnis mitten in der römischen Zeitgeschichte verankert wird: »... *gekreuzigt unter Pontius Pilatus*«. Damals, im 4. Jahrhundert, als der Text des Credos festgelegt wurde, hätte man es sich auch etwas einfacher machen können. Der Name des Tiberius, des Kaisers, dessen Statthalter dieser Pilatus in Judäa war, hätte es sicher auch getan: Der historische Jesus, unter Augustus geboren, wurde unter Tiberius gekreuzigt. Doch Zeitgeschichte ist auch Lokalgeschichte. In Jerusalem trug Pilatus die Verantwortung, er repräsentierte die Rechtsgewalt des römischen Staates.[1] So kam er ins Glaubensbekenntnis – der unübersehbare Hinweis darauf, daß der Christus des Glaubens vom Jesus der Geschichte nicht zu trennen ist. Und das heißt: Jesus, seine Begleiter und seine ersten Nachfolger lebten in einer wirklichen Welt. Es war eine Welt, in der sein Bruder Jakobus ebenso auftrat wie der hemmungslose Bühnendichter Catullus, ein Fischereiunternehmer namens Simon Petrus, der Hohepriester Kaiaphas, der Ästhet und Satiriker Petronius, der singende Kaiser Nero, ein gebildeter Pharisäer, der unter dem Namen Paulus bekannt wurde, oder auch ein bescheidener junger Mann, der sich Markus nannte und ein geniales Werk der Weltliteratur schuf. Wie die Ebenen, auf denen diese geschichtlichen Gestalten handelten, im 1. Jahrhundert miteinander verbunden waren, was wir heute noch darüber wissen und auf neuesten Forschungswegen wieder erfahren können – darum geht es in diesem Buch.

Aus den Bruchstücken, den Scherben und Fragmenten, die uns alte Krüge, Papyri, Inschriften, Bauwerke und literarische Quellen hinterlassen haben, läßt sich ein Bild der Zeit wiedergewinnen, in der Jesus auftrat und in der sich inmitten einer vielsprachigen, kulturell und religiös überreichen Umwelt das Christentum aus dem Judentum entwickelte. Ein solches Bild unterscheidet sich natürlich von den beliebten Versuchen, ohne Rücksicht auf die Quellen aus Jesus von Nazareth das zu machen, was sich der jeweilige Interpret wünscht.[2]

Es fällt schwer, den Überblick zu bewahren, wenn man sammeln will, was auch nur in den wichtigsten Sprachen über Jesus publiziert wird. Das vorliegende Buch ist weder eine Geschichte Jesu noch eine Sozialgeschichte des Urchristentums. Beschrieben und an nachvollziehbaren Beispielen erläutert wird vielmehr die kulturelle, politische, religiöse und – um das Modewort trotz aller Vorbehalte zu gebrauchen – die kommunikationstechnische Wirklichkeit, in der Jesus sich bewegte. Es geht, anders gesagt, um einen Normalfall: So aufregend anders und tödlich kontrovers das Auftreten und die Botschaft Jesu waren, so souverän und selbstverständlich operierten er und seine ersten Nachfolger mit den Instrumenten, die ihr Umfeld ihnen zur Verfügung stellte. Und sie entwickelten weiter, was sie vorfanden. Auch das macht diese Menschen und ihre Zeit so modern.

Historiker können eine gewisse Anzahl an Fakten ermitteln. Über die Epoche, in der Jesus auftrat und in der sich das Christentum entwickelte, wissen wir mehr, als allgemein vermutet wird, und Jahr für Jahr kommen neue Informationen hinzu: Die Auswertung der alten Quellen, die Interpretation immer neuer Funde und ehemals unbekannter oder unterschätzter Handschriften ist längst nicht abgeschlossen. In diesem Buch wird unterschieden zwischen sicherem Faktenwissen, Deutungen, die sich daraus entwickeln, und Hypothesen, die denkbar aber – noch – nicht abgesichert sind. Immer wieder einmal wird auch vor wilden Spekulationen und aberwitzigen Phantasien gewarnt: Es gibt zu viele davon, als daß man sie einfach verschweigen dürfte. Gelegentlich wagt sich dieses Buch in unerforschtes Gebiet vor und riskiert kontroverse Zuspitzungen. Sie sind nicht Selbstzweck, sondern Beiträge zur Suche nach den fehlenden Steinen des Mosaiks, das die Welt des 1. Jahrhunderts darstellt. Wie in jedem Puzzle wird auch hier immer wieder zu erproben sein, ob die Steine passen und sie passen möglicherweise dort, wo man es bisher nicht erwartet hatte. Das Mosaik, um das es geht, ist allerdings keines, das nur hinter den verschlossenen Türen der theologischen Seminare zu betrachten wäre. An seiner Rekonstruktion arbeiten auch Historiker und Philologen, Archäologen und Papyrusforscher.

Die ersten Christen hatten etwas erlebt, das sie bewahren und weitergeben wollten. Ihre Situation läßt sich mit dem Begriffspaar »Kultur und Gedächtnis« erfassen. Ihre Kultur, die zuerst und vor allem die jüdische war, verband sich schnell und zwangsläufig mit jenen Elementen der anderen Kulturen ihrer Zeit, die es ihnen ermöglichten, das Erfahrene festzuhalten, zu vermitteln und zu stabilisieren. Eine neue, genuin christliche Kultur war erst denkbar, wenn es gelang, über das Erzählen und Aufschreiben hinaus auch im Wettbewerb der Heilsangebote der Zeit Sicherheiten zu bieten, und eine Botschaft, die nicht von Moden und Zeitströmungen abhängig war. Im 1. Jahrhundert glückte dies in erstaunlichem Maße. Das Christentum der ersten Generation war und blieb jüdisch und öffnete sich zugleich für die griechische und römische Zivilisation, erfolgreicher noch, als es die Juden überall im Römischen Reich bereits vorgelebt hatten. Unvereinbares wurde vereint, und so ist den

Quellen immer wieder zu entnehmen, daß es dabei mehr als einmal zu Krisen, Trennungen und unverheilten Wunden kam. Und eben deshalb, weil sich dieser Prozeß nicht in einem Vakuum abspielte, in einer abgeschlossenen kleinen Welt des Jesus Christus, sondern mitten in der lebendigsten, spannungsreichsten und kommunikationsfreudigsten Zivilisation, die das Abendland bis in die jüngste Gegenwart kannte, ist uns dieses 1. Jahrhundert wieder so nah.

Carsten Peter Thiede
im Dezember 1997

Die Wüste lebt:
Treffpunkte zwischen Sand
und Steinen

»Diese Fragmente habe ich
gegen meine Ruinen geschichtet.«

T. S. Eliot, Das wüste Land
(The Waste Land, *1923*)

»Er aber zog sich zurück
in die Wüste.«

Lukas 5,16

Nichts ist so wenig tot wie das Tote Meer, und nichts ist so lebendig wie die Wüste – mit diesen Widersprüchen lebt es sich gut, südöstlich des Mittelmeers, auf der Suche nach Spuren des historischen Jesus und seiner Umwelt. Etwa 72 Kilometer südlich von Jerusalem liegt Beer-Sheva, die Stadt in der Wüste, die Stadt Abrahams. Hier lebte der Patriarch, auf den sich drei Religionen zurückführen lassen: das Judentum, das Christentum und der Islam. Für Jesus wird der Anspruch gleich im ersten Vers des Matthäus-Evangeliums erhoben, in der Kurzfassung seines Stammbaums: »Dies ist das Buch von der Geschichte Jesu Christi, des Sohnes Davids, des Sohnes Abrahams.« Eine gute Stunde fährt man von Jerusalem nach Beer-Sheva. Kurz hinter Jerusalem beginnt die Wüste, Kamele kreuzen den Weg, Beduinen suchen mit ihren Ziegenherden in den Hügeln nach Weidegrund. Die Fahrt geht am palästinensisch verwalteten Hebron vorbei, wo Abraham und seine Frau Sarah begraben sind. Und dann, wieder auf dem Staatsgebiet Israels, die ersten Häuser von Beer-Sheva: Eine moderne Großstadt mitten in der Wüste, mit einer neuen Universität, die nach David Ben Gurion benannt ist, dem ersten Ministerpräsidenten Israels, der in dem nahe gelegenen Kibbuz Sede Boquer lebte. Araber studieren hier, Beduinen, Juden und Christen. Sie versuchen zusammenzukommen, ohne sich von politischen Zwängen vereinnahmen zu lassen.

Und Abraham selbst, der Erzvater? Biblische Texte erzählen: In Beer-Sheva »rief er den Namen des Herrn, des ewigen Gottes, an« (1. Mose/Genesis 21,33). Seine Frau Sarah, die, wie es lange schien, vergeblich auf Nachwuchs hoffte, gab ihm die ägyptische Sklavin Hagar zur Nebenfrau. Mit ihr zeugte er Ismael, doch als Sarahs Gebete erhört wurden und sie Isaak zur Welt brachte, den ehelichen Sohn, wurde Ismael mit Hagar buchstäblich in die Wüste geschickt (1. Mose/Genesis 21,8-19). Hier, bei Beer-Sheva, führte ein Engel Gottes sie zu einem Brunnen. Später lebte Ismael in der Wüste Paran, heiratete eine Ägypterin und traf mit seinem Stiefbruder Isaak zusammen, um den gemeinsamen Vater Abraham zu bestatten (1. Mose/Genesis 25,9). Aus solchen kärglichen Angaben leiteten bereits jüdische Kommentatoren im 1. Jahrhundert n. Chr. ab, daß der Wüstensohn Ismael der Stammvater der Beduinen und damit in gewisser Weise auch der Araber war. Und zu Beginn des 7. nachchristlichen Jahrhunderts konnte sich dann der Araber Mohammed, der Stifter des Islam, über Ismael auf Abraham zurückführen. Das Judentum durch alle Generationen, das Christentum durch den Juden und Abraham-Nachfahren Jesus, der Islam in der Inanspruchnahme durch Mohammed, blicken gemeinsam zurück in die Wüste. Hier beginnt jede Spurensuche, auch die nach dem historischen Jesus.

Je deutlicher das Bild von Jesus wieder wird, je klarer sich die vielen, teils nur noch in Fragmenten erhaltenen Mosaiksteine wieder zusammensetzen lassen, desto sinnvoller und reichhaltiger kann das Gespräch zwischen den Religionen in einer säkularisierten Gesellschaft werden. Jeder Historiker und wohl auch mancher Theologe macht die Erfahrung, daß die Vertreter anderer Religionen bestenfalls Verwunderung aufbringen können für jene Christen, die ihre eigenen historischen Wurzeln in Frage stellen. Kein Jude, kein Muslim kann über die Quellen seines Glaubens so großzügig, so leichtfertig und so enthistorisierend urteilen, wie es viele Christen tun. Gerade Historiker nehmen das mit Verwunderung zur Kenntnis. Denn auch wenn man die eigentlichen Glaubensfragen und Bekenntnisse beiseite läßt – und Historiker tun dies meist mit größter Selbstverständlichkeit –, begreift man doch, daß die alten Quellen über die Stifter der Religionen, auf denen ein wesentlicher Teil unserer Zivilisation beruht, mehr sind als Objekte kultischer

Verehrung. Wir können uns ihnen sehr behutsam nähern, aber wir sollten es ohne Vorbehalte tun, und jedenfalls ohne vorher schon zu wissen, was erst am Ende der Suche gesagt werden kann.

Die Stadt der gemeinsamen Anfänge, Beer-Sheva, ist auch die Stadt der Brunnen in der Wüste. An einem von ihnen überlebten Ismael und seine Mutter Hagar, andere gruben Abraham und Isaak selbst (1. Mose/Genesis 26,18), und einer von ihnen wird heute fünf Kilometer westlich der Stadt vor dem Torweg im archäologischen Grabungsbereich des Tel Beer-Sheva als Brunnen Abrahams gezeigt. Durch mehr als fünf Meter Fels hatten die Brunnenbauer gegraben, elf Meter tief ging es, bis die Wasseroberfläche erreicht wurde. Diese Brunnen und die anderen archäologischen Funde in Beer-Sheva gehen bis in die Jungsteinzeit zurück, ins 4. Jahrtausend v. Chr. Vor gut fünfundzwanzig Jahren wurden ein aus biblischer Zeit stammender Altar und ein Tempel ausgegraben, Kultstätten, die der Prophet Amos heftig angegriffen hatte: »Zu der Zeit werden die schönen Jungfrauen und die Jünglinge verschmachten vor Durst, die jetzt schwören bei dem Abgott Samarias und sprechen: ›So wahr dein Gott lebt, Dan!‹ und: ›So wahr dein Gott lebt, Beer-Sheva!‹ Sie sollen so fallen, daß sie nicht wieder aufstehen können« (Amos 8,14). In das 4. vorchristliche Jahrhundert führen beschriftete Tonscherben (Ostraca) in aramäischer Sprache zurück, mit Informationen über Getreidelagerung und einer Reihe von jüdischen, edomitischen und auch arabischen Eigennamen. Noch aus der frühen Phase der römischen Besiedlung stammt ein besonders eindrucksvoller Fund – ein fast palastähnliches Gebäude mit Badehaus. Im Vorhof wurde eine Münze des Augustus gefunden. Im 2. nachchristlichen Jahrhundert befestigten die Römer den Ort, nannten ihn Berosaba und bewachten von dort aus diesen strategischen Punkt an der wichtigen Handelsstraße von Syrien nach Ägypten. Im 4. Jahrhundert, unter Kaiser Konstantin, erhielten Christen die Möglichkeit, dort eine Kirche zu errichten, und die Stadt wurde Bischofssitz. 1996 wurde mitten im heutigen Beer-Sheva eine Kirche aus dem 5. Jahrhundert ausgegraben. Ein 1,5 mal 2 Meter großes Fußbodenmosaik zeigt eine Taube, die einen Ölzweig im Schnabel trägt – vielleicht einer der symbolträchtigsten Funde der letzten Jahre. Die dargestellte Szene bezieht sich auf 1. Mose/Genesis 8,8-12, wo die von Noah ausgesandte Taube mit einem grünenden Ölzweig zur Arche zurückkehrt. Die Sintflut ist vorüber, es gibt wieder Land. Gott, so heißt es, hatte mit den Menschen Frieden geschlossen. Noch heute ist die Taube mit dem Ölzweig in aller Welt das Symbol des Friedens.

Obwohl der Ort im Neuen Testament kein einziges Mal genannt wird, wußten auch die frühen Christen, die diese Kirche bauten, welche Bedeutung er für ihre Tradition hatte. Jesus war ohne die Linie zurück zu Abraham und damit auch zu seiner Stadt nicht denkbar. Und hier, inmitten der Wüste, kam noch ein anderer Aspekt hinzu: Christliche Interpreten suchten von Anfang an, von den ersten Tagen nach Pfingsten in Jerusalem, 30 n. Chr., nicht nur nach historischen Wurzeln und Querverbindungen, sie suchten auch die symbolischen Bezüge, an denen man zeigen konnte, wie die Geschichten des Tanach, der hebräischen Bibel, schon voraufweisen auf den kommenden Messias. Von Beer-Sheva brach Abraham nach alter Überlieferung auf, um seinen Sohn Isaak zu opfern (1. Mose/Genesis 22,3-19), und nach Beer-Sheva kehrte er zurück. Diese Opferung des Sohnes durch den Vater wurde im letzten Augenblick nicht vollzogen. Denn als Abrahams Bereitschaft erprobt und erkannt war, stand ein Widder bereit, der an der Stelle des Sohnes zum Opfer gebracht wurde. Eine grausame, paradoxe, schwer zu begreifende Erzählung – und doch wird dieser bedingungslose Gehorsam gegenüber Gott schon in frühchristlicher Zeit von jüdischen Kommentatoren wie Philo von Alexandria als »die größte von Abrahams Taten« verstanden.[1] Denn seine Bereitschaft, den Sohn zu töten, galt bereits als gleichwertig mit dem tatsächlichen Vollzug. Der Brief des Jakobus, der neben dem Hebräerbrief unter allen Schriften des Neuen Testaments am intensivsten jüdisch argumentiert und vielleicht sogar der älteste Brief des Neuen Testaments ist (um 47/48 n. Chr.)[2], bezieht sich ausdrücklich auf das Opfer Isaaks: »Ist nicht Abraham, unser Vater, durch Werke gerecht geworden, als er seinen Sohn Isaak auf dem Altar opferte? Da siehst du, daß der Glaube zusammengewirkt hat mit seinen Werken, und durch die Werke ist der Glaube vollkommen geworden. So ist die Schrift erfüllt, in der es heißt: ›Abraham hat Gott geglaubt, und das ist ihm zur Gerechtigkeit gerechnet worden‹, und er wurde ›ein Freund Gottes‹ genannt« (Jakobus 2,21-23).

Später wurde darin bis hinein in die christliche Kunst eine Präfiguration gesehen: Die Opferung Isaaks durch Abraham wird als die Vorwegnahme der Opferung Jesu durch seinen Vater, das heißt also durch Gott selbst verstanden. Das Opfer Jesu, das hier nach christlicher Lehre für die Sünden der Menschen tatsächlich vollzogen wird, erfährt in der Auferstehung Jesu eine Lösung, die mit dem Weiterleben Isaaks verglichen wurde. Denn so, wie Abraham durch Isaak Nachfahren »wie Sterne am Himmel und wie Sand am Meer« erhielt (1. Mose/Genesis 22,17), so konnten nach den Worten des zum Christen gewordenen Juden Paulus die (geistlichen) Nachfahren des auferstandenen Jesus die Welt bevölkern und zugleich die Linie wieder zurück zu Abraham ziehen.[3] Solche Interpretationen mögen im 4. Jahrhundert Grund genug gewesen sein, in Abrahams Beer-Sheva einen Bischofssitz zu errichten.

Und noch ein weiteres Mal vermitteln die alten Schriften eine Beziehung zwischen der Wüstensiedlung Beer-Sheva und Jesus. Als Jakob zu seinem Sohn Josef nach Ägypten aufbricht, hält er mitten in der Wüste: »Und als er nach Beer-Sheva kam, brachte er Opfer dar dem Gott seines Vaters Isaak«, heißt es im ersten Buch des Alten Testaments (1. Mose/Genesis 46,1). Das Motiv der Reise nach Ägypten kennt auch die christliche Tradition, sie ist eines der beliebtesten Sujets der Malerei und vieler erbaulicher Geschichten. Anlaß ist der Reisebericht am Anfang des Matthäus-Evangeliums (Matthäus 2,13-15; 19-23). Diese Reise war eine Flucht, die Flucht von Maria, Joseph und dem kleinen Jesus vor Herodes dem Großen und dessen Kindermord in Bethlehem. Wie auch immer wir uns das im einzelnen vorzustellen haben: Eine Reise von Bethlehem nach Ägypten führte über Beer-Sheva. Der karge, unaufgeregte Bericht des Matthäus bietet nur die knappsten Informationen, er nennt keine Ortsnamen. Doch jeder Landeskundige wußte und weiß, daß sie auf dieser Route durch die Wüste gereist sein müssen. Wie Jakob kamen sie nach Ägypten; Matthäus verrät uns nicht, wo sie dort blieben, ehe sie drei, vier Jahre später – nach dem Tod des Herodes – wieder zurückkehrten und sich in Nazareth niederließen.[4] Erst ein späterer Text füllt diese »Lücke«.

Über die Jahrhunderte hinweg entwickelten sich immer mehr erbauliche Legenden rund um die Kindheit Jesu, die gerade auch deswegen so beliebt waren, weil sie all die unterhaltsamen Dinge boten, die in den auf sparsame historische Information konzentrierten Evangelien natürlich nicht zu finden waren. Einen Höhepunkt dieser Entwicklung bietet der im 8. Jahrhundert n. Chr. entstandene »Pseudo-Matthäus«. Dabei handelt es sich um ein Sammelwerk, das wie eine Art *Readers' Digest* die anschaulichsten Beschreibungen zusammenfaßt. Bis ins späte Mittelalter beeinflußte diese Schrift die Literatur, die Kunst und den Volksglauben. Und hier finden wir nun auch die bisher noch fehlende Angabe über den ägyptischen Aufenthaltsort von Maria, Joseph und Jesus: »Und freudig und jubelnd kamen sie im Gebiet von Hermopolis an und zogen in eine ägyptische Stadt ein, die Sotinen heißt« (Pseudo-Matthäus 22,2).[5]

Ein überraschender Fund beim Zoll

Woher auch immer die Schreiber und Sammler des »Pseudo-Matthäus« ihre Ideen hatten, eins klingt dem Historiker vertraut: Das »Gebiet von Hermopolis«, die Hermo(u)polis Magna. Es liegt am Westufer des Nils, auf halber Strecke zwischen Alexandria und Luxor und heißt heute El-Ashmunein; zur römischen Zeit war es die wichtigste Zollstation zwischen Mittel- und Oberägypten. Neben vielerlei archäologischen Entdeckungen, die in die vorchristliche, ptolomäische Epoche zurückreichen – Wandmalereien, Inschriften, Tempelanlagen und Gräberfelder – gelangen den Archäologen hier vor allem zahlreiche Handschriftenfunde. Die Texte aus Hermopolis gehören zu den berühmten ägyptischen Entdeckungen, denen wir einen Großteil unseres heutigen Wissens über antike Literatur, Alltagsleben und Verwaltung verdanken. Schon 1809 wurden die ersten Funde bekannt, und bis heute wird weiter in Hermopolis geforscht.[6] Einer dieser Funde ist für die Textgeschichte des Neuen Testaments besonders wichtig: Es ist eine fragmentarische Handschrift mit Teilen des Matthäus- und des Lukas-Evangeliums. Vor 300 n. Chr. von einer früheren Vorlage abgeschrieben, gehört sie zu den ältesten Handschriften dieser beiden Evangelien. Und auf jeden Fall ist sie eine der ältesten Textspuren des Neuen Testaments, die mit Sicherheit aus der Zeit vor Konstantin dem Großen stammen.

Warum ist eine solche Handschrift so auffällig? Bis 313, als Konstantin und sein Mitkaiser Licinius im Toleranz-Erlaß von Mailand das Christentum als eine der zugelassenen Religionen des Römischen Reichs anerkannten, bildeten die christlichen Gemeinden eine gefährdete Bewegung, der immer wieder Verfolgungen drohten. Eine verbindliche, von allen anerkannte Kirchenführung gab es seit 62 nicht mehr, als mit der Ermordung des Jesusbruders Jakobus die Urgemeinde in Jerusalem, auf die man überall gehört hatte, in Gefahr geraten war und vier Jahre später Jerusalem verließ.[7] Sporadische oder koordinierte Maßnahmen gegen die meist auf sich selbst gestellten Gemeinden hatten nicht zuletzt die Zerstörung der Bibliotheken zur Folge. Mit Kaiser Konstantin begann dann nicht nur eine Konsolidierung des Christentums, in dessen Folge Rom und sein Bischof langsam reichsweit die führende Rolle übernahmen. Es kam auch zu einer Koordinierung der Bibelausgaben. Prachthandschriften wurden hergestellt, unterschiedliche Überlieferungsformen wurden vereinheitlicht. Aus diesen Gründen ist jede neutestamentliche Handschrift, die aus der Zeit vor 313 stammt, besonders wertvoll. Sie ist ein Bestandteil der stets bedrohten Überlieferung aus der Frühzeit des Christentums. Wenn wir den Mitarbeitern des Münsteraner Instituts für neutestamentliche Textforschung folgen wollen, die das Fragment aus Hermopolis auf »ca. 300« datieren,[8] dann wäre es unmittelbar vor der größten und gefährlichsten aller Christenverfolgungen entstanden – jener des Diokletian, die von 303 bis 313 dauerte. Wahrscheinlich ist es ein paar Jahrzehnte älter, aber zumindest kann kein Zweifel daran bestehen, daß es zu jenen außerordentlich bedeutsamen Handschriften aus der Frühzeit vor der staatlichen Anerkennung des Christentums gehört. Und noch etwas fällt an diesem Fragment aus Hermopolis auf: Es ist kein Papyrus, sondern ein Pergament.

Wieder könnte man fragen, warum das im Zusammenhang mit Jesus, seiner Zeit und ihrer Überlieferung bemerkenswert sein soll. Entscheidend ist sicher, daß die Texte überhaupt aufgeschrieben wurden, ganz gleich auf welchem Beschreibstoff. Doch die frühchristliche Überlieferung ging seit dem Ende des engen Kontakts mit dem Judentum, aus dem es entstanden war, entschieden eigene Wege. Fast über Nacht, in der Zeit um 62 n. Chr., wechselte man von der traditionellen, meist nur auf der geschützten Innenseite beschriebenen Schriftrolle zum Vorläufer des heutigen Buchs aus beidseitig beschriebenen, mehrfach gefalteten Lagen, dem sogenannten Kodex.[9] Und was darüber hinaus unter jüdischen Schreibern eine Ausnahme war – die Benutzung des aus dem Mark der Zyperngrasstaude hergestellten Papyrus statt des aus Tierhaut gewonnenen Leders oder, verfeinert bearbeitet, des Pergaments[10] – das scheint unter den Judenchristen von Anfang an die Regel gewesen zu sein. Vom ältesten erhaltenen Schriftrollen-Fragment des Neuen Testaments, dem Papyrus 7Q5 aus der Qumran-Höhle 7 mit zwei Versen aus Kapitel 6 des Markus-Evangeliums [11], bis zu Handschriften des 7. Jahrhunderts: Immer wieder stoßen wir gerade in der frühesten Schicht auf Papyri. So kommt es auch, daß die inoffiziellen Handschriftenlisten des Neuen Testaments diesen Papyri den ersten und wichtigsten Platz einräumen. Einhundert Nummern sind zur Zeit verteilt.[12] Doch vier frühe neutestamentliche Handschriften sind auch auf Pergament erhalten. Nur vier unter über einhundert Papyri – und sie alle wurden in der entscheidenden Zeit vor Konstantin und dem Toleranz-Erlaß von Mailand geschrieben.[13]

Zwei unglückliche Entscheidungen der neutestamentlichen Textforscher haben verhindert, daß die herausragende Bedeutung dieser Handschriften allgemein bekannt wurde. Die Handschriften wurden nach dem Beschreibstoff statt nach ihrer Entstehungszeit gegliedert; und jene Gruppe der ältesten Pergament-Handschriften wurde unterschiedslos unter die sogenannten »Majuskeln« aufgenommen.[14] Die erste Entscheidung war irreführend, weil sie den Blick auf die Entstehungszusammenhänge verstellt, die zweite war es, weil sie die alten Pergamente gleichsam wahllos in die gleiche Gruppe mit den großen Prachtkodizes der nachkonstantinischen Zeit stellte und dafür auch noch einen belanglosen Oberbegriff wählte, denn »Majuskeln«, d.h. Großbuchstaben, die außerhalb des deutschen Sprachraums meist »Unziale« genannt werden, kennzeichnen genaugenommen natürlich auch die Schreibweise aller neutestamentlichen Papyri.

Auch in einer solchen textgeschichtlichen Wüste muß man sich erst einmal orientieren, um die richtigen Spuren zu entdecken. Wie kommen die christlichen Pergamente mit alter Jesus-Überlieferung nach Hermopolis, nach Oxyrhynchus, nach Kairo? Welche Rolle spielen sie unter den überwältigend vielen Papyri? Als die Römer in den achtziger Jahren des 1. Jahrhunderts sich für einige Zeit von der altehrwürdigen Schriftrolle lösten und für die klassischen Werke der griechischen und lateinischen Literatur nahezu zeitgleich mit den Christen den Kodex, den Vorläufer des heutigen Buchformats, einführten und geschickt vermarkteten,[15] da wählten sie nicht Papyrus als Material, sondern Pergament. Stehen die wenigen christlichen Pergament-Handschriften mit dieser Entscheidung in Verbindung? Sind sie vielleicht das Bindeglied zwischen der jüdischen Tradition, Leder und Pergament zu benutzen, und dem römischen Brauch, für das neue Buchformat dem Papyrus das Pergament vorzuziehen? Wie nahe gelangen wir mit Hilfe solcher Entdeckungen an die Ursprünge der schriftlichen Quellen über den historischen Jesus? Welche Rolle spielte Rom, der Ort, an dem lateinische und griechische Kodizes mit klassischer Literatur erstmals auf den Markt kamen? Schon zu Beginn fällt auf, daß drei der vier Pergament-Handschriften unmittelbar mit Rom und seinen Repräsentanten verbunden sind: 0171 aus Hermopolis enthält neben Matthäus das Lukas-Evangelium, das einem hochrangigen, wohlhabenden römischen Bürger, vielleicht einem leitenden Verwaltungsbeamten gewidmet ist, der Exzellenz (griechisch »krátistos«) Theophilos.[16] 0189 enthält Verse aus der Apostelgeschichte des Lukas, der Fortsetzung des Evangeliums, die ihren Bericht in Rom schließt und gleichfalls dem »Römer« Theophilos gewidmet ist. Und 0220, mit Versen aus dem Brief des Paulus an die Römer, war an die Hauskirchen in der Hauptstadt des Reichs gerichtet: Die ersten Leser dieses Briefs waren Männer und Frauen in Rom.[17] Auch wenn diese Pergament-Handschriften nicht aus der Zeit stammen, in der die Originaltexte entstanden, sondern spätere Abschriften sind, werfen sie doch ein Schlaglicht auf die Anfänge der Überlieferung und die engen Verbindungen zu den Gepflogenheiten anderer gesellschaftlicher Gruppen. Solche Querverbindungen werden uns in diesem Buch immer wieder begegnen, nicht nur auf den Spuren Jakobs und Jesu in der Wüste zwischen Beer-Sheva und Ägypten.

Nachrichten aus dem Wüstensand

Wurde der Kampf gegen die vordringende Wüste irgendwo aufgegeben, so dauerte es nicht lange, bis der Sand die Dörfer zudeckte, und mit ihnen alles, was die Einwohner als wertlos zurückgelassen hatten. Das trockene Klima und der Abbruch der Besiedlung wirkten hier gleichermaßen konservierend. Heute erst entsteigen die Bücher, Urkunden und Briefe, von trockenem Sand gehortet, in unermeßlicher Zahl den Ruinen antiker Ortschaften und den Schutthaufen.

So beschreibt Hubert Metzger die außergewöhnliche Entdeckungsgeschichte der ältesten Zeugnisse antiker Literatur.[18] Die Wüste hat uns diese Quellen bewahrt, auch in Beer-Sheva, aber vor allem in den Siedlungsgebieten am Nil, in Hermopolis, in Oxyrhynchus, Fayyum, Elephantine, auf Tonscherben, auf Papyrus, Leder oder Pergament. Hier konnte das trockene Klima in Verbindung mit den schützenden Schichten von Müll und Sand das empfindliche Material über Jahrtausende hinweg bewahren. Nur wenige andere Orte, wie Qumran am Toten Meer, boten ähnlich günstige Bedingungen; anderswo mußten schon ungewöhnliche Umstände hinzukommen, um Texte zu »konservieren« – in Herculaneum beispielsweise, wo eine ganze Privatbibliothek in einer von der Lava des Vesuv-Ausbruchs 79 n. Chr. versiegelten Villa gefunden wurde. Die Schriftrollen sind durch die Hitze verklebt und angebrannt und nur sehr mühsam zu öffnen und zu entziffern. Zur Zeit wird wieder neu gegraben, um im Bereich dieses Teils von Herculaneum weitere Bibliotheken zu finden. Oder denken wir an Vindolanda am Hadrianswall, im Norden Englands. Eine abrückende römische Legion wollte zu Beginn des 2. Jahrhunderts n. Chr. nutzlos gewordene amtliche und private Unterlagen und Korrespondenzen verbrennen. Kaum waren die Römer abgezogen, löschte der nordenglische Regen das Feuer, und Tausende von dünnen Holztäfelchen mit Briefen, Rechnungen oder Erlassen überdauerten unter dem Morast bis heute. Die Fülle der ägyptischen Funde überbietet jedoch alles andere: Weit mehr als 70 Prozent aller heute erhaltenen antiken Handschriften wurden in Oxyrhynchus gefunden, dem heutigen Behnesa.

Die jüdischen und frühchristlichen Texte aus den ägyptischen Fundorten reichen bis ins 1. Jahrhundert zurück[19], andere stammen erst aus dem 6. und 7. Jahrhundert, und es sind so viele, daß ihre Veröffentlichung auch mehr als hundert Jahre nach den ersten Entdeckungen noch nicht abgeschlossen ist. Einige solcher Papyri werden in diesem Buch noch öfter auftauchen; am Beginn der Spurensuche soll ein besonders eigenartiges, winziges Fragment stehen. Und obwohl es auf den ersten Blick wenig spektakulär zu sein scheint, führt es uns zurück zum noch nicht einmal zwei Jahre alten Jesus, der aus Bethlehem über Beer-Sheva nach Ägypten gekommen war, vielleicht nach Hermopolis, vielleicht an einen anderen jener Orte, die Gäste aus der Fremde nach alter Sitte aufnahmen.

In Cologny, oberhalb des Genfer Sees, steht das Haus des Martin Bodmer. Es beherbergt eine der wertvollsten Handschriftensammlungen der Welt, die »Bibliotheca Bodmeriana«. Seit Martin Bodmers Tod ist sie eine Stiftung, deren Mitarbeiter den Forschern gern und hilfsbereit zur Verfügung stehen. Neben den Originalmanuskripten von Werken Goethes oder Thomas Manns, einem Exemplar der 95 Thesen Luthers oder der ersten Gutenberg-Bibel fallen vor allem die einzigartigen Handschriften der Antike auf – der älteste, vollständige Papyrus einer Komödie des Menander beispielsweise, oder der älteste nahezu vollständige Kodex des Johannes-Evangeliums. Und wohlverwahrt im Panzerschrank liegt auch ein briefmarkengroßes Stück Papyrus. Es mißt 3,7 mal 2,1 Zentimeter und enthält nicht mehr als neun vollständige Buchstaben, vier auf der Vorderseite, fünf auf der Rückseite. Bekannt ist es seit 1961, als der Genfer Wissenschaftler Rodolphe Kasser den großen griechischen Papyrus-Kodex Bodmer XVII veröffentlichte und dabei zwischen dessen Seiten auf dieses kleine Stück stieß.[20] Damals kündigte er eine spätere Veröffentlichung an, doch die ließ dann noch neunundzwanzig Jahre lang auf sich warten.[21]

Immerhin hatte Kasser schon 1961 eine später bestätigte Vermutung über Inhalt und Entstehungszeit des Bruchstücks. Die Handschrift war jener des großen »Bodmer XVII« so eng verwandt, daß er einen Zusammenhang annahm. In der Erstausgabe wurde das weitergeführt: Die Schreiber sind identisch. Da schon der große Kodex mit vielen anderen, datierten Handschriften verglichen werden konnte, machte bereits Kasser einen Datierungsvorschlag: spätes 6., frühes 7. Jahrhundert. Er bemühte sich verständlicherweise nicht um größere Präzision, denn Handschriften aus dieser Zeit schienen für den griechischen Text des Neuen Testaments und dessen Verständnis nicht mehr allzu wichtig zu sein – gut fünfhundert Jahre nach der Entstehung der Evangelien war es unwahrscheinlich, daß ein Fragment noch neue, wichtige Erkenntnisse bieten konnte. In der Tat hatte Kasser auch – und völlig zu Recht, wie sich herausstellte – bereits 1961 vorgeschlagen, daß dieses Fragment aus dem Neuen Testament stammte, ebenso wie der große Kodex, zwischen dessen Blättern er es gefunden hatte. Seit der Erstedition steht der Text zweifelsfrei fest: Es handelt sich um kleine Teile von Versen aus dem Matthäus-Evangelium, Kapitel 25,43 auf der Vorderseite und Kapitel 26,2-3 auf der Rückseite. Mehr ist nicht erhalten geblieben. Nach der Rekonstruktion der Zeilen können wir dort lesen:

»Ich war ein Fremder und Obdachloser, und ihr habt mich nicht aufgenommen; ich war nackt, und ihr habt mir keine Kleidung gegeben; ich war krank und im Gefängnis, und ihr habt mich nicht besucht.«
(Matthäus 25,43)

»Ihr wißt, daß in zwei Tagen das Passahfest beginnt; da wird der Menschensohn ausgeliefert und gekreuzigt werden.« Um die gleiche Zeit versammelten sich die Hohenpriester und die Ältesten des Volks im Palast des Hohenpriesters, der Kaiaphas hieß ...
(Matthäus 26,2-3)

In beiden Stücken spricht Jesus. Mit Kapitel 25,43 sind wir am Ende der großen Rede über das Weltgericht, die Jesus auf dem Ölberg in Jerusalem vor den Jüngern hielt. Und mit den ersten Versen des 26. Kapitels beginnen bereits die letzten Tage vor der Kreuzigung. Das heißt: Wir sind nicht am Anfang, sondern am Ende des irdischen Lebens Jesu. Und die Geschichte hinter dem Papyrus aus Martin Bodmers Sammlung in Cologny verbindet die letzte große Rede Jesu mit der Wüstenreise des kaum zweijährigen Kindes.

Rodolphe Kasser, der Herausgeber des großen Bodmer XVII, ist Koptologe. Koptologen befassen sich, wie die Bezeichnung nahelegt, mit den Kopten. Und die Kopten sind keineswegs nur eine Erscheinung der Antike. Auch heute leben noch rund zehn Millionen von ihnen, nicht immer unter besonders angenehmen Bedingungen, im muslimischen Ägypten. Tatsächlich hat Ägypten eine uralte, lebendige christliche Tradition und Kultur, auch wenn dies nur gelegentlich in das allgemeine Bewußtsein gelangt. So kommt beispielsweise der ehemalige Generalsekretär der Vereinten Nationen, Boutros Boutros-Ghali, aus dieser Tradition: Sein Name Boutros bedeutet koptisch nichts anderes als Petrus. Die Kopten verstehen sich als die einheimischen Christen Ägyptens seit der Antike; ihre Kirche geht nach eigener Überlieferung zurück bis zu Markus, dem Begleiter des Petrus, der das älteste Evangelium schrieb und später, in der vom Neuen Testament nicht mehr erfaßten Zeit nach 62 n. Chr., in Alexandria gewirkt haben soll. Ägyptisches Christentum war zweifellos von größter Bedeutung in den ersten Jahrhunderten: Pantaenus, Klemens von Alexandria, Tertullian, Origenes, Athanasius, Augustinus – das sind nur einige der Namen, die mit dem Christentum Ägyptens eng verbunden sind. Hier entwickelten die Christen auch eine eigene Sprache, die sie neben dem Griechischen und dem Lateinischen benutzten, das Koptische mit zwei Hauptformen, dem ursprünglichen Sahidisch und dem späteren Bohairisch. Was so technisch klingt, ist Teil des Reichtums der ältesten christlichen Überlieferung. Viele Forscher sind davon überzeugt, daß die Übersetzungen der neutestamentlichen Schriften ins Koptische schon im 2. Jahrhundert einzigartige Einsichten in die ältesten Textschichten und in die Interpretation schwieriger Stellen ermöglichen.

An der Wende vom 6. zum 7. Jahrhundert, als der Kodex Bodmer XVII und das kleine Fragment entstanden, das bei seiner Erstveröffentlichung die Nummer Bodmer L erhielt[22], war die koptische Kirche die unangefochtene religiöse Macht in Ägypten. Man hatte sich im Jahr 451, nach dem Konzil von Chalcedon, von der römischen Kirche getrennt, weil man nicht an zwei Naturen in Christus glaubte (Gott und Mensch), sondern Gott und Mensch in Christus als in einer Natur vereint sah. Dann kamen zwei Katastrophen. Zuerst der sogenannte Persersturm, als die Sassaniden 616 n. Chr. bis nach Karthago vordrangen und nach altem Erobererbrauch mordeten und brandschatzten, Kirchen zerstörten, Bücher und Bibliotheken vernichteten. Schon zwölf Jahre später ging das Sassaniden-Reich unter, doch die Ruhe währte nicht lange. Kaum waren die Kirchen wieder aufgebaut und die Bibliotheken neu eingerichtet, da folgte in den Jahren 639 bis 641 die muslimische Eroberung Ägyptens. Die Muslime waren weniger grausam als vor ihnen die Perser, und dennoch war die Vorherrschaft eines machtvollen, auch kulturell prägenden Christentums in Ägypten beendet. Die Kopten rangen um eine akzeptable Minderheitenrolle, die ihnen schließlich – bis heute – gewährt wurde.

Irgendwann in dieser Zeit entstanden unsere beiden Handschriften. Schon Rodolphe Kasser hatte anhand charakteristischer Merkmale erkannt, daß sie von griechisch schreibenden Kopten stammen. Wo genau im koptisch besiedelten Ägypten sie geschrieben wurden, wird wohl ein Rätsel bleiben: Der Sammler Martin Bodmer hat seine Bezugsquellen verheimlicht. Nur ungefähre Angaben sind überliefert, und sie führen tatsächlich in die Gegend der großen Funde, zwischen Oxyrhynchus, Hermopolis und Luxor. Unweit der Dishna-Ebene, auf halber Strecke zwischen Panopolis und Luxor, stieß im Juli 1952 ein Beduine namens Hasan aus Abu Mana Bahari zufällig auf alte, zusammengebundene Bücher. Natürlich wußte er zuerst nichts vom Wert seiner Entdeckung, verschenkte einige der Kodizes und benutzte einzelne Blätter, um seine Wasserpfeife anzuzünden oder einfach nur den aromatischen Geruch des brennenden

Papyrus zu genießen.[23] Doch die Entdeckung sprach sich herum. Das Koptische Museum in Kairo wollte sie für sich gewinnen, aber da befanden sie sich bereits im Haus eines koptischen Priesters, und die ägyptischen Behörden respektierten dessen besonderen geistlichen Status. So kam es nicht zur Konfiszierung der Papyri; statt dessen konnte der Priester mit Hilfe von Mittelsmännern nach zahlungskräftigen Kunden Ausschau halten. Schließlich gelang es einem gewissen Phokion Tano, einem Händler in Kairo, die Handschriften zu erwerben und nach Europa weiterzuverkaufen. Einige gelangten in die Sammlung Chester Beatty nach Dublin, andere zu Martin Bodmer nach Cologny.

Es war eine Zeit der sensationellen Funde: Fünf Jahre zuvor, 1947, entdeckten Beduinen in den Höhlen von Qumran beim Toten Meer die erste Höhle mit jüdischen Schriftrollen. Wiederum zwei Jahre früher, 1945, hatten Beduinen im oberägyptischen Nag Hammadi eine Bibliothek pseudo-christlicher Schriften des 4. nachchristlichen Jahrhunderts entdeckt, unter denen sich auch das sogenannte Thomas-Evangelium befand. So waren antike Handschriften plötzlich ungemein wertvoll geworden, und die Beduinen hatten das schnell gemerkt. Es brauchte da schon Millionäre wie Chester Beatty und Martin Bodmer, um – so weit wie möglich außerhalb der Schlagzeilen und vorbei an den staatlichen Institutionen – möglichst geschlossene Sammlungen zu erwerben.

Ebenso wie die genauen Erwerbskanäle ist auch das exakte Datum für Handschriften dieser Epoche nicht leicht zu ermitteln. Stammen sie noch aus der Zeit vor der ersten Zerstörung der Bibliotheken, vor dem Persersturm? Gehören sie in die Phase, als neue Abschriften angefertigt wurden, um Verluste wieder auszugleichen, in jenen wenigen Jahrzehnten, ehe die Mohammedaner kamen? Die gängige, pauschale Zuteilung ins gesamte 7. Jahrhundert hilft nicht weiter,[24] denn die entscheidenden

Umbrüche fanden bekanntlich gerade in der ersten Hälfte dieses Jahrhunderts statt. Rodolphe Kasser hatte gute Gründe für ein früheres Datum gesehen, spätestens das Ende des 6. Jahrhunderts.[25] Vergleiche mit zwei ebenfalls von Kopten geschriebenen Papyri des Matthäus-Evangeliums sprechen nachhaltig dafür: Da ist zum einen der Papyrus 14.1.527 (P44) im Metropolitan Museum of Art in New York, der von der Wende des 6./7. Jahrhunderts stammt, und vor allem der Papyrus K 7244 (P96) aus der Österreichischen Nationalbibliothek in Wien, ein kleines, aber eindeutig zuzuordnendes Fragment mit Matthäus 3,13-15 vom Ende des 6. Jahrhunderts.

Das also ist der Hintergrund, vor dem wir uns die folgende Szene vorstellen können, ohne den historischen Boden der Tatsachen aus den Augen zu verlieren: Ein Kopte hat den Auftrag erhalten, eine Abschrift des Matthäus-Evangeliums anzufertigen. Mit geübter Hand setzt er die Buchstaben auf den Papyrus, groß und klar, sauber getrennt, aber ohne Abstände zwischen den Wörtern und Sätzen, ohne Vers- und Kapiteleinteilungen – ganz so, wie es Brauch war. Es ist keine rein mechanische Arbeit, denn er ist Christ und ist mit seinen Gedanken bei dem, was er da schreibt. Und schließlich, die Arbeit nähert sich dem Ende, kommt er zur Rede Jesu über das Weltgericht. Oben auf dem Ölberg, mit dem Blick auf den Tempel, bestätigt Jesus, daß er eines noch unbestimmten Tages (»Doch jenen Tag und jene Stunde kennt niemand, auch nicht die Engel im Himmel, nicht einmal der Sohn, sondern allein der Vater«, hatte er kurz zuvor, Kapitel 24,36, ausdrücklich erklärt) als Richter über die Welt wiederkommen wird. Er teilt die Völker in zwei Gruppen auf, und was zuerst wie Schwarzweißmalerei klingt, erweist sich schnell als ein überaus dramatischer Text und als sozialpolitische Herausforderung schon zur Zeit der ersten Christen, zur Zeit des koptischen Schreibers, und unverändert noch heute. Jesus spricht von sich in der dritten Person als König:

Dann wird der König zu denen auf der rechten Seite sagen:
»Kommt her, die ihr von meinem Vater gesegnet seid, nehmt
das Reich in Besitz, das seit der Erschaffung der Welt für
euch bestimmt ist. Denn ich war hungrig, und ihr habt mir
zu essen gegeben; ich war durstig, und ihr habt mir zu
trinken gegeben; ich war ein Fremder und Obdachloser,
und ihr habt mich aufgenommen; ich war nackt, und ihr
habt mir Kleidung gegeben; ich war krank, und ihr habt
mich besucht; ich war im Gefängnis, und ihr seid zu mir
gekommen.« Dann werden ihm die Gerechten antwor-
ten: »Herr, wann haben wir dich hungrig gesehen und dir
zu essen gegeben oder durstig und dir zu trinken gegeben?
Und wann haben wir dich fremd und obdachlos gesehen
und aufgenommen oder nackt und dir Kleidung gegeben?
Und wann haben wir dich krank oder im Gefängnis gese-
hen und sind zu dir gekommen?« Darauf wird der König
ihnen antworten: »Wahrlich, ich sage euch, was ihr für einen
meiner geringsten Brüder getan habt, das habt ihr mir ge-
tan.«
Dann wird er sich auch an die auf der linken Seite wenden
und zu ihnen sagen: »Weg von mir, ihr Verfluchten, in das
ewige Feuer, das für den Teufel und seine Engel bestimmt ist.
Denn ich war hungrig, und ihr habt mir nichts zu essen
gegeben; ich war durstig, und ihr habt mir nichts zu trinken
gegeben …«

Und dann folgt der bereits zitierte Vers, der als Fragment auf
dem Papyrus des Kopten erhalten ist:

»… ich war ein Fremder und Obdachloser, und ihr habt mich
nicht aufgenommen, ich war nackt, und ihr habt mir keine
Kleidung gegeben; ich war krank und im Gefängnis, und ihr
habt mich nicht besucht.«

Und wieder weiter, nun außerhalb des Papyrus:

> *Dann werden auch sie antworten:* »*Herr, wann haben wir dich hungrig oder durstig oder obdachlos oder nackt oder krank oder im Gefängnis gesehen und haben dir nicht geholfen?*«
> *Darauf wird er ihnen antworten:* »*Wahrlich, ich sage euch: Was ihr für einen dieser Geringsten nicht getan habt, das habt ihr auch mir nicht getan.*« *Und sie werden weggehen und die ewige Strafe erhalten, die Gerechten aber das ewige Leben.*
> *(Matthäus 25,34-46).*

Ewiges Feuer, ewige Strafe – das klingt nicht nach einer politisch korrekten Theologie, die auf eine allgemeine Versöhnung mit Gott und allen Religionen abzielen würde. Aber darauf kommt es in diesen Versen auch gar nicht an. Ihr Kern, die Aufforderung, an allen Mitmenschen so zu handeln, als wären sie Jesus selbst, ist für die christliche Sozialethik schon immer von größter Bedeutung gewesen.

Für unseren koptischen Schreiber stellt sich die Situation jedoch auch noch ganz anders dar: Er konnte sich ja anfangs, Vers für Vers, mit wachsender Zufriedenheit in dem Gefühl entspannen, einer der Gerechten zu sein. Denn es waren seine Vorfahren gewesen, die nicht nur allgemein an irgendwelchen Mitmenschen, sondern ganz unmittelbar an Jesus selbst das verwirklicht hatten, von dem er in seiner Gerichtsrede sprach. Erinnern wir uns: »Da stand Josef in der Nacht auf und floh mit dem Kind und dessen Mutter nach Ägypten« (Matthäus 2,14). Die Flucht nach Ägypten, die Gastfreundschaft, die Jesus dort mit Joseph und seiner Mutter Maria erfuhr – all das war in der Tat die praktische Umsetzung dieses Verses der Weltgerichtsrede: »Ich war ein Fremder und Obdachloser, und ihr habt mich aufgenommen.« Wer, außer den ersten Christen Ägyptens, konnte das schon auf der Habenseite verbuchen? Und umgekehrt: Auf wen traf es weniger zu als auf sie, wenn es dann über jene »auf der linken Seite« hieß: »Ich war ein Fremder und Obdachloser, und ihr habt mich nicht aufgenommen«?

In sicheren, festen Buchstaben steht dieses »nicht«, griechisch »ouk«, als einziges vollständig erhaltenes Wort auf dem Papyrus Bodmer L. Hier schrieb einer, der sich nicht betroffen fühlte. Die Einsicht kam wenige Verse später, beim Abschreiben der unmißverständlichen Zusammenfassung: »Was ihr für einen dieser Geringsten nicht getan habt, das habt ihr auch mir nicht getan.« Hier konnte sich auch der Kopte nicht mehr sicher sein. Auf dem winzigen Bruchstück ist die Reaktion nicht mehr ablesbar: Wurde seine Schrift etwas weniger selbstsicher? Ließ sich ein Zögern beim Ansetzen der Feder erkennen? Der Vers fehlt, ist abgerissen oder verfallen wie so viele Teile antiker Handschriften. Hier, spätestens an dieser Stelle, müßte aber der koptische Schreiber begriffen haben, daß er selbst gefordert war. Nicht die unbestreitbare Leistung seiner Vorfahren, die als einzige in der Geschichte für den historischen Jesus all das taten, was er nun am Ende seines Lebens so herausfordernd zuspitzte, zählt noch für ihn. Für ihn kann nur zählen, was er selbst tut, ganz unmittelbar, an seinen Nächsten.

Das Fragment Bodmer L, eines der kleinsten Bruchstücke der neutestamentlichen Textüberlieferung, schlägt in der Tat die Brücke vom Wüstensand, in dem es einst entdeckt wurde, zurück zu den Anfängen des Lebens Jesu und von dort in unsere eigene Gegenwart. Das läßt sich ganz unabhängig von Glaubensfragen feststellen. Quellensuche, das Abwägen zwischen Mythos und Geschichte, die Untersuchung der ältesten Spuren: Das alles ist nicht nur wissenschaftlicher Selbstzweck. Lebendig werden können die Quellen der Antike nur, weil sie uns auch heute noch etwas zu sagen haben.

Oscar Wilde, einer der großen Spötter und Aphoristiker der Weltliteratur, den man nicht so schnell mit dem christlichen Glauben in Verbindung bringt, beschrieb in seinem Gedicht »Easter Day« wenige Monate vor seinem Tod die Prachtentfaltung der Kirche am Ende des 19. Jahrhunderts. Und in den letzten beiden Versen blickt auch er zurück auf die Anfänge, die der koptische Schreiber vor Augen hatte:

My heart stole back across wide wastes of years
To One who wandered by a lonely sea,
And sought in vain for any place of rest:
»Foxes have holes, and every bird its nest.
I, only I, must wander wearily,
And bruise my feet, and drink wine salt with tears.«

(Mein Herz schlich sich zurück durch weite Jahreswüsten,
Zu Einem, der an einem einsamen See entlangging
Und vergeblich nach irgendeinem Ruheplatz suchte:
»Füchse haben Höhlen, und jeder Vogel sein Nest.
Nur ich allein muß müde wandern,
Meine Füße wundlaufen und Wein mit dem Salz der Tränen
trinken.«)

Es sind Zeilen, die zurückgreifen auf eine Stelle des Matthäus-Evangeliums, die auch der koptische Schreiber des Bodmer-Papyrus abgeschrieben hatte, ehe er zu der Gerichtsrede im 26. Kapitel kam: »Als Jesus die vielen Menschen sah, die um ihn waren, befahl er, ans andere Ufer zu fahren. Da kam ein Schriftgelehrter zu ihm und sagte: ›Meister, ich will dir folgen, wohin du auch gehst.‹ Jesus sagte zu ihm: ›Füchse haben ihre Höhlen und Vögel ihre Nester; der Menschensohn aber hat keinen Ort, wo er sein Haupt hinlegen kann.‹« (Matthäus 8,18-20). Das war unmißverständlich: Wer sich Jesus anschließen wollte, mußte sein privilegiertes Leben aufgeben. Oder anders: Er konnte nicht erwarten, ein privilegiertes, wohlstandsgesättigtes Leben zu gewinnen. Oscar Wilde hatte, auch in der Abwehrhaltung gegen die Privilegien der Kirche seiner Zeit, viel vom historischen Jesus verstanden, und als sprachgestaltender Dichter nahm er das auch in das Bild von der »weiten Wüste« der Jahre hinein, der »wide wastes of years«, die ihn von den Ereignissen trennte. Es war kein Zufall, denn Wilde hatte in Oxford klassische Philologie studiert, Gedichte in lateinischer und griechischer Sprache verfaßt und sich einige Jahre, ehe er das Gedicht schrieb, mit einer erstaunlichen Sachkenntnis über den historischen Jesus geäußert, die erst heute und auch erst langsam zum Allgemeingut der Neutestamentler wird: »Man hat immer angenommen, daß Christus aramäisch sprach. Selbst Renan glaubte das. Aber jetzt wissen wir, daß die galiläischen Bauern, wie die irischen Bauern unserer Tage, zweisprachig waren, und daß Griechisch die allgemeine Verkehrssprache in ganz Palästina, ja in der ganzen östlichen Welt war. Mir hatte noch nie die Vorstellung gefallen, daß wir von den ureigenen Worten Christi nur durch die Übersetzung einer Übersetzung Kenntnis hätten.« (*De Profundis*, 1897).

Es war und ist eine vernetzte Welt. Von Oscar Wildes Einsicht in den vielsprachigen Alltag der Umwelt Jesu, in der neben der aramäischen Muttersprache auch das Griechische selbstverständlich war, und von seinem Bild der Wüste, die uns von den Anfängen zu trennen droht, blicken wir auf ein Fragment, hinter dem ein ägyptischer Christ Gestalt gewinnt, der sich als Glied einer Kette weiß, die zurückreicht bis in die Kindheit Jesu, als er durch die Wüste nach Ägypten kam. Die Wüste – die bildhafte ebenso wie die am eigenen Leib erlebte – war und bleibt eine Herausforderung und eine Chance für die Suche nach Quellen. Ob die Bezugspunkte nun Beer-Sheva heißen, Ägypten oder Qumran, oder ob wir an Johannes den Täufer denken, der als sprichwörtlicher »Rufer in der Wüste« den Bogen von sich selbst zurück zum Propheten Jesaja schlug (»Ich bin die Stimme eines Predigers in der Wüste: Ebnet den Weg des Herrn, wie der Prophet Jesaja gesagt hat« – Johannes 1, 23/Jesaja 40,3): Die ersten Spuren finden sich da, wo spurenloses, wüstes Land zu sein scheint.

Wer je in der Wüste war, weiß, daß man sich dort von der Wirklichkeit nicht entfernt, sondern ihr eher näher kommt. Johannes der Täufer hatte es so empfunden, Abraham mit Sicherheit, und zweifellos auch Jesus, der immer wieder allein die Wüste aufsuchte, um Kraft und Klarheit zu finden. Nicht weit von Beer-Sheva, beim Kibbutz Sede Boquer, hinter dem Grab von David und Paula Ben Gurion, liegt eine Terrasse, die den Blick freigibt in den Negev, die Wüste aus Stein, Sand und Geröll. Mitten hindurch, von grüner Vegetation umsäumt, fließt ein Rinnsal, im Sommer das ausgetrocknete Wadi, im Winter ein reißender Strom. Wer hier steht, sieht den Spannungsbogen von den Anfängen bis heute vielleicht deutlicher als an irgendeinem anderen Ort. Und nicht nur in Gedanken, sondern ganz praktisch und erdverbunden, gelangt man von hier in einer guten Stunde in eine andere Wüste, in jene am Toten Meer, mit ihren Wadis und Oasen, in das blühende En Gedi, in die Dürre des Nahal Hever, zu den üppigen Feldern von En Feschcha, und schließlich in die Ruinen von Qumran, das einst Sechacha hieß (Josua 15,61) und in dessen zwischen 1947 und 1956 wiederentdeckten Höhlen einer der bedeutendsten Handschriftenfunde dieses Jahrhunderts zu Tage kam. Hier, in einer dieser Höhlen, wurden Schriftrollen und Fragmente entdeckt, die Sensationen versprachen und leidenschaftliche Kontroversen auslösten. Einigen von ihnen werden wir in diesem Buch begegnen, darunter auch einem aramäischen Text auf Leder, der zu verstehen hilft, warum jener kaum zweijährige Jesus, der in der Wüste und in Ägypten war, schon vor seiner Geburt für Unruhe sorgte.

Es sind Bruchstücke, mit denen wir arbeiten, Fragmente, die wir – mit den Worten aus T. S. Eliots Gedicht *The Waste Land* – gegen die Ruinen der Kultur und unseres heutigen Wissens aufschichten, um sie zu stützen. Die Zeit des 1. Jahrhunderts, die Zeit Jesu und seiner ersten Nachfolger, die Zeit der Juden, Griechen und Römer ist dennoch alles andere als wüstes Land. Keine Tagesreise von der Wüste im Süden war man auch damals wieder dort, wo die Kultur in ihren verschiedensten Formen blühte. Wer sich, wie Jesus, immer wieder in die Wüste hinter Jerusalem zurückzog, blieb stets in der Nähe einer hochentwickelten Zivilisation. Das läßt sich vielleicht da am deutlichsten erkennen, wo man es am wenigsten vermutet, und dort soll denn auch die zeitgeschichtliche Spurensuche einsetzen: in der Theaterlandschaft der Heimat des jungen Jesus.

Ein Abend im Theater:
Was Jesus auf der Bühne sah

Moses: »Was ist das? Ich will näher heran-
gehen und mir das Wunder ansehen,
das übermächtige und
für Menschen unglaubliche.«
Stimme Gottes: »Halte ein, Bester,
komm nicht näher!«

Ezekiel,
Exagogé, *94-96 (ca. 200 v. Chr.)*

Von Heuchlern und Handwerkern

Die ältesten Quellen berichten wenig über die Kinder- und Jugendjahre Jesu. Auf die Flucht nach Ägypten und die Rückkehr nach Nazareth, in die Heimatstadt von Maria und Joseph, folgen unbeschriebene Jahre, in denen, Lukas zufolge, »das Kind wuchs und stark wurde und voller Weisheit« (Lukas 2,40). Erst vom Zwölfjährigen hören wir dann wieder, der in Jerusalem kurz vor seiner rituellen Aufnahme in die Gemeinschaft der Männer, die als Bar Mizwa auch heute noch selbstverständlicher Teil des jüdischen Lebens ist, die Lehrer im Tempel mit seinen klugen Fragen und Antworten verblüffte (Lukas 2,41-52). Die vier Evangelisten ziehen es vor, nach ihrer ganz eigenen Auswahl von Momentaufnahmen aus Kindheit und Jugend so schnell wie möglich die Taten und Reden des erwachsenen Jesus darzustellen. Schon im 2. Jahrhundert wurde diese Entscheidung in manchen Kreisen bedauert. Man bezog sich auf den letzten Satz des Johannes-Evangeliums: »Es gibt noch viele andere Dinge, die Jesus getan hat. Wenn man das alles aufschreiben wollte, so würde, wie ich meine, die ganze Welt die Bücher nicht fassen, die zu schreiben wären« (Johannes 21,25). Das konnte, wer wollte, als Freibrief zum Lückenfüllen verstehen. Und so entstanden dann auch sogenannte Kindheitsevangelien, die zu erzählen versuchten, was in den »dunklen« Jahren geschehen war. Gelegentlich mag dabei durchaus noch eine zuverlässige Information verwendet worden sein, vieles aber ist in erbaulicher Absicht erfunden. Die heutige Forschung versucht, hinter den populärsten dieser Texte, etwa dem »Protevangelium des Jakobus«, die exakten Details zu finden und von den späteren Schichten zu trennen. Viel interessanter und aufschlußreicher sind allerdings die Spuren, von denen auf den ersten Blick weder die Texte des Neuen Testaments noch die späteren Erzählungen berichten und die dennoch mit der Jugendzeit Jesu ganz unmittelbar zu tun haben.

Manchmal sind es gerade scheinbar unauffällige Anspielungen, die uns weiterhelfen. Da ist zum Beispiel die Angewohnheit des längst erwachsenen Jesus, seine Gegner als »Heuchler« zu bezeichnen. So etwa im Matthäus-Evangelium 6,2: »Wenn du nun Almosen gibst, sollst du es nicht vor dir ausposaunen lassen, wie es die Heuchler tun in den Synagogen und auf den Gassen, damit sie von den Leuten gepriesen werden.« Das klingt harmlos genug, bis man sieht, welches griechische Wort hier für »Heuchler« steht. Es lautet »hypokritái«, und das heißt »Schauspieler«. Die Beziehung ist einfach herzustellen: Schauspieler sind von Berufs wegen Menschen, die eine Rolle spielen, die nur so tun als ob. Insofern ist jeder Schauspieler auf der Bühne nicht wahrhaft er selbst, sondern ein »Heuchler«. Siebzehnmal wird das Wort in den Evangelien in diesem übertragenen Sinne benutzt, ausnahmslos dann, wenn Jesus spricht.[1] Meinte Jesus, was er sagte? Braucht man sich bei dieser Wortwahl nicht viel zu denken, oder steckt hier vielleicht doch mehr dahinter? Könnte der historische Jesus aus eigener Anschauung gewußt haben, wovon er sprach? »Wenn ihr fastet, macht kein finsteres Gesicht wie die Heuchler, denn sie verstellen ihr Gesicht, damit die Leute merken, daß sie fasten« (Matthäus 6,16). Die Heuchler – also wörtlich die Schauspieler die ihr Gesicht verstellen: Spricht hier vielleicht jemand, der Theaterschauspieler mit ihren Masken gesehen hat? Und – um noch einen Schritt weiterzugehen: Spricht er nicht notwendigerweise zu Menschen, die ihrerseits genau verstanden, was er mit seiner Anspielung meinte, die also auch ihrerseits wußten, was Schauspieler waren? Wir dürfen hier nicht von unseren heutigen Erfahrungen ausgehen. Was ein Schauspieler ist, was er tut, wie er auftritt und wie sein Privatleben aussieht, das können wir jederzeit dem Fernsehen und der Tagespresse entnehmen, ohne auch nur ein einziges Mal den Fuß in ein Theater zu setzen. Damals gab es nur die unmittelbare Erfahrung im Blick von den Zuschauerrängen auf die Bühne.

Als Jesus lebte, war das Theater die beliebteste Unterhaltungsform. Die wichtigsten Städte waren mit Theatern versorgt – der jüdische Historiker Flavius Josephus nennt allein drei in den Bevölkerungszentren der Region, die alle unter Herodes dem Großen gebaut wurden: in Jerusalem, in Jericho und in Caesarea. Das Theater von Caesarea, heute im alten Stil rekonstruiert und für Open-air-Festivals genutzt, erlangte gleich doppelte Berühmtheit: Es war der Ort, an dem während einer Inszenierung im Jahre 44 n. Chr. die tödliche Krankheit des Herodes Agrippa ausbracht[2] – des Königs, der den Apostel Jakobus hinrichten ließ (Apostelgeschichte 12,1-2). Und es war die Stätte, an der 1961 von Archäologen in den Stufen des im 2. Jahrhundert erweiterten Theaterbaus ein wiederverwendeter Stein von einzigartiger Bedeutung entdeckt wurde: das Fragment einer Inschrift, mit der Pontius Pilatus dem Kaiser Tiberius ein neues Gebäude widmete, das »Tiberieum«. Neben den Erwähnungen in den Schriften des jüdischen Theologen Philo von Alexandria, des römischen Historikers Tacitus und der Evangelien ist dies der einzige »steinerne« Beleg für das Wirken des Pilatus im römisch verwalteten Israel.[3] Und ein viertes Theater wurde in unmittelbarer Nähe des heranwachsenden Jesus errichtet, in Sepphoris, keine sechs Kilometer von Nazareth entfernt. Das klingt eigenartig: Wer könnte auf den Gedanken gekommen sein, mitten in der Landschaft Galiläas, in einer Stadt, die von keiner neutestamentlichen Schrift erwähnt wird, ein Theater zu bauen? Der erwachsene Jesus ist allem Anschein nach zwar nach Nazareth und in das nahe gelegene Kana zurückgekehrt, aber nicht mehr in diesen Ort, obwohl er an einer Hauptstraße lag, die Nazareth mit Kana und Sepphoris selbst über Nazareth mit Jerusalem verband. Und so fällt die

Stadt aus dem geographischen Raster der Evangelien heraus. Auch eine andere bedeutende Stadt Galiläas ist, wie es scheint, vom wandernden und predigenden Jesus nicht aufgesucht worden, Tiberias am See Genezareth, das seit 20 n. Chr. die Hauptstadt Galiläas war. Wollten die Menschen, die dort lebten, Jesus hören, mußten sie zu ihm gehen, oder, wie wir im Johannes-Evangelium lesen, mit dem Boot zu ihm fahren: »Von Tiberias her kamen andere Boote in die Nähe des Ortes, wo sie nach dem Dankgebet des Herrn das Brot gegessen hatten« (Johannes 6,23). Und Sepphoris mit seinem Theater stand an Rang und Bedeutung hinter Tiberias nicht zurück. Bis 20 n. Chr., also während der Jugendjahre Jesu, war es die Hauptstadt Galiläas gewesen, ehe es von Tiberias abgelöst wurde.

Die Stadt, die seit einigen Jahren wieder ausgegraben wird, heißt heute Zippori. Wer sich ihr auf der schmalen Landstraße nähert, versteht die Herkunft ihres Namens: »Zippor«, die hebräische Wurzel, heißt »Vogel«, und wie ein Vogel, der alles in jede Richtung beobachten kann, hockt sie 115 Meter hoch über der Ebene auf ihrem Hügel. Weltweite Schlagzeilen machte sie vor einigen Jahren, als dort das prachtvolle Mosaikporträt einer schönen jungen Frau ans Tageslicht kam, die schnell als die »Mona Lisa« von Galiläa bekannt wurde. Das Mosaik stammt aus dem 3. nachchristlichen Jahrhundert. Damals war die Stadt unter den Römern, die sie schon unter dem Präfekten Felix (52–60 n. Chr.) wieder zur Hauptstadt machten, noch immer ein blühendes, mehrsprachiges Kulturzentrum. Ihre politische und kulturelle Bedeutung reicht jedoch schon in die Zeit vor Jesu Geburt zurück. Und als Herodes an die Macht kam, jener König, der versucht hatte, den noch nicht zweijährigen Jesus umzubringen, da war Sepphoris bereits der wichtigste Verwaltungssitz Galiläas. Als Herodes 4 v. Chr. starb,[4] brachen antirömische Unruhen aus. Varus – der gleiche römische Feldherr, der 9 n. Chr. bei Kalkriese nahe dem Teutoburger Wald mit seinen Legionen von den Cheruskern unter Arminius vernichtend geschlagen wurde und Selbstmord beging – zerstörte die Stadt. Der Nachfolger des Herodes, sein Sohn Herodes Antipas – Jesus nannte ihn »den Fuchs« (Lukas 13,32) –, baute sie mit römischer Genehmigung wieder auf, und er machte aus ihr das, was Josephus »die Zierde ganz Galiläas« nannte.[5] Dieser Herodes Antipas regierte in Galiläa unter römischer Duldung und Aufsicht von 4 v. Chr. bis 39 n. Chr., war also Herrscher während des gesamten Lebens Jesu nach dessen Rückkehr aus Ägypten. Und wie sein Vorgänger dokumentierte er seine Macht durch die Bauten, die er errichten ließ. Tiberias wurde von ihm am Reißbrett entworfen und nach dem herrschenden Kaiser Tiberius benannt. In Sepphoris, der alten Hauptstadt, entstand das Theater, dessen Konzeption wohl noch von Herodes dem Großen stammte.[6] Heute ist es in seinem Halbrund mit einem Durchmesser von 74 Metern wieder ausgegraben und ist unterhalb des neuen Museums, das zur Überdachung der »Mona Lisa« gebaut wurde und viele andere Funde aus der Stadtgeschichte zeigt, frei zugänglich. Man kann durch die Sitzreihen gehen, sich einen Platz aussuchen, der notgedrungen etwas unbequem ist, weil die Steinplatten verschwunden sind, die als Sitzunterlage dienten, und man kann den freien Blick über die Bühne hinaus in die prachtvolle Landschaft genießen. Fünftausend Zuschauer fanden in diesem Theater Platz – ein Fünftel der gesamten Bevölkerung von Sepphoris. Die Stadt und ihr unmittelbares Umland müssen tatsächlich theaterbegeistert gewesen sein.

Eine faszinierende Möglichkeit zeichnet sich ab. Weniger als sechs Kilometer entfernt wuchs Jesus mit seiner Mutter Maria und seinem Ziehvater Joseph auf. Joseph hatte einen Beruf, den die Bibelübersetzungen meist mit »Zimmermann« wiedergeben. Das weckt falsche Vorstellungen, denn in unseren Breitengraden stellt man sich unter einem Zimmermann einen Handwerker vor, der mit Holz arbeitet. Holz war jedoch damals in Galiläa, wie auch anderswo in Israel, ausgesprochene Mangelware. Auch der Ölbaum, der überall landwirtschaftlich genutzt wurde, gab für größere Arbeiten nicht genügend starkes, gerades und sauberes Holz ab. Noch 69/70 n. Chr., als die Römer vor Jerusalem lagen, mußten sie für ihre Angriffsmaschinen das Holz aus dem fernen Libanon herantransportieren. Das griechische Wort, das im Neuen Testament zweimal als Berufsbezeichnung benutzt wird, lautet »tékton« (Markus 6,3; Matthäus 13,55). Und das heißt schlicht Bauhandwerker oder Baumeister. Wir kennen es noch heute im modernen »Architekten«, dem »Erz-« oder »Hauptbaumeister«. Das Material, mit dem man in dieser Gegend Galiläas baute, war nicht Holz. Es war Stein. Nun war Nazareth zur Zeit Jesu ein winziges Kaff, in dem sich ein Bauhandwerker auch mit Stein den Lebensunterhalt für seine Familie nicht gut verdienen konnte. In einer solchen Situation wird man – damals wie heute – zum »Pendler«. Und die Großbaustelle dieser Jahre lag vor der Haustür – in Sepphoris. Straßen, Häuser, Banken (auch eine königliche Bank gab es damals schon), Archive, Marktplätze, Synagogen, Schulen, Gasthäuser, ein Palast und nicht zuletzt ein Theater: All dies wurde in jenen Jahren nach den vorangegangenen Zerstörungen wieder aufgebaut oder völlig neu konstruiert. Archäologische Funde belegen, daß das Material für diese Bauten größtenteils in unmittelbarer Nähe aus Steinbrüchen geschlagen und zubereitet wurde. Hier hatte jemand wie Joseph auf viele Jahre hinaus sein Auskommen.

Und Jesus? Als Ziehsohn des »Tektons« Joseph dürfte er nach alter Sitte zuerst einmal in dessen Beruf hineingewachsen sein und ihn so lange ausgeübt haben, bis er Nazareth endgültig verließ. Das Markus-Evangelium legt sich sogar darauf fest, daß Jesus selbst den Beruf des Bauhandwerkers ausübte. So heißt es beispielsweise in der evangelisch-katholischen »Einheitsübersetzung« des Markus-Evangeliums in einer Szene bei seiner vorübergehenden Rückkehr nach Nazareth: »Am Sabbat lehrte er in der Synagoge. Und die vielen Menschen, die ihm zuhörten, staunten und sagten: ›Woher hat er das alles? Was ist das für eine Weisheit, die ihm gegeben ist? Und was sind das für Wunder, die durch ihn geschehen? Ist das nicht der Zimmermann, der Sohn der Maria und Bruder von Jakobus, Joses, Judas und Simon? Leben nicht seine Schwestern hier unter uns?‹« (Markus 6,2-3). Joseph kommt hier nicht vor – daß er nicht der leibliche Vater Jesu war, ist den Ortsansässigen also bekannt. Dem wenige Jahre jüngeren Matthäus-Evangelium war das wohl zu unhöflich. Und so bringt es Joseph wieder hinein in den Bericht, wenn auch nur indirekt, ohne Namensnennung: Bei ihm ist Jesus »der Sohn des Zimmermanns« (Matthäus 13,55). Natürlich kann Matthäus mit dieser kleinen Veränderung seinen Lesern auch noch einmal elegant in Erinnerung rufen, daß Jesus nach geltendem Recht tatsächlich über seinen Adoptivvater in der Abstammung von David stand, die für die Erfüllung der Messias-Prophezeiungen so wichtig war. Und Matthäus kann selbstverständlich voraussetzen, daß seine Leser ohnehin von der Tradition der Lehre des Sohns im Beruf des Vaters wußten. Seine Absicht war demnach keinesfalls – wie gelegentlich noch vermutet wird – der ungeschickte Versuch, Jesus vom Schatten eines niederen Berufs zu befreien. Der Gedanke, einen Bauhandwerker für minderwertig zu halten, konnte nur dort aufkommen, wo man von der gesellschaftlichen Bedeutung dieses Berufsstands nichts wußte oder Menschen, die mit ihren Händen arbeiteten, grundsätzlich für zweitklassig hielt. Und tatsächlich war es ein aggressiver Polemiker, der wohl aus Kleinasien stammende Philosoph Celsus, der um 178 n. Chr. auf den Gedanken kam, den Christen vorzuwerfen, ihr Religionsstifter sei nichts anderes als ein Bauhandwerker gewesen.[7] Ob unter dem Einfluß dieser von keinerlei Einsicht in die Rolle, das Wirken und die Botschaft Jesu getrübten Polemik oder aus anderen Gründen – manche späteren Abschriften des Markus-Evangeliums veränderten hier den Text, paßten ihn der Fassung des Matthäus-Evangeliums an und vermieden so den Eindruck, der historische Jesus werde direkt als Bauarbeiter bezeichnet.

Origenes, der Leiter der Bibliothek von Caesarea und sonst einer der klügsten Verfechter des Christentums, verfaßte rund siebzig Jahre später, als Celsus immer noch gegen die Christen zitiert wurde, eine detaillierte, wirksame und weitverbreitete Gegenschrift. Und hier zeigte sich, daß die verharmlosenden Handschriften des Markus-Evangeliums zu dieser Zeit bereits flächendeckend gewirkt hatten: Origenes widerlegt Celsus nicht etwa mit dem kulturgeschichtlichen Argument der tatsächlichen Funktion eines »Tekton«, eines Baumeisters oder Bauhandwerkers. Er stellt auch nicht klar, warum es für die Wirksamkeit Jesu von größter Bedeutung war, daß er nicht als praxisferner Philosoph oder Theologe, sondern als im Alltag geschulter Mensch unter Menschen auftrat.[8] Er macht es sich einfach, sieht in den Handschriften nach, die ihm zur Verfügung stehen und sagt schlicht, daß Jesus in keinem der in den Kirchen verbreiteten Evangelien als »Tekton« bezeichnet werde.[9] Heute wissen wir es wieder besser. Und wir können dabei auch noch an die Gleichnisse denken, in denen Jesus aus der praktischen Erfahrung eines Baumeisters zu reden scheint.[10]

Vor diesem zeitgeschichtlichen Hintergrund ist es eine naheliegende Vermutung, daß Jesus mitbaute in Sepphoris, auch bei der Fertigstellung des Theaters.[11] Hier, besser als irgendwo sonst, konnte er zudem die Erfahrungen sammeln, die er später in seinen Gleichnissen und Reden aus der Finanzwelt, der Welt der Landverwalter und – nicht zuletzt – des Theaters so wirkungsvoll einsetzte. Denn diesen Gedankenschritt darf man selbstverständlich gehen: Beim Bauen, beim Aufeinandersetzen der Steine, hat er es gewiß nicht belassen; das Gespräch mit den

Bewohnern, das Zuhören und Zusehen, waren ebenso normale Bestandteile dieser Alltagswelt.[12] Es gehört daher kaum noch Phantasie dazu, sich Jesus auch als Besucher des Theaters von Sepphoris vorzustellen[13] und dabei vor Augen zu haben, daß er die »Heuchler« auf griechisch »hypokritái«, also Schauspieler nannte.[14] Doch erst jetzt wird die Spurensuche wirklich interessant. Denn wie sollen wir uns das vorstellen? Was kann Jesus im Theater erlebt, gehört und gesehen haben? Jüdisches Volkstheater in der mehrheitlich von zweisprachigen Juden bewohnten Stadt? Römische Possenspiele in einer östlichen Ecke des Römischen Reichs? Griechische Tragödien im griechisch geprägten Kulturraum Galiläas?

Lachen und Weinen

Ein lebendiges Theater als Kulturform hat es bei den hebräisch und aramäisch sprechenden Juden der Antike nie gegeben. Szenische oder dialogische Texte waren ihnen zwar keineswegs fremd; manche Interpreten haben zum Beispiel die lebhaften Wechselreden im »Hohelied Salomos« als eine Art erotisches Singspiel aufgefaßt. Und das unter die Weisheitsschriften des Alten Testaments aufgenommene Buch Hiob (Ijob) konnte gelegentlich sogar als eine Tragödie nach dem Vorbild des *Prometheus* von Aischylos verstanden werden. Aber eigentliche Bühnenstücke sind auch diese Texte nicht. Versuche, für das Theater zu schreiben, gab es sporadisch erst unter den griechischsprachigen Juden. Ein Name und wenige Fragmente sind erhalten geblieben: Ezekiel (Hesekiel, Ezechiel) »der Tragiker« – nicht zu verwechseln mit dem Autor des alttestamentlichen Buchs, und sein Drama *Exagogé* (Der Auszug). Ezekiel dramatisierte die Geschichte des Auszugs Israels aus Ägypten, die ersten fünfzehn Kapitel des Buchs »Exodus« (2. Mose). Nur 269 Zeilen aus sechs verschiedenen Szenen im klassischen Tragödienversmaß, dem jambischen Trimeter, sind noch überliefert – immerhin genug, um zu erkennen, daß Ezekiel ein Dichter war, der Neues hinzuerfand: einen Traum des Moses beispielsweise und die Gestalt des Chus, eines Bruders der Sepphora (hebräisch Sipporah; Exodus/2. Mose 21,21), den es im biblischen Exodus-Bericht nicht gibt.[15]

Dieses Theaterstück ist eigentlich keine Tragödie, sondern ein Geschichtsdrama; um seinen Beinamen »der Tragiker« zu verdienen, muß Ezekiel auch andere Stücke geschrieben haben. Aber von ihnen ist ebensowenig erhalten wie von den Werken (und Namen) weiterer jüdischer Dramatiker – falls es sie überhaupt gegeben haben sollte. Tatsächlich ist über diese Literaturform im Judentum so wenig überliefert, daß noch nicht einmal die genauen Lebensdaten des Ezekiel bekannt sind. Vom späten 3. bis zum frühen 1. Jahrhundert v. Chr. schwanken die Schätzungen, und ob er in Alexandria lebte, einer der Kulturmetropolen des Judentums im Römischen Reich, oder vielleicht doch eher in Palästina, muß ebenfalls offenbleiben. Das wenige, das wir von diesem Dramatiker wissen, verdanken wir im wesentlichen zwei frühchristlichen Schriftstellern: Klemens von Alexandria (ca. 150–ca. 216 n. Chr.) und Euseb von Caesarea (ca. 260–ca. 339 n. Chr.). Auch der griechische Völkerkundler und Reiseschriftsteller Alexander »der Polyhistor« (ca. 105–ca. 38 v. Chr.), der aus Milet stammte und in Rom lebte, wußte von Ezekiel und zitierte ihn in seinem Buch *Über die Juden*,[16] von dem die entscheidenden Teile aber wiederum nur durch Euseb von Caesarea überliefert sind.[17] Das ist wahrlich kein sonderlich befriedigendes Gesamtbild. Und selbst wenn es frühchristliche Autoren waren, die uns den ersten und vielleicht einzigen jüdischen Dramatiker der Antike wenigstens teilweise bewahrten – so muß man doch erkennen, daß ein wirkliches Theaterleben mit solchen Werken weder in der frühchristlichen Epoche, noch vor der Zeit Jesu, geschweige denn zu seinen Lebzeiten verwirklicht werden konnte. Und das gilt selbst dann, wenn das Stück des Ezekiel für die Bühne geschrieben war und Aufführungen erlebte.[18]

Ein Schlaglicht auf die Alltagsrolle des Theaters unter Juden wirft wenigstens noch der sogenannte Aristeas-Brief, eine Schrift aus dem 2. Jahrhundert v. Chr., die wohl in Alexandria entstand und daher zumindest für diesen Kulturraum gilt. Eigentlich geht es im »Aristeas-Brief« um die Legende der Entstehung der griechischen Übersetzung des Alten Testaments im 3./2. Jahrhundert v. Chr., der »Septuaginta«. Aber dann steht da auch eine längere Szene, in der bei einem Festmahl die Anwesenden von König Ptolemaios II. zu verschiedenen Themen befragt werden. Ein solcher Kurzdialog, »Aristeas-Brief« 284-285, lautet:

> *Dann fragte er einen anderen:*
> *»Was soll man in der Freizeit tun, um sich zu vergnügen?«*
> *Er sagte:* *»Es ist angebracht und auch für das Leben nützlich,*
> *wenn man sich anständige Theaterstücke ansieht und würdevoll gespielte Szenen aus dem Leben.*
> *Denn auch darin liegt eine gewisse Belehrung–*
> *man kann ja oft aus dem Unbedeutendsten etwas Gutes lernen.«*

In Alexandria lebte auch der jüdische Philosoph Philo, ein Zeitgenosse der ersten Christengeneration, der wohl im Jahr 50 n. Chr. starb. Er kannte Euripides, hat vielleicht sogar eine Inszenierung miterlebt.[19] Im kleinasiatischen Griechenland – in Milet – wurde im Theater eine Inschrift gefunden, die den Juden der Stadt die fünfte Sitzreihe von unten reserviert – jüdische Theaterbegeisterung ist gegen unser Bild von strenger, kunstfeindlicher Orthodoxie im Judentum dieser Zeit also auch hier belegt.[20] Für die Juden in der »Diaspora«, außerhalb des Kernlandes, kann an Theaterkenntnis und Theaternutzung in der Zeit vor Jesus und der Epoche der ersten Christen kein Zweifel bestehen. Was aber wurde dann in den Theatern Galiläas, Judäas und Samarias, Jerusalems und Jerichos zur Zeit Jesu gespielt?

Erinnern wir uns: Das Theater von Sepphoris wurde von Herodes Antipas als Prunkstück seiner neuen Hauptstadt errichtet oder wieder errichtet. Und dieser Antipas hatte seine Jugendjahre in Rom verbracht. Sein Vater, Herodes der Große, hatte ihn dorthin geschickt – so wie heute Eltern, die es sich leisten können, ihre begabten Töchter und Söhne in die weltweiten Zentren von Kultur, Wissenschaft und Politik schicken, nach Harvard, nach Oxford oder Cambridge, an das Institut de Hautes Études Internationales in Genf, die École Normale Supérieure in Paris oder die London School of Economics, um sie dort studieren zu lassen. So war damals Rom der Ort, an dem man seine Söhne studieren und, wenn möglich, am Kaiserhof Beziehungen knüpfen ließ. Herodes, der Freund des Kaisers Augustus, konnte seinen Kindern die Türen zur Elite der römischen Gesellschaft öffnen. Und als Antipas in der Hauptstadt eintraf, war das Theater mehr denn je in Mode. Gerade erst war das neue Theater des Marcellus eröffnet worden – zum privaten Wohnraum umgebaut steht es noch heute, unweit des ehemaligen jüdischen Ghettos. Als Antipas kurz vor dem Tod seines Vaters, Anfang 4 n. Chr., aus Rom zurückkehrte, gehörte das Theatererlebnis zu seinen prägenden Erfahrungen. Nichts konnte ihm näherliegen, als da weiterzumachen, wo sein Vater begonnen hatte. Theaterbauen – das war die eine Seite; Theaterstücke importieren, die Klassiker und die Modernen zur Aufführung bringen, das war die andere.

Und es kam noch ein kleines lokales Problem hinzu: Sepphoris war eine überwiegend jüdische Stadt. Jüdische Theaterstücke gab es nicht – die Werke des Ezekiel allein konnten die 5 000 Sitzplätze wohl kaum eine Saison lang füllen. Die lateinischen Dramen, die Antipas in Rom kennengelernt hatte, waren ungeeignet, denn Latein sprach in Sepphoris bestenfalls eine kleine Schicht von Beamten, die beruflich mit den Römern zu tun hatte. Lateinische Literatur gelangte bis an das Tote Meer – auf der Festung Masada wurde ein Papyrusfragment mit einem Vers aus der »Aeneis« gefunden, dem Nationalepos des Vergil. Ein römischer Offizier hatte es hier offenbar kurz nach der Eroberung Masadas 73/74 n. Chr. geschrieben.[21] Aber schon zur Zeit Herodes' des Großen mußten Bedienstete eine gewisse Lateinkenntnis haben: Herodes erhielt Lieferungen von Wein, Öl, Honig, Äpfeln usw. aus Italien, und wie Scherbenfunde belegen, waren die Krüge lateinisch beschriftet.[22] Dennoch: Latein war anders als Griechisch keine Alltagssprache in dieser Gegend des Römischen Reichs; auch die lateinischen Begriffe, die in den Evangelien benutzt werden, zeigen bestenfalls, daß bestimmte Lehnwörter und Fachausdrücke in den griechischen Sprachschatz eingedrungen waren.

Hätte Antipas wie ein moderner Theaterproduzent oder Verleger eine Marktanalyse in Auftrag gegeben, wäre das Ergebnis nicht anders ausgefallen. Er dürfte das bedauert haben, denn das römische Theater hatte zu dieser Zeit viel Neues und Abwechslungsreiches zu bieten. In gewisser Weise war es eine Zeit des Niedergangs, denn die alten Klassiker der lateinischen Tragödie wurden immer seltener aufgeführt, während die Komödien und Unterhaltungsstücke, Pantomimen und häufig obszöne Mimus-Possenspiele mit Striptease-Einlagen immer beliebter wurden. Die Elite des Adels und des Bildungsbürgertums schrieb sich ihre Tragödien weiter, aber man rezitierte sie nur noch und trug sie in kleinem Kreis zu Hause oder bei Hofe vor. Renommierte

Dichter wie Persius, Statius, Lukan und Pomponius Secundus verfaßten solche heute verlorenen Tragödien, auch Kaiser Augustus und Quintus, der Bruder Ciceros. Zur Zeit des frühen Christentums ragte nur ein Autor aus dieser bunten Schar von Schreibtischdramatikern heraus: Seneca (ca. 4 v. Chr. – 65 n. Chr.), ein Zeitgenosse der ersten christlichen Generation. Neben Abhandlungen zur Ethik und einigen Trostschriften, die das Christentum bis ins Mittelalter stark beeinflußten und zur Entstehung eines fiktiven Briefwechsels zwischen ihm und Paulus führten,[23] steht eine geniale Satire, die »Apokolokynthosis« oder »Verkürbissung«, auf die Vergöttlichung des ermordeten Kaisers Claudius. Doch seine wichtigsten dichterischen Werke sind zehn Dramen. Neun von ihnen behandeln Themen der griechischen Mythologie, das zehnte, »Octavia«, geht auf Ereignisse am Hof Neros im Jahre 62 n. Chr. zurück und wird von weiten Teilen der Forschung als unecht beurteilt. Strittig ist vor allem auch, ob Senecas Tragödien jemals öffentlich aufgeführt wurden oder doch eher in privaten Theatern wie jenem, das Nero sich in seinen römischen Gärten errichten ließ. Für das Theater in Sepphoris wären sie zur Jugendzeit Jesu jedenfalls anders als etwa jene vom Cicero-Bruder Quintus oder von Augustus schon zeitlich nicht in Frage gekommen; sie gehören, mit Ausnahme der »Octavia«, wohl in die späten vierziger und fünfziger Jahre des 1. Jahrhunderts.

Es bleibt ein reizvoller Gedanke: Eine Tragödie des Kaisers Augustus, aufgeführt im Theater von Sepphoris, das von seinem Freund Herodes dem Großen begonnen und von seinem Protégé Antipas neu errichtet wurde, vielleicht bei Festspielen zu des Kaisers Ehren, nach seinem Tod im Jahre 14 n. Chr., mit dem neunzehnjährigen Jesus unter den Zuschauern. Wir kennen nur den Titel eines Dramas des Augustus. Es hieß »Ajax«, stammte also aus der griechischen Heldensage. Und wir dürfen vermuten, daß Augustus es auf griechisch schrieb. Aber das nützt uns

nichts – das Gedankenspiel scheitert daran, daß dieser »Ajax«
wohl nie aufgeführt, ja daß er wahrscheinlich noch nicht einmal
vollendet wurde. Denn wenn wir es nicht für eine Floskel der
Bescheidenheit halten wollen, dann müssen wir wohl glauben,
was Augustus selbst mit erstaunlicher Selbstironie darüber sagte: »Er (Augustus) hatte«, so schreibt sein Biograph Sueton,
»mit viel Schwung eine Tragödie angefangen. Aber da sie ihm
nicht so recht gelingen wollte, vernichtete er sie. Auf die Frage
seiner Freunde, was denn der »Ajax« mache, antwortete er, sein
Ajax habe sich in den Schwamm gestürzt.«[24] Hatte der Ajax der
griechischen Heldensage sich in das Schwert gestürzt, so stürzte sich nun jener des Augustus in den Schwamm, mit dem man
den Text von einem Papyrus oder Pergament abwischte.

Es blieb also für Sepphoris – und für die anderen Theater
Palästinas – nur eins: griechische Bühnenwerke – denn Griechisch sprach und verstand die Bevölkerung von Sepphoris wie
auch anderswo in Galiläa zu dieser Zeit offensichtlich und mit
größter Selbstverständlichkeit.[25] Natürlich war es kein Widerspruch, ein Jude zu sein und in der eigenen hebräischen Kul-
turtradition zu leben und gleichzeitig teilzunehmen an der anderen alten Tradition des östlichen Mittelmeerraums, die sich
des Griechischen bediente und die in dieser Gegend schon über
hundert Jahre vor Jesu Geburt Wurzeln gefaßt hatte.[26] Aber für
welche Form des Theaters war eine solche Hauptstadtbevölke-
rung zugänglich? Wer heute an das klassische griechische Drama lange vor dem Bau des Theaters von Sepphoris denkt, der
stellt sich nicht nur die vielen erhaltenen Theater vor, in Epi-
dauros, in Athen, in Pergamon und anderswo, die auf den touri-
stischen Reiserouten liegen. Schon seit der Schulzeit haben
wir das Bild des Dreigespanns der großen Dramatiker vor uns,
Aischylos (ca. 525–456 v. Chr.), Sophokles (496–406 v. Chr.)
und Euripides (ca. 480–406 v. Chr.). Und auch das ungleiche
Duo der beiden Komödienschreiber gehört gerade noch zur All-

gemeinbildung: Aristophanes (ca. 445 – 386 v. Chr.) und Menander (342 – 291 v. Chr.). Von anderen sind zwar Namen, aber nur wenige fragmentarische Texte überliefert. Da aber von diesen fünf bedeutendsten und erfolgreichsten wenigstens einige Stücke vollständig erhalten sind und immer wieder einmal in modernen Inszenierungen aufgeführt werden, haben sie unser Bewußtsein von diesen Dingen geprägt.

Dazu kommt sicher auch noch, daß die Tragödien über große Opern bis heute weitergegeben werden. Da sind z.B. die *Elektra* von Richard Strauss und die *Medea* von Cherubini, beide nach Euripides, der *Oedipus Rex* – mehr Oratorium als Oper – von Strawinski, nach Sophokles, und, ebenfalls nach Sophokles, die *Antigone* von Carl Orff sowie der *Orest* von Cimarosa, nach Aischylos. Die Adaptationen dieser Tragödien durch andere Dramatiker, bis in die Gegenwart, sind kaum zu zählen. Der Franzose Jean Giraudoux machte sich den Spaß, 1929 seinem Amphitryon-Drama, das er dem römischen Komödienschreiber Plautus entlehnte – der es wiederum einem verlorenen altgriechischen Vorbild entnommen hatte – als Namen die Stückzahl zu geben, die er mit seiner eigenen Bearbeitung erreicht hatte: *Amphitryon* 38. Von den klassischen Trilogien der antiken Tragödie ist nur eine vollständig erhalten geblieben, die *Orestie* des Aischylos. Und von den Satyrspielen, die traditionell den Abschluß der dem Gott Dionysus geweihten Festspiele bildeten, um derb-drastische, burleske und erotisch kulminierende Entspannung zu bieten, ist nur eines ganz überliefert, der *Kyklops* des Euripides.[27]

Dieses klassische griechische Drama in seinen feierlichen, auch religiös den Göttermythen gewidmeten Ritualen, können wir uns in Sepphoris auch noch vorstellen, aber nicht mehr im ständigen Repertoire. Und zwar nicht etwa wegen religiöser Vorbehalte unter den Juden, die es durchaus gegeben haben könnte: Diese traditionelle Form der straff organisierten, weihevollen Funktion des Theaters war in der uns interessierenden jüdischen, neutestamentlichen Zeit auch in Griechenland selbst längst untergegangen. Nur einzelne Autoren mit einzelnen Stücken hatten bis in diese Zeit ihren Rang als Bestsellerautoren und Bühnenlieblinge bewahren können. Euripides, der Meister des dramatischen, schon sprichwörtlich theatralischen Effekts, hatte auch zur Zeit Jesu noch den Status eines Kassenmagneten, und Menander blieb noch lange so beliebt, daß er noch im 2./3. nachchristlichen Jahrhundert für den Autor einer jüdischen Schrift unter dem Titel »Die Weisheit des Menander« gehalten werden konnte, aus der später wiederum die pseudonyme, einst dem frühchristlichen Autor Justin (ca. 100–165 n. Chr.) zugeschriebene Abhandlung »Über die Einheit Gottes« ausgiebig zitiert.[28] Das also kann man sich auch für das Theater von Sepphoris gut vorstellen: Selten einmal, als große Ausnahme, ein Stück von Aischylos oder Sophokles, häufiger schon ein Drama des Euripides, und als Repertoire-»Klassiker« der Komödienschreiber Menander. Daneben standen die längst überall im Reich populären Pantomimen. Unter »Pantomimos« verstand man zu dieser Zeit Stücke, in denen ein Tänzer – manchmal mehrere – den Stoff mimisch darstellte, während ein Chor oder Sänger dazu begleitend den Text darboten. Die Themen konnten aus der alten Götter-Mythologie stammen, aus den klassischen Tragödien und Komödien oder auch aus den Motiven aktueller Ereignisse.

Je weiter sich der Unterhaltungscharakter und die gewollte Volksbelustigung bei diesen Aufführungen verselbständigte, desto krasser wurde oft auch die erotische Komponente ausgespielt, und so kam es in dieser Epoche auch zu negativer Kritik von Beobachtern, die dabei keineswegs einen christlichen Moralanspruch durchsetzen wollten – denn Christen waren sie nicht. »Wenn der zarte Bathyllus im Pantomimus die ›Leda‹ tanzt, kann Tuccia ihre Blase nicht mehr halten, Apula stöhnt lang und jammernd auf wie in einer plötzlichen Umarmung, und Thymele paßt genau auf, ja die naive Thymele lernt jetzt viel dazu.« So beschreibt der Satiriker Juvenal (ca. 60–140 n. Chr.) die sexuelle Wirkung der anzüglichen Vorführung eines männlichen Schauspielers, der hier die von Zeus in Gestalt eines Schwans verführte Leda darstellt.[29] Und diese Entwicklung, die zu solch kritischem Spott führte, setzte nicht erst gegen Ende des 1. Jahrhunderts ein. Tacitus, der römische Aristokrat und Historiker, kontrastiert in seiner »Germania« , die 98 n. Chr. entstand, das sittsame Leben germanischer Frauen mit dem Treiben, dem die Römerinnen ausgesetzt waren: »So leben also die (germanischen) Frauen in keuscher Sittsamkeit (›pudicitia‹), ohne durch die Verlockungen der Schauspiele oder die Aufreizungen der Gelage verdorben zu werden.«[30] Auch der »Mimus« war eine Schauspielform, die alle Schichten der Gesellschaft erreichte. Anders als beim Pantomimus traten hier ein oder mehrere Schauspieler ohne Chor- und Instrumentenbegleitung auf, selbst auch sprechend und singend. Besonders reizvoll war im »Mimus« die Mitwirkung von Schauspielerinnen, die häufig am Ende des Stücks vom Publikum oder den anderen Mitwirkenden aufgefordert wurden, sich auszuziehen – und dies auch gern taten.

Nicht alle »Mimus«-Stücke lebten von phallischer und sonstiger Symbolik, aber es kann kein Zweifel daran bestehen, daß diese Elemente ebenso wie die Satire – auch die tagespolitische – sowie eine derbe Sprache und Gestik gut ankamen. Die Darstellung der Vergewaltigung von Sklaven gehörte ebenso zum Repertoire wie Kreuzigungen von Verbrechern. Catullus, ein »Mimus«-Schreiber aus der ersten Hälfte des 1. Jahrhunderts, verfaßte – vielleicht im gleichen Jahr, als Jesus in Jerusalem gekreuzigt wurde – sein Stück »Laureolus«, in dem ein stadtbekannter Räuber auf offener Bühne gekreuzigt wird. Obwohl vom Text nichts erhalten geblieben ist, muß gerade dieser »Mimus« ungeheuer beliebt gewesen sein: Gleich drei Autoren schreiben darüber – Martial, Sueton und Josephus.[31] Josephus, der jüdische Historiker, berichtet in seinen *Jüdischen Altertümern* 19,94 von der Aufführung zweier Stücke auf dem Palatin in Rom, in Anwesenheit des Kaisers Caligula (12–41 n. Chr.), deren erstes – der hier nicht mit seinem Titel genannte »Laureolus« – »ein ›Mimus‹ war, in dessen Verlauf ein Räuber gefangen und gekreuzigt wird«. Und der Satiriker Juvenal urteilte über eine Aufführung des Stücks maliziös, der Schauspieler hätte so schlecht gespielt, daß er eine wirkliche Kreuzigung verdient gehabt hätte.[32] Kreuzigungen waren damals auch in der wirklichen Welt außerhalb des Theaters eine alltägliche Begebenheit; und doch kann es auch den heutigen Leser der Schrift des Josephus nicht unberührt lassen, diese Beschreibung zu lesen, nachdem zuvor, im 18. Buch der *Jüdischen Altertümer*, von der Kreuzigung Jesu durch Pontius Pilatus die Rede war.[33]

Und ein wenig makaber, aber keineswegs auszuschließen ist auch die Vorstellung, daß der »Laureolus« des Catullus in Sepphoris und anderswo im römischen Palästina aufgeführt wurde, als Abendprogramm zur Erheiterung einer lateinischsprachigen Garnisonstruppe. Wenn wir annehmen, daß dieses Stück tatsächlich schon vor dem Kreuzigungsjahr Jesu, 30 n. Chr., die Runde machte, kann dieser ein wenig ungemütliche Gedanke noch einen Schritt weitergedacht werden: Die römischen Soldaten, die mit Jesus unmittelbar vor der Kreuzigung in Anwesenheit der gesamten Besatzung des Prätoriums eine Art Mimus-Spiel aufführten, indem sie ihn nackt auszogen, ihm einen Purpurmantel umlegten, eine Krone aus Dornen aufsetzten, ein Rohr in die Hand gaben und ihn mit gebeugten Knien als »der Juden König« verspotteten, ehe sie ihn wieder anzogen und zur Kreuzigung führten (Matthäus 27,27-31), könnten von einer Aufführung des »Laureolus« inspiriert worden sein.

Alles in allem dürfte die Theaterwelt aus Lachen und Weinen, Tragik und Komödie, Ernst und Posse in Sepphoris so ausgesehen haben wie anderswo auch zu dieser Zeit, und wenn es einen Unterschied gab, dann am ehesten den einer gewissen Bevorzugung der klassischeren Stücke. Literarisch, philosophisch und im Religiösen war der Osten des Reichs konservativer als die Städte des Westens und des griechischen Kernlandes.[34]

Von Stacheln und schlechten Sitten

Der historische Jesus kannte das Theater, er kannte Schauspieler, und er wußte diese Erfahrung zu nutzen. Ob er in seinen Reden auch aus Dramen zitiert hat, wissen wir nicht – keines der Evangelien erwähnt eine solche Begebenheit. Das Publikum, das wir in den Evangelien kennenlernen, war zwar mehrsprachig und in einer facettenreichen Kultur zu Hause, aber die Argumente und Zitate, die Jesus brauchte, um seine Botschaft glaubhaft und glaubwürdig zu machen, mußten aus der gemeinsamen jüdischen Tradition stammen. So zitiert er Moses und die Propheten, aber keinen griechischen Philosophen oder Dramatiker. Diesen Weg gingen christliche Denker erst seit Klemens von Alexandria und Euseb von Caesarea, d.h. seit dem 2. und 3. Jahrhundert, als man auch bei Platon und in den Dichtern Spuren der wahren Gotteserkenntnis suchte und dafür die geeignete Leserschaft hatte. Die eine Ausnahme, die wir im Neuen Testament finden, ist dennoch aufschlußreich und wegweisend zugleich. Nicht der historische, irdische Jesus spricht, sondern der auferstandene Christus, der dem Christenverfolger Saulus auf der Straße nach Damaskus erscheint. Wir befinden uns im Jahr 33 n. Chr., vielleicht etwas später. Saulus, ein gebildeter Pharisäer, der mit stiller Zufriedenheit der öffentlichen

Ermordung des Christen Stephanus mitten in Jerusalem zugesehen hatte (Apostelgeschichte 7,58-60), ist im Auftrag des Hohenpriesters unterwegs nach Damaskus, um dort Anhänger des Jesus von Nazareth aufzuspüren. Kurz vor der Stadt stürzt er zu Boden: Ein »Licht vom Himmel« war erschienen, und plötzlich hört Saulus eine Stimme: »Saul, Saul, warum verfolgst du mich? Es wird dir schwerfallen, gegen den Stachel auszuschlagen.« Saulus fragt nach: »Wer bist du, Herr?« Und die Stimme antwortet: »Ich bin Jesus, den du verfolgst.« Nun erhält Saulus den Auftrag, als reisender Missionar diesen Jesus zu verkünden, und so wird denn auch Saulus zum Paulus, und an die Stelle des traditionellen hebräischen Namens, den auch ein König Israels getragen hatte, tritt der griechisch-römische Name, der im mehrteiligen Namenssystem dieser Zeit eigentlich nur ein Beiname ist und wörtlich schlicht »der Kleine«, »der Geringe« heißt.[35] Dreimal wird dieses Damaskus-Erlebnis in der Apostelgeschichte erzählt – zuerst an der chronologisch erforderlichen Stelle, in den nüchternen Berichtsworten des Lukas (Apostelgeschichte 9,1-9), dann in den Worten des Paulus selbst, in einer Rechtfertigungsrede vor jüdischen Zuhörern (Apostelgeschichte 22,1-11), und ein drittes Mal wiederum von Paulus, nun aber vor dem jüdischen König Agrippa I. und dem römischen Statthalter Festus (Apostelgeschichte 26,12-18).[36] Und nur in diesem dritten Bericht finden wir den auffälligen Satz: »Es wird dir schwerfallen, gegen den Stachel auszuschlagen.« Jesus spricht in dieser Szene aramäisch – wie Paulus selbst berichtet, und der Apostel gibt den Text für seine griechischsprachigen Zuhörer auf griechisch wieder. Er ist, unverkennbar, ein klassisches Theaterzitat.

Damals wie heute gab es »geflügelte Worte«, Sprichwörter und sogar Zitatsammlungen, die man Florilegien nennt, also wörtlich »Blütenlesen« aus den Werken der beliebtesten Autoren. Der Satz des Jesus auf der Straße nach Damaskus ist ein solches Zitat. Das Bild vom Zugtier, das sich vergeblich und sinnlos gegen den Stachelstock wehrt, ließ sich gut auf menschliche Situationen übertragen. In antiken Theaterstücken ist es gleich mehrfach mit kleinen Variationen belegt. Zuerst beim ältesten der großen Tragödiendichter, Aischylos. In seinem »Agamemnon« spricht König Aegisthos zum Chorführer, fast schon am Ende der Tragödie:

> *»Erfahr es jetzt als Greis: Es kostet teures Lehrgeld,*
> *Wenn man es erst im Alter lernt, die Worte abzuwägen.*
> *Doch Ketten, Hunger und Schmerzen, bewährte Ärzte*
> *Des Verstands, lehren auch das Alter. Du hast Augen und*
> *Verstehst doch nicht? Schlage nicht gegen den Stachel aus,*
> *Sonst triffst du nur dir selbst zum Schmerz.«*
> *(Agamemnon 1619-1624)*

Kannte Paulus, der eine auch griechisch geprägte Ausbildung durchlaufen hatte, den Zusammenhang, oder ist er ihm später deutlich geworden? Zumindest die frühen Leser der Apostelgeschichte, die noch in ihren Theaterklassikern zu Hause waren, können kaum übersehen haben, wie sich der spätere Weg des Paulus in dieser Szene widerspiegelt: Ketten, Hunger und Schmerzen erlitt er mehr als einmal, nicht als Verfolger, der er damals noch war, sondern als künftiger Bote jenes Jesus, der dort vor Damaskus zu ihm sprach.

Ein zweites Mal greift Aischylos diesen Satz auf. In seiner Tragödie »Prometheus« erscheint der Gott Okeanos auf seinem Flügelroß und spricht zum an einen Felsen gefesselten Prometheus:

> *»Du bist noch nicht gefügig, weichst dem Schlechten nicht*
> *Und willst dir noch mehr Schaden zufügen.*
> *Doch nimm nun mich zum Lehrer an und*
> *Schlage nicht gegen den Stachel aus.«*
> *(Prometheus 322-325)*

Auch hier ist das Zitat in einen Zusammenhang eingebunden, der einen zeitgenössischen Leser, und mehr noch Agrippa und Festus – die Zuhörer des Paulus-Berichts, die beide die übliche Erziehung des griechisch-römischen Kulturraums durchlaufen hatten – hellhörig werden ließ. In der Tragödie des Aischylos spricht ein Gott der griechischen Mythologie. Im Bericht des Paulus spricht Jesus, Sohn Gottes und – wie auch Paulus glaubte (2. Korinther 13,13) – auf einer Stufe mit Gott. Dachten also die Hörer und Leser des Paulus-Berichts an die »Prometheus«-Stelle, so begriffen sie: Hier wird die alte Götterwelt herausgefordert. Nicht mehr ein mythischer Okeanos kann fordern und versprechen; Gott selbst, der eine Gott des Judentums, und Jesus, der Christus, haben diese Gottheiten abgelöst.

Ein Spruch wie der vom »Löcken wider den Stachel«, wie es in Martin Luthers Übersetzung heißt, war nicht das Copyright des Aischylos. Wir finden ihn nur wenig später bei Pindar wieder, in einer seiner »Pythischen Oden« (2,94) und später auch bei Euripides, dem jüngsten der drei großen griechischen Tragiker. In seinen »Bakchen« (794-795) hören wir, wie der Satz als Verzicht formuliert wird: »Ich würde lieber opfern als, wie ein ohnmächtiger Mensch, gegen den Stachel eines Gotteswillens auszuschlagen«.[37] Nun kann man angesichts dieser Vielzahl von Belegen natürlich mit einem Schuß Skepsis fragen, wie es denn möglich sein soll, das Jesus-Wort in jener Darstellung des Paulus als ein tatsächliches Theater-Zitat zu erweisen. War es nicht doch eher ein simples geflügeltes Wort, das dem Paulus und dem Lukas an dieser Stelle ins rhetorische Konzept paßte?[38] So leicht dürfen wir es uns aus unserer heutigen Sicht aber nicht machen. Denn die Autoren des Neuen Testaments haben es sich auch nicht leicht gemacht mit der Aufnahme solcher Zitate: Angesichts ihres Ziels, nicht nur eine jüdische, sondern auch eine außerjüdische, griechisch-römisch gebildete Leserschaft zu erreichen, müssen wir annehmen, daß die tatsächlich vorhandenen Zitate sehr bewußt und sehr beziehungsreich überliefert wurden. Es reicht daher nicht aus, einfach nur nachzusehen, ob ein bestimmtes Wort auch anderswo gebraucht wurde. Der Zusammenhang ist entscheidend. Und der Zusammenhang zeigt uns hier, daß die Ermahnung, nicht gegen den Stachel auszuschlagen, bei einem der griechischen Dramatiker, die auch zur Zeit Jesu noch im Theater aufgeführt wurden, zweimal sehr konkret zu dem paßt, was Jesus vermitteln, was Paulus seinen beiden Zuhörern klarmachen und was der Chronist Lukas letztlich seinen Lesern als Bestandteil der christlichen Botschaft überliefern wollte.

Bei all dem sollten wir heute auch im Blick behalten, daß die Menschen zur Zeit Jesu und zur Zeit der Entstehung des Neuen Testaments offensichtlich überaus theaterbegeistert waren. Denn auch ein Großfürst wie Herodes oder wie Antipas baut Theater nur, wenn er weiß, daß sie einen Zweck erfüllen. Wir können es auch anders sagen: Ehe ein Mensch in dieser Umwelt irgendeine Anthologie oder eine Blütenlese erwarb und aufschlug, in der dann treffliche Zitate vorkamen, ging er ins Theater und erlebte »live« auf der Bühne, was noch lange danach die Gedanken beschäftigte. Wenn wir als heutige Leser solche Zusammenhänge nachvollziehen wollen, stoßen wir allerdings auf folgendes Problem: Trotz aller Papyrusfunde, trotz aller anderen Überlieferungswege ist nur wenig von der antiken Literatur erhalten. Viele Zitate, die in den Texten des Neuen Testaments mehr oder weniger direkt benutzt wurden, können wir daher gar nicht mehr erkennen, und vor anderen Stellen, die zweifellos Zitate sind, stehen wir ratlos, weil die Werke, auf die sie anspielen, verloren sind. In einem Fall wissen wir aber trotz allem, daß hier einmal mehr ganz bewußt ein griechischer Theaterautor zitiert wurde. In seinem ersten Brief an die Korinther, 15,33, schreibt Paulus: »Laßt euch nicht verführen! *Schlechter Umgang verdirbt gute Sitten*.« Im griechischen Text ist das ein jambischer Trimeter, das klassische Dramen-Versmaß. Aber aus welchem Stück stammt der Vers? Wer in der Textausgabe des griechischen Neuen Testaments nach Nestle-Aland nachschlägt, findet eine schnelle Antwort: Das Zitat ist aus der »Thais«, einem Stück von Menander,[39] des auch in neutestamentlicher Zeit beliebtesten griechischen Komödienautors. Allerdings ist diese »Thais« gar nicht erhalten. Und so kommt weder das Stück noch dieses Zitat in der maßgeblichen kritischen Menander-Ausgabe vor.[40]

Ebensowenig erhalten ist eine Tragödie des Euripides, der rund einhundertfünfzig Jahre vor Menander den gleichen Gedanken auch schon gehabt haben soll. Soll – denn auch sein vermutetes Stück, der »Aiolos«, ist nicht überliefert. Wieder sind wir auf die bloße Zuschreibung eines Fragments angewiesen.[41] Ein Papyrusfund scheint jedenfalls eher für die Herkunft aus einer Tragödie des Euripides zu sprechend.[42] Dennoch stoßen wir hier wieder auf das gleiche Phänomen, das uns schon beim Aischylos-Zitat begegnete: Nachahmung und Weiterentwicklung. Denn Menander, der Komödienschreiber, bediente sich nachweislich gern bei Euripides,[43] und so könnte es Paulus tatsächlich eher einer Menander-Komödie als einer Tragödie des Euripides entnommen haben. Anders als im Fall des von Jesus vor Damaskus zitierten Verses werden wir hier allerdings eine Lösung nicht aus dem Zusammenhang erschließen können – denn der Zusammenhang ist in diesen Fragmenten weder beim Euripides-Bruchstück noch beim Menander-Rest erhalten. Nur eins können wir sagen: Wer behauptet, daß solche Zitate einfach nur aus allgemeinen Spruchsammlungen stammten oder frei verfügbare geflügelte Worte waren, der macht es sich zu leicht. Die Wirklichkeit der Zeit Jesu und der Zeit des Paulus sah anders aus. Es kann nichts schaden, sich an den Gedanken zu gewöhnen, daß auch ein Paulus, der an die Korinther schrieb, eher in Korinth, Milet oder Ephesus ins Theater ging, als den »Büchmann« eines Jerusalemer Verlegers aufzuschlagen. Er wird dies nicht aus Begeisterung getan haben, sondern aus Einsicht in eine strategische Notwendigkeit. Zu den Menschen seiner Zeit konnte er nur sprechen, wenn er sah (und zitieren konnte), was auch sie sahen.[44]

Die Bühne der Evangelien

Die Popularität des Theaters und seiner Formen wirkte sich auch auf die literarische Gestalt der Evangelien aus. Schon immer haben aufmerksame Leser gemerkt, daß die vier Evangelien auffällig viele direkte Reden, Dialoge und Massenszenen bieten, ja daß sogar Jesus einmal gezeigt wird, wie er sich seinen Zuhörern geradezu als Bühnenredner gegenüberstellt: »Ein anderes Mal lehrte er wieder am Ufer des Sees, und sehr viele Menschen versammelten sich um ihn. Er stieg daher in ein Boot, das im Wasser lag und setzte sich, und die Leute standen am Ufer« (Markus 4,1-2; Matthäus 13,1-2). Wo konnte Jesus von einem Boot gut hörbar zu einer Menschenmasse sprechen? Der Ort ist am See Genezareth gefunden worden, ein paar Kilometer nordöstlich von Kapernaum, und akustische Experimente haben den Effekt bestätigt. Nicht nur am Ufer, sondern auch oben auf dem Hügel kann man die Worte eines Menschen, der im Boot sitzt, klar verstehen. Und diese Wirkung kann erzielt werden, weil genau an dieser Stelle die Anhöhe die natürliche Form eines Theaterrunds hat. Liegt das Boot im Zentrum der Wasser-»Bühne«, dann tritt das gleiche akustische Phänomen ein, das heute noch Besucher des griechischen Theaters von Epidaurus und anderer antiker Theater kennen.[45] Nicht nur der historische Jesus kannte das Theater, sondern auch die Menschen, die mit ihm lebten, und nicht zuletzt jene, die später aufschrieben, was sie teils selbst erlebt, teils von Augenzeugen gehört, teils in akribischer Recherche zusammengetragen hatten.[46] Woher nahmen sie die Anregung, ihre Texte streckenweise so bühnengerecht zu schreiben, daß man meinen könnte, ein Theaterstück zu lesen? Vor allem Markus und Johannes sind so stark von dialogischen und dramatischen Formen geprägt, daß auch immer wieder versucht wurde, sie auf die Bühne zu bringen.[47] In den achtziger Jahren inszenierte der beliebte britische Schauspieler Alec McCowan das Markus-Evangelium und führte es im ganzen Land nach dem Text der alten englischen »Authorized Version« auf, ohne ein einziges Wort zu streichen. Der Erfolg war durchschlagend, und McCowan verfaßte anschließend einen Bestseller über seine Erfahrungen mit Markus. Auch mit Johannes ist in England ähnliches unternommen worden, und Szenen wie die folgenden, die gleichsam noch das Bühnenbild und die Handlungsanweisungen mitliefern, machen das verständlich:

Es waren auch einige Griechen anwesend. Sie gehörten zu den Pilgern, die Gott anbeten wollten. Sie traten an Philippus heran, der aus Betsaida in Galiläa stammte, und sagten zu ihm: »Herr, wir möchten Jesus sehen.« *Philippus ging und sagte es Andreas; Andreas und Philippus gingen und sagten es Jesus. Jesus aber antwortete ihnen:* »Die Stunde ist gekommen, daß der Menschensohn verherrlicht wird. Amen, amen, ich sage euch, wenn das Weizenkorn nicht in die Erde fällt und stirbt, bleibt es allein; wenn es aber stirbt, bringt es reiche Frucht. Wer an seinem Leben hängt, verliert es; wer aber sein Leben in dieser Welt gering achtet, wird es bewahren bis ins ewige Leben. Wenn einer mir dienen will, folge er mir nach; und wo ich bin, dort wird auch mein Diener sein. Wenn einer mir dient, wird der Vater ihn ehren. Jetzt ist meine Seele erschüttert. Was soll ich sagen?* ›Vater, rette mich aus dieser Stunde?‹ *Aber deshalb bin ich in diese Stunde ge-*

kommen. ›Vater, verherrliche deinen Namen!‹« Da kam eine
Stimme vom Himmel: »Ich habe ihn schon verherrlicht und
werde ihn wieder verherrlichen.« Die Menge, die dabeistand
und das hörte, sagte: »Es hat gedonnert!« Andere sagten:
»Ein Engel hat zu ihm geredet.« Jesus antwortete und sagte:
»Nicht mir galt diese Stimme, sondern euch. Jetzt wird Gericht gehalten über diese Welt; jetzt wird der Herrscher dieser Welt hinausgeworfen werden. Und ich, wenn ich über die
Erde erhöht bin, werde alle zu mir ziehen.« Das sagte er, um
anzudeuten, auf welche Weise er sterben werde. Die Menge
jedoch hielt ihm entgegen: »Wir haben aus dem Gesetz
gehört, daß der Messias bis in Ewigkeit bleiben wird. Wie
kannst du sagen, der Menschensohn müsse erhöht werden?
Wer ist dieser Menschensohn?« Da sagte Jesus zu ihnen:
»Nur noch kurze Zeit ist das Licht bei euch. Geht euren Weg,
solange ihr das Licht habt, damit euch nicht die Finsternis
überrascht. Wer in der Finsternis geht, weiß nicht, wohin er
gerät. Solange ihr das Licht bei euch habt, glaubt an das
Licht, damit ihr Söhne des Lichts werdet.« Dies sagte Jesus.
Und er ging fort und verbarg sich vor ihnen.
(Johannes 12,20-36)*

Hier haben wir alles, was spätestens seit Euripides zu einer wirkungsvollen antiken Dramenszene gehört: Auftritt der ersten
handelnden Person(en), Einzelsprecher, Chor (»die Menge«),
sogar die Stimme des »Deus ex machina« und den »Theater-
donner«, und dann den Abgang des Haupthelden. Und natürlich
darf man völlig zu Recht annehmen, daß ein Johannes, ein Markus und auch die anderen wie wirkliche Menschen in einer
wirklichen Welt ihre Impulse in der Tat aus eigenen Theater-
besuchen gewannen. Ebenso denkbar, wenngleich weniger
wahrscheinlich, ist die Möglichkeit, daß sie solche Stücke lasen.
Auf jeden Fall aber sind vor allem bei Markus die Parallelen

zur griechischen Tragödie frappierend. Sogar der eigenartige Schluß seines Evangeliums läßt sich unter einer solchen Voraussetzung erklären: Markus schließt in Kapitel 16,8 mit einer Szene, in der drei Frauen am leeren Grab Jesu stehen. Ein weißgekleideter junger Mann erklärt ihnen, warum das Grab leer ist. Und nun der letzte Vers des Evangeliums:

> *»Da verließen sie das Grab und flohen; denn Schrecken und Entsetzen hatte sie gepackt. Und sie sagten niemand etwas davon, denn sich fürchteten sich sehr.«*

»Darf« ein Evangelium so enden? Matthäus, Lukas und Johannes zeigen uns, daß doch nun erst der Triumph kommt – die Erscheinungen des Auferstandenen vor den Jüngern und auch seine letzten Taten, und dann seine Abschiedsbotschaft. Da all dies bei Markus fehlt, hat man schon im 2. Jahrhundert längere Schlüsse dazugeschrieben, die auch heute noch den Bibelausgaben und -übersetzungen in Klammern beigegeben werden. Es kam zur Erklärung des scheinbar so abrupten Markus-Schlusses auch die These auf, das letzte Blatt der Urschrift, das solche Berichte enthalten haben soll, sei verlorengegangen, ehe Abschriften angefertigt werden konnten. Das allerdings kann schon aus einem technischen Grund und einer praktischen Überlegung nicht der Fall gewesen sein: Zum einen wurde das Markus-Evangelium ursprünglich auf einer Schriftrolle geschrieben, und bei einer Rolle ist das Ende am besten geschützt, kann also nicht aus Versehen oder gar unbemerkt verlorengehen. Und zum anderen ist es angesichts der Tatsache, daß die Evangelien von Anfang an für die Vervielfältigung und Verbreitung gedacht waren, völlig unvorstellbar, daß das Fehlen des Schlusses nicht sofort wenigstens von denen bemerkt worden wäre, die die Urschrift kannten – angefangen mit dem Verfasser und seiner engeren Umgebung. Gelegentlich ist gegen den Schluß auch eingewandt worden, er ende mit dem griechischen Wort »*gar*« (»denn«), und so dürfe ein literarisches griechisches Werk nicht enden – mit anderen Worten, es könne nicht der ursprüngliche Schluß sein. Aber auch das hat sich als Irrtum herausgestellt. In der griechischen Literatur können Kapitel und Abschnitte ohne weiteres mit diesem Wort enden, und es gibt sogar ein erhaltenes Beispiel für ein ganzes literarisches Buch, das so schließt: Plotins »Enneade« 5,5,13.[48] Soviel ist also klar: Das Markus-Evangelium kann ohne weiteres mit Kapitel 16,8 geendet haben. Aber aus welchem Grund?

Hier schließt sich der Kreis, und wir sind wieder bei der Theaterkenntnis des Markus. Denn für ein Werk, das sich an dem Modell einer griechischen Tragödie orientiert, ist der Schluß auf dem Ton des Schreckens und Entsetzens eine überzeugende Pointe. Aber er ist auch mehr als das: Augenblicke des Entsetzens und der Furcht durchziehen das ganze Evangelium.[49] Und es ist nicht das schiere Entsetzen vor einem blinden Schicksal oder einem selbstverschuldeten tragischen Los. Im Gegenteil, stets ist bei Markus eine subtile Veränderung gegenüber der Tragödie im Blick: In seinen Szenen ergreift die Menschen ein heiliges Entsetzen – die Furcht vor der Erkenntnis, daß Gottes Sohn und Gott selbst handelnd in die Geschichte eingreifen. Immer wieder übersteigt das die Vorstellungskraft der unmittelbar Betroffenen, nicht nur am leeren Grab Jesu. Ganz konsequent endet das Markus-Evangelium mit diesem Schrecken und Entsetzen im Augenblick der größten Tat Gottes, der Auferweckung seines Sohnes, und ebenso konsequent folgt darauf Stille: »Und sie sagten niemand etwas davon.« Natürlich weiß auch Markus, daß die Frauen schließlich doch darüber sprachen; er behauptet ja auch nicht, daß sie für immer schwiegen. Der Effekt der Stille nach dem Entsetzen am Ende dieses Evangeliums ist der geniale gestalterische Einfall, mit dem das neben Johannes kunstvollste der vier Evangelien ausklingt. Der Leser, Hörer oder Zuschauer wird hineingenommen in diesen Raum der Ruhe, ähnlich wie bei Beethovens letzter Klaviersonate, die nach zwei Sätzen höchster innerer Dramatik im Piano verklingt, so daß sich im Konzertsaal der Beifall erst nach langen Sekunden des Ergriffenseins einstellt.

Es bedarf vielleicht kaum noch der Erwähnung: Die Evangelien sind nicht nur literarisch gestaltet, sie sind nicht nur eine »gute Botschaft« (wie der griechische Begriff »euangelion«, also Evangelium, wörtlich übersetzt heißt). Sie wollen auch Geschichtsschreibung sein. Und so müssen sie auch nach den Maßstäben antiker (nicht heutiger) Geschichtsschreibung beurteilt werden. Um so auffälliger ist eine Besonderheit zweier Großmeister der griechischen Geschichtsschreibung, des Herodot (ca. 485–425 v. Chr.) und des Sokrates-Schülers Xenophon (ca. 430–355 v. Chr.), die natürlich auch in neutestamentlicher Zeit noch gelesen wurden. Beide arbeiten häufig mit dramatisierten Szenen, mit Reden und Dialogen, und sie tun dies vor allem dann, wenn sie ihre Leser direkt an einem fesselnden Geschehen teilhaben lassen wollen. Vor allem Xenophon gelingt das in einem seiner Hauptwerke, der *Anabasis*, in dem er einen Heereszug von 10 000 Griechen beschreibt, dessen Augenzeuge er gewesen war. Ein Evangelist wie Markus konnte sich also auch durch antike Geschichtsschreiber darin bestätigt fühlen, dramatische Elemente und dramaturgische Effekte für sein eigenes Werk zu benutzen. Kein damaliger Leser wäre deswegen auf den Gedanken gekommen, ihm seinen Wert als Geschichtsschreibung abzusprechen – im Gegenteil. Und umgekehrt wußte ein Markus oder ein Johannes, daß er auch unter jüdischen Lesern Wiedererkennungseffekte auslösen würde – nicht nur, weil man sich vielleicht noch an Ezekiel den Tragiker erinnerte, sondern auch wegen der gelegentlichen dramatischen Dialogszenen in der jüdischen Bibel wie etwa im Buch Hiob/Ijob, im Hohelied Salomos oder verstreut in anderen Büchern.[50]

Keines der vier Evangelien ist mit der engen Beziehung zum antiken Theater ausreichend erfaßt. Denn trotz aller Nähe sind sie nun einmal keine Theaterstücke. Sie sind, ohne chronologische Vollständigkeit anzustreben,[51] historische Biographien – nicht im heutigen, sondern im antiken Sinne – so, wie wir das in vorchristlicher Zeit am ehesten in Xenophons Sokrates-Biographie, den *Erinnerungen an Sokrates*, vorfinden. Auch hier schrieb ein historisch geschulter Autor, und zudem einer, der den Gegenstand seiner Beschreibung persönlich kannte. Bei Xenophon – wir sahen es oben – fließen ebenfalls verschiedene Gestaltungsformen und -einflüsse zusammen. Er verstand es, daraus überzeugende Literatur zu machen. Nicht weniger wollten und erreichten die Biographen Jesu. Wir gewinnen aber immerhin doch einiges von der Lebensnähe ihrer Schriften zurück, wenn wir uns klarmachen: Hier waren keine Schreibtischhocker am Werk, einzeln oder in Komitees; hier schrieben Menschen, die in einer Umwelt lebten, zu der auch ganz praktische Erfahrungen wie der Gang ins Theater gehörten. Die Wiederentdeckung dieser Spuren trägt dazu bei, ein Stück näher an den historischen Jesus und seine Zeit heranzukommen.

Dramatische Wurzeln dieser Art lassen sich von Anfang an auch für den christlichen Gottesdienst geltend machen. Durch alle Zeiten ist es Beobachtern aufgefallen, wie sehr vor allem die Ausformung der römisch-katholischen Messe einer Theaterinszenierung gleicht. Noch in einer 1993 veröffentlichten Studie über die Veränderungen der christlichen Kultur in England wird das auch für die anglikanische Nationalkirche, die Church of England, in Anspruch genommen. Michael Mayne, der Dean of Westminster, wird darin zu den abnehmenden Gottesdienstbesuchen mit der Vermutung zitiert, dies »läge teilweise daran, daß die Menschen keinen Sinn für das Theater haben. Und ich meine, daß jede Form des Gottesdienstes unter einem bestimmten Gesichtspunkt eine Theaterhandlung ist.« Natürlich habe dieses Theaterhafte nichts mit Unaufrichtigkeit oder Vorspiegelungen zu tun. Bei der Vermittlung der Glaubenswahrheit gehe es hier »um die Frage der Darstellung, darum, etwas tatsächlich zu kommunizieren, indem man es mit größter Sorgfalt tut«.[52] Die kanadische Erzählerin Alice Munro schildert in ihrem Roman *Lives of Girls and Women* (1971), wie Dell, ein junges Mädchen, zum ersten Mal einen anglikanischen Gottesdienst besucht – und die Wirkung hätte ebensogut ein römisch-katholischer erzielen können: »Hier also war etwas, das ich nicht gekannt, dessen Existenz ich jedoch immer vermutet hatte, etwas, das all diese Methodisten und Kongregationalisten und Presbyterianer so ängstlich aufgegeben hatten – das Theatralische in der Religion. Und ich war sofort auf eigentümliche Weise begeistert … Das Ritual, das mir unter anderen Umständen gänzlich gekünstelt und leblos vorgekommen wäre, hatte hier eine Art allerletzter Würde.«[53]

Ähnlich dachte wohl schon Tertullian, der um 198 n. Chr. seine Streitschrift *Über die Schauspiele* schrieb. Das in seinen Augen heruntergekommene, dekadente und sittenverderbende Theater des Römischen Reichs lehnte er ab und empfahl den Christen, weder zu den Schauspielen noch in den Zirkus zu gehen. Statt dessen sollten sie den Triumph des Glaubens über die heidnische Umwelt als wahres Schauspiel genießen. Und vor allem, als unübertreffliche theologische Pointe: »Ihr wollt Blut sehen? Ihr habt das Blut Christi!« Für Tertullian kommt der Höhepunkt aber erst noch: Der Tag des Jüngsten Gerichts als das großartigste aller Theaterstücke auf der großartigsten aller Bühnen, dem »Neuen Jerusalem«.[54] Er beschreibt die Szenen mit geradezu dramatischem Überschwang, und er hat Erfolg: Bis ins Mittelalter war das Theater in christlichen Ländern verboten oder verdrängt. Ein wenig ungewollte Ironie kam dann auf, als sich das neue, populäre Volkstheater im 10. und 11. Jahrhundert aus einer dramatisierten Szene der Ostergeschichte entwickelte. Denn um 970 n. Chr. verfaßte Bischof Aethelwold von Winchester seine *Regularis Concordia*, in der beschrieben wird, wie während des Morgengottesdienstes am Ostersonntag vier verkleidete Klosterbrüder die Rolle des Engels und der drei Frauen am leeren Grab Jesu spielen.[55] Aethelwold lieferte die Dialoge und die Szenenanweisungen, und obwohl das Ganze für die Ostermatutin gedacht war, gewann es schnell ein Eigenleben vor den Kirchen und auf den Marktplätzen – abendfüllende Osterspiele, Passionsspiele, Weihnachtsspiele und später noch Fastnachtsspiele kamen auf, und einige von ihnen, wie das Schweizer Osterspiel von Muri oder die barocken Oberammergauer Spiele, werden noch heute aufgeführt.

So war dann in der Tat aus dem Christentum heraus die Bühne bereitet für die Renaissance des antiken Theaters.[56] Es war die Zeit, in der die abendländische Kultur, wohl ohne es zu wissen, zurückkehrte zu den Erfahrungen, die Jesus und seine ersten Begleiter noch selbst gemacht hatten.

Unter Fischern:
Von Betsaida nach Kapernaum und Rom

Bei einem Ort namens Magdala
bietet der See Genezareth Fische,
die hervorragend zum Pökeln geeignet sind.

Strabo,
Geographie, *16, 2, 45 (ca. 18 n. Chr.)*

Soße für gekochten Fisch:
Bereite den Fisch sorgfältig zu,
gib in einen Mörser Salz und Koriandersamen,
zerstampfe sie gut, paniere ihn darin, lege ihn
in eine Auflaufform, verschließe und versiegle
sie und backe ihn im Ofen. Wenn der Fisch
gar ist, nimm ihn heraus, besprenge ihn
mit scharfem Essig und serviere.

Apicius,
Über die Kochkunst, *10,4 (ca. 40 n. Chr.)*

Synagogen am See

Jesus wuchs nicht nur in der Nähe von Baustellen und Theatern auf. Alle Quellentexte sind sich darin einig, daß Joseph und Maria fromme Juden waren. Sie ermöglichten Jesus und seinen Geschwistern die gute und sogar von den Römern beneidete jüdische Erziehung ihrer Zeit. Ein Zeitgenosse, der römische Philosoph und Pädagoge Seneca (ca. 4 v. Chr.–63 n. Chr.), Hauslehrer des jungen Nero, stellte die Leistungsfähigkeit dieser Erziehung der mangelhaften Allgemeinbildung seines eigenen Volkes gegenüber: »Sie (die Juden) kennen freilich die Gründe ihrer Bräuche; der größte Teil unseres Volkes tut, was es tut, ohne zu wissen warum.«[1] Diese Anerkennung, die aus der Epoche stammt, in der auch Jesus aufwuchs – denn Seneca war fast gleichaltrig mit Jesus – ist keine Schmeichelei. Sie stammt von einem Mann, der nach heutigem Sprachgebrauch fast schon Antisemit zu nennen wäre. Das neidvoll anerkennende Zitat rang er sich in einer Schrift über den Aberglauben ab, die nur in Fragmenten erhalten ist; den Zusammenhang der Stelle überliefert der christliche Autor Augustinus (354–430 n. Chr.). In seiner Schrift *Über den Gottesstaat* schreibt er:

Unter anderen »abergläubischen« Bräuchen der Staatstheologie tadelt Seneca auch die heiligen Einrichtungen der Juden, vor allem ihre Sabbatfeier, und betont, wie unnütz es sei, daß sie durch die Einschiebung eines allwöchentlichen Ruhetages fast den siebten Teil ihres Lebens mit Müßiggang verlören und viele dringende Geschäfte dadurch Schaden litten. Die Christen jedoch, schon damals erbitterte Feinde der Juden, wagte er überhaupt nicht zu erwähnen, um sie entweder der alten Gepflogenheit seines Vaterlandes zuwider loben oder vielleicht gegen seinen eigenen Willen tadeln zu müssen. Wo er aber von den Juden handelt, schreibt er:

»Indessen hat die Lebensweise dieses schändlichen. Volkes solchen Einfluß gewonnen, daß sie in fast allen Ländern Europas Eingang gefunden hat. Die Besiegten haben den Siegern Gesetze gegeben.« Man spürt, wie er sich wundert, wenn er dies sagt, und ohne zu wissen, was hier nach Gottes Willen vor sich ging, läßt er eine Bemerkung folgen, die zeigt, was er über den Sinn der heiligen Einrichtungen der Juden dachte. Er sagt nämlich: *»Sie freilich kennen die Gründe ihrer Bräuche; der größte Teil unseres Volkes tut, was es tut, ohne zu wissen warum.«*[2]

Was Seneca anerkennt, war nicht das Ergebnis einer Grundschul- oder Gymnasiumsbildung oder gar eines Hochschulstudiums im heutigen Sinne. Die Schulen waren meist den Synagogen angegliedert; diese Tradition setzte sich bis ins Mittelalter fort und fand schließlich sogar in die jiddische Sprache der ost- und mitteleuropäischen Juden Eingang: »Schul« wurde zu einem Synonym für »Synagoge« – das bekannteste, bis heute erhaltene Beispiel ist die berühmte »Altneuschul«-Synagoge in Prag. An solchen Schulen wurden nun neben dem grundlegenden Glaubenskenntnis drei Fähigkeiten vermittelt: Lesen, Schreiben, Auswendiglernen. Das Auswendiglernen und dessen Technik hatten die Beherrschung großer Teile der Bibel zum Ziel, halfen aber natürlich im späteren Leben auch beim Umgang mit anderer Literatur – und zwar ganz unabhängig davon, ob sie mündlich oder schriftlich vermittelt wurde. So wäre es Jesus in der Tat leichtgefallen, bemerkenswerte Sätze eines Theaterstücks ebenso gut im Gedächtnis zu behalten wie lange Abschnitte der Propheten. Und seinen eigenen späteren Zuhörern ging es dann natürlich genauso, als sie seine Reden im Gedächtnis behalten und aufschreiben wollten. Wie wichtig im Judentum dieser Zeit eine solche solide Grundausbildung war, ist auch archäologisch belegt: Auf der Festung Masada am Toten

Meer wurde die Schule ebenso wie die Synagoge selbst während des verzweifelten Kampfes der jüdischen Verteidiger gegen die römischen Belagerer in Betrieb gehalten.[3]

Wenn Lukas in seinem Evangelium berichtet, daß der erwachsene Jesus in seiner Heimat-Synagoge von Nazareth an einem Gottesdienst teilnimmt, die Rolle des Propheten Jesaja aufrollt, daraus Teile des 61. Kapitels vorliest und diese dann interpretiert (Lukas 4,16-20), so war an dem Vorgang nichts Ungewöhnliches. Aufsehenerregend war nicht die Fähigkeit Jesu, eine Schriftrolle richtig aufzurollen, das Hebräisch der Heiligen Schrift zu lesen und den Text dann auch in der aramäischen Alltagssprache auszulegen, sondern die im doppelten Wortsinn für seine Zuhörer unerhörte Interpretation, mit der er den Text auf sich selbst bezieht. Als Jesus zu den Fischern am See Genezareth geht und dort seine ersten Jünger auswählt, ist er durch seine Schulbildung und durch seine frühe Berufstätigkeit mit theoretischen und praktischen Kenntnissen, mit traditionellen jüdischen Frömmigkeitserfahrungen und mit Einblicken in die griechisch-römische Kulturwelt ausgestattet. Er ist dreisprachig[4] und beherrscht ein Handwerk, er kann sich in der Synagoge ebenso bewegen wie auf dem Marktplatz, er ist in größeren Menschenmengen und ihren Interessen ebenso zu Hause wie im intimen Gespräch zwischen Lehrer und Schüler. So, und nicht als der plötzlich aus dem Nirgendwo auftauchende Verkündiger, den die meisten von uns sich noch vorstellen, verläßt er die Hügel seiner engeren Heimat und erreicht die Ufer des Sees Genezareth. Und trotz aller Andersartigkeit der Landschaft, der Menschen und ihrer Berufe – denn hier stehen die Fischerei, der Weinbau und die Olivenölherstellung im Mittelpunkt –, hat er doch sofort wieder ein vertrautes Terrain vor sich, das jedem Juden nicht nur in Galiläa, sondern überall im Römischen Reich bis hinauf zu Roms Hafenstadt Ostias[5] eine Heimstätte bot: die Synagogen und ihr Umfeld.

Am See Genezareth gab es zur Zeit Jesu an allen wichtigen Orten zentrale Synagogen; einige von ihnen sind mittlerweile durch Ausgrabungen wieder ans Tageslicht gekommen. Obligatorische Haltepunkte jedes Israel-Touristen sind die Synagogen von Kapernaum und Chorazin; nur wenige wagen sich auf die erfreulicherweise touristisch noch nicht erschlossenen Grabungsgebiete von Gamla und Magdala[6] mit ihren Synagogen vor; auch in Tiberias, der größten Stadt am See, gab es zur Zeit Jesu natürlich eine Synagoge, von der Josephus, der jüdische Historiker, berichtet.[7] Gelegentlich waren sie Teile privater Häuser – auch dies eine Tradition, die das frühe Christentum mit seinen »Hauskirchen« fast drei Jahrhunderte lang pflegte, vielleicht nicht nur aus Notwendigkeit in Zeiten des Verbots öffentlicher Religionsausübung, sondern auch aus Neigung zu den alten Wurzeln. Und die typische Synagoge war keineswegs der großangelegte, alles überragende Prachtbau, wie wir ihn heute in Kapernaum zu sehen glauben – die Synagoge von Magdala maß gerade einmal acht mal sieben Meter, und auch jene von Gamla, die größte im Einzugsgebiet des Sees Genezareth, war mit ihren zwanzig mal sechzehn Metern noch kein landschaftsprägendes Monument.

Was heute in Kapernaum so eindrucksvoll und alles beherrschend zu sehen ist und für viele Besucher als die Synagoge gilt, die auch Jesus aufsuchte, als er dort bei Petrus und seinen Fischerkollegen lebte,[8] ist ein später Bau aus der Zeit des Kaisers Theodosius I. (379–395). Dieser römische Kaiser hatte unter dem Einfluß des Mailänder Bischofs Ambrosius, der alles andere als ein Freund der Juden war, noch 388 n. Chr. gegen seine Absicht darauf verzichtet, den Bischof von Callinicium zu bestrafen, als dieser eine Synagoge in Brand gesteckt hatte. Aber Theodosius, den man später »den Großen« nannte, schätzte die Juden. Und so leistete er Wiedergutmachung, wo immer er konnte. In seinen Gesetzen schützte er sie und untersagte ausdrücklich die Zerstörung der Synagogen.[9] Und in Kapernaum ließ er die verfallene Synagoge aus der Zeit Jesu für die dort noch immer fast ausschließlich jüdischen Einwohner neu und prächtiger denn je aufbauen. So gelang es ihm, zwei Dinge gleichzeitig zu dokumentieren: seine Zuneigung zu den Juden und sein Christentum – denn natürlich wußte auch Theodosius, daß er hier an der Stelle weiterbauen ließ, an der einst die alte Synagoge gestanden hatte, in der noch Jesus gebetet hatte.[10] Und so blieb nicht nur der heute wieder sichtbare Basaltunterbau aus dieser Zeit erhalten; auch eine ursprüngliche Stufe wurde in den Neubau integriert. Wollten die Baumeister ganz bewußt einen Stein erhalten, den Jesus einst betreten hatte? Dieses eigentümliche architektonische Phänomen ist auch heute unübersehbar.

Als Jesus hierherkam, erfuhr er jedenfalls schnell, wer »seine« Synagoge gebaut hatte: kein Jude, sondern ein Römer. Und wieder war er ganz direkt mit der Präsenz der Römer in seiner Heimat konfrontiert. Die Begebenheit wird im Lukas-Evangelium so berichtet: »Nachdem Jesus zu Ende geredet hatte, ging er nach Kapernaum. Ein Centurio (›Hauptmann‹) hatte dort einen Diener, den er sehr schätzte, der nun aber todkrank war. Als er von Jesus hörte, sandte er die Ältesten der Juden zu ihm und bat ihn, zu kommen und seinen Diener zu heilen. Als sie nun zu Jesus kamen, baten sie ihn inständig und sagten: ›Er ist es wert, daß du ihm die Bitte erfüllst, denn er hat unser Volk lieb, und er hat uns die Synagoge gebaut‹« (Lukas 7,1-5). Man kann diese Empfehlung so verstehen, daß der Hauptmann einer der vielen sogenannten »Gottesfürchtigen« war, die Synagogen-Gottesdienste besuchten und vielfältig am Leben der Juden teilnahmen, ohne zu konvertieren und sich beschneiden zu lassen. Auch unter hochgestellten Römern wurde das gelegentlich fast schon zu einer Mode, über die etwas später Juvenal in einer seiner Satiren spottet.[11] Poppaea, die Frau des Kaisers Nero, war das vielleicht prominenteste Beispiel für eine solche Nähe zur jüdischen Religion. Im Bericht des Lukas kann aber einfach auch nur die wohlwollende Großzügigkeit des Standortkommandanten gegenüber der Ortsbevölkerung gemeint sein. Eine einfache, kleine Synagoge – viel kleiner als die heute über ihren Grundmauern sichtbare und kaum größer als jene in Magdala[12] – hätte ein Mann wie der Centurio, der nach altem Brauch seine Machtposition auch zur Verbesserung seiner persönlichen Einnahmen genutzt haben dürfte, ohne weiteres aus eigener Tasche finanzieren können. Er wäre auch nicht der einzige Nichtjude gewesen, der als Mäzen für Synagogen auftrat.[13] Und eine solche Nähe vieler »Gottesfürchtiger« oder »Freunde des jüdischen Volkes« half später den ersten Christen auf ihren Reisen. Stets suchten sie zuerst die Synagogen auf, um von Jude zu Jude über Jesus zu sprechen. Sie wußten, daß ihnen dort auch viele Nichtjuden zuhören würden, deren Offenheit für die neue Botschaft eine ganz andere sein mußte und gelegentlich wohl auch größer war.[14]

So kommt Jesus, nachdem er die Gegend von Sepphoris mit seinem Theater verlassen hatte, auch in Kapernaum sofort wieder mit einer nützlichen Seite der römischen Anwesenheit in Galiläa in Berührung. Und hier befanden sich die Römer wortwörtlich vor der Haustür: Der Archäologe Vassilios Tzaferis fand auf dem Gelände hinter dem heute touristisch erschlossenen Kapernaum die Reste einer großen Anlage, die dem Typus von Garnisonen anderswo im Römischen Reich entspricht.[15] Dort, auf einem Gebiet, das von der griechisch-orthodoxen Kirche genutzt wird (während das »andere« Kapernaum den Franziskanern gehört), sind die Grundmauern unmittelbar am See wieder deutlich zu erkennen. Und dieses Verhältnis vom Ort mit seiner Synagoge zur Lage der Garnison entspricht exakt dem, was die Darstellung des Lukas voraussetzt – denn als Jesus sich entscheidet, zum Hauptmann und seinem Diener zu gehen, muß er eine offenbar etwas längere Strecke zurücklegen: »Da ging Jesus mit ihnen. Als er aber nicht mehr fern von dem Haus war, sandte der Hauptmann Freunde zu ihm …« (Lukas 7,6). Fast vier Jahrhunderte später schwebte vielleicht auch dieses Ereignis dem Kaiser Theodosius, der das Lukas-Evangelium mit Sicherheit kannte, bei seinen Planungen vor: Wenn ein römischer Centurio die erste Synagoge von Kapernaum gebaut hatte, dann konnte nun um so mehr ein römischer Kaiser den neuen und prächtigeren Bau an gleicher Stelle errichten.

Die Synagogen am See luden wie alle Synagogen nicht nur zum Gottesdienst ein. Sie waren nicht nur »Schulen« und Bildungszentren, in denen auch Jesus immer wieder als Lehrer auftrat (Markus 1,21: »Und sie kamen nach Kapernaum. Am folgenden Sabbat ging er in die Synagoge und lehrte.«). Oft dienten sie als Versammlungsräume für die Bürgerschaft des Ortes und für Gerichtsverhandlungen. Sogenannte »Synagogenstrafen« waren ein fester Bestandteil der Rechtsprechung – auch ein Paulus wurde mehrmals davon betroffen, wenn er, der Mitjude, allzu emphatisch vom Juden Jesus als dem Messias sprach und damit den Gemeindefrieden störte.[16] Sogar Festbankette wurden in Synagogen abgehalten, und zwar offensichtlich reichlich opulente, in denen zum Beispiel in Kapernaum der gute galiläische Wein und die Vielfalt der Fische aus dem See auf den Tisch kamen. Jesus kritisierte einmal das Übermaß dieses synagogalen Wohllebens: »Und er lehrte sie und sprach zu ihnen: ›Hütet euch vor den Schriftgelehrten, die gern in langen Gewändern gehen und sich auf dem Markt grüßen lassen und in den Synagogen beim Mahl gern oben am Tisch sitzen: Sie fressen die Häuser der Witwen und verrichten zum Schein lange Gebete. Aber um so härter wird das Urteil sein, das sie erwartet.‹« (Markus 12,38-40).

Wie leicht war es gerade in Kapernaum, nach einem Tag des Unterrichts in der Synagoge nun den frisch gefangenen Fisch aus dem See und den köstlichen Wein von den Ufern servieren zu lassen. Jesus selbst wußte das durchaus zu schätzen – sein erstes Wunder, von dem das Johannes-Evangelium berichtet (2,1-10) war auf der Hochzeit von Kana die Verwandlung von Wasser in Wein (heutige Weinproduzenten ziehen gelegentlich den umgekehrten Weg vor), und dann auch noch in den besten Wein des Abends (2,10). Seine Vorliebe für gut gegrillten Fisch ließ er, selbst am Feuer stehend, noch nach der Auferstehung erkennen: »Als sie (die Jünger) nun an Land gingen, sahen sie am Boden ein Kohlenfeuer und darauf Fisch und Brot. Jesus sagte zu ihnen: ›Bringt von den Fischen, die ihr gerade gefangen habt.‹« (Johannes 21,9-10). Seine Verärgerung über das Gebaren anderer Lehrer in den Synagogen richtete sich nicht gegen gutes Essen und Trinken, sondern gegen den Mißbrauch einer Einrichtung, die das Zentrum jüdischen Lebens war – in Nazareth ebenso wie in Kapernaum und überall im Römischen Reich – zu Zwecken einer luxuriösen und dekadenten Lebensweise, die oft nur durch die Ausbeutung der Gläubigen möglich wurde.

Jene, die er angriff, versuchten denn auch, sich mit gleichen Mitteln zu wehren. Als Levi-Matthäus, der Zollpächter, seinen Beruf aufgab, um sich Jesus anzuschließen, veranstaltete er »ein großes Festmahl«, zu dem auch Jesus eingeladen war. »Da sagten die Pharisäer und ihre Schriftgelehrten voll Unwillen zu seinen Jüngern: ›Wie könnt ihr zusammen mit Zöllnern und Sündern essen und trinken?‹« (Lukas 5,29-30). Die verachteten Zollpächter, die in Diensten Roms oder des jeweiligen Königs standen, stehen hier auf einer Stufe mit den Sündern. Jesus nahm ihre Gesellschaft bewußt in Kauf: »Nicht die Gesunden brauchen den Arzt, sondern die Kranken. Ich bin gekommen, um die Sünder zur Umkehr zu rufen, nicht die Gerechten« (Lukas 5,31-32). Aber die andere Pointe ist eben auch, daß sich Jesus offenbar bei einem »großen Festmahl« durchaus wohl fühlen konnte. Allerdings, und das ist der entscheidende Unterschied, ging er dafür nicht in die Synagoge, sondern in ein privates Haus.

Ein Fisch namens Jesus

Der Fisch aus dem See Genezareth, den die Jünger fingen, der Fisch, den Jesus grillte, wurde schon im frühen Christentum zum Symbol und Erkennungszeichen. Und er ist es bis heute geblieben, als Autoaufkleber und Anstecknadel gläubiger Christen. Gelegentlich wird in den Leserbriefspalten kirchlicher Zeitschriften sogar gelehrt darüber debattiert, ob der Fisch von links nach rechts oder von rechts nach links schwimmend aufgeklebt werden muß. Woher kommt dieses Symbol? Durch viele Filme und Romane wurde das Bild der verfolgten Urchristen verbreitet, die sich am hastig in den Sand gezeichneten Fisch erkannten. Vieles davon ist romantische Verklärung. Doch dahinter stehen Gedanken, die von christlichen Schriftstellern seit Beginn des 2. Jahrhunderts entwickelt wurden und die auf überraschende Weise mitten in die Herausforderungen der »heidnischen« Umwelt hineinreichen.

Klemens von Alexandria, der erste christliche Philosoph, verstand den Fisch als ein Zeichen für die Errettung der Getauften aus dem Meer des Bösen. Dabei konnte er sich auf Jesus berufen, der zwei seiner Jünger, die Berufsfischer Simon Petrus und Andreas, nach ihrer Aufnahme in den Jüngerkreis mit »Menschenfischern« verglichen hatte (Markus 1,16-17). Doch das war nur ein harmloser erster Schritt, gemessen an dem, was einige Jahrzehnte nach Klemens ein anderer christlicher Autor, der aus Karthago stammende Theologe Tertullian (ca. 150–ca. 230 n. Chr.) festhielt. Er war der erste, der von dem offenbar weitverbreiteten Brauch berichtete, Jesus selbst als Fisch, griechisch »Ichthys«, zu bezeichnen.[17] Als Nachfolger des Jesus von Nazareth waren somit auch die Christen »Fische«, wobei Tertullian den lateinischen Ausdruck »pisciculi«, Fischlein gebrauchte. Wie der Mann aus Karthago darauf kam, ist schnell zu erkennen: In seinem lateinischen Text steht das

Wort für »Fisch« in griechischer Sprache. Tertullian wußte also, daß des Rätsels Lösung im griechischen Begriff steckt. »Ichthys« ist ein sogenanntes Akronym – d.h., die einzelnen Buchstaben stehen für andere Wörter, die einen eigenen Sinn ergeben. Griechisch sieht das so aus: *I*ÄSOUS (Jesus) *CH*RISTOS (Christus) *TH*EOU (Gottes) '*Y*IOS (Sohn) *S*OTER (Heiland). Jesus, Gottes Sohn, Heiland. So konnte der Fisch in der Tat ein ganzes theologisches Programm ausdrücken. Er war ein Bekenntnis, und weil dieses Bekenntnis auch in der frühchristlichen Literatur vorkam, die jeder lesen konnte, der wollte, war er nur sehr begrenzt als ein Geheimzeichen zu benutzen. Man kann es natürlich auch anders sehen: Der Fisch durfte als Erkennungszeichen vergleichsweise gefahrlos benutzt werden, weil er seit vorchristlicher Zeit schon überall vorkam und daher nur für wirklich Eingeweihte etwas Besonderes bedeutete. In den Fußbodenmosaiken von Ostia Antica, in Mosaiken, auf Schalen und Vasen taucht er auf; ein als Ant bekannter Nilfisch spielt in der ägyptischen Göttermythologie eine herausragende Rolle – er war dem Sonnengott heilig. Etwa zur Zeit Tertullians erscheint der Fisch dann auch in zahlreichen Katakomben-Malereien, er wird auf Sarkophagen dargestellt und verselbständigt sich schließlich als ein Bild, das in zahllosen Anspielungen auf Bibel und Alltag verstanden werden konnte.

Am beliebtesten wurde der Bezug auf das Abschiedsessen, das Jesus mit den Jüngern kurz vor seinem Tod in einem Obergemach in Jerusalem feierlich beging. In den Berichten der Evangelien ist zwar nicht von Fisch die Rede, sondern von Lamm und Wein. Doch wenn Jesus, der »Ichthys«, als Fisch verstanden werden konnte, dann durfte man hier auch weiterdenken: Die Christen, die in Erinnerung an dieses Ereignis bis heute das »Abendmahl« feiern, die »Eucharistie«, sie essen – so lautet das Bekenntnis – »zu seinem Gedächtnis« seinen Leib und trinken sein Blut. Das Blut war selbstverständlich mit dem

Wein, der auch damals in Jerusalem auf dem Tisch stand, gut zu repräsentieren. Und das Brot, das im Obergemach von Jesus als sein Leib interpretiert wurde, konnte Brot bleiben oder zu Oblaten werden. Nur das Lamm verschwand und wurde in der frühchristlichen Kunst durch den Fisch ersetzt und damit durch das Akronym, das für »Jesus Christus, Gottes Sohn, Heiland« stand. Dadurch ging eine von Jesus selbst zweifellos gewollte Anspielung verloren: Er wollte als das Lamm verstanden werden, das sich, nach alter biblischer Prophetie, zum Opfer brachte, und seine Jünger übermittelten diese Deutung.[18] Spätere christliche Kunst, wie beispielsweise im genialen Genter Altar des Jan van Eyck, zeigt das auch wieder mit der ganzen Wucht christlicher Symbolik. In der Frühzeit aber übernahm häufig der Fisch diese Aufgabe, und man konnte sich darauf berufen, daß der Auferstandene selbst am Ufer des Sees Genezareth seinen Jüngern Fisch und Brot anbietet (Johannes 21,9-13). Im französischen Autun ist die Grabinschrift des Pektorios erhalten, die um das Jahr 200 n. Chr. entstand.[19] Und dort heißt es:

> *»Als göttliches Kind des himmlischen Fischers empfange,*
> *du Sterblicher, mit einem ehrfurchtsvollen Herzen*
> *die Gabe der Unsterblichkeit. Empfange die Nahrung,*
> *süß wie Honig, die der Heiland den Heiligen reicht. Iß und*
> *trink.*
> *Du hältst den ICHTHYS in deinen Händen.«*

Wie das miteinander verbunden wurde, zeigt die kaum jüngere Wandmalerei in der Lucina-Krypta der San Callisto-Katakombe in Rom: Auf einem Fisch, dessen Leib sich vorn nach oben biegt, steht ein durchsichtiger Korb, in dem Brot und Wein zu erkennen sind. Hier ist die symbolische Einheit erzielt; das Mahl ist bereitet. Nun könnte das alles ein internes Phänomen der frühchristlichen Symbolsprache bleiben, wenn da nicht in der Pektorios-Inschrift und in der Deutung des »Ichthys«-Fisch-Akronyms vom »Sohn Gottes« und dann zum krönenden Schluß vor allem vom »Heiland« die Rede wäre, wörtlich vom »Retter«, auf griechisch vom »Soter«. Was die Bezeichnung »Sohn Gottes« den Menschen im Römischen Reich sagte, werden wir noch im 9. Kapitel sehen. Hier aber kommt noch der »Retter« hinzu, der »Heiland«. Und durch dieses Wort sind wir mit einem Schlag wieder mitten in der Welt des griechisch-römischen Religionsalltags mit seiner auch politisch instrumentalisierten Vergöttlichung der Herrscher.

Jeder Zeitgenosse Jesu und der ersten Christen, der – wie diese selbst – griechisch verstand, wurde hellhörig, wenn das Wort »Soter« im Gespräch oder in einem Schriftstück auftauchte. Denn es war längst sehr viel mehr als die einfache Bezeichnung für jemanden, der einen anderen rettet, zum Beispiel vor dem Ertrinken, vor einem Feuer, vor wilden Tieren oder menschlichen Feinden. Politiker, Staatsmänner und Fürsten konnten so bezeichnet werden. Augustus wird gelegentlich als »Soter« gerühmt, als Bewahrer des Reichs, seiner Gesetze und seines Friedens. Der schon sprichwörtliche Friede des Augustus, die »Pax Augusta«, schien den Menschen Grund genug zu sein, und der noch heute in Rom zu sehende Friedensaltar, die »Ara Pacis Augustae«, vom Kaiser selbst im Jahre 9 v. Chr. geweiht, war ein Stein gewordenes Symbol dieser Heilstaten. Kaiser Tiberius, unter dem Jesus gekreuzigt wurde, ließ die Prägung einer griechischen Münze zu, auf der er als »Soter« tituliert wird. Und das hatte Tradition: Schon im 4. vorchristlichen Jahrhundert hatte sich der syrische Seleukiden-König Antiochus I. als »Soter« feiern lassen und fügte den Titel seinem Namen hinzu. Auch in der Götterwelt der griechischen Mythologie stoßen wir vielfach auf diese Bezeichnung; sie war eine Art Ehrentitel und galt allen voran dem »Göttervater«

Zeus, von dem erwartet wurde, daß er nicht nur Retter im Augenblick der Gefahr, sondern auch Beschützer und Bewahrer im Leben eines Gemeinwesens und seiner Bewohner war. Mit anderen Worten: »Soter« als Bezeichnung für Jesus, den Sohn Gottes, bedeutete eine religiöse und politische Herausforderung. Wie bei der Bezeichnung Jesu als »Sohn Gottes« fand auch hier eine Neudefinition statt. Nicht mehr ein beliebiger, um das Gemeinwohl verdienter Herrscher ist Retter und Heiland, sondern Gott und sein Sohn. »Meine Seele erhebt den Herrn, und mein Geist freut sich Gottes, meines Heilandes«, sagt Maria nach der Begegnung mit dem Engel (Lukas, 1,46-37).[20] Und kurz danach erklärt ein Mann namens Simeon mit Worten, die später als »Nunc dimittis« zu den zentralen Texten christlicher Abendgottesdienste wurden: »Herr, nun läßt du deinen Diener in Frieden fahren, wie du gesagt hast, denn meine Augen haben deinen Heiland gesehen, den du bereitet hast vor allen Völkern, ein Licht, zu erleuchten die Heiden und zum Preis deines Volkes Israel« (Lukas 2,29-32). Was Simeon meinte, wird erläutert: Er wollte nicht eher sterben, als bis er den Messias – den »Christus des Herrn« gesehen hatte (Lukas 2,26).

Solche Bekenntnisse häufen sich. Hier nur einige Beispiele. Samaritaner erklären: »Dieser (Jesus) ist wahrlich der Welt Heiland« (Johannes 4,42). Petrus und die anderen Apostel bekennen bei einem Verhör in Jerusalem, daß Jesus der von Gott erhöhte Heiland sei (Apostelgeschichte 5,31). Paulus schließt sich in seinen Briefen an (z.B. Philipper 3,20). Und Johannes äußert sich als einer der Augenzeugen: »Wir haben gesehen und bezeugen, daß der Vater den Sohn gesandt hat als Heiland der Welt« (1. Johannes 4,14).

Alle diese Aussagen haben eines gemeinsam: Der »Soter«, der Heiland, ist hier nicht ein politisch mächtiger Herrscher, der durch irdische Macht rettet, bewahrt und Heil bringt. Er weist den Menschen einen anderen Weg zu einem anderen Heil, das nicht an Besitz oder Sicherheit und staatlichem Schutz ausgerichtet ist. Das fiel auf und ließ nicht gleichgültig. Nur in einem war der historische Jesus ein »Soter«, den man auch an den herkömmlichen, heilbringenden Tatmenschen messen konnte: Er handelte helfend, rettend und bewahrend an seinen Mitmenschen. Als Johannes der Täufer aus dem Gefängnis heraus wissen möchte, ob Jesus der erwartete wahre Heiland Gottes ist, »der, der kommen soll«, da antwortet Jesus den Boten nicht theologisch, sondern sagt schlicht: »Geht und berichtet Johannes, was ihr gesehen und gehört habt: Blinde sehen wieder, Lahme gehen, Aussätzige werden rein, Taube hören, Tote stehen auf, und den Armen wird das Evangelium verkündet« (Lukas 7,18-22). Das war nachzuvollziehen, weil es auch im Hier und Jetzt überprüft werden konnte, wie es sich nach antikem Maßstab für einen »Soter« gehörte.

Seinen jüdischen Zuhörern – und manchen unter den späteren Lesern des Lukas-Evangeliums, die mit der jüdischen Literatur vertraut waren – war sicher nicht unbekannt, was in einer der Schriftrollen vom Toten Meer dazu steht. In der zwölften Zeile des Fragments 4Q521 aus der vierten Höhle von Qumran wird der Messias mit diesen Worten prophezeit: »Dann (wenn er kommt) wird er die Kranken heilen, die Toten zum Leben erwecken und den Armen die frohe Botschaft verkünden.« Vieles spricht dafür, daß Johannes der Täufer in seiner Jugend den Qumran-Bewohnern und ihrer Theologie sehr nahegestanden hatte; er und seine Anhänger sollten nun verstehen, daß diese Prophezeiung und die damit verbundene Hoffnung in Jesus ihre Erfüllung gefunden hatten. Es waren keine leeren Worte – zum Zeitpunkt dieses Gesprächs hatte Jesus nach dem Bericht des Lukas nicht nur zahlreiche Menschen geheilt, sondern auch einen jungen Mann in der Stadt Nain, der bereits im Sarg lag, wieder vom Tod auferweckt (Lukas 7,11-17).

Eines jedenfalls konnte in der Frühzeit des Christentums ebenso wie heute nur den bewußt oder aus Unwissen Irreführenden einfallen: daß die Christen, die Jesus in ihren Schriften und im Bild des Fisches »Soter« nannten, mit diesem Titel nur eine Sitte ihrer heidnischen Umwelt nachgeahmt hätten. Das war hier ebensowenig der Fall wie in der fast gleichzeitigen, offensiven Umwertung des Titels »Sohn Gottes«. Nicht »auch Jesus« war die Parole, sondern »nur Jesus«. Gerade dieser doppelte Absolutheitsanspruch trug ja auch dazu bei, daß es gelegentlich zu aggressiven Reaktionen gegen die ersten Christen kam – von Juden, die den Messias/Christus-Weg nicht mitgehen konnten, und von anderen, denen der Sohn-Gottes-Titel und der Heilands-Anspruch wie Eingriffe in gewachsene Ehren vorkommen mußten, die nur verdienten Honoratioren, Königen, Kaisern und Göttern zustanden.

Da in den Briefen der ersten Christen immer wieder auch Gott selbst Heiland genannt wird,[21] konnte dann in dieser Bezeichnung schließlich die Einheit von Vater und Sohn hervorgehoben und verstanden werden. Auch dies trug natürlich zur Brisanz des Fisch-Zeichens bei. Wer es benutzte und wer es verstand, der legte ein weitreichendes Bekenntnis ab. Jesus war Christus, also der Messias. Er war der Sohn Gottes. Er war der Retter, der Heiland. Und er war damit wie Gott. So unterschiedlich sie auf solche Aussagen reagierten – Juden ebenso wie Griechen, Römer und andere Bewohner des Römischen Reichs begriffen, wie neu und provozierend das war.

Das Boot ist voll

Der flüchtig mit einem Stab in den Sand skizzierte Fisch konnte ein vielfältig schillerndes, programmatisches Symbol sein, das meisterhaft ausgearbeitete, vielfarbige Fisch-Mosaik eines römischen Künstlers dagegen nichts anderes als einfach dies: Fisch. Auch der frisch gefangene Fisch war zur Zeit des historischen Jesus zuerst einmal nicht anders als heute ein überall verbreitetes Nahrungsmittel, aber es konnte sowohl die einfache, schnell zubereitete Speise des Alltags als auch eine kunstvoll zelebrierte Delikatesse sein. Der Meisterkoch Marcus Gavius Apicius, ein unter Kaiser Tiberius aktiver Zeitgenosse der ersten christlichen Generation, hat uns ein auch von Nachfolgern immer wieder ergänztes Kochbuch hinterlassen, *De re coquinaria* (Über die Kochkunst), in dem die verschiedensten Meeres-, Fluß- und Seefische ihren Platz haben. Das reicht von dem einfachen Hausfrauentip, wie gebratener Fisch lange haltbar bleibt (zur gleichen Zeit, wenn er gebraten und aus der Pfanne genommen wird, übergieße man ihn mit heißem Honig[22]) bis zu den ausgesuchtesten Saucenrezepten.[23] Nur wenige Jahrzehnte vor Apicius berichtet der Geograph Strabo, ein aus dem kleinasiatischen Pontus stammender Grieche, der den Osten des Römischen Reichs bereiste und lange in Rom lebte, er wisse von einem Ort namens Taricheai am See Genezareth, wo man Fische fange, die vorzüglich zum Pökeln geeignet seien.[24] Taricheai war der griechische Name für Magdala, eine wichtige jüdische Handelsstadt, die unter Christen zum beliebten Frauenvornamen wurde: Denn da war jene Maria aus Magdala, die »Magdalena«, die von Jesus geheilt worden war, sich ihm anschloß und zu den ersten gehörte, die ihn nach der Auferstehung sahen. Hier herrschte Wohlstand: Großangelegte Wohnhäuser mit Bädern prägten das Stadtbild, und je luxuriöser die Häuser, desto kleiner die Synagoge – die kleinste der bisher am See wieder ausgegrabenen. Die Fischfangflotte bestand aus 230 Booten mit je vier Ruderern[25] – das waren immerhin 920 Mann nur zum Rudern, die anderen mitfahrenden Fischer nicht gerechnet. Und der Stolz auf diese Einkommensquelle drückt sich auch in dem eindrucksvoll erhaltenen Bootsmosaik des 1. Jahrhunderts n. Chr. aus, das als Kopie in Kapernaum ausgestellt ist und dort den Touristen ein beliebtes Photomotiv bietet.

Etwas nördlich von Magdala, beim heutigen Kibbuz Nof Ginnosar, wurde 1986 bei Wassertiefstand der gut erhaltene Rumpf eines Fischerbootes aus der Zeit Jesu gefunden – was einige überschwengliche Kommentatoren denn auch begeistert als die Entdeckung des Bootes feierten, mit dem Jesus, Petrus und die anderen Jünger auf Fischfang gegangen seien. Richtig ist, daß es aus dieser Zeit stammt. Und es läßt immerhin die Schlußfolgerung zu, daß da auf dem gut 170 Quadratkilometer großen See Genezareth nicht armselige Pötte herumschipperten: Das Boot war sorgfältig aus Zedernholz für die Planken und Eichenholz für den Rahmen gebaut. Es hatte einen Mast und vier Ruderpaare. Rund sechzehn Personen fanden darin Platz. Und das scheint die Norm gewesen zu sein. Der jüdische Historiker Flavius Josephus berichtet in seinem um 76 n. Chr. entstandenen *Jüdischen Krieg* (2,635-639) von einer Szene aus dem Aufstand gegen die Römer, die ca. 66/67 n. Chr. am Ufer von Magdala-Taricheai spielt und an der er als Befehlshaber beteiligt war. Er befahl zehn Männern, die aus Tiberias gekommen waren, in ein Boot zu steigen und ließ sie auf den See hinausrudern. Rechnet man die vier Mann Besatzung hinzu, die er ausdrücklich erwähnt, kommt man auf vierzehn Personen. Stellt man sich das 1986 gefundene Boot mit den vier Ruderpaaren und einer Breite vor, die je einen Mann pro Ruder voraussetzt, dann mußten acht Männer rudern, während die anderen sechs bis acht frei waren für die Handreichungen bei der Vorbereitung des Fischfangs, an dem sich dann bei eingezogenen Rudern natürlich auch die anderen beteiligen konnten. Wenn die Evangelien berichten, daß Jesus mit den zwölf Jüngern gemeinsam in einem Boot unterwegs war, dann war das eine ganz normale Besatzung mit viel freiem Platz. Denn der Fang wurde oft nicht ins

Boot geholt, sondern im Schleppnetz mitgeführt.[26] Andere Boote aus der Fangflotte der Jünger waren dagegen so angelegt, daß selbst übervolle Netze noch hineingeholt werden konnten.[27] Auch ein Heck mit Überdachung besaßen solche Boote – nicht nur Jesus dürfte das genutzt haben, um sich auszuruhen: »Er aber lag hinten im Boot auf einem Kissen und schlief« (Markus 4,38).

Natürlich gab es auch größere und kleinere Boote, doch jener Typ, der bei Magdala gefunden wurde, scheint in der Tat weit verbreitet gewesen zu sein. Wir dürfen nicht mehr an den Mythos von den armen Fischern glauben, die Jesus dafür dankbar sein mußten, daß er sie mit seiner Aufforderung, ihm zu folgen, aus ihrem heimatlichen Elend herausholte. Zebedäus, der Vater von Johannes und Jakobus, hatte offensichtlich einen Fischereibetrieb unter sich, der nicht nur ihm und seinen Söhnen viel zu tun gab, sondern auch noch einer Anzahl von Tagelöhnern (Markus 1,20). Auch das andere Bruderpaar unter den Fischerjüngern, Simon Petrus und Andreas, hatte mehr als nur einen Kahn zur Verfügung: Als die Jünger eines Abends den See überquerten – und vergessen wir nicht: Alle zwölf paßten mit Jesus mühelos in ein einziges Boot –, da wurde das fast zu einer Art Betriebsausflug: »Sie ließen die Leute gehen und fuhren mit ihm in einem Boot weg, in dem er saß. Einige andere Boote begleiteten ihn« (Markus 4,36).

Es wurden im See Genezareth rund fünfundzwanzig Fischarten gezählt, die weit über Galiläa hinaus einen hervorragenden Ruf genossen. Wenn wir gegen Ende des Johannes-Evangeliums lesen, daß die Jünger exakt 153 Fische fingen (Johannes 21,11), dann hat diese Zahl zuerst einmal nichts mit Symbolik zu tun, obwohl sich Generationen von Forschern Gedanken darüber machen, was diese Zahl bedeuten solle. Ein neuerer Kommentar zum Johannes-Evangelium benötigt vier Seiten, um allein die unterschiedlichen Interpretationen aufzulisten.[28]

Selbstverständlich kann man jedes historische Geschehen auch symbolisch interpretieren, und gerade die Zahlenmystik ist seit der Antike ein beliebtes Spiel. Schon Kirchenväter wie Hieronymus und Augustinus grübelten darüber nach, was es mit der 153 auf sich haben könnte – aber sie bezweifelten nicht, daß vorab ganz genau nachgezählt worden war. Der Historiker möchte das alles gern etwas sachlicher, etwas nüchterner haben und steht auf der Seite von Theodor Zahn, der in seinem Kommentar zum Fischfang im See Genezareth mit entwaffnender Klarheit feststellte: »Man zählt die Fische und findet deren 153«.[29]

Bei weit über zwanzig Fischarten und einer Fischfangsteuer war es den Fischern dort in Fleisch und Blut übergegangen, zu zählen und zu sortieren. Gerade der Verfasser des Johannes-Evangeliums, in dem diese Szene vorkommt, zeichnet sich immer wieder durch präzise Detailbeschreibungen aus. Und wenn die seit dem Frühchristentum hartnäckig behauptete Tradition recht behalten sollte, daß er mit dem Jünger und Fischer Johannes identisch ist, dem Sohn des Zebedäus,[30] dann ist die Notierung der exakten Zahl um so weniger erstaunlich. Zählen, Sortieren und schnelles Verkaufen oder Weitertransportieren waren Routine – Jesus kann das in einer seiner vielen Reden, die ihre Vergleiche aus dem Wirtschaftsleben nehmen, als allgemein bekannt voraussetzen: »Mit dem Himmelreich ist es wie mit einem Kaufmann, der schöne Perlen suchte. Als er eine besonders wertvolle Perle fand, ging er hin und verkaufte alles, was er besaß und kaufte sie. Und mit dem Himmelreich ist es wie mit einem Netz, das man ins Meer warf, um Fische aller Art zu fangen. Als es voll war, zogen es die Fischer ans Ufer, setzten sich, sortierten die guten Fische aus und legten sie in Körbe. Die schlechten aber warfen sie weg« (Matthäus 13, 45-48). Vor allem in den warmen Monaten mußte dann zügig gehandelt werden. Da gab es, wie heute noch überall am Mittelmeer, gleich am Landesteg den Sofortverkauf an Direktkunden und Händler. In nahe gelegene Marktstädte konnten die Fische auf dem Landweg weitertransportiert werden. Und auch in Jerusalem war man auf frischen Fisch vom Mittelmeer und aus dem See Genezareth eingestellt: Im Norden der Stadt, in der sogenannten Zweiten Mauer unweit des Tempelbereichs, lag das Fischtor, dessen Name noch seinen Hauptzweck als Zufahrt für die Fischhändler aus Galiläa verrät.

Für Exporte in weiter entfernte Gegenden war es ratsam, den Fisch zu pökeln. Das konnte überall geschehen, doch ein Ort am See Genezareth hatte, wie wir schon sahen, auf diesem Gebiet geradezu Weltruf erworben: Der in Rom schreibende Strabo hebt die Qualität des in Magdala-Taricheai gepökelten Fischs für seine kosmopolitischen Leser als das herausragende ökonomische Merkmal dieser Gegend hervor. Während gepökelter Fisch in der kulinarischen Rangordnung in etwa auf der Stufe von tiefgefrorenem Fisch heute stand – er ist eben nicht die tagesfrische, sondern die konservierte Variante –, spielte auch damals schon die Art des Fischs und seine Herkunft eine entscheidene Rolle. Strabo dürfte in neutestamentlicher Zeit nicht der einzige gewesen sein, der das Loblied galiläischer Fische sang. Die verwöhnten Gaumen der Oberschicht des Römischen Reichs verlangten überall nach dem »exotischen« Reiz, und so kam nicht nur die besonders exquisite Barbe, die als »Tilapia Galilaea« in die Fachbücher eingegangen ist, bis nach Rom.[31]

Es war mehr als die Sprache, das Theater, die Literatur, die Verkehrswege und Kommunikationstechniken, die überall im Römischen Reich die Menschen dieser Zeit verbanden. Auch der Handel mit Lebensmitteln überwand die Längen- und Breitengrade. Als der zum Apostel gereifte Fischer Petrus im Jahre 42 n. Chr. erstmals in Rom eintraf[32] und auf dem Markt einkaufen ging, konnte er sich durchaus das Vergnügen gönnen, in

Magdala gepökelten Fisch aus Kapernaum einzukaufen, den seine ehemaligen Kollegen gefangen hatten. Als Paulus, der von Geburt an römischer Bürger war, das Recht auf ein Verhör vor dem Kaiser in Anspruch nahm und von Caesarea aus nach Rom gebracht wurde, gehörte zur Schiffsladung sicher auch Fisch vom See Genezareth – denn Caesarea war der Hafen, von dem aus die Produkte Galiläas über das Mittelmeer transportiert wurden. Im Neuen Testament lesen wir nichts von der Begegnung des Paulus mit Nero – die Apostelgeschichte des Lukas endet vor dem Jahr 62 n. Chr. und schließt mit dem Bericht der Lehrtätigkeit des Paulus im Hausarrest vor diesem Prozeß. Doch gerade ein die ausgefallenen Genüsse suchender Herrscher wie Nero könnte sein Vergnügen daran gefunden haben, Paulus erst einmal einen Fisch aus dessen Heimat vorsetzen zu lassen.

Da gab es Spielraum für Pointen: Neben der galiläischen Barbe war und ist die Barbenart »Paratilapia sacra«, hebräisch heute »Amnun« und deutsch »Petersfisch« genannt, eine gesuchte Delikatesse. Diesen Fisch kennzeichnet ein überproportional großer Mund, in dem er schützend den Rogen trägt. Die ausgeschlüpften Jungfische kehren oft in diesen sicheren Aufenthaltsort zurück, und die daran gewöhnten Eltern verwechseln gelegentlich einen Sprößling mit ähnlich kleinen, flachen Steinen oder aus Booten ins Wasser gefallenen Münzen. Das ist der konkrete, noch heute überprüfbare Hintergrund einer Geschichte im Matthäus-Evangelium, die alles andere als Anglerlatein ist: Die Steuereinnehmer waren nach Kapernaum gekommen, um die jährliche Tempelsteuer von einer Doppeldrachme einzuziehen (Matthäus 17,24-27).[33] Petrus und der in seinem Haus wohnende Jesus hatten aber die erforderliche Münze gerade nicht griffbereit. Natürlich hätte Petrus seine Frau um ein Darlehen aus der Haushaltskasse bitten können.[34] Aber Jesus will einmal mehr zeigen, daß er von den irdischen Mächten unabhängig ist, ohne sich ihnen zu widersetzen. Er beauftragt Petrus, vom Ufer aus mit der Angel einen Fisch zu fangen: »Dem ersten Fisch, den du heraufholst, öffne das Maul, und du wirst ein Vierdrachmenstück finden. Das gib den Männern als Steuer für mich und für dich.« Es war in gewisser Weise die Aufforderung, an ein kleines Wunder zu glauben; doch die ganz normalen, biologischen Voraussetzungen waren gegeben. Zugleich stoßen wir hier auf eine chronologische Voraussetzung für die Entstehung des Matthäus-Evangeliums: In dem Bericht ist ausdrücklich von der traditionellen jüdischen Tempelsteuer die Rede. Doch diese Steuer wurde nach der Zerstörung des Tempels in Jerusalem durch die Römer im Jahre 70 n. Chr. abgeschafft und durch eine römische Steuer für den Tempel des Jupiter Capitolinus in Rom ersetzt.[35] Da gab es dann auch nicht mehr die Freiheit, unter bestimmten Bedingungen nicht zu zahlen – die Tempelsteuereinnehmer in Kapernaum lassen ja offen, ob Jesus überhaupt zahlen will, denn Rabbis waren ebenso wie Tempelpriester von der Steuer befreit. Als die Römer ab 70 n. Chr. beginnen, ihren »Fiscus Judaicus« einzutreiben, gibt es dagegen keine Wahl und kein Entkommen. Sueton berichtet, wie es unter Domitian zuging, als die neue Steuer bereits rund fünfundzwanzig Jahre in Kraft war:

Besonders hart wurde der »Fiscus Judaicus« (die Judensteuer) eingetrieben; zu ihr wurden diejenigen herangezogen, die wie Juden lebten, ohne sich zu dieser Religion zu bekennen, oder die ihre Herkunft verheimlichten und so die ihrem Volk auferlegten Zahlungen nicht geleistet hatten. Ich erinnere mich, als ganz junger Mann dabeigewesen zu sein, als von einem Prokurator und seinen zahlreich versammelten Ratgebern bei einem neunzigjährigen Greis nachgeprüft wurde, ob er beschnitten sei.
(Sueton, Domitian 12,2)

Der Evangelienautor Matthäus schreibt also nicht zu einer Zeit, als es keine jüdische Tempelsteuer mehr gab, so als wäre nichts geschehen. Sein Text wurde vor dem Jahr 70 n. Chr. verfaßt, vor der Zerstörung des Tempels, und als abgeschlossenes Gesamtwerk danach nicht mehr verändert oder den neuen Umständen »angepaßt«. Aufmerksamen Lesern konnte auch kaum entgehen, daß der Bericht vom Fisch und der Münze nur im Matthäus-Evangelium vorkommt – in jenem Evangelium, das nach ältester Überlieferung von Levi-Matthäus stammt, dem Steuer- und Finanzfachmann im Jüngerkreis.[36] Die finanztechnische Genauigkeit des Matthäus bietet sogar noch einen Hinweis auf den Entstehungsort und den ersten Leserkreis – die ursprüngliche »Zielgruppe« seines Evangeliums: Nur in der syrischen Provinz zwischen Damaskus und Antiochia entsprach eine Tetradrachme dem Wert eines »Stater« – und das ist das griechische Wort, das Matthäus in 17,27 benutzt. Die Gegend war einer der zentralen Einzugsbereiche der ersten christlichen Generation; und Antiochia war die Stadt, in der die Nachfolger des Jesus von Nazareth zum ersten Mal als »Christen« bezeichnet wurden, griechisch »christianoi«, die »Anhänger des Christus«.[37]

Eine archäologische Spurensuche
in Fortsetzungen

Als der Archäologe Bargil Pixner sich auf die Suche nach Betsaida machte, auf deutsch »Fischhausen«, der Geburtsstadt des Petrus und seines Bruders Andreas, setzte er sein Leben aufs Spiel. Denn dort, wo er nach alten Berichten die Reste der Siedlung irgendwo unter der Erde vermuten mußte, auf dem Hügel von et-Tell am Nordufer des Sees Genezareth, hatten die syrischen Truppen in der Zeit ihrer Besatzung eine befestigte und von Schützengräben durchzogene Stellung eingerichtet. Und als die Israelis das Gebiet im Sechstagekrieg 1967 eroberten, schlugen sie zwar bei der Einmündung des Jordan in den See eine Brücke, durch die der Hügel wieder zugänglich wurde, aber im übrigen kümmerten sie sich nicht darum. Jahre später lagen noch leere Munitionskisten mit kyrillischer Beschriftung herum, die unschwer erkennen ließen, woher die Syrer ihre Waffen erhalten hatten. Das Gelände war immer noch vermint. Was sollte Pixner tun? Er folgte den Kuhfladen. Wo Kühe sicher gegangen waren, konnte auch er sich vorwärts wagen. Und er hat das Abenteuer nicht nur überlebt: Er gilt allgemein als der Entdecker von Betsaida und nimmt noch heute an den Ausgrabungen teil, die inzwischen von anderen geleitet werden – unter ihnen der Israeli Rami Arav und der deutsche Neutestamentler Heinz-Wolfgang Kuhn von der Universität München. Pixners Pionierleistung steht in der Tradition Heinrich Schliemanns, der anders als Pixner ein Amateur war und dennoch die richtige Voraussetzung mitbrachte: Man muß die literarischen Quellen ernst nehmen. Schliemann fand Troja, weil er an Homer glaubte, und setzte dort eine Ausgrabungsentwicklung in Gang, die noch immer nicht abgeschlossen ist und mit immer neuen Schichten und Funden längst weit über das hinausgeht, was Schliemann noch für das Troja der »Ilias« gehalten hatte. Selbst seine heutigen Kritiker gestehen ihm jedoch zu, daß Troja nicht entdeckt worden wäre, wenn er nicht ein Werk der Dichtung, ein uraltes griechisches Epos, ernst genommen hätte. Bargil Pixner hatte es da vergleichsweise leichter. Seine Quellen waren der jüdische Historiker Josephus mit seinen *Jüdischen Altertümern* und die aus dem Judentum stammenden christlichen Historiker Markus, Matthäus, Lukas[38] und Johannes. Bereits zu Beginn seiner Untersuchungen war Pixner längst aufgeklärt genug, um zu verstehen, daß Homer ein Epiker war, der auch historische Informationen bot, während die vier Evangelisten Historiker waren, die ihren Lesern auch erzählerische Elemente gönnten. So konnte er sicher sein, mit seiner Spurensuche nicht irgendeiner Schimäre nachzujagen.

Josephus sagt genug über die Lage des Ortes, um ihn im Bereich des et-Tell zu lokalisieren.[39] Und die vier Evangelien betonen nicht nur die Bedeutung der Stadt für einige der Jünger und für Jesus selbst, sie geben auch Hinweise, die mit Aussagen von Josephus übereinstimmen.[40] Pixner durfte annehmen, viel zu finden – denn Betsaida war kein provinzielles Fischerdorf mit ein paar Hütten, sondern ungefähr seit 3 v. Chr. ein Ort mit Stadtrecht. Philippus, ein in Rom erzogener Sohn von Herodes dem Großen und Freund von Kaiser Augustus, hatte in seinem Herrschaftsgebiet die Stadt Paneas verschönert und in Caesarea Philippi umbenannt; Betsaida gab er den Beinamen »Julias«, vielleicht in der Zeit um 4/3 v. Chr. nach der Tochter des Kaisers Augustus, die von ihrem Vater allerdings bereits 2 v. Chr. verbannt wurde, vielleicht auch erst später nach der Frau des Augustus und Mutter des Kaisers Tiberius, Livia Julia, zu ihrem Gedächtnis am 22. September 30 n. Chr., ein Jahr nach ihrem Tod.[41] Dieser Tetrarch oder »Vierfürst« Philippus prägte ein auch durch die Förderung der griechischen Sprache den griechischen Kulturformen und Religionen gegenüber offenes Gebiet. Ein solches Förderprogramm verfehlte offenbar nicht seine Wirkung. In Caesarea Philippi befand sich das größte bekannte Pan-Heiligtum der Antike – und alle drei aus Betsaida stammenden Jünger Jesu haben griechische Namen: Philippus, Andreas und Simon, der von Jesus später Petrus genannt wurde.[42]

Schon die alten Quellen lassen vermuten, daß dieses Betsaida ein umfangreiches Areal bedeckte und wohl unten an der heutigen Lagune seinen Seehafen hatte.[43] Damals floß der Jordan ein Stück östlich von der heutigen Einmündung in den See, und am Westufer lag allem Anschein nach eine Außenstelle der

Stadt, ein kleines Fischerdorf, das wohl der unmittelbaren Verarbeitung des frischen Fangs gedient haben dürfte. Ruinen sind dort, im »el Aradsch« oder Beth ha-Bek genannten Areal, wieder ausgegraben worden. Doch nach dem Tod Herodes' des Großen verlief die neue Grenzziehung so, daß dieser Landstrich nicht an Philippus fiel, sondern an Antipas, und so gab es zur Zeit Jesu zwei durch eine Verwaltungsgrenze getrennte Orte in unmittelbarer Nachbarschaft, die beide als Betsaida bezeichnet werden konnten. Möglicherweise hatte Johannes das vor Augen, als er den Herkunftsort des Jüngers Philippus »Betsaida in Galiläa« nannte und nicht »Betsaida in der Gaulanitis« (Johannes 12,21). Aber so eng sollte man das wohl nicht sehen. Galiläa konnte umgangssprachlich der geographische Oberbegriff für beide bleiben, auch wenn Herodes seinen zwei Söhnen eine Grenze mitten hindurch gezogen hatte. Wer den Freistaat Bayern auf einer Landkarte betrachtet, wird Nürnberg in Bayern ansiedeln. Es sind vor allem die Franken, die daran festhalten, daß Nürnberg in Franken liegt, während die Bayern recht zufrieden damit sind, daß es sich in Bayern befindet. Spätere christliche Pilger scheinen das unten am See liegende Betsaida dem Hügel vorgezogen zu haben – man stellte sich Fischer eben direkt am Wasser vor. In Beth ha-Bek wurden Ruinen einer byzantinischen Kirche und weitere Siedlungsspuren aus dem 4. bis 7. Jahrhundert entdeckt. Noch 725 sah und beschrieb Willibald, künftiger Bischof von Eichstätt, diesen Kirchenbau. Wie bekannt das Gebiet von Betsaida für seine griechische Prägung war, zeigt jedenfalls auch die schon weiter oben erwähnte Begebenheit in Jerusalem, als Griechen beziehungsweise aus einem griechischsprachigen Gebiet kommende Juden sich direkt an Philippus wenden, um einen Termin bei Jesus zu bekommen. Und er zieht nicht einen beliebigen anderen Jünger hinzu, sondern den griechisch benannten Andreas, der wie er aus Betsaida stammte (Johannes 12,20-22).

Auf Bargil Pixners erste Forschungsberichte[44] folgten in Betsaida seit 1987 die systematischen Ausgrabungen unter der Leitung von Rami Arav. Und er stieß als erster auf Spuren aus der Eisenzeit, die er als Reste der damaligen Hauptstadt des Königreichs Geschur interpretierte und mit einem Bericht im Alten Testament in Verbindung brachte: König David hatte sich mit Maacha verheiratet, einer Tochter des Königs Talmai von Geschur (2. Samuel 3,3). Dorthin floh ihr gemeinsamer Sohn Absalom, nachdem er seinen Halbbruder Amnon, den Vergewaltiger seiner Schwester Tamar, getötet hätte (2. Samuel 13,1-39).[45] Der Ort hatte also schon eine bis mindestens in die Zeit um 1000 v. Chr. zurückreichende Geschichte, ehe Philippus ihm die Stadtrechte verlieh und ihn nach seinen Maßstäben ausbaute. Und seit 1990 – inzwischen war Heinz-Wolfgang Kuhn zum Team der Ausgrabungsleiter gestoßen – kommen nun auch die wichtigen Funde aus der Zeit der Jünger zum Vorschein.[46] So wurde ein gepflasterter, viereckiger Innenhof entdeckt, der mit den anliegenden Wohnräumen immerhin 18 mal 27 Meter groß war. Und vor allem: Das Handwerkszeug und Zubehör von Fischern wurde gefunden – zum Beispiel kleine Bleigewichte, die im Innenhof an den ausgespannten Netzen befestigt wurden. Nadeln für die Reparatur von Netzen wurden entdeckt, auch Angeln, zwei Steinanker und ein Siegel, auf dem zwei Fischer dargestellt sind, die aus ihrem Boot ein Netz in den See werfen. Von einem benachbarten Haus konnte die 11,3 mal 4,5 Meter große Küche ausgegraben werden. Den Besitzern dieses Hauses ging es nicht schlecht: In der Küche wurde ein goldener Ohrring entdeckt – ein kleines, zweitausend Jahre zu spät aufgelöstes Familiendrama vielleicht, wenn man sich heutige Erfahrungen mit der verzweifelten Suche nach Schmuckstücken, die bei der Küchenarbeit abgelegt wurden, lebhaft genug vorstellt.

Unter dem nächsten Raum wurde ein Keller gefunden, in dem sich noch Weinkrüge aus Ton und die typischen Sicheln für die Weinernte befanden. An diese Küche schließt sich westlich ein weiterer Hof von 12 mal 12,9 Metern an. Und nördlich dieses Hofs gelang die bis heute überraschendste Entdeckung von Betsaida. In einem Raum, dessen genaue Bedeutung noch nicht bekannt ist, wurde eine Tonscherbe gefunden. Der Archäologe Fred Strickert erkannte schnell, daß sie einst zu der gleichen Art Krug gehört hatte, wie er auch im Weinkeller des Nachbarhauses gelagert worden war. Aber nicht dies war die Überraschung, sondern ein in den Ton eingeritztes Zeichen, das wie ein Kreuz aussieht. Von einem Kreis gehen vier mit rechteckigen Linien geritzte Balken aus; der untere ist mit einem angefügten zweiten Rechteck um die Größe eines der anderen Balken verlängert.[47] Da die Grundform dieses Kreuzes, ohne die Verlängerung nach unten, wie eine stilisierte Sonne aussieht, könnte hier eine bewußte Anspielung auf einen der beliebtesten Kulte der damaligen Zeit vorliegen: auf den Kult des Sonnengottes, des »Sol Indiges«, der nun durch die neue und wahre Sonne, den gekreuzigten Christus, endgültig abgelöst ist.

In einer Stadt wie Betsaida, die von dem in Rom unter Augustus aufgewachsenen Philippus gefördert wurde, war die Kenntnis des »Sol Indiges« vorauszusetzen. Vor allem zur Zeit des Augustus blühte dieser Kult. Auf dem Circus Maximus stand ein Tempel, der »Sol« und der Mondgöttin »Luna« geweiht war. In der Stadt Lavinium, dem heutigen Pratica di Mare, befand sich ein Hain des »Sol Indiges«, den noch um 75 n. Chr. Plinius der Ältere kannte.[48] In neutestamentlicher Zeit wurde der Kult dieses Sonnengottes langsam durch den eines anderen abgelöst, durch den »Unbesiegbaren Sonnengott«, den »Sol Invictus«. Horaz hatte den Weg bereitet, indem er in seinem lateinischen Gedicht »Carmen Saeculare« (um 23 v. Chr.) die Gottheit Apoll nun auch im Westen des Reichs mit der Sonne, griechisch »Helios«, verglich und damit einen weiteren reichsweiten Sonnengott-Kult hoffähig machte. Der »Sol Invictus« hatte seine Ursprünge in Syrien – nicht weit also von der Region Betsaidas. Und obwohl er erst im 3. nachchristlichen Jahrhundert zu einem kaiserlichen Kult wurde, dem noch Konstantin der Große folgte, war die göttliche Verehrung der Sonne längst schon zur Zeit des Philippus eine beliebte Option unter den vielen Kulten, die man damals im Angebot hatte.

Die christliche Umwertung, die auf dem Weinkrug von Betsaida geschah, ließ sich aus den alten Schriften gut begründen. Psalm 84,12 könnte geradezu das Motto für einen gläubigen Weintrinker gewesen sein: »Gott der Herr ist Sonne und Schild, der Herr gibt Gnade und Ehre. Er wird kein Gutes mangeln lassen den Frommen.« Im Neuen Testament wird der mit Gott auf eine Stufe gestellte Jesus mit der Sonne verglichen, »durch die uns besuchen wird das aufgehende Licht aus der Höhe« (Lukas 1,78) – eine direkte Anspielung auf die Prophetie im alttestamentlichen Buch Maleachi 3,20: »Euch aber, die ihr meinen Namen fürchtet, soll aufgehen die Sonne der Gerechtigkeit und Heil unter ihren Flügeln.« Auch der Prophet Jesaja hatte in solchen Bildern gesprochen: »Mache dich auf, werde licht, denn dein Licht kommt, und die Herrlichkeit des Herrn geht auf über dir! Denn siehe, Finsternis bedeckt das Erdreich und Dunkel die Völker, aber über dir geht auf der Herr und seine Herrlichkeit erscheint über dir« (Jesaja 60,1-2). Ein Juden-Christ in Betsaida, vertraut mit diesen alten Texten, hatte also nicht die geringsten Schwierigkeiten, aus der Sonne das Kreuz zu machen. Der Gedanke, das Kreuz auch bildlich und damit symbolisch zu verwenden, war ja nicht erst eine Erfindung des späten Christentums. Schon Jesus selbst hatte das nahegelegt, in einer Szene, an der Jakobus teilgenommen hatte und deren volle Bedeutung er wohl erst nach Kreuzigung und Auferstehung verstand: »Darauf sagte Jesus zu seinen Jüngern: ›Wer mein Jünger sein will, der verleugne sich selbst, nehme sein Kreuz auf sich und folge mir nach.‹« (Matthäus 16,24). Die Linie zieht sich bis zu Paulus, der im 1. Brief an die Korinther 1,18 pointiert so formuliert: »Denn das Wort vom Kreuz ist denen, die verlorengehen, eine Torheit. Uns aber, die gerettet werden, ist es Gottes Kraft ... Wir aber verkünden Christus als den Gekreuzigten, den Juden ein Ärgernis und den Griechen eine Torheit; für die Berufenen aber, Juden wie Griechen, verkünden wir Christus als Gottes Kraft und Gottes Weisheit.« Und einmal mehr sehen wir, wie die vernetzte Welt des Römischen Reichs sich auch im kleinen Detail findet, im Kreuz auf der Scherbe eines Weinkrugs bei den Fischern von Betsaida.

Wer aber könnte in Betsaida veranlaßt haben, einen Weinkrug mit dem Kreuzeszeichen hervorzuheben, und zu welchem Zweck? Der Archäologe Bargil Pixner macht einen mutigen Vorschlag.[49] Er vermutet einen historischen Kern hinter einer syrischen Legende, die Simon von Bassora überlieferte: »Und Jakobus, der Bruder des Johannes, predigt in seiner Stadt Betsaida und baut dort eine Kirche. Herodes Agrippa enthauptet ihn nach der Auferstehung des Herrn. Er liegt begraben in der Stadt Akar in Marmarika.«[50] Die mittlere Aussage ist historisch überprüfbar: Von der Enthauptung des Jakobus unter Herodes Agrippa I. berichtet die Apostelgeschichte 12,2. Die letzte Aussage scheint im Widerspruch zur alten Legende von der Überführung der sterblichen Reste des Jakobus nach Spanien zu stehen, wo sein Reliquienschrein in der Kathedrale von Santiago de Compostela seit dem Mittelalter und noch bis heute nach Rom und Jerusalem das drittgrößte Pilgerziel der Christenheit ist. Doch dürfte der Text des Simon von Bassora älter sein als diese Tradition; und so könnte es – will man denn an der Authentizität des Grabes in Santiago festhalten – auch ein Nacheinander gegeben haben: nach der Erstbestattung in Akar eine spätere Überführung nach Spanien. Es wäre nicht der einzige Fall dieser Art in der Geschichte der Kirche. Und die erste Aussage? Daß Jakobus und sein Bruder Johannes ebenso wie ihre Fischer-Kollegen Petrus, Andreas und Philippus aus Betsaida stammten, steht zwar nicht im Neuen Testament, ist aber alte Überlieferung und jedenfalls nicht unglaubhaft, Übertrieben ist dagegen der Satz des Simon von Bassora, Jakobus habe in seiner Stadt eine Kirche gebaut – das war zu dieser Zeit noch nicht möglich. Denkbar wäre allenfalls, daß er eine kleine judenchristliche Synagoge errichtete. Wahrscheinlicher ist aber, daß ein aus dem Judentum kommender Christusanhänger das tat, was die Christen auch später noch fast dreihundert Jahre lang taten: Gottesdienste mit Abendmahl (Eucharistie) wurden in Privaträumen abgehalten. Nimmt man dies alles zusammen, dann bleibt Bargil Pixners Idee ein reizvoller Gedanke. Der Fischer Jakobus könnte in seine Heimatstadt zurückgekehrt sein, um dort die Botschaft vom auferstandenen Christus zu verbreiten und mit seiner Familie, den Freunden, Bekannten und Überzeugten das Abendmahl zu feiern. Die Scherbe eines Krugs mit dem besonderen Wein für diese Anlässe, gefunden in einem Wohnzimmer oder Versammlungsraum, würde gut dazu passen. Soviel ist jedenfalls sicher: Aus viel späterer Zeit kann die Scherbe nicht stammen. Denn Betsaida wurde wohl in der Nacht des 13. Dezember 115 n. Chr. von einem Erdbeben völlig zerstört. Das stimmt überein mit dem Datum der jüngsten Münze, die in einem Haus des Hügels von Betsaida gefunden wurde. Sie trägt die Prägung des Kaisers Trajan (98–117 n. Chr.). Eine nennenswerte städtische Besiedlung gab es hier allerdings schon seit 67 n. Chr. nicht mehr, als die Römer Betsaida im Zuge der Niederschlagung des jüdischen Aufstands eroberten und teilweise zerstörten. Die Bedeutung dieser Datierung eines Fundortes anhand der Folgen einer Naturkatastrophe kann man auch im Vergleich mit einem anderen Beispiel gut ermessen: Als am 24. August 79 n. Chr. die Stadt Herculaneum zusammen mit Pompeji und Stabiae durch den Ausbruch des Vesuvs zerstört wurde, konservierte die Lavaschicht Häuser mit ihren Fresken, Bibliotheken und ganze Einrichtungen. Im Obergeschoß eines Hauses wurde an der Wand die Spur eines Kreuzes gefunden. Nach langer wissenschaftlicher Debatte scheint heute abgesichert zu sein, daß sich hier tatsächlich eine christliche Hauskirche im typischen Obergemach versammelte. Damit war die Anwesenheit von Christen in Herculaneum für die Zeit vor 79 n. Chr. dokumentiert, vor allem aber auch die relativ frühe Benutzung des Kreuzes als sichtbares christliches Symbol.[51]

Die Straße zum Meer

Wer beim Tell von Betsaida an der kleinen Jordanschnelle steht, sieht in den Hügeln am anderen Ufer eine alte Römerstraße. Das gesamte Gebiet war von Haupt- und Verbindungsstraßen durchzogen, die dem Handel dienten, aber natürlich auch den schnellen Truppenbewegungen der Römer im Grenzbereich. Die bedeutendste dieser Straßen war die Karawanenroute, die Damaskus mit Ägypten verband. Heute ist sie wie alle Straßen dieser Zeit nur noch streckenweise erhalten und benutzbar, obwohl immer wieder einmal vergangene Größe und Bedeutung aufscheint. An einer dieser Handelsrouten, die von Jerusalem über Hebron ebenfalls nach Ägypten führte, begegnet man einem eigenartigen Relikt: Südlich von Beer-Sheva, nicht mehr weit von der ägyptischen Grenze, ist neben ihr ein kleines Stück Eisenbahntrasse aus der britischen Mandatszeit übriggeblieben, einsam steht ein einzelner Frachtwaggon auf dem Gleis, die karge Erinnerung an jene Zeit, als die Levante das wirtschaftlich blühendste Gebiet am Mittelmeer war. In neutestamentlicher Zeit kam die erst von den Kreuzfahrern in Anlehnung an Matthäus 4,15 »Via Maris« genannte Straße von Damaskus bis zum See Genezareth, unmittelbar an Betsaida vorbei, das von einer

Zufahrtstraße direkt erreicht wurde, passierte Kapernaum, Tiberias, Magdala-Taricheai, ging von dort nach Bet-Schean, weiter nach Westen, wo sie bei Caesarea das Meer erreichte und dann die Küste entlang bis zum Nildelta führte.[52]

Wer in einem der Fischerorte am Westufer des Sees lebte, in Betsaida und Kapernaum wie Petrus, Andreas, Johannes, Jakobus und Philippus, und mit ihnen lange Zeit Jesus, oder in Magdala wie Maria »Magdalena«, der hatte unmittelbaren Zugang zu einer der Hauptverkehrsadern, auf denen nicht nur Fisch, Wein und Getreide transportiert wurden, sondern auch Texte und Ideen. In Kapernaum verlief sie gut hundert Meter nordöstlich der Synagoge, schnell zu erreichen für die Fischer, die Wein- und Ölhändler. Auch die römische Garnisonstruppe von Kapernaum war somit sehr beweglich, und die dortigen Römer nutzten sie offenbar auch wie anderswo im Römischen Reich nahe von Siedlungsgebieten – durch die Errichtung von Mausoleen, in denen die Sarkophage hochrangiger Toter aufgestellt wurden. Eines wurde zwischen 1976 und 1977 wieder freigelegt, und sein Inneres ist heute, halb verborgen zwischen Gras und Steinen, für mutige Kletterer zugänglich.[53] Noch in der Zeit des Kaisers Hadrian (117–138 n. Chr.) war die Via Maris hier am See eine vom Imperium gepflegte Verbindung: Bei Kapernaum wurde ein Meilenstein gefunden, dessen oberer Teil gut genug erhalten ist, um rekonstruiert zu werden: »Der Imperator Caesar, des göttlichen Trajan Parthicus Sohn, des göttlichen Nerva Neffe, Trajan Hadrian Augustus«.[54] Nicht weit von Kapernaum, bei der Grenze zwischen dem galiläischen Gebiet des Antipas und der Tetrarchie des Philippus, muß auch die Zollstation des Matthäus gelegen haben. Er war nicht ein einzelner Beamter, der bei guter Laune die Reisenden durchwinkte und im übrigen von seinem Anteil an den Zollgebühren der Warentransporte lebte, sondern stand offenbar einem Zollamt vor, das auch die Fischfang-Steuer einnahm und mehrere Angestellte beschäftigte.[55]

Die guten Straßenverbindungen, die vom See Genezareth in alle Richtungen führten, ermöglichten es Jesus, schnell bis nach Tyros zu gelangen – jenem Ort, an dem die Doppel- und Tetradrachmen geprägt wurden, mit denen man die Tempelsteuer zahlte –, wo er mit einer Frau zusammentraf, die griechischsprachig war und Jesus im griechisch geführten Gespräch erklärte, daß auch Nichtjuden in der Lage waren, seine einzigartige Rolle zu erkennen (Markus 7,24-30). Spätestens hier sah Jesus, daß seine Botschaft nicht nur von Juden aufgenommen wurde und er sich folglich auch seinerseits nicht länger auf ein jüdisches Publikum konzentrieren konnte. Die Konsequenzen sind in den Berichten der Evangelien schnell ersichtlich: Jesus läßt eine Großveranstaltung in der griechischsprachigen Dekapolis am Ostufer des Sees Genezareth folgen (Markus 7,31; 8,1-9), bei der es zur Speisung der Viertausend kommt. Der Evangelist hält präzise fest, daß die übriggebliebenen Speisen in sieben »spyrídas« eingesammelt werden, in Henkelkörbe, wie sie in dieser Gegend und anderswo in griechisch geprägten Gegenden meist für Fische gebräuchlich waren (Markus 8,8). Dagegen hatte die frühere Speisung der 5 000 auf aramäisch-jüdischem Gebiet am Westufer stattgefunden. Markus benutzt für die zwölf Körbe, mit denen hier die restlichen Brote und Fische eingesammelt werden, das Wort »kóphinos« . Und es scheint, daß diese Art Korb vor allem mit Juden verbunden wurde – so jedenfalls finden wir es bei Juvenal, der »kóphinos« für so charakteristisch jüdisch hält, daß er den Begriff selbst in seinen lateinischen Text als »cophinus« einfügt.[56]

Diese subtile Weiterentwicklung, von der »kóphinos«-Speisung der Fünftausend vor der Begegnung mit der Syrophönizierin zur »spýris«-Speisung der Viertausend danach findet ihren Höhepunkt in der Entscheidung Jesu, den Jüngern die Frage, für wen sie ihn halten, nicht mitten in jüdischem Kernland zu stellen, sondern bei Caesarea Philippi, im Herrschaftsbereich des Philippus, neben einem Pan-Heiligtum und einem Tempel des Kaisers Augustus.[57]

Die Weltläufigkeit unter Fischern, mit Fischern und in ihrer Gesellschaft mag auf uns heute überraschend wirken. Aber wir können die wirkliche Welt des historischen Jesus und seiner Begleiter aus diesem Blickwinkel besser verstehen, und sei es auch nur, wenn wir an die Via Maris denken, an der bei Kapernaum Mausoleen standen wie an der Via Appia bei Rom, wenn wir an die Fische denken, die von hier bis nach Rom gelangten, und wenn wir begreifen, mit welcher Selbstverständlichkeit und strategischen Flexibilität sich der Jude Jesus auf den Straßen, in den Stätten und Dörfern dieser so jüdischen und zugleich so griechisch und römisch durchdrungenen Welt mehrsprachig und zielbewußt bewegte.

Petrus und Petronius:
Wenn des Nachts
die Hähne krähen

Was war das für eine Gesellschaft,
in der ich mich auf den Gassen
Babylons herumtrieb und mich in
ihrem Dreck wälzte, als wäre er
Zimt und kostbares Salböl!

Augustinus,
Bekenntnisse, *2, 3, 8 (397 n. Chr.)*

Jerusalem überlebte auch in Rom.

Chaim Noll,
Taube und Stern.
Roma Hebraica –
eine Spurensuche *(1994)*

Ein Abend in Jerusalem

Die Faszination, die von Jerusalem ausgeht, ist uralt. Bis heute ist dieser Ort die einzige heilige Stadt des Judentums, während Christen und Muslime – in deren Koran sie gar nicht vorkommt – reichlich Auswahl haben. Und heilige Stadt der Juden war sie schon jahrhundertelang, als Jesus sie besuchte. Er kannte Jerusalem bereits gut, ehe er, aus Galiläa kommend, dort seine letzten, entscheidenden Lebenstage verbrachte. Schon der Zwölfjährige hatte den Tempel aufgesucht, und der Erwachsene kehrte zu den großen Festen dorthin zurück. Wie heute, so war Jerusalem auch damals der Mittelpunkt der jüdischen Welt. Aus allen Ländern kamen die Pilger, um »Shavuot« zu feiern, das »Wochenfest« am fünfzigsten Tag, sieben Wochen nach Passah, aus dem in der christlichen Tradition mit Hilfe des griechischen Wortes »pentekostös« (»fünfzigster«) Pfingsten wurde. In der Apostelgeschichte des Lukas wird uns die Bedeutung dieses Ereignisses verdeutlicht: »Und als das Fest der fünfzig Tage gekommen war, ... hielten sich in Jerusalem Juden auf, fromme Männer aus allen Völkern unter dem Himmel, ... Parther, Meder und Elamiter, Bewohner von Mesopotamien, Judäa und Kappadozien, aus Pontus und der Provinz Asien, aus Phrygien und Pamphylien, Ägypten und der Gegend von Kyrene in Libyen, auch die Römer, die sich hier niedergelassen haben, Juden und Proselyten, Kreter und Araber« (Apostelgeschichte 2,1-11). Das war jedes Jahr so, nicht nur im Jahr 30 n. Chr., über das Lukas berichtet. Der historische Jesus und seine Begleiter trafen hier einmal im Jahr auf Hunderttausende von Besuchern, die Neuigkeiten aus ihrer Heimat mitbrachten und die wieder mit nach Hause nahmen, was sie Neues gesehen und gehört hatten. Jerusalem – es war die Stadt eines Weltwunders, des Tempels, dem selbst ein notorischer Judenhasser wie der römische Historiker Tacitus (ca. 55 – ca.

120 n. Chr.) seine Bewunderung nicht versagen konnte. Zweimal beschrieb er die Stadt und den Tempel, Schilderungen des Zustands vor der Zerstörung durch die Römer im Jahre 70 n. Chr.:

Die auf steiler Höhe gelegene Stadt war durch gewaltige Wehrbauten befestigt, die auch in ebenem Gelände ausreichenden Schutz geboten hätten. Denn zwei hoch aufragende Hügel waren von Mauern umschlossen, die mit kunstvoller Technik in vorspringenden oder zurückweichenden Linien errichtet waren, so daß die Flanke der Sturmtruppen dem Beschuß ungedeckt offenstand. Nach außen fiel das Felsmassiv steil ab, und Türme erhoben sich, wo der Berg zustatten kam, 60 Fuß hoch, in den Einsenkungen 120 Fuß hoch – ein wunderbarer Anblick, und wenn man von weitem hinschaute, wirkten sie gleich hoch. Eine andere Mauer weiter innen umschloß die Königsburg; von ansehnlicher Höhe war der Antonius-Turm, der zu Ehren des Marcus Antonius von Herodes diesen Namen erhalten hatte. Der Tempel war wie eine Burg angelegt und hatte eigene Mauern, ein mit größerem Arbeitsaufwand als alle anderen errichtetes Bauwerk – selbst die um den Tempel angelegten Säulenhallen bildeten ein vortreffliches Bollwerk. Es gab dort eine ständig fließende Quelle, künstlich angelegte unterirdische Gänge, Fischteiche und Zisternen zum Auffangen des Regenwassers.
(Tacitus, Historien, 5,11,3-12,1)

Und in einem Fragment seiner Historien, das von Sulpicius Severus überliefert wird, lesen wir, wie Tacitus über Titus berichtet, den Belagerer und Zerstörer Jerusalems, und wie die Meinungen über die Vernichtung eines derart einzigartigen Bauwerks im Kriegsrat aufeinanderprallen:

121

Titus habe, so berichtet man, den Kriegsrat herangezogen und zunächst überlegt, ob er einen so gewaltigen Tempel zerstören solle. Denn einige glaubten, ein geweihtes, weil über alle Menschenwerke berühmtes Heiligtum dürfe nicht vernichtet werden; da seine Erhaltung als Zeugnis römischer Mäßigung, die Zerstörung als ewiger Schandfleck der Grausamkeit gelten werde. Dagegen meinten andere und auch Titus, daß man vor allem den Tempel niederreißen müsse, damit so die Religion der Juden und Christen vollständig ausgerottet werde; denn diese Religionen seien trotz ihrer Gegensätzlichkeit von denselben Stiftern ausgegangen; die Christen hätten sich aus den Juden entwickelt; beseitige man die Wurzel, werde der Stamm leicht zugrunde gehen.
(Sulpicius Severus, Chronica, *2,30,6)*[1]

Dem überwältigenden Eindruck dieses Bauwerks konnte sich niemand entziehen, auch die Jünger nicht:»Als Jesus den Tempel verließ, sagte einer von seinen Jüngern zu ihm: ›Meister, sieh, was für Steine und was für Bauten!‹ Jesus sagte zu ihm: ›Siehst du diese großen Bauten? Kein Stein wird auf dem andern bleiben, alles wird niedergerissen.‹« (Markus 13,1-2). Bis es soweit war, bis Titus den Entschluß faßte, den Tempel tatsächlich zu zerstören, vergingen noch vierzig lange Jahre. Die Geschichte der christlichen Urgemeinde Jerusalems spielte sich im Umfeld dieses steingewordenen Monuments jüdischer Identität ab, in dessen Einzugsbereich Läden, Bäder, Banken und Wechselstuben ebenso zu finden waren wie der untere Palast der hasmonäischen Herrscherfamilie; seine eindrucksvollen Reste sind heute im über ihnen errichteten Wohl-Museum zu besichtigen. In diesem Palast schlug der römische Präfekt Pontius Pilatus, dessen Amtssitz in Caesarea Maritima zur Zeit von israelischen Archäologen ausgegraben wird, alljährlich sein Standquartier auf. Er kam hierher, um Recht zu sprechen und im

Falle von Unruhen, die bei den internationalen Menschenmassen des Shavuot-Festes nie auszuschließen waren, nahe bei seinen Truppen zu sein. Ihr Standort war die Festung Antonia, strategisch günstig am Nordrand des Tempelbezirks gelegen. Heute ist dort eine arabische Schule, und wer Zugang findet, kann durch die Öffnungen in der Mauer das gesamte Plateau des ehemaligen Tempelbergs, auf dem sich jetzt Moscheen erheben, bis in die Stadt hinein überblicken.

Zwischen diesen Polen, der ständigen, unausweichlichen Präsenz der Römer und dem Heiligtum der Juden aus aller Welt, bewegten sich auch Jesus und die Männer und Frauen seiner Umgebung. Für die galiläischen Jünger war das Erlebnis der Weltstadt jedes Jahr neu gewöhnungsbedürftig. Nur einer von ihnen schien dort gute Kontakte zu haben und sich mit gelassener Selbstverständlichkeit auch im Palast des Hohenpriesters zu bewegen.[2] Den Hinweis finden wir im Bericht über die Verleugnung Jesu durch Petrus. »Simon Petrus und ein anderer Jünger folgten Jesus. Dieser Jünger war mit dem Hohenpriester bekannt und ging mit Jesus in den Hof des hohenpriesterlichen Palastes. Petrus aber blieb draußen am Tor stehen. Da kam der andere Jünger, der Bekannte des Hohenpriesters, heraus; er sprach mit der Pförtnerin und führte Petrus hinein« (Johannes 18,15-16). Offensichtlich handelt es sich um einen Jünger Jesu, der mit dem verhafteten Jesus gehen konnte, ohne selbst verhaftet zu werden und sich so souverän im Inneren der Palastanlage bewegte, daß es ihm niemand verwehrte, den draußen verbliebenen Petrus hereinzuholen. Sein Name wird nicht genannt. Der Verräter Judas kann es nicht gewesen sein. Wer aber dann? Wir wissen es nicht, denn der Evangelist verzichtet aus Gründen, die wir nicht mehr kennen, auf die Nennung seines Namens. Die Vermutungen reichen vom gleichfalls nicht namentlich identifizierten »Lieblingsjünger« des Johannes-Evangeliums bis zu Lazarus, Johannes oder Jakobus. Den wohl originellsten Vorschlag machte der Neutestamentler Theodor Zahn:

Da der »Lieblingsjünger«, wenn er in den Berichten auftaucht, stets »Lieblingsjünger« genannt wird, die Bezeichnung hier aber fehlt, kann er nicht gemeint sein. Es kann aber auch nicht Johannes selbst, der Evangelist, gemeint sein, da die wohl ursprüngliche Fassung des griechischen Textes nicht von »dem« anderen Jünger spricht, wie sonst, wenn Johannes gemeint ist, sondern von »einem« anderen Jünger. Da andererseits in diesem Evangelium die anderen Anhänger Jesu, wenn sie in die Handlung eingeführt werden, namentlich vorkommen, bleibt nur der eine übrig, bei dem dies nicht der Fall ist: Jakobus, der Bruder des Johannes und Fischereiunternehmer aus der Firma ihres Vaters Zebedäus.[3] Warum hatte gerade er, der mit seinem Bruder und mit Petrus die Dreiergruppe der engsten Vertrauten Jesu bildete, anders als der Kollege Petrus diesen offenbar recht engen Kontakt zum Hohenpriester und dessen Haushalt? Es genügt nicht, die Firma Zebedäus & Söhne als die hohenpriesterlichen Hoflieferanten zu sehen. Das hätte für einen engen Kontakt mit dem Küchenchef und anderen Bediensteten gereicht, aber nicht für die offensichtlich persönliche Bekanntschaft mit dem Hohenpriester selbst, die hier vorausgesetzt ist. Zahn folgert aus einer Vielzahl von Einzelstellen, daß die Mutter der beiden Zebedäus-Söhne, Salome, aus einer priesterlichen Familie stammte und daher schon der Großvater der Brüder priesterliche Dienstleistungen im Tempel verrichtet hatte. Dies wäre die Erklärung für ein gewachsenes Verhältnis zu den Hohenpriestern und ihren Bediensteten. Durch diese alten Beziehungen könnten die Söhne auch den Auftrag erhalten haben, Fischlieferanten für diesen umfangreichen Jerusalemer Haushalt zu werden.[4]

Wie auch immer das Rätsel des ungenannten Jüngers gelöst werden mag – fest steht zweierlei: Da war einer im Umkreis Jesu, der sich in den Straßenschluchten, Häusern und Palästen

Jerusalems gut auskannte. Und das andere: Petrus selbst, der ja zu diesem Zeitpunkt schon mit der Bürde herumging, von Jesus als Fels des Glaubens und erster unter den Jüngern ausgezeichnet zu sein, beweist hohen persönlichen Mut. Denn neben dem Unbekannten bringt nur er es über sich, dem verhafteten Jesus zu folgen, bis hinein in den Palast des Mannes, der den Tod seines Meisters wollte. Alle anderen Jünger sind längst geflohen.

Dieser Mut des Petrus wird gern vergessen – populärer ist das Bild des großspurigen Maulhelden, der seinen Herrn dreimal verleugnet und erst aus der Reue und dann aus der Vergebung durch den auferstandenen Christus wieder seinen Platz an der Spitze der Gemeinschaft einnehmen darf. Es ist ein Bild, das ebenso beliebt wie falsch ist. Denn die Berichte vermitteln einen ganz anderen Eindruck. Am detailliertesten und dramatischsten ist die Schilderung im Lukas-Evangelium. Petrus gelobt: »›Herr, ich bin bereit, mit dir ins Gefängnis und in den Tod zu gehen.‹ Er aber sprach: ›Petrus, ich sage dir, der Hahn wird heute nicht krähen, ehe du dreimal geleugnet hast, daß du mich kennst.‹« (Lukas 22,33-34). Hier wird von Jesus nicht behauptet, daß Petrus die Unwahrheit sagt oder einfach nur angibt. In der Tat beweist Petrus ja wenige Stunden später, daß er zu seinem Wort hält, denn er folgt Jesus bis in sein erstes Gefängnis, und er läßt sich hineinholen in den Vorhof des Todes. Die Pointe ist eine ganz andere: Gerade der persönliche Mut ist eine schwankende Sekundärtugend. Daß Petrus da am nächtlich wärmenden Feuer des Palasthofes sitzt, ganz nahe bei seinem Messias, der gleichzeitig dem ersten Verhör unterworfen wird, ist die eine Seite. Die andere ist, daß die Bereitschaft, für diese Nähe in den Tod zu gehen, noch nicht ausgereift ist. Für Jesus sterben – dazu war er bereit, und gut 35 Jahre später kam es auch dazu. Doch hatte er gesagt und hatte Jesus erwartet, daß dies bereits an diesem Abend geschehen sollte? Wer würde dann die Gemeinde zusammenhalten, zu deren Fels ihn doch Jesus selbst ernannt hatte? Und so war es denn auch nicht der Versuch des Petrus, bei allem Mut sein eigenes Leben zu retten, der ihm von Jesus zum Vorwurf gemacht wurde. Der Vorwurf lautete auch nicht, Petrus habe geleugnet, daß Jesus der Messias ist, habe also sein früheres Bekenntnis zurückgenommen. Der wahren Gefahr, das ureigene Glaubensbekenntnis zu verleugnen, entging Petrus. Was er behauptete – unwahr genug, aber eben doch auf einer anderen Ebene – war, nicht zu den Jüngern zu gehören und Jesus nicht zu kennen. Es war ein Versagen, dessen Schwere ihm sofort deutlich wurde, als man Jesus nach dem ersten Verhör an ihm vorbeiführte (Lukas 22,61). Nun erinnerte er sich an die Prophezeiung, »und er ging hinaus und weinte bitterlich«.

Die frühchristliche Kunst verstand diese Begebenheit als einen entscheidenden Wendepunkt. Denn der unbezweifelte Mut des Petrus war auch Hochmut. Erst indem er von der Höhe seiner Sonderstellung in die Tiefe des Versagens fiel, konnte er reifen und Verantwortung übernehmen. So wird Petrus zunächst nicht als der Apostelfürst mit den Schlüsseln dargestellt, wie wir ihn heute auf vielen Gemälden und in zahllosen Kirchen sehen. Er ist auch nicht der Mann des heutigen Volksaberglaubens und der Stammtischwitze, der an der Himmelspforte steht, um Einlaß zu gewähren oder zu verweigern, der gnädig die Sonne scheinen läßt oder mit dem man Anglern »Petri Heil« zuruft. In den Darstellungen auf den ersten christlichen Sarkophagen steht er neben Jesus, den Kopf meist leicht gesenkt, mit einem Zeigefinger am Kinn und einem Hahn zu seinen Füßen. Diese Porträtierung des Petrus ist seit dem frühen 3. Jahrhundert (älteres gibt es nicht[5]) so häufig, daß sie zweifellos einem festgelegten Bildtyp entsprach. Jeder Besucher der Pio-Clementinischen Abteilung in den Vatikanischen Museen kann von Sarkophag zu Sarkophag gehen und wird immer wieder auf die gleiche Szene stoßen. Das wohl berühmteste Beispiel, aber eben nur eines von vielen, ist der sogenannte »Dogmatische Sarkophag«. Er zeigt u.a. die Erschaffung der Menschen, den Besuch der Weisen aus dem Morgenland, die Auferweckung des Lazarus und die Gefangennahme des Petrus. Vor der Szene mit der Gefangennahme – die historisch außerhalb des biblischen Berichtszeitraums liegt, aber stets so dargestellt wird, wie Jesus sie im Johannes-Evangelium 21,18-19 prophezeit – ist Petrus rechts von Jesus zu sehen, der sich ihm mit erhobener rechter Hand zuwendet. Petrus hat den Hahn zu seinen Füßen und den Zeigefinger seiner rechten Hand am Kinn.[6] Andere einschlägige Beispiele sind der Zwei-Brüder-Sarkophag und der Sarkophag des Lot.[7]

Ohne den Hahn geht es nicht – man kann sagen, daß Petrus in diesen frühen christlichen Kunstwerken durch ihn erst identifiziert wird. Wenn man dann weiß, daß es sich um Petrus handeln muß, kann man die anderen Kennzeichen zuordnen, so auch das volle Haupthaar und den kurzgeschnittenen Vollbart, die ihn vom meist Halbglatze und Langbart tragenden Paulus unterscheiden, und anderes mehr. Haben sich solche Ikonographien erst einmal entwickelt, sind sie für die Betrachter der Sarkophage oder der Fresken in den Katakomben nicht erst heute eine gewollte Identifizierungshilfe. Das konnte dann in späteren Zeiten reich ergänzt werden, beispielsweise durch die Beigabe eines Schwerts in die Rechte des Paulus, das seine nur außerhalb des Neuen Testaments überlieferte Todesart – die dem römischen Bürger zustehende Hinrichtung durch das Schwert – symbolisieren soll. Für Petrus aber blieb es der Hahn, ehe mit dem wachsenden Machtanspruch der römischen Kirche aus diesem Zeichen der Demut die beiden gekreuzten Schlüssel wurden: Die Schlüssel des Himmelreichs, von denen Jesus im Matthäus-Evangelium noch ganz bildhaft sprach (Matthäus 16,19), werden hier zum Herrschaftsinstrument, das die Päpste, in ihrer Selbstdefinition als Nachfolger des Petrus, ganz selbstverständlich für sich in Anspruch nahmen. Doch bis es soweit war, vergingen einige Jahrhunderte. Am Anfang stand der Hahn, und wer ihn in Rom oder anderswo im Römischen Reich auf einem Sarkophag sah, befand sich plötzlich einmal mehr in der buntschillernden Welt der verschiedenen Kulturen und Religionen dieser Zeit.

Hähne und Götter

»Kriton, wir schulden dem Asklepios einen Hahn. Opfert ihm den und versäumt es nicht!« Der so sprach, war Sokrates, und es waren seine letzen Worte (Platon, *Phaidon,* 118). Sokrates, der Lehrer des Platon und einer der Begründer der abendländischen Philosophie, dachte Sekunden vor seinem Tod an einen Hahn, mit dessen Hilfe noch einmal eine mythische Gottheit zufriedengestellt werden sollte – Asklepios (lateinisch Aesculapius), der Gott der Heilkunde, dessen Symbol, die sich um einen Stab windende Schlange, noch heute ein medizinisches Erkennungszeichen ist.[8] Dem Asklepios wurden Hähne in großen Mengen geopfert, aber noch der griechische Erzähler und Traumdeuter Artemidor konnte um ca. 150 n. Chr. eine skeptische Variante dieser Opferhandlung zum besten geben:

Es gelobte einer dem Asklepios, er werde ihm einen Hahn opfern, wenn er im Laufe des Jahres von Krankheit verschont bleibe. Am darauffolgenden Tage gelobte er dem Asklepios einen zweiten Hahn, wenn er keine Triefaugen bekäme. In der Nacht träumte er, Asklepios sage ihm: »Ein Hahn genügt mir.« Der Mann blieb zwar von sonstigen Krankheiten verschont, bekam aber in hohem Grade Triefaugen; denn der Gott hatte an einem Gelübde genug und versagte die andere Bitte.[9]

Auch in anderen Kulten spielte der Hahn eine Rolle, im Mithras-Kult beispielsweise. Und Claudius Aelianus, der Oberpriester des Kaisers Septimius Severus, wußte um 200 n. Chr. in seiner Schrift *Über das Wesen der Tiere* davon zu berichten, daß Kaufleute, die durch Libyen reisten, einen Hahn mitnähmen, da er gegen Löwen und Dämonen helfe.[10] Auch mit Hermes und Apoll wurde der Hahn in Verbindung gebracht, sei es als Symbol des Wächters in der Nacht oder als Bote des Morgenlichts, der aufgehenden Sonne. Auf antiken Gemmen erscheint er neben Eros als erotisches Symbol.[11] Griechen und Römer waren sich darin einig, den Hahn auch ganz profan zur Zeitansage zu benutzen. Selbst die römische Garnison auf der Antonia-Festung in Jerusalem hielt sich Hähne, und von dort mag in der Stille der Nacht der Hahnenschrei – griechisch »alektrophonía« – herübergedrungen sein, der auf die dritte Verleugnung des Petrus folgte und die dritte Nachtwache von Mitternacht bis drei Uhr morgens markierte.[12]

Halten wir fest: Der nächtliche Hahn des Petrus entstammt den Gewohnheiten des Alltags im römisch besetzten Jerusalem. Als er dann, wie von Jesus angekündigt, tatsächlich krähte, fiel er daher niemandem als ungewöhnlich oder bedeutungsschwer auf – außer Petrus, der sich sofort an die Vorhersage erinnerte. Die Herausforderung zum Nachdenken entstand erst, als dieser Hahn auch auf christlichen Kunstwerken unübersehbar mit Petrus in Verbindung gebracht wurde. Der Hahn gehörte doch traditionell zu griechischen Gottheiten, die man kannte – zu Asklepios vor allem, auch zu Hermes.[13] War dieser bärtige Mann mit dem Zeigefinger ein Asklepios, der sich in eine ganz eigentümliche Szenenfolge verirrt hatte? Erneut erkennen wir hier ein Merkmal des frühen Christentums. Mit einem historischen Ereignis und seinen Bestandteilen – in diesem Fall mit dem Hahn und seinem Schrei – ließ sich jedem Neugierigen erläutern, daß die christliche Botschaft nicht wie aus einer anderen Welt kam oder in einem kulturellen Vakuum existierte. Die Berührungspunkte waren überall. Selbst Mißverständnisse konnten konstruktiv genutzt werden. Man mag Petrus tatsächlich für Asklepios gehalten haben, so, wie man auch Paulus und Barnabas für Götter hielt, in jener köstlichen Szene im kleinasiatischen Lystra, die uns viel über die Mentalität der Menschen und über die Chancen der ersten Christen verrät, weitverbreitete Erwartungshaltungen aufzugreifen:

> *In Lystra lebte ein Mann, der von Geburt an gelähmt war und nur sitzen konnte. Er hörte der Rede des Paulus zu. Dieser sah ihn an, und als er merkte, daß der Mann glaubte, ihm könne geholfen werden, da sagte er laut:* »*Steh auf! Stell dich auf deine Füße!*« *Da sprang der Mann auf und ging hin und her. Als aber die Leute sahen, was Paulus getan hatte, fingen sie an zu schreien und riefen auf lykaonisch:* »*Die Götter sind in Menschengestalt zu uns herabgestiegen!*« *Und sie nannten den Barnabas Zeus, den Paulus aber Hermes, weil er der Wortführer war. Der Priester des Zeus-Tempels vor der Stadt brachte Stiere und Kränze an die Tore und wollte zusammen mit der Volksmenge ein Opfer darbringen.* (Apostelgeschichte 14,8-13)

Hier, wie später auch bei der Interpretation der Petrus-Darstellungen, zieht sich das stets gleiche Muster durch die frühchristliche Geschichte: Der äußere Schein stellt eine Parallele her, eine Vergleichbarkeit – und sie ist der willkommene Anknüpfungspunkt. Dann aber muß, fast noch im gleichen Atemzug, der alles verändernde Unterschied deutlich werden. So auch hier, in Lystra:

> *Als die Apostel Barnabas und Paulus das hörten, zerrissen sie ihre Obergewänder, rannten zu der Menge und riefen:*

»Leute, was macht ihr da? Auch wir sind nur Menschen, von gleicher Art wie ihr. Wir bringen euch die Heilsbotschaft, damit ihr euch von diesen nichtigen Götzen zu dem lebendigen Gott bekehrt, der den Himmel, die Erde und das Meer geschaffen hat und alles, was dazugehört. Er ließ in den vergangenen Zeiten alle Völker ihre Wege gehen. Und dennoch hat er Zeichen von sich selbst gegeben, indem er Gutes tat, euch vom Himmel her Regen schenkte und fruchtbare Zeiten, euch ernährte und eure Herzen mit Freude füllte.«
(Apostelgeschichte 14,15-17)

Hier war der Umwertungsprozeß eingeleitet. Was man bisher den alten Göttern, den Götzen, zugetraut hatte, das sollte nun im lebendigen Gott greifbare Wirklichkeit geworden sein. Das Publikum in Lystra wollte beides zusammenbringen: »Und obwohl sie das sagten, konnten sie das Volk kaum davon abbringen, ihnen zu opfern.« Paulus-Hermes, Barnabas-Zeus, Petrus-Asklepios: Mißverständnisse zwar, aber fruchtbringende, die von mutigen Christen als willkommene Instrumente genutzt werden konnten, um für die neue Botschaft Gehör zu finden. Und gerade die Szene vom Hahn in der Nacht erwies sich als brillanter Brückenschlag. Nun war vieles möglich. Man konnte, wenn man wollte, auch virtuos mit den Eigennamen jonglieren. War da nicht ein Aeneas von Petrus geheilt worden, ein Mann aus dem Umfeld der jüdischen Gemeinde in Lydda, der von seinen Eltern den Namen eines Halbgottes der griechischen und römischen Heldensage erhalten hatte, Homer und Vergil miteinander verbindend?[14] War nicht sogar der Göttername Asklepios noch lange für Christen tragbar, die sich offenbar keines Widerspruchs bewußt waren? Nehmen wir nur einen griechischen Papyrus, der in Hermopolis gefunden wurde – jener Stadt, die, wie wir im 2. Kapitel sahen, nach einer späten Tradition mit dem

Aufenthalt von Joseph, Maria und Jesus in Ägypten verbunden wird:

Meinem Herrn Bruder Hierakammon sendet Asklepios, der Helfer des Steuereinnehmers, Grüße. Bruder, erinnere Dich an das, was ich Dir beim Aufbruch nach unserem Frühstück bei Dir in Kynopolis sagte: daß nämlich der Diener Silbanos eine kleine Menge Wein hat, für den er durch Dich, meinen Bruder, die Schuld bezahlen wollte. Ich bitte Dich darum, dafür Sorge zu tragen, daß die Denare dem Überbringer dieses meines Briefs gegeben werden, damit er mir die Denare in Oxyrhynchus aushändigen kann ... Versäume aber nicht, Bruder, mir zu schreiben, damit ich erfahre, daß Du die Angelegenheit so schnell wie möglich erledigt hast. Ich wünsche Dir, Herr Bruder, daß es Dir in Gott viele Jahre gutgehen möge.[15]

Hier korrespondieren zwei Christen, und dennoch hat offenbar keiner der beiden es für angebracht gehalten, etwas gegen ihre »heidnischen« Götternamen zu unternehmen – hieß doch der eine nach Asklepios, während der andere den Namen des Ammon trug, des höchsten ägyptischen Gottes, den die Griechen mit Zeus gleichsetzten. Die Namen waren ihnen von den Eltern gegeben worden; daß sie damit souverän umzugehen wußten, in einer Zeit des aufstrebenden, sich seiner selbst sehr bewußten Christentums, darf nicht unterschätzt werden.

Wie weit wir uns in der heutigen nachchristlichen Kultur davon entfernt haben, und wie schwer es uns daher auch fällt, solche Haltungen richtig zu verstehen, ließ sich an einem einzigartigen Medienspektakel im Spätsommer 1997 ablesen: Als der weltweit im Fernsehen übertragene Trauergottesdienst für die tödlich verunglückte Prinzessin Diana in der Westminster

Abbey zu Ende ging, trugen Soldaten eines walisischen Garderegiments den Sarg zu den Klängen eines Chorhymnus des britischen Komponisten John Tavener aus der Kirche. Tavener hatte den Hymnus 1993 aus Anlaß des Todes eines jungen Mädchens geschrieben, das Athene hieß – und so trägt seine Komposition auch den Titel »Song for Athene«. Für eine junge Frau, die den Namen der antiken Göttin der Jagd trug – Diana – wurde in der ranghöchsten Kirche Englands ein Stück gespielt, das einem Mädchen mit dem Namen der Schutzgöttin Athens gewidmet war. Und es war ein »Song«, der sich der langsamen, getragenen Abläufe des griechisch-orthodoxen Kirchengesangs bediente. Kein Kommentator bemerkte auch nur andeutungsweise etwas von der Fülle der Assoziationen, die sich hier ergaben. Der Ort des Geschehens war zwar eine Kirche, aber sie war hier nur noch Hülle für den Ablauf einer rituellen Handlung, die sich christlicher und unchristlicher Versatzstücke bediente – gekonnt, geradezu virtuos inszeniert, doch ohne innere Substanz. Gerade solche Erfahrungen zeigen uns, wie riskant es ist, die heutige Wirklichkeit zum Maßstab der frühchristlichen Antike zu nehmen: Kaum ein anderes Ereignis hätte deutlicher vor Augen führen können, wie weit sich die Welt des ausgehenden 20. Jahrhunderts, die Welt jener Diana und jener Athene, von der im Alltag, im Berufsleben erprobten Welt des christlichen Glaubens eines Asklepios und eines Hierakammon entfernt hat.

Wenn heute vom Ziel einer »multikulturellen Gesellschaft« gesprochen wird, ist kaum noch bekannt, daß wir diese multikulturelle Gesellschaft schon längst einmal hatten – mit all ihren Schattenseiten, ihren blutigen Konflikten, aber eben auch mit dem Reichtum der grenzüberschreitenden Berührungen und Befruchtungen. Die ersten Christen nahmen daran teil, nicht weil sie sich anpassen wollten, sondern umgekehrt, weil sie ihren Beitrag auf dem festen Boden eines erprobten Glaubens leisteten. Nur das gab ihnen den Mut und auch die Gelassenheit, sich auf andere Aspekte der Kultur ihrer Zeit einzulassen, ohne sich dabei zu kompromittieren. Es ging gar nicht um sofortige Erfolge, sondern vor allem um Glaubwürdigkeit. Und – das wußten die ersten Christen ebenso wie ihre Zeitgenossen – Glaubwürdigkeit kann nicht durch Anpassung hergestellt werden. Das christliche Modell funktionierte beispielsweise in Athen:

Dort tritt eines Tages ein Mann namens Paulus auf, ein türkischer Vortragsreisender (so würden wir ihn nach heutigen Landesgrenzen bezeichnen) aus der Provinzstadt Tarsos, allem Anschein nach Jude ohne Hochschulabschluß, der sich mal hier, mal dort herumgetrieben hat und überall Referate über eine neue Religion hält. Er ärgert sich über die zahlreichen Statuen der mythischen Götter, die in Athen auf den Märkten, vor den Tempeln und an den Straßen stehen (Apostelgeschichte 17,16). Doch seine Reaktion ist nicht aggressiv. Er wendet eine Doppelstrategie an: In der Athener Synagoge spricht er zu den Juden und den Gottesfürchtigen, auf der Agora wendet er sich an das allgemeine Publikum (17,17). Hier redet er offenbar so geschickt und unpolemisch, daß auch einige Philosophen aus den Schulen der Epikureer und Stoiker aufmerksam werden. Ein Teil lehnt ihn sofort als »Schwätzer« ab, andere hören das Neue heraus, das für griechisch-philosophisch geschulte Ohren so unerhörte Wort vom auferstandenen Jesus – offenbar die »gute Botschaft« (griechisch »Evangelium«) von einem fremden Gott (17,18). Und so beschließen sie, ihn der Vollversammlung vorzuführen, um sich das Neue erläutern zu lassen (17,19-21). Paulus nutzt diese einmalige Chance und knüpft mit großem Geschick da an, wo seine Zuhörer sich gedanklich befinden – bei der Suche nach dem einen unbekannten Gott, dem sie sicherheitshalber schon einen Altar errichtet hatten (17,23), und bei der Vertrautheit mit der alten philosophischen Literatur, die auch er, Paulus, kennt und zitiert (17,28). Natürlich ist der harte Brocken der Auferstehungsbotschaft, der Schluß- und Höhepunkt seiner Vorlesung, nicht nach jedermanns Geschmack. Wieder spotten einige, während andere großzügig vorschlagen, er solle doch bei Gelegenheit noch einmal vorbeischauen (17,32). Aber eine namentlich genannte Frau, Damaris, und »einige Männer« sind überzeugt und schließen sich Paulus an, unter ihnen ein hochrangiges Mitglied des Areopag namens Dionysios (17,33-34). Es war ein zuerst noch kleiner Durchbruch mitten in Athen, der für die weitere Entwicklung und Verbreitung des Christentums unschätzbare Bedeutung gewann. Und er wurde möglich, weil man es verstand, ohne falsche Töne auf der multikulturellen Klaviatur dieser Epoche zu spielen.

Auf diesem Wege konnte dann das Evangelium, auch in seiner schriftlichen Form, überraschend schnell von den unterschiedlichsten Menschen, nicht zuletzt den Gebildeten, rezipiert werden. Noch einmal: Was dabei Neugierde weckte, war nicht die Übereinstimmung mit den Konventionen, sondern das Neue, das Andersartige, die Variation über dem Thema des Vertrauten. Je belesener die Juden, die Griechen und Römer waren, denen schon das wohl mitten in Rom geschriebene älteste Evangelium – Markus – in die Hände fiel, desto reizvoller mußte es ihnen erscheinen: als Literatur zuerst, nicht als zwingendes Glaubenszeugnis.[16] Eine solche Wirkung, aus dem Gegensatz heraus, läßt sich gerade an der Szene von der Verleugnung des Petrus im Hof des hohenpriesterlichen Palastes und dem nächtlichen Hahnenschrei zu Jerusalem zeigen. Berühmt ist die Beschreibung Erich Auerbachs in seiner über fünfzig Jahre nach der Entstehung noch unübertrefflichen Studie *Mimesis. Dargestellte Wirklichkeit in der abendländischen Literatur*. Auch um ihrer eigenen literarischen Kunst willen sei hier ein Abschnitt zitiert:

Eine tragische Figur solcher Herkunft, ein Held von solcher Schwäche, der aber eben aus seiner Schwäche die höchste Kraft gewinnt, ein solches Hin- und Herschlagen des Pendels ist unvereinbar mit dem erhabenen Stil der klassisch-antiken Literatur. Aber auch Art und Schauplatz des Konflikts stehen völlig außerhalb des Rahmens der klassischen Antike. Es handelt sich, äußerlich gesehen, um eine Polizeiaktion und ihre Folgen – sie spielt sich ganz und gar zwischen alltäglichen Personen aus dem Volk ab – etwas der Art ließ sich antik höchstens als Posse oder Komödie denken. Warum aber ist es dies nicht, warum erregt es die ernsteste und bedeutendste Teilnahme? Weil es etwas darstellt, was weder die antike Dichtung noch die antike Geschichtsschreibung je dargestellt hat: die Entstehung einer geistigen Bewegung in der Tiefe des alltäglichen Volkes, mitten aus dem zeitgenössischen alltäglichen Geschehen heraus, das damit eine Bedeutung gewinnt, die ihm innerhalb der antiken Literatur niemals zukam. Es erwacht vor unseren Augen »ein neues Herz und ein neuer Geist«. Was hier gesagt wird, bezieht sich nicht nur auf die Verleugnung des Petrus, sondern auf alle Vorgänge, die in den Schriften des Neuen Testaments erzählt werden; es handelt sich in ihnen immer um dieselbe Frage, immer um denselben Konflikt, der ja grundsätzlich an jeden Menschen herantritt, und somit ein offener und unendlicher ist – die Welt der Menschen im ganzen gerät durch ihn in Bewegung, indes die Verstrickungen durch Schicksal und Leidenschaft, die die griechisch-römische Antike kennt, immer nur den einzelnen, den Betroffenen angehen; nur aus dem allgemeinsten Bezug, nämlich weil auch wir Menschen sind, also dem Schicksal und den Leidenschaften unterworfen, empfinden wir »Furcht und Mitleid«. [17]

Was Erich Auerbach hier so unnachahmlich beschreibt, erklärt das für die Zeitgenossen zugleich Befremdliche wie Anziehende an der literarischen Wiedergabe der historischen Geschehnisse um Jesus und seine Jünger. So kam es denn auch, daß neben jenen, die »das Evangelium« ablehnten, von Anfang an gerade die Gebildeten und Einflußreichen standen, die mehr erfahren und weiterlesen wollten – die Philosophen des Athener Areopag ebenso wie wohlhabende Unternehmerinnen – Lydia in Philippi, Prisca mit ihren Filialen in Rom und Korinth[18] – oder auch ein hochrangiger römischer Beamter, »seine Exzellenz« (griechisch »krátistos«) Theophilus, der sich das ganze Lukas-Evangelium und dessen Fortsetzung, die Apostelgeschichte, widmen ließ, um »die Zuverlässigkeit der Lehre« zu erfahren, die er bis dahin nur mündlich kannte.[19] Doch weil die Darstellung der Ereignisse unter den Gebildeten eben auch als Literatur genossen werden konnte, hinterließen sie ihre Spuren nicht nur in den anti-christlichen Kampfschriften, die mit der wachsenden öffentlichen Bedeutung des Christentums im 2. Jahrhundert aufkamen, bei Fronto oder Celsus zum Beispiel,[20] sondern früher schon in der griechischen und lateinischen Literatur. Auch hier übernahm der Hahn des Petrus eine wichtige Rolle.

Feuer und Alabaster

Irgendwo in der Bucht von Neapel, wahrscheinlich in Puteoli, einer damals bedeutenden Hafenstadt, in der auch der Apostel Paulus auf seiner Reise nach Rom an Land ging,[21] gibt der Multimillionär Trimalchio etwa zu dieser Zeit – um 60 n. Chr. – ein alle Maßstäbe sprengendes Gastmahl. Auf dem Höhepunkt, als einige schon angetrunken unter den Tischen liegen und andere sich mit einem warmen Bad noch einmal in Form bringen, wird die Gesellschaft in einen neuen Speisesaal geführt, in dem Lampen und kleine Bronzestatuen von Fischern stehen und Tische aus massivem Silber mit vergoldeten Pokalen, in die der Wein durch feine Tücher dekantiert wird. Trimalchio, der Gastgeber, ergreift das Wort:

>*Freunde, einer meiner Sklaven feiert heute seine erste Rasur, ein sehr ordentlicher und genauer Mann. Laßt uns also die Nacht durchzechen und bis zum Morgengrauen auftafeln.< Während er noch sprach, krähte der Hahn. Der Laut brachte Trimalchio so aus der Fassung, daß er Wein unter den Tisch gießen und die Lampe mit unvermischtem Wein besprengen ließ. Dann steckte er auch noch einen Ring auf seine rechte Hand um und sagte: >Es ist nicht ohne Grund, daß uns dieser Hahn ein Zeichen gibt. Entweder wird ein Feuer ausbrechen, oder irgend jemand in der Nachbarschaft wird sterben. Das sei uns fern! Wer mir also diesen Denunzianten bringt, bekommt ein Trinkgeld.< Kaum hatte er das gesagt, da wurde auch schon der Hahn hereingebracht, und Trimalchio ordnete an, ihn im Kupferkessel zu kochen. Und so wurde er von dem gleichen Meisterkoch, der zuvor schon Fische und Vögel aus Schweinefleisch hergestellt hatte, zerlegt und in einen Topf geworfen. Und während Daedalus eine brühendheiße Suppe herausschöpfte, zerkleinerte Fortunata etwas Pfeffer in einer Mühle aus Buchsbaumholz.*
(Satyrica 73,6-74,5)*

Dieser Trimalchio ist eine Romangestalt. Erfunden wurde er von Petronius, dem Verfasser der *Satyrica*, eines nur in Fragmenten überlieferten lateinischen Romans, dessen Kernstück, »Das Gastmahl des Trimalchio«, allerdings nahezu vollständig erhalten blieb. Man ist sich heute einig, daß der Verfasser identisch ist mit jenem Titus (oder Gaius) Petronius Niger, der als »Arbiter elegantiae«, als Schiedsrichter in Geschmacksfragen, am Hofe des Kaisers Nero diente und sich Verdienste als Prokonsul in Bithynien erwarb – jener römischen Verwaltungsprovinz im Nordwesten Kleinasiens, in der etwa zur gleichen Zeit Adressaten eines Briefs des Apostels Petrus lebten.[22] Die Lebensdaten des Petronius und damit die Epoche, aus der sein Roman stammt, können ungefähr erschlossen werden: Er wurde nach Hofintrigen von Nero zum Selbstmord gezwungen und starb in einer von Tacitus wirkungsvoll beschriebenen, von gelassener Überlegenheit geprägten Selbstinszenierung im Jahre 66 n. Chr.[23] Auch wenn wir vom Entstehungsjahr seines Romans nichts Genaues wissen, steht doch fest, daß er spätestens 66 n. Chr. abgeschlossen wurde. Und damit sind wir einmal mehr in neutestamentlicher, in frühchristlicher Zeit – vielleicht noch vor der Christenverfolgung durch Nero in Rom (64/65 n. Chr.), mit Sicherheit aber vor der Zerstörung Jerusalems und des Tempels im Jahre 70.

Diese sichere Festlegung des spätestmöglichen Zeitpunkts ist aus gleich zwei Gründen spannend. Schon die erste Lektüre der oben zitierten Stelle aus dem Roman erinnert an den Hahnenschrei nach der Verleugnung des Petrus. Und Petronius hatte jede Gelegenheit, mit Christen und ihren Schriften in Berührung zu kommen: Erst als Prokonsul in Bithynien, wo es eine Christengemeinde gab, die bedeutend genug war, um zu dieser Zeit von Petrus angeschrieben zu werden. Und in Rom, wo er vor und nach seiner Konsulatszeit lebte – in der Stadt also, in der sich zu dieser Zeit neben zahlreichen Christen auch Paulus und Petrus aufhielten und in der das Markus-Evangelium entstand. Vor einem solchen Hintergrund fällt nicht nur auf, daß der Hahnenschrei eine besonders markante Funktion im Roman des Petronius einnimmt; es fällt auch auf, wie das geschieht.

In der antiken Literatur, in Religion, Mythologie und im Alltagsleben, hatte der Hahn eine Reihe von Eigenschaften und Rollen; wir haben bereits gesehen, wie sich das in Texten oder auf Schmuckstücken und anderen Gegenständen darstellte. Von der pragmatischen Funktion der Zeitansage bis zum erotischen Symbol gab es eine bunte Palette von Möglichkeiten. Nur eins war nie dabei: der Hahn, der mit anklagender Stimme als Bote von Unheil und Tod auftritt. Im Gegenteil – interpretierte man ihn in als Künder kommender Ereignisse, dann als den Herold eines neuen Tages, der den Sieg bringt. Er sollte, als erotisches Symbol, Fruchtbarkeit bedeuten und Frauen die Geburt erleichtern, nicht etwa Leiden und das Lebensende anzeigen. Nur zweimal in der antiken Literatur ist es so völlig anders: bei Petronius – und in dem Bericht über die Verleugnung des Petrus in den Evangelien. Die Reaktion des Trimalchio auf das Krähen des Hahns ist schiere Panik. Völlig außer Fassung versucht er, etwas zu unternehmen, um das Zeichen, das er als angekündigtes Unheil begreift – Feuer oder ein Todesfall in unmittelbarer Umgebung – abzuwenden. Und Petronius unterstreicht die Dramatik der Szene durch seine Wortwahl: Er bezeichnet den Hahn lateinisch als »index«, und das heißt nicht »Prophet«, wie es die gängige deutsche Ausgabe übersetzt,[24] sondern »Ankläger«, »Anzeiger«, »Denunziant«, auch »Verräter«. Das Wort wird in dieser Bedeutung schon bei Cicero, Ovid und anderen Autoren vor Petronius gebraucht und so auch an einer für das frühe Christentum besonders wichtigen Stelle wieder aufgegriffen – bei Plinius d. J., in seinem bereits erwähnten Briefwechsel mit Kaiser Trajan, um 100 n. Chr. Dort fragt Plinius seinen Kaiser, wie er mit den Christen umgehen soll und berichtet auch von einem anonymen Denunzianten, den er als »index« bezeichnet.[25] So ist für Trimalchio der ausdrücklich mit einem »index« gleichgesetzte Hahn nicht das Tier, das Dämonen bannt, sondern sie im Gegenteil geradezu darstellt – auch deswegen soll er sofort vernichtet werden, nach Art des Hauses natürlich als kulinarische Delikatesse. Alle abergläubischen Vorkehrungen, auch der Wein unter dem Tisch und das Besprengen der Lampen, nützen nichts, wie Petronius in ironischer Verfremdung betont: Am Ende des Festmahls spielt Trimalchio, nunmehr volltrunken, den Toten, um noch zu erleben, wie feierlich man ihn betrauern werde. Ein Trauermarsch wird geblasen und einer der Trompeter, der Sklave des Bestattungsunternehmers, spielt vielleicht aus Vorfreude auf Kundschaft so laut, daß die ganze Nachbarschaft aufwacht. Daraufhin glaubt die Ortsfeuerwehr, daß im Haus des Trimalchio ein Feuer ausgebrochen ist, rückt an, bricht die Haustür auf und beginnt, »ganz so, wie es ihr amtlicher Auftrag ist, mit Wasser und mit Beilen für Wirbel zu sorgen«.[26]

Kann dieser Abschnitt im Roman des Petronius als eine bewußte literarische Parodie der Hahnenschrei-Szene im Markus-Evangelium gesehen werden? Könnte der als »Index« bezeichnete Hahn, der denunzierende und zugleich Unheil und Tod verkündende Vogel, aus dem Markus-Evangelium stammen, wo er gleichfalls gegen alle Tradition nichts Gutes bringt, sondern die Verleugnung des am Feuer sitzenden Petrus anzeigt – »denunziert« – und den Tag ankündigt, an dem Jesus zu Tode kommt? So auffällig die Querverbindungen sind, so wenig darf ein Einzelfall gleich ein ganzes hochragendes Gebäude tragen. Auch deswegen war es eine kleine Sensation, als es der jungen italienischen Forscherin Ilaria Ramelli 1996 gelang, weitere Anspielungen zu entdecken und den Textbezug zu begründen.[27] Wenn man sich auf diese Spurensuche einläßt, erhält man nicht nur einen frappierenden Einblick in die kulturellen Verhältnisse zur Zeit der Apostel und der ersten christlichen Schriftsteller. Es werden auch weitere Mosaiksteine in das Porträt einer Epoche eingefügt, in der die historischen Ereignisse um Jesus und seine Jünger nicht Provinznachricht blieben, sondern sehr schnell und in allen gesellschaftlichen Schichten zur Kenntnis genommen wurden – fast überall im Römischen Reich, und nicht zuletzt in der Hauptstadt Rom.

Nehmen wir den Faden bei Petronius auf. Sein Roman ist ohne unmittelbare Vorgänger in der antiken Literatur. Vermutungen, daß er sich an griechische Modelle anlehnte, beispielsweise an die *Milesischen Geschichten* des um 100 v. Chr. lebenden Aristeides von Milet, besagen nicht viel, denn von diesen erotisch-burlesken Novellen ist nichts erhalten außer der direkten Anlehnung beim drei Jahrhunderte später schreibenden Nordafrikaner Apuleius, der seine *Metamorphosen* (denen wir unter anderem das Märchen von Amor und Psyche verdanken) ausdrücklich als Erzählungen in »milesischem Stil« einführt. Petronius und Apuleius mögen die lateinische Übersetzung der Novellen des Aristeides gekannt haben, die Lucius Cornelius Sisenna (119–67 v. Chr.) angefertigt hatte, aber obwohl das »milesische Erzählen« mit ihrer Hilfe geradezu sprichwörtlich wurde, ist auch davon außer einigen fragmentarischen Sätzen nichts erhalten. Satirisches Erzählen, das pure Komik mit bissiger Sozialkritik verbindet und dabei neben der Prosa auch Einsprengsel in Versform benutzt, zwischen indirekter und direkter Rede wechselnd, das gab es in Andeutungen bei Varro (116–27 v. Chr.) in seinen *Menippeischen Satiren*. Auch der unmittelbare Zeitgenosse des Petronius, jener Seneca, der ein knappes Jahr vor Petronius ebenfalls durch Nero zum Selbstmord gezwungen worden war, hatte mit seiner derbdrastischen Verspottung des Kaisers Claudius – aus dessen »Vergöttlichung« wurde bei ihm eine »Verkürbissung« (»Apokolokynthosis«, 54 n. Chr.) – Anschauungsmaterial geliefert. Und dennoch, selbst wenn es hier und da formale und stoffliche Anregungen gab, so hat doch Petronius etwas Neues geschaffen. In gewisser Weise ist er dadurch mit Markus vergleichbar, der ebenso wie die ihm nachfolgenden Evangelisten eine Vielzahl formaler, gestalterischer Anregungen übernahm und sie miteinander verband, als

Historiker und Biograph nach antikem Muster schrieb und dennoch mit dem ersten »Evangelium« ein neues literarisches Genre schuf.

Als Innovatoren waren demnach Markus und Petronius durchaus Kollegen, wenngleich ihre Mittel, ihre Gegenstände und ihre Ziele an entgegengesetzten Polen des literarischen Spektrums lagen. Einen vielseitig belesenen Mann wie Petronius mag allerdings gerade dieser Gegensatz gereizt haben, unter dem Gemeinsames hervorschimmerte. Er könnte sogar als originell empfunden haben, was auch wir noch bei Markus erkennen: die verschiedenen Sprach- und Stilebenen, die Sprache der Schrift und die Sprache des einfachen Volkes und die Anklänge anderer Idiome – beim Griechisch schreibenden Markus das Aramäische und der gelegentliche Griff zum Lateinischen, beim Lateinisch schreibenden Petronius das Griechische –, verbunden mit dem geschickten Wechsel zwischen allen diesen Schichten. Heutige Bibelforscher erklären das bei Markus (und seinen Nachfolgern) meist als eine Notwendigkeit, die sich aus den benutzten Quellen ergeben habe. Doch selbst wenn das so wäre, dann bliebe es ein weiteres Indiz für die Gestaltungskraft des Markus, der diese unterschiedlichen Ebenen nun gerade nicht »harmonisierte« – wie es alle modernen Übersetzungen tun –, sondern sie beibehielt und meisterhaft in sein Werk integrierte.

Nun ist der Roman des Petronius immer wieder als Parodie beschrieben worden, mal als offensichtliche Parodie auf das Leben am Hof des Nero, mal als Parodie der populären Liebesromane seiner Zeit, anderswo als Parodie auf Homers *Odyssee*, und wieder in anderen Abschnitten auf mißlungene Gedichte und Theaterstücke der Kaiserzeit. Das alles läßt sich zeigen, nachempfinden und belegen. Warum sollte also nicht auch ein frisch in Rom veröffentlichtes Werk wie das Evangelium des Markus als Steinbruch für Motive und als Gegenstand der Parodie dienen? Haben wir diesen Punkt und damit auch solche Fragen erreicht, dann können wir um so besser verstehen, warum es sich lohnt, es beim Hahn des Petrus nicht zu belassen. Hat Ilaria Ramelli überzeugende Spuren gefunden? Sie setzt bei einem Ereignis der Jesus-Geschichte ein, dessen Ähnlichkeit mit einem Abschnitt des Gastmahls bei Trimalchio schon früher aufgefallen war – bei der »Salbung in Betanien«. Die Szene spielt in einem Vorort Jerusalems.

Bei Markus klingt das so:

Als Jesus in Betanien im Hause des an Lepra erkrankten Simon zu Gast war, da kam, während er (zum Essen) bei Tische lag, eine Frau mit einem Alabastergefäß mit echtem, kostbarem Nardenöl. Sie zerbrach das Alabasterfläschchen und goß das Öl über seinen Kopf. Da ärgerten sich einige und sagten zueinander: »Wozu diese Verschwendung des Salböls? Man hätte das Öl für mehr als dreihundert Denare verkaufen und das Geld den Armen geben können.« Und sie machten der Frau heftige Vorwürfe. Jesus aber sagte: »Laßt sie in Ruhe. Warum macht ihr sie traurig? Sie hat ein gutes Werk an mir getan. Denn die Armen habt ihr immer bei euch, und ihr könnt ihnen Gutes tun, so oft ihr wollt; mich aber habt ihr nicht immer. Sie hat getan, was sie konnte. Sie hat meinen Leib im voraus für das Begräbnis gesalbt. Wahrlich, ich sage euch: Überall auf der Welt, wo das Evangelium verkündet wird, da wird man sich an sie erinnern und erzählen, was sie getan hat.«
(Markus 14,3-9)

Soweit Markus, mit seiner Wiedergabe eines Geschehens, das tatsächlich in der Literatur, in der Kunst und Musik bis heute immer wieder aufgegriffen, dargestellt und variiert wurde. Nun aber Petronius, mit einer Szene aus dem Gastmahl des Trimalchio, in der dieser das Wort ergreift und sich ausmalt, wie es nach seinem Tode zugehen soll:

>*Ich will ruhmreich hinausgetragen werden, so daß mir das ganze Volk seine Heilswünsche hinterherruft.*« Dann öffnete er das Fläschchen mit Nardenöl, salbte uns alle damit und sagte: »*Ich hoffe, daß mir das im Tode ebenso wohltut wie im Leben.*« Darauf ließ er noch Wein in einen Kelch gießen und sagte: »*Nun stellt euch vor, ihr seid zu meiner Totenfeier eingeladen!*«
(Satyrica 78,2-4)

Die Gemeinsamkeit ist in der Tat verblüffend: In beiden Texten wird nicht irgendwo, sondern bei Tisch, mit Nardenöl gesalbt, und die Anwesenden (ebenso wie die Leser) sollen diese Salbung als eine Ankündigung des eigenen Todes verstehen. Die Variation liegt allein darin, daß Jesus sich salben läßt, während der Egomane Trimalchio die Salbung natürlich selbst vornimmt. Doch die Gemeinsamkeit, nämlich die Beziehung der Salbung mit Nardenöl auf den kommenden Tod, liefert die eigentliche Pointe. Narde und Nardenöl war als Luxusgegenstand in der Antike hoch geschätzt. Auch die Bibel liefert schöne Beispiele dafür, in jenem Liebeslied, das als das »Hohelied Salomos«, hebräisch »Schir ha-Schirim«, das Lied der Lieder, überliefert wurde.[28] Hier wird das Leben gefeiert, der Genuß von verlockenden Düften – doch weder an diesen Stellen noch irgendwo in der lateinischen Literatur, die zeitlich vor Petronius liegt, oder der griechischen vor Markus, wird die Narde und das aus ihr gewonnene Öl mit der Vorahnung des Todes oder mit dem Tod selbst in Verbindung gebracht.[29] Und dann ist es wiederum gerade Markus, der das Alabastergefäß mit dem Nardenöl hervorhebt, das auch Petronius betont; die anderen Evangelisten, die vom Ereignis der Salbung in Betanien berichten, lassen in ihren Fassungen entweder die Narde oder das Gefäß aus.

Diese erstaunliche Parallele zwischen Markus und Petronius war vor fast einhundert Jahren dem deutschen Gelehrten Erwin Preuschen aufgefallen, der noch in der Vorstellungswelt später Evangeliendaten lebte. Preuschen veröffentlichte einen Aufsatz, in dem er die charakteristische Lösung vorschlug: Markus hat Petronius kopiert.[30] Das wird jedoch schon vom Kontext der Stelle im Roman widerlegt. Petronius kommentiert die Szene und ihren Fortgang mit den Worten: »Die Geschichte wurde endgültig zum Kotzen (›ibat res ad summam nauseam‹), als Trimalchio, der total besoffen war, Trompeter zu einem eigenartigen Konzert in den Speisesaal befahl, sich in voller Länge und von Kissen gestützt auf seinem Sofa ausstreckte und sagte: ›Tut so, als ob ich tot wäre und spielt was Schönes!‹«[31] Es ist klar, daß eine Episode, die von ihrem Erzähler so bewertet wird, nicht die Vorlage für einen Autor wie Markus gewesen sein kann, der einen geradezu sakralen Akt beschreibt. Nur umgekehrt ergibt sich eine sinnvolle Beziehung, als Parodie der feierlichen Szene bei Markus durch den Satiriker Petronius.[32] Parodiert wird auch, wie wir gesehen haben, die Todesatmosphäre der Salbung in Betanien und jener anderen Szene aus der Leidensgeschichte Jesu, der Verleugnung durch Petrus mit dem Schrei des Hahns. Die Melodie der Todesahnung, des Spiels mit dem Tod, der bei Markus noch bitterer Ernst ist, durchzieht wie ein Leitmotiv das ganze Gastmahl des Trimalchio.[33] Auch der Wein, der beim letzten gemeinsamen Mahl Jesu mit den Jüngern, dem »Abendmahl«, eine so bedeutende Stelle als Zeichen für Tod und Gedächtnis einnimmt, wird von Trimalchio parodistisch aufgenommen. »Dann nahm er den Kelch, dankte und gab ihnen den, und sie tranken alle daraus. Und er sagte zu ihnen: ›Das ist mein Blut des Bundes, das für viele vergossen wird.‹«, heißt es bei Markus (14,23-24). Beim Mahl des Trimalchio wird daraus in der oben schon zitierten Szene: »Dann ließ er noch Wein in einen Kelch gießen und sagte: ›Nun stellt euch vor, ihr seid zu meiner Totenfeier eingeladen.‹« (*Satyrica* 78,4).

Auch nach dem Gastmahl des Trimalchio enthält der Roman des Petronius noch Hinweise auf die Verfahren der satirischen Parodie, mit denen auf das Buch des Markus reagiert wird. Dies geschieht erneut mit dem Blick auf das Abendmahl, die Eucharistie. Gegen Ende des Romans, im fragmentarischen 141. Kapitel, sagt eine der Hauptfiguren, Eumolpus: »Alle, denen in meinem Testament ein Vermächtnis ausgesetzt ist, außer meinen Freigelassenen, erhalten meine Gaben nur unter der Bedingung, daß sie meinen Leichnam in Stücke schneiden und vor versammeltem Volke aufessen.« Die Formulierung erinnert drastisch an die Verpflichtung, die Jesus seinen Jüngern mitgibt: »Während des Mahls nahm er das Brot, dankte, brach es, reichte es ihnen und sagte: ›Nehmt, das ist mein Leib.‹« (Markus 14,22). Was hier niedergeschrieben ist, hatten die Christen zu diesem Zeitpunkt schon jahrzehntelang im Gedächtnis an Jesus praktiziert. Das von dem als Paulus-Begleiter ebenfalls in Rom anwesenden Lukas verfaßte Evangelium enthält ausdrücklich diesen Aufruf zum Gedenken: »Das tut zu meinem Gedächtnis« (Lukas 22,19). In einem Nachsatz versucht Eumolpus zwar, auf Riten anderer Völker abzulenken, und man kann an Orpheus denken, der von Mänaden zerrissen wird, oder an die Bacchantinnen, die unter Anführung der verzückten Agaue deren Sohn Pentheus zerreißen und essen – doch während daraus auch Kulte wurden, gibt es doch nirgends die Aufforderung des Betroffenen, seinen Leib zu zerteilen und zu essen. Dies geschieht, in der vom späteren Christentum heftig diskutierten Mischung aus Symbolik und Wirklichkeit, ausschließlich beim letzten Mahl Jesu, und eben in der Parodie des Petronius.[34]

Der Faden dieser Anspielungen auf das Evangelium läßt sich auch noch an anderen Stellen aufgreifen, die uns vielleicht überhaupt erst auffallen, weil der Zusammenhang anderswo bereits offensichtlich genug ist – so etwa im fragmentarischen 126. Kapitel. Dort spricht Chrysis, eine Dienerin, so zu einem Mann, der ihr nachstellte:»Ich habe noch nie mit einem Sklaven geschlafen, und die Götter mögen verhüten, daß ich meine Umarmungen an einen Kreuzesanwärter hänge.[35] Von mir aus können die Matronen die Peitschenstriemen küssen. Wenn ich auch eine Dienerin bin, so sitze ich doch nur bei den Rittern.« Daß Männer, die nach römischem Recht zum Kreuzestod verurteilt wurden, vorher mit Geißeln geschlagen wurden, war nicht die Ausnahme, sondern die Regel (wie Sklaven ohnedies bei kleineren Vergehen ausgepeitscht werden konnten); genau so geschah es Jesus:»Um die Volksmenge zufriedenzustellen, ließ Pilatus daraufhin den Barabbas frei und gab den Befehl, Jesus zu geißeln und zu kreuzigen« (Markus 15,15). Was hier im Roman des Petronius ganz einfach nur eine römische Alltagserfahrung aufgreifen könnte, mag zugleich auch den Spott auf die Christen beinhalten: So einen also, der noch nicht einmal für eine einfache Dienstmagd gut genug ist, habt ihr euch zum Herrn auserwählt.

Eine weitere Szene (Kapitel 111-112) mag gleichfalls aus der Kenntnis des Evangeliums zugespitzt worden sein: Zu den Perlen des Romans gehört die Erzählung über die *Witwe von Ephesus*. Ephesus war eine Stadt, in der die christliche Botschaft schon in den ersten Jahrzehnten bekannt war und in der eine blühende Gemeinde inmitten eines noch sehr schwungvollen »heidnischen« Umfelds rund um den großen Artemis-Tempel wuchs: In seinem ersten Brief an die Korinther blickt Paulus[36] auf ein Erlebnis in dieser Stadt zurück und schreibt:»Habe ich nur im Blick auf dieses Leben in Ephesus mit wilden Tieren gekämpft, was hilft es mir? Wenn die Toten nicht auferstehen,

dann ›laßt uns essen und trinken, denn morgen sind wir tot.‹«
(1. Korinther 15,32). Die geradezu bittere Schlußpointe entstammt dem Propheten Jesaja: »Doch was sieht man: Freude
und Frohsinn, Rindertöten und Schafeschlachten, Fleischessen
und Weintrinken, (und ihr sagt) ›Laßt uns essen und trinken,
denn morgen sind wir tot.‹« (Jesaja 22,13). Zugleich ist es, unter der Feder des Paulus, ein Angriff auf das populäre Verständnis der epikureischen Lebensphilosophie, wie sie in Korinth und
Ephesus – und nicht nur dort – beliebt war. Auch im Roman des
Petronius finden wir diesen Gedanken wieder, noch mitten im
Gastmahl des Trimalchio, und dieser selbst formuliert den Satz,
nachdem er gerade seinen eigenen Grabspruch vorgelesen hat:
»Wenn wir also wissen, daß wir sterben müssen, warum sollen
wir dann nicht leben?« – und schon geht es weiter mit Wein,
Weib und Gesang (Satyrica 72,2-3). Und in der *Witwe von
Ephesus* lesen wir nun von einem Gekreuzigten, der am dritten
Tag verschwindet – erst vom Kreuz, an dem er noch gehangen
hat, ins Grab und dann, um das Leben des düpierten Wachsol-
daten zu retten, vom Grab wieder ans Kreuz. So war dann auch
hier, in einer virtuosen Parodie der Vorgabe, das Grab am dritten Tag leer.

Für die beiden letzten Beispiele hätte ein so raffinierter Autor wie Petronius vielleicht nicht die Inspiration durch ein Evangelium benötigt; es sind eben in der Tat Szenen, deren Ähnlichkeiten mit Markus nun erst auffallen, weil schon zuvor deutlich
zu sehen war, daß Petronius das Markus-Evangelium kannte.
Halten wir uns noch einmal vor Augen, daß zu dieser Kenntnis
nicht viel gehörte. Als Petronius schrieb, wohl gegen Ende seines Lebens, war die christliche Botschaft über dreißig Jahre
lang im Römischen Reich verbreitet worden. Schon die Römer,
die im Jahre 30 n. Chr. in Jerusalem die Pfingstrede des Petrus
hörten (Apostelgeschichte 2,10) und irgendwann danach in die
Hauptstadt zurückkehrten, dürften erste Berichte mitgenommen

haben. Als Petrus im Jahr 42 n. Chr. zum ersten Mal selbst für einen rund zweijährigen Aufenthalt in Rom eintrifft,[37] gibt es dort bereits Christen, deren Anführer von Kaiser Claudius 49 n. Chr. zusammen mit den Leitern der jüdischen Gemeinde aus Rom ausgewiesen wurden,[38] nach dem Tod des Claudius – 54 n. Chr. – aber wieder zurückkehren durften. Um 58 n. Chr. schreibt Paulus seinen Brief an die Römer, um 59 n. Chr. trifft Petrus zum zweiten Mal in der Hauptstadt ein, um 60 dann erstmals auch Paulus. In der Nacht vom 18. auf den 19. Juli 64 bricht das große Feuer aus, in dessen Folge mehrere Stadtviertel zerstört und die Christen von Nero zu Schuldigen erklärt und nachhaltig verfolgt werden.[39] Spätestens zu diesem Zeitpunkt werden von der römischen Verwaltung – zu der auch ein Petronius als Berater des Kaisers Zugang hatte – Christen von Juden, die man nicht verfolgte, getrennt; und es wurde erforderlich, die Dokumente der Christen zu studieren, um zu prüfen, ob sich aus ihnen weitere Anklagepunkte im Hinblick auf den Haß gegen Rom (der ja Voraussetzung für die unterstellte Brandstiftung sein mußte) ergeben würden. Hatte also ein Mann wie Petronius die damals in Rom erhältlichen frühchristlichen Schriften nicht ohnehin schon aus literarischer und kultureller Neugierde gelesen, so war dies nun der gebotene Moment. Zu diesem Zeitpunkt lag auch das Markus-Evangelium als erstes der vier Evangelien mit Sicherheit längst vor. Man muß gar nicht so weit gehen wie der Altphilologe Günther Zuntz, der es auf das Jahr 40 n. Chr. datiert, um zu dieser Schlußfolgerung zu gelangen.[40]

Und auch die andere Voraussetzung war erfüllt: Eine Parodie, die mehr als ein Privatvergnügen des Autors sein will, »funktioniert« nur, wenn die gewünschte Leserschaft die Anspielungen zu goutieren versteht. Petronius zielte auf den Einzugsbereich des Kaiserhofs. Und um 66 n. Chr. war in Rom gerade in diesen Kreisen eine solche Vertrautheit mit dem Markus-Evangelium längst gegeben.[41] Es war eine so konzentrierte Verbindung von Mitteln und Möglichkeiten, von anwesenden und öffentlich auftretenden Augenzeugen bis zu Lehrern und Schriftstellern, von Petrus über Markus bis zu Lukas und Paulus, der in seinem Brief an die Philipper ausdrücklich »aus dem Hause des Kaisers« grüßen läßt,[42] daß man Rom schon als eine Drehscheibe bezeichnen kann, in der das Quellenmaterial verdichtet, umgesetzt und weitergeleitet wurde, schließlich auch wieder zurück an seinen Ursprungsort, nach Jerusalem.[43]

Die Münze der Miriam:
Vom Leben nach dem Tode

… Ewig will ich ihm anhangen
… an seiner Gnade
… Dann wird er die Durchbohrten heilen
und die Toten auferwecken,
den Demütigen verkünden …

Qumran-Fragment 4Q521
(ca. 10 v. Chr.)

Nach dem Begräbnis herrscht leere Dunkelheit
… und es gibt vom Tod an nicht mehr
Wahrnehmung für Leib oder Seele
als vor der Geburt.

Plinius d. Ä.,
Naturgeschichte, *3,55 (ca. 75 n. Chr.)*

Erstaunliche Ähnlichkeiten mit den ältesten christlichen Schriften gibt es nicht nur bei Petronius, der den Hahnenschrei, das Abendmahl und andere Szenen der Passionsgeschichte satirisch verfremdet. Die bedeutendste Begebenheit der christlichen Geschichte, über die selbstverständlich auch mündlich immer wieder berichtet wurde und die zugleich für griechisch geprägte Hörer- und Leserkreise besonders herausfordernd war, hat ebenfalls eine Spur in der zeitgenössischen Unterhaltungsliteratur hinterlassen: Es ist die Geschichte vom dritten Tag, an dem das Grab Jesu leer war.

Juden, die bewußt in ihrer Tradition lebten, dürften mit der Vorstellung einer leiblichen Auferstehung keine Probleme gehabt haben, denn die Zuversicht darauf war ihnen durch ihre alten Texte bekannt. Der bedeutendste unter den Propheten, Jesaja, sagt es deutlich genug: »Aber deine Toten werden leben, deine Leichname werden auferstehen. Wacht auf und jubelt, die ihr unter der Erde liegt! Denn der Tau des Lichts ist dein Tau, und die Erde wird die Toten herausgeben« (Jesaja 26,19). Auch Hesekiel (Ezechiel), der mit Jesaja und Jeremia zu den drei großen Propheten gehört, beschreibt vierzehn Verse lang, wie Gott die Toten Israels auferwecken wird (Hesekiel/Ezechiel 37,1-14). Als Jesus kam und erst den jungen Mann in Nain auferweckte (Lukas 7,11-17), dann den in Betanien bei Jerusalem schon vier Tage lang im Grab liegenden Lazarus (Johannes 11,17-45), da waren die gläubigen Juden, die es miterlebten, fest davon überzeugt, daß mit diesem Jesus tatsächlich die Zeit angebrochen war, von der die Propheten gesprochen hatten.

Die moderne Antwort, daß es so etwas ja gar nicht geben, daß niemand irgendeinen anderen vom Tod auferwecken könne, reicht da nicht aus. Sie ist die Antwort der griechischen Philosophie und ihrer römischen Adepten, auch die Antwort des alten

»Göttervaters« Zeus, der Asklepios, den Gott der Heilkunde, mit einem Blitzschlag vernichtete, weil dieser es gewagt hatte, was keinem der Götter zusteht – Tote aufzuerwecken. Doch sie ist nicht die Antwort der erbittertsten aller Gegner Jesu, der Mitglieder des einundsiebzigköpfigen Sanhedrins oder »Hohen Rates« in Jerusalem. Denn so sehr sie auch Jesus aus dem Weg räumen wollen, sowenig denken sie daran, dessen Taten zu bezweifeln. Gerade darin, daß Jesus offenbar tatsächlich in der Lage ist, so zu handeln, sahen sie die Gefahr: »Sie sagten: ›Was sollen wir tun? Dieser Mensch tut viele Zeichen. Wenn wir ihn gewähren lassen, werden alle an ihn glauben. Dann werden die Römer kommen und uns die heilige Stätte und das Volk nehmen.‹« (Johannes 11,47-48). Das war Realpolitik: Viele Juden erwarteten ja geradezu einen Messias, der sich durch solche Zeichen identifizieren und dann das Volk gegen die Römer führen würde. Was war also die Konsequenz? Dem amtierenden Hohenpriester Kaiaphas waren die technischen Fragen der Auferstehungswunder nur unangenehm; als Sadduzäer durfte er trotz aller Augenzeugenberichte nicht glauben, daß es das gibt – und hatte damit etwas mit Winston Churchill gemeinsam, der gesagt haben soll, wenn er in einer Zeitung lese, daß Rauchen gesundheitsschädlich sei, werde er nicht aufhören zu rauchen, sondern diese Zeitung nicht mehr lesen. »Ihr versteht die Sache nicht«, sagte Kaiaphas, »es ist besser für euch, wenn ein einziger Mensch für das Volk stirbt, als wenn das ganze Volk zugrunde geht.« (Johannes 11,49-50). Ist Jesus erst einmal getötet, so glaubte Kaiaphas, würden die Auferstehungswunder, die es nach sadduzäischer Lehre nicht geben durfte, ebenso aufhören wie die politische Gefahr.

Aufschlußreich ist, daß noch nicht einmal Kaiaphas versuchte, den Augenzeugen, die ihm und den anderen Bericht erstattet hatten (Johannes 11,46), die Glaubwürdigkeit abzusprechen. Er hielt die Berichte offenbar für zutreffend und sah sich gerade deswegen doppelt gefährdet – in seiner theologischen Position und in seiner guten Beziehung zur römischen Verwaltung. Diese Linie wurde dann auch durchgezogen, als Jesus selbst plötzlich nicht mehr in seinem Grab war. Alles war ordnungsgemäß zugegangen – nicht zuletzt mit der Kreuzigung nach römischem Recht, durch die kein Präzedenzfall geschaffen wurde, sondern ein bewährtes Hinrichtungsverfahren der Römer zur Anwendung kam, auch wenn der Präfekt Pilatus die jüdische Hierarchie noch einmal ärgerte, indem er in gleich drei Sprachen – Hebräisch, Griechisch und Latein – die Behauptung über dem Kreuz anbringen ließ, die die jüdischen Ankläger nur als Anmaßung des Verurteilten gelten lassen wollten: »Jesus der Nazarener, König der Juden«. Doch dann ging etwas schief, trotz einer Wache, die man hatte aufstellen lassen: Am dritten Tag nach der Kreuzigung war das Grab leer. Aber der Hohe Rat kam in dieser Situation gar nicht auf den Gedanken, der unter manchen Theologen heute so beliebt ist – das Grab nach wie vor für voll zu halten. Ebenso wie man akzeptierte, daß Jesus Auferweckungen vollbringen konnte, akzeptierte man, daß der tot vom Kreuz Genommene nicht mehr im Grab war. Das Ausgangsfaktum wurde nicht geleugnet – übrigens auch später nicht in jüdischen Auseinandersetzungen mit der christlichen Verkündigung; es mußte nur passend interpretiert werden. Nicht daß es passiert war, stand zur Debatte, sondern wie.

So ist denn historisch auch völlig glaubhaft, was Matthäus berichtet: »Die Hohenpriester faßten gemeinsam mit den Ältesten den Beschluß, den Soldaten viel Geld zu geben und sagten: ›Erzählt den Leuten, seine Jünger sind in der Nacht gekommen und haben ihn gestohlen, während wir schliefen. Und falls der Statthalter davon hört, werden wir ihn beschwichtigen und dafür sorgen, daß ihr nichts zu befürchten habt.‹ Sie nahmen das Geld und machten es so, wie man es ihnen gesagt hatte.« (Matthäus 28,12-15). Und da die Wache nur auf Bitten des Hohen

Rats aufgestellt worden war, dürfte sich Pilatus darauf eingelassen haben. Eine kleinere Disziplinarstrafe wäre denn auch mit dem »vielen Geld« gut aufgewogen worden.

Entscheidend ist jedenfalls: Wo Jesus war, bestand die Gefahr, daß sich Gräber leeren, ob in Nain, in Betanien oder am Stadtrand Jerusalems bei Golgatha. Unter Juden ergab sich daraus ein fortdauernder Konflikt. Während der Jude Petrus am Wochenfest (aus dem später, wie wir sahen, das christliche Pfingsten wurde) in Jerusalem den Glauben an den auferstandenen Jesus ganz pragmatisch auch damit begründete, daß schließlich jeder nachsehen könne – das Grab Jesu ist leer, im Grab des Königs David vermodern dagegen immer noch dessen Knochen (Apostelgeschichte 2,29-32) –, mußten andererseits die Opponenten vor sich und anderen begründen, warum gerade dieser Jesus nicht tatsächlich als Auferstandener die Erfüllung der alten Prophetie sein konnte, der man regelmäßig beim Lesen von Jesaja und Hesekiel in Tempel und Synagoge begegnete und die man auch noch in der 2. Benediktion des uralten »Achtzehngebets« bekannte:

Du bist ein Held in Ewigkeit, Jahwe, der die Toten lebendig macht, du hast die Macht zu helfen, der du den Wind wehen läßt und den Regen niederfallen, der die Lebenden versorgt aus Gnade, der die Toten lebendig macht aus großem Erbarmen, der Kranke heilt, Elenden hilft, Fallende stützt, Gebundene löst und seine Treue hält denen, die im Staube schlafen. Wer ist wie du, Vollbringer großer Taten, und wer ist dir gleich, der da tötet und lebendig macht und Heil blühen läßt? Und treu bist du, die Toten lebendig zu machen. Gepriesen seist du, Jahwe, der die Toten lebendig macht!

Und für die damaligen Kenner der Literatur, die uns heute aus den Funden von Qumran am Toten Meer bekannt ist, gab es den

Text, dessen wenige Fragmente als »4Q521« bezeichnet werden. Da wird vom Handeln Gottes und von den Taten seines kommenden Messias berichtet; und an einer Stelle heißt es ausdrücklich, daß er die »Durchbohrten« heilen und die Toten auferwecken werde.[1] Der Text ist heute zu fragmentarisch, um zu entscheiden, ob hier von Gott oder von seinem Messias die Rede ist. Eine solche Stelle konnte jedenfalls nicht nur auf das angewandt werden, was Jesus selbst tat (Lukas 7,20-22); es traf dann auch auf Gottes Handeln an ihm zu.[2]

So also ließ sich unter Juden argumentieren. Wer aber das Problem nicht aus jüdischer Perspektive anging, sondern aus der Sicht griechischen Denkens, hatte dagegen zwei Möglichkeiten: Er konnte höflich zuhören, wie die Philosophen des Athener Areopag, und anschließend mit herablassender Geste reagieren, oder sich – wie es ja in der Tat erst vereinzelt, dann zunehmend geschah – sogar überzeugen lassen; oder aber man ging den Weg in die literarische Parodie, wie sie den Gebildeten unter den Verächtern des Christentums entgegenkam – die antichristliche Polemik entwickelte sich erst im 2. Jahrhundert. Was Petronius mit seinem Roman geleistet hatte, unternahm auch ein anderer Romanautor dieser Zeit, und er bediente sich dafür beim Kreuz und beim leeren Grab. Sein Name ist Chariton aus Aphrodisias, dem heutigen Geyre im Südwesten Kleinasiens.

In Aphrodisias lehrten Philosophen, hier gab es eine bedeutende jüdische Gemeinde, und auch die Christen traten hier früh in Erscheinung – die Stadt lag günstig inmitten von Karien, nahe bei Kolossä, Laodizea und Hierapolis.

Ebenso strittig wie die Daten der Evangelien ist auch das Entstehungsjahr von Charitons griechisch geschriebenem Abenteuer- und Liebesroman *Kallirhoe*. Zwei Papyrushandschriften aus der Mitte des 2. Jahrhunderts und eine aus dem frühen 3., alle aus Oberägypten, belegen immerhin, daß es den Roman spätestens im 2. Jahrhundert gegeben haben muß, und daß er zu dieser Zeit in mehreren Exemplaren im fernen Ägypten gelesen wurde. Die Meinungen über die Entstehungszeit schwanken zwischen dem 1. vorchristlichen und dem frühen 2. nachchristlichen Jahrhundert. In letzter Zeit scheint aber die Mitte des 1. Jahrhunderts n. Chr. vermehrt auf Zustimmung zu stoßen;[3] dafür sprechen vor allem sprachliche Gründe und die Voraussetzung, daß sich die römische Kultur und das Recht der Kaiserzeit bereits nachhaltig etabliert haben mußten, als Chariton schrieb. Viele »Versatzstücke« antiker Wirklichkeit und Literatur kommen in der *Kallirhoe* vor, es werden viele Klassiker zitiert – der Autor ist belesen und gebildet, und er läßt es seine Leser merken. Vor allem an zwei Stellen berühren sich die abenteuerlichen Begebenheiten im Werk des Chariton mit den Geschichtsberichten der Evangelien:

Chaireas, der Ehemann der entführten Titelheldin Kallirhoe, wird auf der Suche nach ihr mit seinen Begleitern gefangengenommen und zur Kreuzigung verurteilt. Im letzten Augenblick werden sie begnadigt, doch die Nachricht trifft an der Hinrichtungsstätte erst ein, als die anderen schon am Kreuz hängen und Chaireas selbst soeben auf das Kreuz steigt.[4] Auch Jesus wurde nicht allein, sondern mit anderen zusammen gekreuzigt. Und so, wie bei Chariton die Menschen rufen: »Steig herab (vom Kreuz)!«, griechisch »katábäthi«, so rufen sie auch im Evangelium: »Steig herab vom Kreuz!«, mit der gleichen griechischen Wortform (Matthäus 27,40). Chariton verfremdet natürlich das Geschehen: Während im Evangelium der Aufruf zum Herabsteigen nur Spott ist (»Hilf dir selber, wenn du Gottes Sohn bist, und steig herab vom Kreuz«), so wollen hier die Rufer bewirken, daß er tatsächlich herunterkommt und der Henker die Kreuzigung abbricht. Und in der Tat kommt es so. Chaireas steigt – ebenso wie die anderen – wieder herunter vom Kreuz. Auch das Verhalten des Herrschers Mithridates, der das Kreuzigungsurteil ausgesprochen hatte, erscheint als Umkehrung der Haltung des Pilatus: Mithridates gibt Chaireas auf Drängen derer, die seine Unschuld beteuern, wieder frei. Pilatus dagegen läßt sich – so jedenfalls der Bericht des Matthäus – weder durch das Drängen seiner Frau noch durch seine eigene bessere Erkenntnis bewegen, Jesus zu begnadigen; hier folgt er der »vox populi«, die nicht Begnadigung, sondern Kreuzigung verlangt (Matthäus 27,15-26).

Die zweite Verbindung Charitons mit der Jesus-Geschichte ist die schon erwähnte Szene vom leeren Grab. In einem unbedachten Augenblick sprachloser Verärgerung über einen scheinbaren Ehebruch hatte Chaireas seiner Frau Kallirhoe einen Tritt ins Zwerchfell versetzt, sie fiel und »sah aus wie tot« (Kallirhoe 1, 4, 12-5,1). Die Scheintote wird in einem prachtvollen Grab nahe am Meer bestattet. Theron, der Anführer einer Räuberbande, beobachtet die Beerdigung, sieht die reichhaltigen Grabbeigaben und beschließt, um Mitternacht das Grab auszurauben. Inzwischen ist Kallirhoe erwacht – und glaubt, lebendig begraben zu sein. Da brechen die Räuber das Grab auf, und nach einigem Hin und Her beschließen sie, Kallirhoe nicht zu töten, sondern sie zusammen mit den kostbaren Grabbeigaben gewinnbringend zu verkaufen. Viele Abenteuer später, in denen Chaireas nicht vorkommt, macht der Erzähler einen Zeitsprung und läßt ihn wieder auftreten, als er im Morgengrauen noch einmal zu ihrem Grab gehen möchte, um Weihespenden zu bringen und sich aus Trauer umzubringen. Die darauf folgende, in Syrakus spielende Szene lautet so:

Im Dunkeln und in der Eile hatten die Räuber das Grab nur nachlässig verschlossen … Chaireas sah, daß die Steine weggewälzt waren und der Eingang weit offen stand. Er war von dem Anblick tief erschrocken und und ratlos über das Ereignis. Die Kunde des seltsamen Geschehens eilte schnell

nach Syrakus, und alle eilten zum Grab, doch niemand wagte sich hinein, bis Hermokrates die Anweisung gab. Ein Mann wurde hineingeschickt und gab einen ausführlichen, wahrheitsgemäßen Bericht. Es schien unglaublich, daß sich noch nicht einmal der Leichnam darin befand. Dann entschloß sich Chaireas, selbst hineinzugehen, begierig, Kallirhoe noch einmal zu sehen, wenn sie auch tot war. Aber als er das Grab durchsuchte, konnte er nichts finden. Viele andere gingen nach ihm ungläubig hinein. Alle waren verblüfft, und einer, der im Innern war, rief aus: »Die Grabbeigaben wurden gestohlen! Das haben Grabräuber getan. Aber wo ist der Leichnam?« Viele unterschiedliche Gerüchte kamen in der Menge auf. Aber Chaireas blickte in den Himmel, hob die Hände empor und sagte: »Welcher der Götter ist zu meinem Rivalen geworden und hat Kallirhoe entführt und hält sie jetzt bei sich fest, gegen ihren Willen, aber von einer stärkeren Schicksalsmacht gezwungen? ... Kann es sein, daß ich eine Göttin zur Frau hatte und es nicht wußte, und daß sie über unser menschliches Los erhaben war?«
(Kallirhoe 3, 3, 1-5)

Die Anklänge an den Evangelienbericht sind auch hier, wie bei der Kreuzigungsszene, ganz erstaunlich. Der griechische Text verstärkt sie noch. Wenn es zum Beispiel heißt, daß die Kunde vom leeren Grab sich schnell verbreitete, dann wird »Kunde« bzw. »Nachricht« hier als *»ángelos«* personifiziert – und *»ángelos«* ist das gleiche Wort, das die Evangelien da gebrauchen, wo auf deutsch »Engel« steht. Ein Engel, wörtlich schlicht »Bote«, befindet sich am leeren Grab Jesu ebenso wie am leeren Grab der Kallirhoe. Nur deren konkrete Funktion am jeweiligen Ort ist anders. (*Kallirhoe* 3,3,2; Matthäus 28,2). Auch der Ablauf des Ereignisses folgt dem vertrauten Muster: Das Grab wird mit weggeräumten Steinen vorgefunden, Verwunderung und Entsetzen machen sich breit, man wagt nicht, das Innere zu betreten, dann kommen andere angerannt (vgl. vor allem den Wettlauf in Johannes 20,4), und auch von diesen wagt sich zunächst nur einer hinein, dann erst folgt ein zweiter, Chaireas selbst (vgl. die Parallele im Verhalten bei Johannes 20,4-8). Bei Chariton wird festgestellt, daß der Leichnam fehlt und vor allem auch die Grabbeigaben. Johannes hält ebenfalls das Fehlen des Leichnams fest, betont aber ausdrücklich, daß ansonsten nichts fehlt – das einzig Wertvolle, die Leinentücher und das Schweißtuch, sind noch vorhanden (Johannes 20,5-7). Während also die Anwesenden bei Chariton richtig schließen, daß Räuber am Werk waren, haben Historiker aus dem Bericht des Johannes schon immer geschlossen, daß es hier auf keinen Fall Räuber gewesen sein können. Chaireas geht hingegen noch einen Schritt weiter und vermutet, völlig ratlos, daß ein Gott seine Kallirhoe entführt hat, oder daß sie gar selbst eine Gottheit war, die über dem Menschenschicksal des Todes stand. Das ist, in dieser Erzählung, die letzte Verfremdung der Geschichte Jesu. Denn die Auferstehung wird ja gerade so verstanden, daß Jesus von Gott auferweckt wird und somit, selbst gottgleich, von den Toten auferstand. Nur so kann dann auch Thomas zu der Anrede kommen: »Mein Herr und mein Gott« (Johannes 20,28).

Wie kann man aber diese Parallelen erklären? Die Ausgangssituation bilden die Kreuzigung und Grablegung Jesu als Ereignisse innerhalb der Geschichte. Die Geschichtswissenschaft hält das seit langem fest und kann darüber hinaus sogar das wahrscheinlichste Datum benennen, den 7. April 30 n. Chr.[5] Daß sein Grab leer war – unabhängig davon, wie es leer wurde, bei Ausschluß der widerlegten These, daß Räuber am Werk waren –, ist ebenfalls ein klares Faktum. Umgekehrt ist ebenso sicher, daß es sich bei Charitons *Kallirhoe* um einen Roman handelt. Historiker und Literaturwissenschaftler werden also fragen: Kann ein Historiker aus einem Roman »abschreiben«, oder bedient sich nicht vielmehr der Romanautor vorgegebener historischer Informationen? Die Antwort fällt nicht schwer, und man könnte höchstens noch die Vermutung anstellen, daß Chariton irgendwelche ganz anderen Anregungen benutzte. Doch auch wenn Kreuzigungen zum römischen Alltag gehörten und man sich von Göttern zuraunte, die nicht starben oder im Tode verfielen, so sind doch die Details, gerade beim Bericht über das Geschehen am leeren Grab, bis in sprachliche Einzelheiten hinein so frappierend ähnlich, daß nur eine Folgerung bleibt: Chariton kannte einen Bericht, oder mehrere, über Sterben, Grablegung und Auferstehung Jesu, benutzte und verfremdete sie.

Diese Schlußfolgerung führt allerdings zu einem kleinen Problem: Wenn Charitons Roman um die Mitte des 1. nachchristlichen Jahrhunderts entstand – und einige Kommentatoren wollen ihn ja noch früher datieren –, dann wird die Zeit gewissermaßen eng. Markus paßt durchaus noch in diesen Zeitrahmen; wir sahen bereits, daß er möglicherweise bereits um 40 n. Chr. schrieb. Doch die größten Ähnlichkeiten zu Chariton finden sich nicht bei Markus, sondern bei Matthäus und Johannes. Und das spätestmögliche Datum für Charitons *Kallirhoe* scheint 62 n. Chr. zu sein – denn der am 24. November jenes Jahres an einer Magenkrankheit kurz vor seinem achtundzwanzigsten Geburtstag verstorbene Satiriker Persius empfiehlt die *Kallirhoe* seinen Lesern als Nachmittagslektüre.[6] Ist also die spätantike Information über das Todesjahr des Persius korrekt überliefert, und meint die *Kallirhoe* den Roman des Chariton, dann muß jeder Text, den Chariton benutzte, älter sein als November 62 n. Chr. Das ist gefährlich, denn die überwiegende Mehrheit der Bibelwissenschaftler ist sich ganz sicher, daß Matthäus irgendwann in den achtziger Jahren entstand, und Johannes um 100 n. Chr.

Nun könnte man annehmen, daß Chariton in einem von Christen schon sehr früh aufgesuchten Gebiet die Berichte mündlich hörte. Die mündliche Überlieferung der Jesus-Geschichte ist längst als eine zuverlässige Quelle erwiesen,[7] aber die erstaunlichen Anspielungen auf Details lassen sich damit nicht befriedigend erklären. Gelegentlich wird zwar vermutet, daß Passionsgeschichten, also die Berichte über Leiden, Tod und Auferstehung Jesu, als die zentralen Teile der christlichen Botschaft, schon lange Zeit vor den fertigen Evangelien schriftlich kursierten. Und tatsächlich gehören ja die von Chariton benutzten Ereignisse in die Passionsgeschichte. Nur gibt es für diese Vorläuferthese keinerlei literarische, textgeschichtliche oder papyrologische Belege. Dann also doch fertige Evangelien des Matthäus und des Johannes vor 62 n. Chr., die bis zu Chariton gelangt sein können? Daß die Annahme solch früher Daten nicht mehr unzulässig ist, verdankt die Forschung dem Briten John A. T. Robinson, der 1976 in einer detaillierten Studie darlegte, warum Matthäus zwischen 40 und 60 n. Chr. entstanden sein dürfte und Johannes zwischen 40 und 65.[8]

Robinson hat Kritiker und Befürworter gefunden, und die Debatte ist längst nicht abgeschlossen.[9] An dieser Stelle nur so viel: Es ist immer die grundsätzliche Frage des Historikers zu berücksichtigen, warum es über dreißig Jahre gedauert haben soll, mehr als eine Durchschnittsgeneration der damaligen Zeit, ehe fertige Evangelien vorlagen und verbreitet wurden. Es gibt dafür keinerlei ernsthafte Gründe. Selbst die beliebte Vermutung, die Christen hätten erst deswegen spät geschrieben, weil sie in der Erwartung einer schnellen Wiederkunft Christi lebten und erst dann das noch Gewußte aufzuschreiben begannen, als sie sich in dieser Erwartung getäuscht sahen, kann eigentlich spätestens seit 1956 nicht mehr ernsthaft geäußert werden – denn die essenischen Qumran-Schriften, die zwischen 1947 und 1956 entdeckt wurden, zeigen uns, daß eine Gemeinschaft, die in heißester Endzeiterwartung lebte, gerade deswegen große Mengen an Literatur produzierte; man wollte schließlich, daß auch andere in diese Erwartung und ihre Voraussetzungen eingeführt und von ihnen überzeugt wurden. Dennoch widersprächen die neuen Möglichkeiten, die durch Charitons Roman und dessen Entstehungsdatum eröffnet werden, zweifellos weiten Teilen der heutigen Mehrheitsmeinung; aber sie fänden Verbündete auf der anderen Seite der Datierungsfront.[10]

Und etwas anderes kann schon jetzt festgestellt werden: Wie auch immer die Suche nach den Wegen ausgehen mag, auf denen die detaillierten Berichte über Kreuzigung und leeres Grab des historischen Jesus von Nazareth zu Chariton in Aphrodisias gelangten, dieser Roman kann nicht früher entstanden sein als diese ersten Berichte, oder vorsichtiger: nicht früher als die Ereignisse selbst. Und das ist zumindest schon einmal ein Ergebnis für die antike Romanforschung. Charitons *Kallirhoe* entstand zwischen 30 und 62 n. Chr., nicht früher, keinesfalls später, eher gegen Ende dieses Zeitrahmens. Und einmal mehr sehen wir, wie wenig die Geschehnisse um Jesus isoliert waren. Schnell und nachhaltig nahm man von ihnen Notiz, bis hinein in den ersten und ältesten griechischen Roman.

Wie vielfältig verzweigt die Welt war, in der Jesus lebte und in der über ihn geschrieben wurde, kann aber nicht nur an literarischen Spuren wieder lebendig werden. Dazu kann auch eine kleine Münze dienen, die im Familiengrab des Hohenpriesters Kaiaphas gefunden wurde. Kein Grabräuber war den Archäologen zuvorgekommen, und so bot diese Münze ihren Entdeckern einen völlig neuen, überraschenden Einblick in die Welt des Jesus Christus. Geld – das müssen wir uns vorab klarmachen – war für Jesus und die Jünger genauso alltäglich und selbstverständlich wie für alle anderen Menschen auch. Damals allerdings hatte jede Münze noch eine andere Bedeutung als nur ihren Zahlungswert. Und gerade das macht sie zu so beredten Zeugnissen ihrer Zeit.

»Gold stinkt nicht«, sagte der römische Kaiser Vespasian (9–79 n. Chr.), als er eine Steuer auf Bedürfnisanstalten erhob, jene Einrichtungen, die von Franzosen nach ebendiesem Kaiser »Vespasiennes« genannt werden, während sie bei uns gelegentlich auf französisch »Pissoirs« heißen. Die Geschichte wird von Sueton überliefert, dem römischen Historiker, der auch sonst einen gewissen Geschmack für drastische Szenen hat. Sueton erzählt, wie Vespasians Adoptivsohn Titus, der später selbst Kaiser des Römischen Reichs wurde, über diese ein wenig anrüchige Steuer klagte. Da hielt ihm Vespasian eine Goldmünze aus den Steuereinnahmen unter die Nase. »Stört dich der Geruch?« Als Titus verneinte, erklärte Vespasian schlicht: »Und doch stammt sie vom Urin.«[11] Die »größte Kloake« – Roms treffend so bezeichnete und noch heute benutzte »Cloaca Maxima« – bewährte sich als willkommene Einnahmequelle für jenen Kaiser, der mit Hilfe des Titus zwischen 66 und 74 n. Chr. den Aufstand der Juden in der Provinz Palästina niedergeschlagen hatte und später das für gelegentliche Christentötungen genutzte Colosseum im Zentrum Roms bauen ließ. Vespasian war Realist, auch im Umgang mit Geld. Der Sohn eines Finanzbeamten, der es über eine militärische Karriere am Rhein, in Britannien und Palästina im Alter von sechzig Jahren zum Kaiser brachte, konnte sich nicht wie seine Vorgänger von Augustus bis Nero auf seinen Münzprägungen als Sohn eines zum Gott erhobenen Vaters und Vorgängers bezeichnen lassen. Die Vorahnung der eigenen Gottwerdung gab ihm erst gegen Ende seines Lebens den Anlaß für einen seiner Aphorismen. Als er die tödliche Krankheit ausbrechen spürte, rief er: »Oh nein, ich glaube, ich werde ein Gott!«[12] Genau so kam es auch: Wenige Monate nach seinem Tod wurde er zum »Divus Vespasianus« ernannt. Sein Sohn und Nachfolger Titus, der Zerstörer Jerusalems, war dementsprechend wieder »Gottessohn« und führte diesen Titel des »Divi Filius« seit September 79 n. Chr.[13]

Vespasian, der erste Finanzfachmann auf dem Kaiserthron, regierte von 69 bis 79 n. Chr., zu einem Zeitpunkt, als die Evangelien und die Apostelgeschichte des Lukas – die historischen Schriften des Urchristentums also – nach unserem heutigen Kenntnisstand bereits abgeschlossen waren. So kommen weder er noch die von ihm ergriffenen Maßnahmen in diesen Schriften vor, und doch sind sie schon zu ahnen. Vespasian war es, der im Jahre 71 n. Chr., nach der Eroberung Jerusalems, aber noch vor Abschluß des Straffeldzugs gegen die aufständischen Juden, besondere Münzen prägen ließ, Sesterzen, auf deren Rückseite die Inschrift »JUDAEA CAPTA« steht – gefangenes Judäa. Auf diesen Münzen ist eine verschleierte Jüdin zu sehen, die das gefangene Judäa darstellt, den Kopf in die rechte Hand gestützt. Rechts, durch eine Palme von ihr getrennt, steht ein Mann, die Hände auf den Rücken gefesselt. Andere Münzen mit der gleichen Inschrift zeigen statt des gefesselten Juden den Sieger selbst, Vespasian, mit Rüstung, Mantel, Schwert und Speer, den linken Fuß symbolisch auf den Helm eines Besiegten gestützt. »Judaea capta« – das war das Ende einer Epoche für Juden und Christen. Die Zerstörung Jerusalems und des Tempels bedeutete für beide, auch für die Christen, einen katastrophalen Einbruch. Zwar hatte Jesus das Ereignis vorausgesagt – aber das lag vierzig Jahre zurück und mußte nun erst wieder begriffen werden. Zu diesem Zeitpunkt waren höchstens noch vereinzelte Christen in der Stadt, denn die Gemeinde hatte Jerusalem bereits zwischen 62 und 66 n. Chr. verlassen.[14] Im Jahr 62 war auf Betreiben des amtierenden Hohenpriesters Ananos der Jesusbruder und Gemeindeleiter Jakobus ermordet worden,[15] die nationalistische Stimmung nahm zu, und immer mehr Bewohner entzogen sich dem Druck, weil sie sich nicht in einen veritablen Aufstand verwickeln lassen wollten, der unausweichlich in einen Krieg mit den Römern münden würde.[16]

Jene Juden, die sich zu Christus bekannten, waren also keineswegs die einzigen, die ins Exil gingen. Aber die Christen hatten noch ihre besonderen Gründe, zu denen innerjüdische Repressalien nach der Ermordung des Jakobus ebenso gehörten wie eine »Offenbarung«, die ihnen auftrug, nach Pella in Transjordanien zu ziehen.[17] Erst als Vespasian und sein Sohn Titus das gesamte Gebiet zwischen der Grenze zu Transjordanien und Jerusalem mitsamt der Stadt erobert hatten, kehrten die Christen zurück. Es wurde ihnen gestattet, da sie den Aufstand nicht mitgemacht hatten. Und erst dann wählten sie einen Nachfolger des ermordeten Jakobus.[18]

Neuere archäologische Funde zeigen, daß die Christen dann erneut auf dem Südwesthügel siedelten.[19] Aber sie lebten inmitten von Ruinen, und außer ihrer eigenen Tradition, an die sie auch mit ihren Bauten wieder anknüpften, gab es nichts Sichtbares mehr, das eine ungebrochene Kontinuität gestattet hätte. Vor allem war der Tempel verschwunden, den sie bis zu ihrem Weggang noch regelmäßig aufgesucht hatten. Auch im Finanzwesen war dieses unwiderrufliche Ende zu spüren. Die Tempelsteuer war von Vespasian durch den »Fiscus Judaicus« ersetzt worden, die Steuer für den Tempel des Jupiter Capitolinus in Rom. Vespasians Verewigung dieser von ihm und seinem Sohn geschaffenen Tatsachen durch die neuen Münzprägungen wurde von Titus noch überboten mit seinem Triumphbogen am Ende des Forum Romanum, gegenüber dem Colosseum: Dort ist der Raub der Tempelschätze durch seine Truppen dargestellt. Noch heute gehen gläubige Juden nicht durch diesen Bogen. Auch Titus setzte die Münzprägungen fort, die den Triumph über das aufständische Volk der Juden dokumentieren. Kaiserliche Münzen und Medaillen waren nicht zuletzt auch Mittel der Politik. Das Bildnis des Kaisers und der Text der Umschrift, die neben dem Namen auch die Verdienste und die Ansprüche enthielt, dann die Szene auf der Rückseite – das waren stets programmatische Aussagen, auch in neutestamentlicher Zeit.

Wer sich an berühmte Bibelstellen erinnert, in denen Geld eine Rolle spielt, beim »Scherflein der Witwe« zum Beispiel oder bei den »dreißig Silberlingen«, die Judas für seinen Verrat erhält, denkt zwar nicht sofort an die römischen Imperatoren und ihre Finanzgewalt, aber auch hier sind sie gegenwärtig. Erst dann, wenn wir uns den Kontext hinter dem Text klarmachen, sind auch solche Stellen ganz konkret in ihrer Zeit verankert, ehe sie den Anspruch erheben, Glaubenswahrheiten und zeitlose Einsichten in den menschlichen Charakter zu vermitteln. Da ist nun jene arme Witwe, die zum Tempel geht, um Geld in den Opferkasten zu werfen. »Und viele Reiche legten viel ein«, heißt es bei Markus (12,41). Aber die Witwe, so gibt es die Luther-Übersetzung wieder, »legte zwei Scherflein ein; das macht zusammen einen Pfennig«. Jesus weist seine Jünger auf den Unterschied hin: »Wahrlich, ich sage euch, diese arme Witwe hat mehr in den Opferkasten gelegt als alle anderen. Denn sie alle haben etwas von ihrem Überfluß eingelegt, diese Frau aber, die kaum das Nötigste zum Leben hat, hat ihre ganze Habe eingelegt, ihren ganzen Lebensunterhalt« (Markus 12,43-44). Wie sollen wir aber nun die »Scherflein« verstehen oder den »Pfennig«? Bei Markus werden diese Münzen sehr präzise bezeichnet. Was Luther als »Scherflein« wiedergibt, sind nämlich »lepta«, und wo er einen »Pfennig« sieht, hat Markus »kodrántäs« – den lateinischen »Quadrans«. Damit befinden wir uns im internationalen Alltag jener Zeit. Ein »lepton« ist griechisch die kleinste Einheit des gültigen Währungssystems, könnte also heute, ohne daß damit der tatsächliche Wert bezeichnet wäre, jeweils mit Pfennig, Penny, Lira oder Centime übersetzt werden. Zur Zeit Jesu, genauer gesagt seit 6 n. Chr., war die von den Römern eingeführte kleinste Einheit halb soviel wert wie die kleinste Münze des römischen Währungssystems, der »Quadrans«.[20] Markus, der in Rom schrieb und bei der Verbreitung seines Buchs auch außerhalb Roms mit Lesern rechnen mußte, die vom Kleingeld in Palästina genauso wenig verstanden wie ein deutscher Leser heute von israelischen »Agorot«, erklärt daher sorgfältig, daß zwei dieser »lepta« einem »Quadrans« entsprechen.

Der Leser des Markus hatte damit eine erste Orientierungsmarke, aber er konnte nicht wissen, ob man in Rom für einen Quadrans genauso viel bekam wie in Jerusalem für zwei Lepta. Man kann das auch nur noch in groben Zügen zu rekonstruieren versuchen. Ein Quadrans, also zwei Lepta, war ein Viertel As. Um ein As zu haben, brauchte man also vier »Quadranten«. Sechzehn Asse waren ein Denar. Anders gerechnet: Erst 64 Quadranten oder 128 Lepta ergaben einen Denar. In Rom erhielt ein ungelernter Arbeiter pro Tag zwölf Asse, also etwas weniger als einen Denar. In Palästina wurde ein ungelernter Arbeiter zur Zeit des Neuen Testaments mit einem Denar pro Tag entlohnt, also mit sechzehn Assen oder 128 Lepta. Man kann es auch noch anders umrechnen: Ein Laib Brot kostete in Rom ein As, also acht Lepta; in Palästina kostete es durchschnittlich etwas weniger als ein As, also rund sieben Lepta.[21] Zwei Lepta legte die arme Witwe in den Opferkasten. Wenn Jesus sagt, daß sie damit ihre gesamte Habe gab, dann können wir ermessen, wie groß ihre Armut tatsächlich war. Welche sozialen Unterschiede es im Umfeld des historischen Jesus gab, zeigt im Vergleich dazu die Szene in Betanien: Das überaus kostbare Nardenöl, mit dem sein Haupt von einer Frau gesalbt wurde, hätten die protestierenden Jünger statt dessen am liebsten für »mehr als 300 Denare« verkauft, um es den Armen zu geben (Markus 14,5). Das wären also mehr als 38 400 Lepta gewesen – für eine reiche Dame noch immer ein überaus großzügiges Zeichen der Ehrerbietung, für die arme Witwe dagegen ein unbegreiflicher Reichtum.[22]

Und die dreißig Silberlinge, die dem Judas von den Hohenpriestern für seinen Verrat angeboten wurden (Matthäus 26,14-

16)? Griechisch werden sie »argyria« genannt. Das heißt erst einmal nur »Silberstücke«, wird aber verständlicher durch den Vergleich mit einer Reihe Stellen, auf die hier angespielt wird: Es handelte sich wohl um die Doppeldrachme, die auch bei der Zahlung der Tempelsteuer als Summe für eine steuerpflichtige Person genannt wird (Matthäus 17,24).[23] Kaiser Augustus hatte den römischen Denar und die griechische Drachme im Münzwert gleichgesetzt. So läßt sich also rechnen: Judas erhielt dreißig Doppeldrachmen, das heißt sechzig Denare oder 7 680 Lepta. Dafür hätte er sich nach damaligem Geldwert fünfzehn Lämmer oder sieben bis acht Schafe kaufen können oder ein Fünftel des Nardenöls, mit dem Jesus in Betanien gesalbt wurde – oder anders: Wäre er ein ungelernter Arbeiter gewesen, hätte die Summe zwei Monatslöhnen entsprochen.

Noch brisanter ist die Bedeutung des Geldes in jener Szene, in der Jesus die Darstellung des Kaiserporträts auf einer Münze zum Anlaß für ein gelungenes Wortspiel nimmt:

*Einige Pharisäer und einige Anhänger des Herodes wurden zu Jesus geschickt, um ihn mit einer Frage zu überlisten. Sie kamen und sagten zu ihm: »Meister, wir wissen, daß du wahrhaftig bist und dabei auf niemand Rücksicht nimmst, denn du siehst nicht auf die Person der Menschen, sondern lehrst wirklich den Weg Gottes. Ist es erlaubt, dem Kaiser Steuern zu zahlen, oder nicht? Sollen wir sie zahlen oder nicht zahlen?« Er aber durchschaute ihre Heuchelei und sagte zu ihnen: »Warum stellt ihr mir eine Falle? Bringt mir einen Denar, damit ich ihn sehe!« Sie gaben ihm einen. Da fragte er sie: »Wessen Bild und Aufschrift ist das?« Sie sagten zu ihm: »Des Kaisers.« Da sagte Jesus zu ihnen: »So gebt dem Kaiser, was des Kaisers ist, und Gott, was Gottes ist.« Und sie wunderten sich über ihn.
(Markus 12,13-17)*

Der Kaiser auf dieser Münze war Tiberius, der von 14 bis 37 n. Chr. regierte. Unter seiner Regentschaft trat Jesus öffentlich auf, unter seinem Statthalter Pontius Pilatus wurde er gekreuzigt. Auch ihm war der Status, der Sohn eines Gottes zu sein – seines zum »Divus« erhobenen Adoptivaters Augustus nämlich – genauso wichtig wie zuvor dem Augustus selbst. Und so ließ er sich das auch auf den Münzen bestätigen, die mit lateinischer oder griechischer Beschriftung überall im Römischen Reich im Umlauf waren. Überall: das heißt auch in Galiläa und Jerusalem. Es gab hier nur Münzen mit griechischem und – seltener – lateinischem Text, denn hebräische oder aramäische Münzen durften zur Zeit Jesu unter römischer Verwaltung weder geprägt noch benutzt werden.[24]

Denare von der Art, die in unserer Szene erscheinen, sind häufig gefunden worden. Es gab die Tiberius-Münze in zwei Prägungen, mit lateinischem Text aus der Münzstätte von Lyon (das damals lateinisch Lugdunum hieß), und mit griechischer Beschriftung, geprägt in Alexandria.[25] Den Römern war es gleich, welche ihrer Prägungen benutzt wurde; auch in Palästina war Latein die Verwaltungsssprache, so daß sie beispielsweise ganz selbstverständlich von Pontius Pilatus für eine Zeile der amtlichen Aufschrift über dem Kreuz Jesu benutzt wurde (Johannes 19,19-20). Gerade in Gelddingen hatten sich offenbar auch die Menschen des jüdischen Umfelds an den lateinischen Einfluß gewöhnt: Markus benutzt in seinem Bericht bei der Wiedergabe der Frage, die von den Pharisäern und den Anhängern des Herodes an Jesus gestellt wird, für »Steuer« den Ausdruck »känsos«, und das ist ein lateinisches Wort (»census«). Auch die Münze selbst, die man Jesus reicht, der »dänárion«, ist ursprünglich ein lateinisches Wort (»denarius«).

Die Pointe, auf die Jesus hinauswill, hängt nicht von der Sprache der Münzbeschriftung ab – obwohl natürlich vorausgesetzt wird, daß er selbst und seine Gegner in der Lage waren, das Abbild des Kaisers und die dazugehörigen entscheidenden Bezeichnungen zu verstehen. Eine lateinische Tiberius-Münze aus Lyon trug folgende, zum Teil abgekürzte Schrift, die den lorbeerbekränzten, nach rechts gewandten Kopf umgab: »TI(BERIUS) CAESAR DIVI AUG(USTI) F(ILIUS) AUGUSTUS«, auf deutsch: »Tiberius Caesar, Sohn des göttlichen Augustus und selbst Augustus«.[26] Eine griechisch beschriftete Tiberius-Tetradrachme aus Alexandria hätte Jesus und den Umstehenden auf der Vorderseite diesen Text geboten: TIBEPIOC KAICAP CEBACTOC, »Tiberios Kaisar (= Caesar) Sebastos (= Augustus)«; und auf der Rückseite, rund um den Kopf des Kaisers, ΘEOC CEBACTOC, »Theos Sebastos«, also »Gott«/»Augustus« oder »göttlicher Augustus«. Beide Münzen, die griechische ebenso wie die lateinische – und da es mit dem Kopf des Kaisers nur solche gab, muß es eine von beiden gewesen sein – boten die gleiche, unmißverständliche Aussage.[27]

Jesus nimmt die Münze, hebt sie hoch, und alle dürften verstehen, worauf er anspielt: Das Bild des Kaisers war für gläubige Juden Gotteslästerung, denn es verstieß gegen das 2. Gebot, und der Text selbst, in dem sich Tiberius lateinisch zum Sohn eines Gottes erklärte und griechisch zum Gott, trieb die Blasphemie auf die Spitze. So etwas, sagt Jesus, soll der Kaiser wiederhaben; seine Münze darf ruhig dazu dienen, seine Steuern zu zahlen. Und zugleich bezeichnet er die Pharisäer und ihre Freunde als Heuchler – sie, die Jesus eine Falle stellen wollen, finden ganz offensichtlich nichts dabei, selbst eine Münze bei sich zu führen, die in allen Einzelheiten pure Gotteslästerung war. Gerade wenn wir annehmen, daß Jesus eine griechisch geprägte Münze in der Hand hielt, mußte seine Schlußfolgerung auf die Umstehenden wie ein Wortspiel gewirkt haben, das zur Ohrfeige wurde: »Theos« stand da auf der Rückseite, »Gott«. Der Kaiser wollte Sohn Gottes und Gott sein. Wer aber ist für jeden gläubigen Juden Gott? Der Kaiser etwa? Gebt Gott, was Gottes ist – Jesus hat seine Widersacher in die von ihnen selbst gestellte Falle gelockt, er hat sie mit ihren eigenen Waffen geschlagen. Und er hat sie mit unerbitterlicher Folgerichtigkeit einmal mehr als Heuchler dargestellt. Wie recht er aus seiner Sicht mit dieser Einschätzung hatte, das zeigt uns nun jene kleine Münze aus dem Familiengrab des Kaiaphas.

Kaiaphas, oder:
Ein Fahrschein in die Unterwelt

Im Jerusalemer Vorort Nord-Talpiot, nahe beim UNO-Hauptquartier auf dem »Berg des üblen Rates«, stießen Bauarbeiter Ende November 1990 auf antike Spuren. Wie bei solchen Funden in Israel üblich, wurde sofort die Israelische Antikenbehörde informiert. Der Archäologe Zvi Greenhut kam und sah, daß es sich um eine Grabkammer handelte. Knochen und Keramik lagen verstreut herum. Auch Knochenkästen waren dabei, die Ossuarien, in denen man das Gebein der Verstorbenen zweitbestattete, nachdem das Fleisch im Verwesungsprozeß abgefallen war – in diesem Klima ging das von allein, während man in Mitteleuropa noch bis in die frühe Neuzeit nachhalf, indem man die Leichen auskochte. Die Entdeckung schien nicht besonders spektakulär zu sein, denn es war durch frühere Funde bekannt, daß sich in diesem Gebiet ein Gräberfeld befunden hatte, und in der neu entdeckten Kammer schienen bereits Grabräuber gewütet zu haben.

Aber Greenhut war professionell genug, um eine genaue Untersuchung zu veranlassen. Und dabei stieß er zu Gräbern vor, die noch unberührt waren. Auch hier gab es Ossuarien, und neben solchen, die mit kunstvollen Mustern verziert waren, standen fünf andere, auf denen sich Inschriften befanden.[28] Zvi Greenhut bat einen der leitenden Archäologen der israelischen Antikenbehörde, den aus Deutschland stammenden Ronny Reich, der zugleich einer der führenden Experten für Inschriftenkunde (Epigraphik) in Israel ist, die Texte zu untersuchen. Reich entzifferte auf einem Ossuar den Namen »Qajfa«, auf einem anderen, besonders kunstvoll und aufwendig verzierten, sogar »Jehosaf Bar Qajfa«. Vater und Sohn also, oder jedenfalls enge Verwandte einer Familie, die den Beinamen »Qajfa« trug. Und damit lag eine sensationelle Schlußfolgerung auf der Hand: Man hatte das Familiengrab der »Qajfa«-Sippe gefunden – und zu der gehörte auch der berühmte und berüchtigte Hohepriester Qajfa, dessen Name in der griechischen Form, die wir aus dem Neuen Testament kennen, »Kaiaphas« lautete, und der von 18 bis 37 n. Chr. amtierte.[29] Daß Kaiaphas offenbar kein Vor- oder Nachname war, sondern eine Art Sippenname, ein Beiname, wie ihn auch das römische Namenssystem kannte, war keine Neuigkeit: Davon berichtet schon der jüdische Historiker Flavius Josephus, der den Hohenpriester ausdrücklich als »Joseph, *genannt* Kaiaphas« bezeichnet.[30] Um verschiedene Zweige einer Familie zu unterscheiden, kennzeichnete man sie durch Beinamen, die häufig eine Eigenschaft des ersten Namensträgers hervorhoben. Bei den Römern ist Tacitus, »der Verschwiegene«, ein solcher Fall, der allerdings auf den berühmtesten Träger, den überaus schreib- und redegewandten Historiker Publius Cornelius Tacitus, wohl nur sehr bedingt zutraf. Oder eben Kaiaphas, was Ronny Reich zufolge vermutlich soviel wie »Korbträger« heißt. War man auf das Grab des Mannes gestoßen, der wesentlich zur Verurteilung Jesu beigetragen hatte? Das eine Ossuar trug die Inschrift »Jehosaf [also »Joseph«] Sohn / aus der Familie des Kaiaphas« – hier ist der Vorname der Schlüssel. Denn obwohl »Joseph« einer der häufigsten jüdischen Namen dieser Zeit war, kennt Josephus in seinen *Jüdi-*

schen Altertümern nur einen, der beides zugleich ist, Joseph und ein Kaiaphas: genau jenen Mann, der den Prozeß Jesu initiierte. Wo das Neue Testament nur von »Kaiaphas« spricht, ergänzt Josephus und schreibt präzise »Joseph mit dem Beinamen Kaiaphas«.

Eine tatsächliche Identifizierung mit dem Hohenpriester wollte Ronny Reich dennoch nicht für völlig zweifelsfrei halten. Denn die Einfügung des »Bar«, also »Sohn (des)«/»aus der Familie (des)«, zwischen »Jehosaf« und »Qajfa« läßt Spielraum offen. Es könnte zum Beispiel auch der Sohn des Hohenpriesters gewesen sein.[31] Andererseits fand Zvi Greenhut bei der Öffnung des Ossuars nicht nur die Knochen einer einzigen männlichen Person, sondern die Gebeine zweier Säuglinge, eines Kindes, einer erwachsenen Frau, eines jungen, etwa achtzehnjährigen Mannes, und jene eines rund Sechzigjährigen. Und dieser letztere könnte durchaus der Hohepriester Joseph, genannt Kaiaphas, gewesen sein. Es ist auffällig, daß das andere Ossuar, auf dem nur »Qajfa« steht, die Knochen von Menschen enthielt, die exakt dem Altersspektrum des ersten Ossuars entsprechen[32] – allein ein sechzigjähriger Mann fehlt; ihn gab es also in dieser Familiengrabanlage tatsächlich nur einmal, im Ossuar des Jehosaf aus der Qajfa-Sippe. Und das legt erneut nahe, daß dieser Sechzigjährige tatsächlich jener Joseph »Kaiaphas« ist. Soviel ist jedenfalls sicher: Die Grabanlage der Familie des Hohenpriesters war entdeckt worden, und das allein hat überragende Bedeutung. Erst zum dritten Mal war es in Israel gelungen, eine Inschrift zu entdecken, die sich direkt auf das Umfeld des historischen Jesus bezog. Bis dahin kannte man nur zwei: den Stein mit der lateinischen Widmung eines als »Tiberieum« bezeichneten Gebäudes an Kaiser Tiberius durch Pontius Pilatus, der 1961 bei der Ausgrabung des Theaters von Caesarea Maritima entdeckt wurde, wo Pilatus seinen Amtssitz hatte.[33] Und zweitens das Ossuar des Alexander, Sohn des Simon von Kyrene, das 1941 im Dorf Silwan bei Jerusalem gefunden wurde und sich heute in der Hebrew University Jerusalem befindet: In griechischer und aramäischer Beschriftung nennt es den Namen des Sohns, des Vaters und, nur aramäisch, den Herkunftsort der Familie, Kyrene. Das stimmt überein mit genau dieser Nennung im Markus-Evangelium 15,20: »Dann führten sie Jesus hinaus, um ihn zu kreuzigen. Einen Mann, der gerade vom Feld kam, Simon von Kyrene, den Vater des Alexander und des Rufus, zwangen sie, sein Kreuz zu tragen.«[34] Barg die Entdeckung des Kaiaphas-Familiengrabs Informationen, die uns noch näher an Jesus selbst heranführen als Pilatus, Simon und Alexander?

Das Grab weist zwei Eigentümlichkeiten auf. Die erste klingt banal: Es ist ein Ossuar, auf dem die Inschrift steht, und die Grabanlage war voll von Ossuarien. Allgemein wird angenommen, daß der Brauch, die Knochen von Verstorbenen zweitzubestatten, eng mit dem jüdischen Glauben an die Auferstehung verbunden war. Der Prophet Jesaja deutet an, warum dafür die Knochen erforderlich waren: »Deine Toten werden lebendig, die Leichen stehen wieder auf; wer in der Erde liegt, wird erwachen und jubeln« (Jesaja 26,19). Bei Jesaja ging es um den einzelnen Menschen; man konnte aber auch an das symbolische Bild der Volksgemeinschaft denken, wie es der Prophet Hesekiel/Ezechiel beschreibt:

Ihr vertrockneten Gebeine, hört das Wort des Herrn! So spricht Gott, der Herr, zu diesen Gebeinen: Seht, ich bringe Geist in euch, daß ihr wieder lebendig werdet. Ich spanne Sehnen über euch und umgebe euch mit Fleisch und überziehe euch mit Haut und gebe Geist in euch, dann werdet ihr lebendig. Dann werdet ihr erkennen, daß ich der Herr bin.
(Hesekiel/Ezechiel 37,5-6)

Das Problem ist nur: Kaiaphas, der Hohepriester, und seine Sippschaft gehörten zu den Sadduzäern. Und wie wir bereits am Anfang dieses Kapitels sahen, glaubten die Sadduzäer an vielerlei, an eines aber nicht: an die leibliche Auferstehung, wie die Propheten sie lehrten.[35] Allerdings besteht kein zwangsweiser Zusammenhang zwischen Knochenbestattung und Auferstehungsglauben. Der Verfall des Fleisches wurde als Reinigungsprozeß angesehen, um im Tod noch Vergebung für begangene Sünden zu erlangen; erst die bloßen Knochen waren es wert, feierlich und freudevoll bestattet zu werden – und so sind denn ja auch viele Ossuarien prachtvoll verziert. Vom Rabbi Eleazar Bar Zadok, der im 1. Jahrhundert n. Chr. lebte, heißt es sogar, er habe als letzten Wunsch ausgesprochen, sein Sohn möge ihn ruhig im Straßengraben verscharren. Erst später solle er die Knochen einsammeln und in einem Ossuar bestatten.[36] Doch selbst wenn wir annehmen, daß die Bestattung der gereinigten Knochen auf eine Auferstehungshoffnung hinweist, besteht kein Widerspruch zwischen dieser Sitte und der Tatsache, daß Kaiaphas ein in diesem Sinne »ungläubiger« Hohepriester war: Im Moment des Todes sichert man sich gern nach allen Seiten ab. Es kann nichts schaden, sicherheitshalber die Knochen bereit zu haben. Und das ist es auch, was die zweite Besonderheit dieser Familiengrabstätte so aufschlußreich macht – die Münze im Ossuar Nr. 8, auf dem in aramäischen Buchstaben »Miriam Berat Schimon« steht, »Miriam, Tochter des Simon«.

Im Ossuar dieser Miriam lag ihr Schädel, und auf dem Gaumen entdeckte der Archäologe und Anthropologe Joe Zias eine Münze aus Bronze. Sie war bestens erhalten und konnte sofort als ein von Herodes Agrippa I. geprägtes Geldstück identifiziert werden, denn sie trägt seinen Königstitel in griechischer Sprache und ist auf sein sechstes Herrschaftsjahr datiert, in heutiger Zeitrechnung 42/43 n. Chr. Agrippa regierte von 41 bis 44 n. Chr. Unter ihm wurden 41 n. Chr. Petrus und Jakobus, der

Bruder des Johannes, inhaftiert; Jakobus wurde hingerichtet, Petrus entkam und floh nach Rom (Apostelgeschichte 12,1-17). Der Historiker und Evangelienautor Lukas berichtet auch, wie dieser Mann, ein großer Förderer des Theaters von Caesarea, selbst zu Tode kam: »Am festgesetzten Tag nahm Herodes im Königsgewand auf der Tribüne (des Theaters von Caesarea Maritima) Platz und hielt vor ihnen eine feierliche Ansprache. Das Volk aber rief ihm zu: ›Das ist die Stimme Gottes und nicht die eines Menschen!‹ Im selben Augenblick schlug ihn ein Engel des Herrn, weil er nicht Gott die Ehre gegeben hatte. Und von Würmern zerfressen starb er.« (Apostelgeschichte 12,21-23). Auch der jüdische Historiker Josephus schrieb über den plötzlichen, dramatischen Tod des Königs[37] – und betonte wie Lukas, daß Agrippa sich anmaßte, wie eine Gottheit aufzutreten. Der Engel (also wörtlich »Bote«) des Lukas hat bei Josephus die Gestalt einer Eule, die der König sofort als »böses Omen« begriff. Mit Magenkrämpfen brach er auf der Stelle zusammen und starb wenige Tage später in seinem Palast. Wie auch immer das Ereignis zu erklären war, es muß auf die Zeitgenossen einen nachhaltigen Eindruck gemacht haben. Ganz abgesehen davon, was mit den Würmern im Magen des Agrippa gemeint ist – und darüber gibt es tatsächlich auch medizinische Fachaufsätze – Lukas war ebenso wie Josephus zuverlässig informiert, er wußte, daß im Umfeld des Agrippa die Gotteslästerung fast schon zum guten Ton gehörte. Ausgerechnet eine seiner Münzprägungen war es, die im Schädel der Miriam gefunden wurde: Sie wurde dort nicht einfach vergessen, so als wäre sie einem Totengräber aus der Brusttasche gefallen. Die Sitte, Verstorbenen ein Geldstück in den Mund – unter die Zunge oder zwischen die Zähne – zu legen, entstammt der griechischen Göttermythologie. Die Hinterbliebenen bezahlten damit das Fährgeld für den Totengott Charon, der die Toten über den Styx, den Fluß der Unterwelt, bis zum Eingangstor des Hades führte.[38]

Der Hades, die Unterwelt jenseits des großen Flusses, war nicht unbedingt etwas Furchterregendes, sondern bezeichnete nur jenes Reich, in dem die Toten von den Lebenden unerreichbar getrennt sind. Wer einmal Opern wie »Orpheus und Eurydike« von Christoph Willibald Gluck oder »Orpheus in der Unterwelt« von Jacques Offenbach gesehen hat, der weiß, wie man sich das noch in der Neuzeit vorstellte. Auch in der Kunstgeschichte hat der Mythos bleibende Spuren hinterlassen, zum Beispiel in Arnold Böcklins düster-unheimlichem Gemälde »Die Toteninsel«. Das Element dieses Unheimlichen ist schon im Namen des Fährmanns angelegt – Charon heißt »der mit den funkelnden Augen«.

Viele solcher Münzen für Charon wurden in antiken Gräbern gefunden, auch in Israel, in einem Nabatäer-Grab bei Mampsis in der Wüste Negev zum Beispiel. In der Nähe von Jericho entdeckte die Archäologin Rachel Hachlili jüdische Särge – das heißt also die Beerdigungsform vor der Zweitbestattung in Ossuarien – mit Münzen. Im Schädel einer Frau wurde eine Münze gefunden, die von Herodes Archelaus (4 v. Chr.–6 n. Chr.), dem Sohn Herodes' des Großen, geprägt worden war. Und in der Nähe stieß sie auf ein Ossuar mit einem Schädel, der zwei Münzen von Herodes Agrippa I. enthielt.[39] Manchen reichte es nicht, ihren Verstorbenen ein oder zwei Münzen mitzugeben. In der Grabstätte, die als »Grab des Jason« bekannt ist, hatte man die Summe auf eine größere Zahl an Geldstücken erhöht – vielleicht auch, um nicht nur Charon zu bezahlen, sondern gleich noch etwas Taschengeld für den Alltag im Nachleben mitzugeben.[40] Es mag eine Ausnahme gewesen sein, nicht die Regel, daß jüdische Familien solchen unjüdischen Gepflogenheiten folgten. Um so schockierender ist es aus der Sicht des traditionellen Judentums, daß auch im Hause Kaiaphas so gehandelt wurde. Mitten im Herzen der jüdischen Lehre, unter den amtsoffiziellen Glaubensbewahrern, wurde eine heidnische Totensitte praktiziert, die nach den Zehn Geboten auch noch eine offensichtliche Gotteslästerung war: »Ich bin der Herr, dein Gott, der ich dich aus Ägypten, aus dem Sklavenhaus, herausgeführt habe. Du sollst keine anderen Götter haben neben mir« (2. Mose/ Exodus 20,1-3).

Wie gut Juden zur Zeit des Kaiaphas, aber auch früher schon, mit dem griechisch-antiken Unterweltsglauben vertraut waren, berichtete der Historiker Josephus, der einer Priesterfamilie entstammte und selbst ein Pharisäer war. Er glaubte sogar, direkte Gleichheiten zwischen solchen Mythen und der Seelenlehre der Essener feststellen zu können, hat deren Schriften dabei aber allzu freizügig interpretiert.[41] Josephus wußte jedenfalls, daß der ›Glaube‹ an den Fährmann Charon, den man mit Münzgeld bezahlte, in einer Gegend, in der Juden und »Heiden« nebeneinanderlebten, sogar öffentlich praktiziert werden konnte: Als Agrippa I. an seinen Würmern gestorben war, feierte die Bevölkerung von Caesarea und Samaria das Ereignis auf den Plätzen und Straßen unter anderem durch das Ausgießen von Trankopfern zu Ehren Charons.[42]

Kulturell ging es also fröhlich durcheinander. Man nahm sich von allem etwas, borgte auch im religiösen Leben von den Griechen und Römern, und gelegentlich auch von den Ägyptern und manchen anderen, in einer Art kultischem Selbstbedienungsladen, der nach allen Seiten offen war. Die Bewahrung der ureigenen Tradition blieb den Priestern und den Schriftgelehrten vorbehalten und den Frommen – den Sadduzäern also, den Pharisäern, den ultraorthodoxen Essenern und ihren Anhängern. Gerade deswegen setzt hier der Vorwurf Jesu ein, es bei seinen Gegnern mit Heuchlern zu tun zu haben. Sie waren nach außen verpflichtet, die Garanten der Orthodoxie, der reinen Lehre zu sein, und waren doch im Innern, im Familienkreis, hinter verschlossenen Türen bis in die Grabkammern hinein, genauso freizügig wie andere. Kaiaphas scheute sich nicht, Jesus der

Gotteslästerung zu beschuldigen, weil dieser sich im Verhör als Messias bezeichnet hatte (Matthäus 26,65). Die ironische Pointe dieser Szene ist jedoch, daß sich Kaiaphas selbst mit der von ihm und seiner Familie praktizierten Religionsvermischung als der eigentliche Gotteslästerer erweisen sollte.[43]

Jesus reagierte auf die Anzeichen religiöser Heuchelei stets besonders empfindlich: »Ihr Heuchler! Wie fein hat der Prophet Jesaja von euch gesprochen, als er über euch sagte: ›Dieses Volk ehrt mich mit den Lippen, aber sein Herz ist fern von mir. Es ist sinnlos, wie sie mich verehren; was sie lehren, ist nichts als Menschengebote.‹« (Matthäus 15,7-9). Eine ganze Rede ist im Matthäus-Evangelium den Weherufen über die religiösen Heuchler gewidmet (Matthäus 23,13-39). Und da finden wir Worte wie dieses: »Weh euch, ihr Schriftgelehrten und Pharisäer, ihr Heuchler! Ihr seid wie die Gräber, die außen weiß getüncht sind und hübsch aussehen, innen aber sind sie voller Knochen und lauter Unrat. So scheint auch ihr von außen gerecht zu sein vor den Menschen, von innen aber seid ihr voller Heuchelei und Gesetzlosigkeit.« (Matthäus 23,27-28). Jesus hatte seine Gegner durchschaut – wie sehr, das hat erst die Archäologie unserer Tage zeigen können.

Der Fund des Kaiaphas-Grabes mit der Münze der Miriam trägt dazu bei, einmal mehr die enggeknüpften kulturellen Zusammenhänge im Römischen Reich zu verstehen. Was Jesus erlebte und was sich in seiner Umwelt abspielte, war in der Tat kein isoliertes Geschehen in einer unbeachteten Ecke des Imperiums. Diese Zusammenhänge waren stets erkennbar, und sie sind es auch heute wieder, wenn man den Blick frei hat für die verschiedenen Ebenen von Geschichte und Glauben, von Gesellschaft und Religion.

Unter Brüdern:
Jakobus und Jerusalem

Und nun zu euch, die ihr sagt:
Heute oder morgen wollen wir
in diese oder jene Stadt reisen,
dort ein Jahr bleiben, Handel treiben
und Gewinne machen –
ihr wißt doch nicht, was morgen sein wird.
Was ist euer Leben? Ein Rauch seid ihr,
der eine kleine Zeit bleibt
und dann verschwindet.

Brief des Jakobus, *4,13-14*

Freilich vermag manch mystischer Nebel
die Sonne zu decken;
Aber der leiseste Wind
scheucht den vergänglichen weg.

August Graf von Platen,
»Licht und Wolken« (1828)

»Eine nette jüdische Familie«

Vor einigen Jahren wurde in Jerusalem der Sarg des Jakobus gefunden. Weil man ihm das Stück Holz mit der Kreuzesaufschrift
»Jesus der Nazarener, König der Juden« beigegeben hatte, wurde der Leichnam zuerst für Jesus selbst gehalten. Nur mit Mühe
konnte die Kirche den drohenden Skandal verhindern. Erst eine
genetische Analyse und die Untersuchung einer ebenfalls im
Grab gefundenen Schriftrolle ergab, daß nicht Jesus selbst, sondern sein Bruder Jakobus dort begraben lag. Den »Titulus«, die
Kreuzesüberschrift, hatte man ihm wohl als Familienandenken
mit ins Grab gelegt. Zu schön, um wahr zu sein? Die Geschichte stand nicht in den Spalten der Sensationspresse oder in einem
seriösen Fachaufsatz, sondern in einem Roman, der 1995 erschien und innerhalb weniger Monate zu einem vielbeachteten
Bestseller im französischsprachigen Europa wurde.[1] Die kom-
binierte Faszination von Schriftrolle, geheimen Botschaften und
Intrigen und dem nicht leeren, sondern vollen Grab erwies sich
wieder einmal als erfolgreich.

Am 31. März 1996, nur ein Jahr nach dem Erscheinen des
Romans, schien es sogar, als könnte die Wirklichkeit die Dichtung noch übertreffen. Die Londoner *Sunday Times* berichtete
auf der Titelseite über die Entdeckung des Ossuars mit den Knochen Jesu und seiner Familie. Zu Ostern zeigte dann die britische Fernsehanstalt BBC einen Film, in dem die Funde einem
staunenden Publikum vorgeführt wurden; Auszüge aus dieser
Sendung wurden weltweit ausgestrahlt. Am Tag vor dem Zei-
tungsartikel war im italienischen Seebad Rimini eine umfangreiche internationale Ausstellung über frühchristliche Archäologie im jüdischen und römisch-griechischen Umfeld eröffnet
worden.[2] Es war erfrischend, am nächsten Morgen die Reaktionen der anwesenden Archäologen und Museumsdirektoren aus
Israel, Italien, Großbritannien, Frankreich, Deutschland und an-

deren Ländern zu beobachten – Gelächter und Kopfschütteln waren noch die höflichsten Formen des Kommentars. Und neugierig fragenden Besuchern wurden die Knochenkisten gezeigt, die tatsächlich etwas mit dem Umfeld Jesu zu tun haben – das »Qajfa«-Ossuar und jenes des Alexander, Sohn des Simon von Kyrene. Die *Sunday Times* und die BBC waren, wie viele ihrer Leser und Zuschauer, auf die Naivität – oder auch Absicht – der beiden Fernsehjournalisten Chris Mann und Joan Bakewell hereingefallen.

Schon 1980 hatte der israelische Archäologe Josef Gath im südlich von Jerusalem gelegenen Vorort Talpioth – nicht weit von der Stelle, wo 1991 das Kaiaphas-Familiengrab entdeckt wurde – eine Grabanlage mit neun Knochenkästen entdeckt. Fünf von ihnen waren mit hebräischen Buchstaben beschriftet, die schon von Gath als Eigennamen entziffert wurden: Joseph, Maria, Jesus, Sohn des Joseph, Judas, Sohn des Jesus, Matthäus. Ein sechster trug griechische Buchstaben, die den Namen Maria ergaben. Unter Fachwissenschaftlern hatte sich der Fund schnell herumgesprochen, obwohl ein kurzer Bericht darüber nur auf Ivrit (Neuhebräisch) erschien.[3] Weder Gath noch irgendeiner seiner Kollegen sah in der Entdeckung dieser Ossuarien irgend etwas Sensationelles. Die Objekte wurden in einer Außenstelle des John-Rockefeller-Museums untergebracht, wo sie für interessierte Wissenschaftler zugänglich waren.[4] Warum gab es damals keine Schlagzeilen? Hätten nicht gerade israelische Forscher ein Interesse haben können, die Geschichte vom unverheirateten und auferstandenen Jesus ein für allemal aus der Welt zu schaffen, indem sie auf seine Knochen und die seines Sohnes zeigten, vielleicht auch noch auf die seiner Frau (die zweite Maria – Maria Magdalena?), seiner Eltern und, einfach mal so, zur Abrundung, eines seiner Jünger? Doch gerade die israelischen Archäologen verstanden ihr Fach gut genug, um derlei Spekulationen keiner Zeile zu würdigen. Die Sensationsberichte aus England riefen dann Klarstellungen aus Jerusalem hervor.

Bereits die Statistik jüdischer Namen in frühchristlicher Zeit zeigt, woran man ist: Josef (Jehosaf) war damals nach Sim(e)on (Schimon) der zweithäufigste jüdische Name. Er kann nur dann einer bestimmten Person zugeordnet werden, wenn es bei seiner Nennung zusätzliche Informationen gibt, so, wie das bei Jehosaf Bar Qajfa oder bei Alexander, dem Sohn des Simon von Kyrene, eindeutig der Fall ist. Ebenso verhält es sich mit Maria (Miriam). Dieser Name war der häufigste aller jüdischen Frauennamen. Auch im Neuen Testament gibt es mehrere Trägerinnen dieses Namens, so daß man schon aufpassen muß, wer gerade gemeint ist, und selbst in diesem kleinen Familiengrab tritt er gleich zweimal auf. Auch Judas (Jehuda) war alles andere als selten. Ein Bruder Jesu, dem traditionell ein Brief des Neuen Testaments zugeschrieben wird, hieß so;[5] dann der Verräter Jesu (der immerhin durch den Beinamen »Iskarioth« zu identifizieren wäre[6]), ferner ein Sohn des Jakobus,[7] dann der jüdische Gastgeber des Paulus in Damaskus (Apostelgeschichte 9,11) und ein Begleiter von Barnabas und Paulus auf deren erster Reise, der noch den Beinamen »Barsabbas« trug (Apostelgeschichte 15,22-23). Und das sind nur die Judasse des Neuen Testaments – in anderen Schriften dieser Zeit ist der Name noch häufiger; sogar in den jüdischen Katakomben von Rom kommt er vor; auf einem Ossuar aus Jerusalem, das zwischen 40 und 70 n. Chr. angefertigt wurde, steht ein »Judas, Sohn des Johannes«. Matthäus schließlich ist griechisch für das aramäische »Mattia« oder »Mattai«, die Kurzform von »Mattatia« oder »Mattitia«, ebenfalls kein seltener jüdischer Name. Vor allem aber: Der Name Jesus selbst (Jeschu/Jehoschua) war alles andere als rar. Das Alte Testament und antike jüdische Inschriften sind voll davon, und auch im Neuen Testament werden mehrere Träger dieses Namens erwähnt.[8] So wichtig die ethymologische Bedeutung

186

des Namens Jesus war – er heißt soviel wie »Retter«, erwies er sich als der wahre Retter nicht dadurch, daß er den Namen trug, sondern durch das, was er tat. Diesen Jesus von anderen Trägern des Namens auf einer Grabinschrift zu unterscheiden und dann als solchen zu identifizieren, das ginge eben nur, wenn ein eindeutiges weiteres Kriterium hinzukäme – so, wie es die von Pilatus veranlaßte Kreuzesüberschrift vorgibt: »Jesus der Nazarener«, »Jesus von Nazareth«, vergleichbar wieder dem »Simon von Kyrene«. So, wie die Dinge hier liegen, besteht keine Möglichkeit, jene in Talpioth gefundenen Ossuarien mit Jesus und seiner Familie in Verbindung zu bringen. Es wäre mindestens so abenteuerlich wie ein Versuch von Archäologen im 39. Jahrhundert, eine südlich von Bonn entdeckte Grablege, auf der die Namen Konrad, Theodor, Ludwig und Heinrich stehen, als das Sammelgrab der ersten beiden deutschen Bundeskanzler und Bundespräsidenten zu deuten. Der israelische Archäologe Levi Jitzhak Rahmani meinte denn auch, man habe einfach nur die Gräber »einer netten jüdischen Familie« entdeckt; weitergehende Vermutungen seien »absurd«.[9]

Ob es nun ein Roman ist, in dem die Knochen des Jesusbruders Jakobus wiedergefunden werden, oder Knochenkästen, auf denen gleich mehrmals ein Jesus, Sohn des Joseph, erscheint: Die Tatsache, daß fast alle von Archäologen geöffneten Ossuarien aus neutestamentlicher Zeit noch gefüllt waren, bleibt auffällig – gerade in jenen Anlagen, die nachweislich schon früh von Grabräubern entdeckt worden waren. Und das bringt eine andere, nun wirklich bedeutende Entdeckung aus dieser Zeit ins Spiel: die sogenannte Nazareth-Inschrift. Dabei handelt es sich um eine 60 Zentimeter hohe, 28 Zentimeter breite und sechs Zentimeter tiefe Marmortafel mit griechischer Inschrift, die bereits 1878 irgendwo in Galiläa oder Samaria entdeckt worden war und aus Nazareth nach Paris gelangte. Dort befindet sie sich noch heute, Wissenschaftlern jederzeit in der Bibliothèque Nationale zugänglich. Sie wurde erst 1930 veröffentlicht, doch schon in der maßgeblichen Edition von 1936, also nur sechs Jahre später, beklagte sich Louis Robert, daß diese Inschrift »von einer großen, einer zu großen Zahl Gelehrter« kommentiert worden sei.[10] Das ist bis heute nicht besser geworden. Es lag und liegt nämlich die Versuchung nahe, den Text direkt mit dem leeren Grab Jesu in Verbindung zu bringen.[11] Folgendes ist auf den 22 Zeilen zu lesen:

Edikt des Kaisers. Ich habe beschlossen, daß Gräber und Grabhügel, wer auch immer diese zur Verehrung der Vorfahren, Kinder oder Angehörigen errichtet hat, auf ewig unangetastet bleiben. Wenn aber jemand eine Person meldet, die ein Grab zerstört oder auf andere Weise die Bestatteten zu ihrem Schaden exhumiert oder betrügerisch an einen anderen Ort überführt hat oder Grabverschlüsse oder Steine versetzt hat, so befehle ich, daß gegen einen solchen ein Verfahren eröffnet werden soll, so wie im Fall der Götter auch in bezug auf die kultische Verehrung der Menschen. Man wird nämlich die Bestatteten viel mehr ehren müssen; überhaupt soll es niemandem gestattet sein, sie umzubetten. Wenn aber jemand nicht dementsprechend handelt, so soll er nach meinem Willen wegen Grabschändung als Kapitalverbrecher abgeurteilt werden.[12]

Könnte das eine unmittelbare Reaktion auf die Berichte über das leer aufgefundene Grab Jesu gewesen sein? Oder hat da vielleicht nur ein einflußreiches Familienoberhaupt seinen Ärger über einen Grabraub erfolgreich bis zum Kaiser vortragen können? Allgemein wird angenommen, daß die Inschrift von Kaiser Claudius stammt, der von 41 bis 54 n. Chr. regierte und im Neuen Testament zweimal genannt wird.[13] Für eine direkte Reaktion auf das leere Grab, elf Jahre vor seinem Regierungsantritt, ist das ein bißchen spät, selbst wenn man annehmen wollte, daß Claudius erst zu diesem Zeitpunkt von den Aktivitäten und Erzählungen der Christen erfahren hätte. Könnte auch Nero Gründe gehabt haben, so zu handeln? Sinnvoll schien der Zusammenhang erst, wenn Tiberius diesen Erlaß als Antwort auf eine Anfrage des Statthalters Pilatus herausgegeben hätte. Aber Spuren in dieser Richtung gibt es nicht. Möglicherweise ist das etwas hölzerne Griechisch aus einem lateinischen Text übersetzt worden, der in dieser Sprache von Rom nach Caesarea oder Jerusalem – oder Nazareth – geschickt wurde. Aber es gibt nur diesen einen Beleg, man scheint außerhalb des römisch verwalteten Palästina auch nichts davon gehört zu haben. So kann man vorerst nur zwei – aber immerhin wichtige – Schlüsse daraus ziehen: Die griechische Sprache war hier offenbar so weit und selbstverständlich verbreitet, daß ein Erlaß, der ja offensichtlich von der Bevölkerung zur Kenntnis genommen werden sollte, in dieser Sprache veröffentlicht wurde. Und: Leichenraub galt hier in der römischen Verwaltung als todeswürdiges Verbrechen. Für die Nachfolger des Jesus von Nazareth konnte das ein Bezugspunkt ihres öffentlichen Auftretens und ihrer Botschaft von der leiblichen Auferstehung des gekreuzigten Jesus sein. Denn zu der Zeit, als dieser kaiserliche Erlaß gültig war, brauchten sie nur darauf hinzuweisen, daß sie oder etwaige Helfershelfer längst verfolgt, festgenommen und hingerichtet worden wären, wenn sie oder andere den Leichnam aus dem Grab entfernt hätten, wie einige es ihnen unterstellten.

Reisen und reisen lassen

Das Bild der mit fremden Sprachen und Kulturen vertrauten, in Handel und Wandel erfahrenen ersten Christengeneration, die souverän mit den multireligiösen Herausforderungen ihrer Umwelt umzugehen wußte, scheint sich ein wenig zu verdunkeln, wenn die Sprache auf Jakobus kommt, die »graue Eminenz« der Urgemeinde und ihr Leiter nach der Abreise des Petrus in Richtung Rom. Auch er war, nebenbei, der Träger eines nicht nur im Neuen Testament häufig anzutreffenden Namens: Jakobus, hebräisch »Jaqob« (»Gott hat geschützt«), hieß im engsten Umfeld des historischen Jesus der Bruder des Johannes, aus der Fischerei ihres Vaters Zebedäus. Noch ein weiterer Jünger, ein Sohn des Alphäus, hieß Jakobus. Ein dritter Träger des Namens war der Vater des Jüngers Judas-Thaddäus. Und als vierten treffen wir jenen Jakobus, der neben Joses, Simon und Judas einer der vier namentlich bekannten Brüder Jesu war und wie diese drei nicht zum ursprünglichen Jesus-Kreis gehörte.[14] Wer aber war Jakobus? Hat vielleicht der Amerikaner Robert Eisenman recht, der Jakobus für den »Lehrer der Gerechtigkeit« hält, den einige Qumran-Schriften erwähnen, als Gegenspieler des »Manns der Lüge« – hinter dem sich der Apostel Paulus verstecken soll?[15] Sind wir auf der Spur eines Konflikts im Urchristentum, der das ganze Netz der Beziehungen mit Juden, Griechen und Römern zu gefährden drohte? Oder wäre manches in der Geschichte des Christentums besser gelaufen, wenn die Kirchen dem – scheinbar so ganz anderen – Weg des Jakobus gefolgt wären? Die erhaltenen Quellen weisen in eine Richtung, die keinem dieser Klischees entspricht.

Es ist gar nicht erforderlich, sich an dieser Stelle auf eine uralte und zwischen den Konfessionen strittige Frage einzulassen: In welchem Verwandtschaftsverhältnis standen die Brüder zu Jesus? Wenn wir mit der gesamten urchristlichen Tradition annehmen, daß Joseph nicht der leibliche Vater, sondern nur der Adoptivvater Jesu war, dann können sie entweder die Söhne des Joseph aus einer ersten Ehe gewesen sein oder die gemeinsamen Kinder von Joseph und Maria, gezeugt nach der Geburt Jesu.

Man hat auch versucht, die griechischen Wörter, die für die Bezeichnung des Verwandtschaftsgrades benutzt werden, nicht als Brüder und Schwestern, sondern als »Vettern« und »Cousinen« zu deuten. Ostkirchen, Katholiken und Protestanten haben unterschiedliche Interpretationen entwickelt.[16] Entscheidend bleibt in unserem Zusammenhang, daß die Quellen eines völlig zweifelsfrei voraussetzen: Jesus und seine Stiefgeschwister wuchsen gemeinsam in Nazareth und Umgebung auf und blieben noch bis in die Frühzeit des öffentlichen Auftretens Jesu zusammen. Und das heißt: Das mehrsprachige Umfeld, die Nähe der Hauptstadt Sepphoris mit ihrer Vielfalt an Möglichkeiten, Erfahrungen zu machen, dazu der traditionelle jüdische Hintergrund der Erziehung in der Synagoge und ihrer Schule – all das galt nicht nur für Jesus, es galt ebenso für Jakobus und die drei anderen Brüder, Joses, Simon und Judas. Die Dreisprachigkeit – Hebräisch als Bibel- und Gottesdienstsprache, Aramäisch als Umgangssprache und Griechisch als zweite Sprache des Alltags im Umgang mit Juden und anderen in der Umgebung – das zeichnete auch Jakobus aus. Das Teilen einer solchen Lebenserfahrung und der familiäre Zusammenhalt, auch auf gemeinsamen Reisen, war der Normalfall und wird auch an einer Stelle des Johannes-Evangeliums vorausgesetzt.[17]

Es war allerdings keine Idylle ohne Probleme. Wohl seit dem ersten öffentlichen Wunder, als Jesus auf der Hochzeit von Kana in Galiläa aus Wasser Wein machte – ein Ereignis, bei dem auch die Mutter und die Geschwister anwesend waren, scheint es zu ersten Spannungen zwischen ihnen gekommen zu sein. Das mag nicht zuletzt daran gelegen haben, daß Jesus mit seinen Handlungen und Reden aus dem normal funktionierenden Verbund der Großfamilie zwangsläufig ausscherte. Jedenfalls lesen wir im Johannes-Evangelium, wie die Brüder mit einem gewissen Maß an Zynismus Jesus empfehlen, das heimatliche Galiläa doch endlich zu verlassen: »Das jüdische Laubhüttenfest war nahe. Da sagten seine Brüder zu ihm: ›Geh von hier fort und zieh nach Judäa, damit auch deine Jünger die Werke sehen, die du tust. Niemand wirkt im Verborgenen, wenn er öffentlich bekannt sein möchte. Willst du das, so zeige dich der Welt!‹« Der Autor fügt die ernüchternde Kommentierung hinzu: »Denn auch seine Brüder glaubten nicht an ihn.« (Johannes 7,2-5). Aber immerhin: Hier wird von den Brüdern vorausgesetzt, daß Nachrichten von seinen Auftritten doch wohl so eindrucksvoll waren, daß er Anhänger nicht nur im heimatlichen Galiläa, sondern längst auch in Judäa hatte.[18]

Noch etwas schärfer wird die Kritik in einer Szene, die Markus überliefert. Die Aktionen und Aussprüche Jesu waren den Brüdern und anderen Verwandten so unangenehm geworden, daß sie zu drastischen Maßnahmen greifen wollten: »Jesus ging in ein Haus. Und wieder kamen so viele Menschen zusammen, daß sie nicht einmal essen konnten. Und als seine Angehörigen davon erfuhren, machten sie sich auf den Weg, um ihn mit Gewalt zurückzuholen, denn sie sagten: ›Er ist von Sinnen.‹« (Markus 3,20-21). Wir dürfen vermuten, daß Jakobus dabei war. Und er war wohl auch dabei, als Jesus seinerseits den Familienverband als traditionell verbindliche Einheit des Zusammenhalts aufkündigte und erweiterte: »Das Volk saß um ihn herum. Und man sagte zu ihm: ›Deine Mutter und deine Brüder und deine Schwestern sind da und fragen nach dir.‹ Und er antwortete und sagte: ›Wer ist meine Mutter, wer sind meine Brüder?‹ Und er sah auf die Menschen, die um ihn im Kreise saßen und sagte: ›Siehe, das ist meine Mutter und das hier sind meine Brüder. Denn wer Gottes Willen tut, der ist mein Bruder und meine Schwester und meine Mutter.‹« (Markus 3,32-35). Man braucht nicht viel Phantasie, um sich vorzustellen, wie das auf seine Verwandtschaft wirkte. Die Entscheidung des Jakobus, in Galiläa zu bleiben und dort seinem Broterwerb nachzugehen, mag daher ebenso viel mit seiner Bodenständigkeit wie mit seiner

Distanzierung vom scheinbar schwarzen Schaf in der Familie zu tun gehabt haben.

Nach der großen Krise ließ man sich gegenseitig in Ruhe. Aber man verlor sich nicht aus den Augen: Seine Mutter und ihre Schwester standen unter dem Kreuz, und Johannes teilt mit, daß Jesus seine Mutter in die Obhut seines Lieblingsjüngers gab (Johannes 19,25-27). Von Jakobus ist hier noch nicht die Rede; wir wissen nicht, wo er war, als sein Bruder wie ein Verbrecher nach römischem Recht hingerichtet wurde. Die alles überwindenden Gefühle einer Mutter zu ihrem Sohn hat er für den Bruder wohl kaum empfinden können. Für ihn kam die radikale Wende erst durch ein Ereignis, mit dem weder er noch einer der Jünger gerechnet hatte – obwohl es ihnen vorhergesagt worden war: Plötzlich stand Jesus vor ihm, nicht mehr tot im Grab, sondern auferstanden. So jedenfalls berichtet es Paulus, ohne irgendwelche ausmalenden Zutaten, in einer nüchternen Auflistung von Menschen, die den Auferstandenen gesehen hatten: »… daß er gesehen wurde von Kephas (aramäisch für Petrus), danach von den Zwölfen. Danach wurde er gesehen von mehr als fünfhundert Brüdern auf einmal, von denen die meisten heute noch leben, einige aber sind entschlafen. Danach erschien er dem Jakobus, dann allen Aposteln« (1. Korinther 15,5-7).[19]

Das ist alles. Paulus schreibt knapp, ohne Mythen, ohne Legenden, er überliefert ein schlichtes Faktum, das so stehenblieb, bis sich spätere Generationen seiner bemächtigten und ihre Geschichtchen darum herumspannen.[20] Für Jakobus jedenfalls war es die Wende seines Lebens. Und nun trat etwas anderes ein, das uns überraschen mag: Obwohl er bis zu diesem Augenblick seinem Bruder zumindest skeptisch gegenübergestanden hatte, wird er sofort in den engsten Kreis der Nachfolger und Gemeindeleiter aufgenommen. Es hätte viele andere Kandidaten gegeben: Über fünfhundert waren es, laut Paulus, die wie Jakobus das gleiche Erlebnis gehabt hatten. Aber Jakobus war neben

Petrus nicht nur der einzige, dem Jesus allein erschien. Er war dann eben doch auch der Bruder, und damit die leibliche Verbindung zu den familiären Ursprüngen. Das hieß aber auch für ihn selbst, daß er nun einem ungeheuren Erwartungsdruck ausgesetzt war. Wie konnte er neben Petrus bestehen, der von Anfang an dabeigewesen war und den Auftrag hatte, »Fels« der Gemeinde zu sein? Was, über seinen Verwandtschaftsgrad hinaus, seine Mehrsprachigkeit, die er ohnehin mit anderen gemeinsam hatte und die Unbefangenheit eines Lebens, das bisher nicht unter dem Einfluß des Wirkens Jesu gestanden hatte, konnte er ganz konkret beitragen zur Entwicklung der Gemeinde? Und was blieb ihm, als dann auch Paulus auftrat, der zwar nicht mit Jesus verwandt war, aber ebenfalls eine persönliche Begegnung mit dem auferstandenen Messias beanspruchte, auch die anderen Voraussetzungen teilte und gleich noch ein ganz neues Programm mitbrachte? Paulus seinerseits respektierte immerhin den besonderen Hintergrund des Jakobus: Als er nach über drei Jahren selbständiger Tätigkeit seinen Sonderweg unterbrach, um sich in Jerusalem erst einmal sachkundig zu machen, ließ er sich dort von zwei Männern informieren – von Petrus und von Jakobus. Sie waren für ihn die Garanten der Überlieferung, und er benötigte ihre Einweisung in die Person und das Leben des historischen Jesus, den er nicht kennengelernt hatte. So entnehmen wir es seinem Brief an die Galater (1,17-20). Petrus und Jakobus ergänzten sich allem Anschein als die »Säulen« der Gemeinde,[21] und Jakobus wäre vermutlich kaum in die Lage gekommen, sich Gedanken über eigenverantwortliche Strategien zu machen, wenn nicht ein Ereignis eingetreten wäre, das für die Internationalisierung der christlichen Botschaft plötzliche und weitreichende Folgen hatte.

Im Jahr 41 n. Chr. beschloß Herodes Agrippa I., frisch an die Macht gekommen, dem Unruhe stiftenden Treiben der jüdischen Splittergruppe, die einen gekreuzigten Mann namens Jesus als auferstandenen Messias verkündete, ein Ende zu machen. Er griff zu dem bewährten Mittel, die Führer zu inhaftieren. Zuerst testete er die Reaktion der jüdischen Hierarchie, nahm Jakobus gefangen und ließ ihn hinrichten. Als er sah, daß das gut ankam (Apostelgeschichte 12,3), verhaftete er auch den Leiter der Gemeinde, Petrus. Vielleicht gaben ihm seine Informanten nur unvollständige Hinweise – jedenfalls tötete er den »falschen« Jakobus, nicht den Bruder Jesu, sondern den Bruder des Johannes. Aber mit Petrus hatte er den richtigen in der Hand, und nur eine wundersame Befreiungsaktion verhinderte in letzter Minute, daß Petrus vorgeführt und hingerichtet wurde.[22] Petrus verabschiedete sich von den Mitgliedern der Jerusalemer Urgemeinde, die im Haus der Mutter des späteren Evangelisten Markus versammelt war, trug Grüße an Jakobus und die Mitglieder der von ihm geleiteten Zweigstelle auf und verließ Jerusalem (Apostelgeschichte 12,12-17). Jakobus, der vielleicht nur aufgrund einer Namensverwechslung überlebt hatte, war von diesem Augenblick an der Alleinverantwortliche in Jerusalem. Es war nicht abzusehen, ob und wann Petrus noch einmal zurückkehren würde. Nun mußte er beweisen, daß er das Vertrauen rechtfertigen konnte, das offensichtlich auch Petrus in ihn setzte.

Der große Widersacher der Urgemeinde zu dieser Zeit, Herodes Agrippa I. – jener Mann, dessen Münze im Familiengrab der Kaiaphas-Sippe auf dem Gaumen der Miriam gefunden wurde –, stellte für Jakobus keine unmittelbare Gefahr mehr dar: Der Versuch, die Juden, die sich zu Jesus als Messias bekannten, vom Kopf her zu vernichten, war gleich zweifach schiefgelaufen, durch die Ermordung des falschen Jakobus und die Flucht des Petrus. Neue Anläufe wären vor den Römern nicht zu rechtfertigen gewesen, und die Christen taten das ihre, um Provokationen zu vermeiden. Jakobus zeigte sich auch öffentlich nicht als Separatist, sondern als gläubiger Jude. Es ging von ihm die Geschichte um, er habe regelmäßig im Tempel gebetet, und zwar so intensiv, daß sich an seinen Knien eine Hornhaut bildete, was ihm schließlich den Beinamen »Kamelknie« eingetragen habe.[23]

Es gelang ihm, strategisch geschickt, ein Doppelschlag: Auf der einen Seite zeigte er den maßgeblichen Wortführern unter den Juden, daß er immer noch Jude war wie sie und der Glaube an Jesus dem nicht widersprach. Und auf der anderen Seite konnte er dem in Rom ausgebildeten und von Rom protegierten Agrippa vorführen, daß es nicht um Unruhe und Konfrontation ging. Auch Jakobus und die Christengemeinde blickten auf die eine jüdische Wurzel, aus der alles kam und für die der Tempel das verbindende Symbol war. Frei zu debattieren, das war aber auch altes Philosophenrecht, und hier war Agrippa zu packen. Denn in ihm stand den Christen eine Persönlichkeit gegenüber, die in Rom gelebt und studiert hatte. Nach seiner Lehrzeit in Rom, in der dieser Enkel Herodes' des Großen vor allem Schulden machte, begann er allerdings eine wenig erfolgreiche Verwaltungslaufbahn in Tiberias, kehrte nach Rom zurück und freundete sich mit einem Mann an, der kurz darauf Kaiser wurde: Gaius Caligula. Der machte ihn zum Herrscher über die nördlichen Gebiete Palästinas und ernannte ihn zum König. Intrigen folgten auf Intrigen, und der gerissene Machtpolitiker Agrippa befand sich 41 n. Chr. wieder einmal in Rom, als Caligula ermordet wurde. Er half mit, Claudius auf den Kaiserthron zu bringen – jenen Claudius, der dann 49 n. Chr. die Anführer der Juden und (Juden-)Christen aus Rom auswies – und wurde vom neuen Kaiser zum Herrscher über Samaria und Judäa ernannt, nun also auch über das Gebiet, zu dem Jerusalem gehörte.[24] Doch es kam nicht zum Dialog, und schon drei Jahre später war Agrippa tot, ohne daß sich an der Situation der Jerusalemer Gemeinde viel geändert hatte. Es waren und blieben schwierige Jahre. Jakobus mußte den frühchristlichen Standort

Jerusalem als Anlaufstelle und Koordinierungspunkt funktionsfähig halten. Die Außenwirkung blieb anderen überlassen: Petrus, Philippus, Barnabas, Silas, Judas, Markus, Paulus – Namen von Reisenden, die uns überliefert sind neben vielen anderen, von denen wir wissen, ohne ihre Namen zu kennen.

Wer die Jerusalemer Gemeinde leitete, war mit der Welt des Römischen Reichs durch die reisenden Außenposten verbunden, und er hatte diese Welt zugleich vor der eigenen Haustür. Jerusalem – man muß es immer wieder so deutlich sagen – war keine Provinzstadt in einem vergessenen östlichen Randgebiet, sondern Anziehungspunkt für Menschen aus aller Welt, Juden zumeist, die zu den großen Festen kamen, und Reisende, die das architektonische Wunder des Tempels bestaunen wollten. Und nicht alle, die gekommen waren, gingen wieder weg. Es hat Versuche gegeben, die Bevölkerungszahlen zu errechnen: Der Höchstwert, der anhand der datierbaren Grabstätten, der Häusertypen und der daraus zu ermittelnden Bevölkerungsdichte hochgerechnet wurde, beträgt für die Zeit vor 70 n. Chr. 200 000 Einwohner; ein aus mehreren Untersuchungen hervorgehender Mittelwert beläuft sich auf immer noch 120 000 Einwohner.[25] Das heißt: Jerusalem war tatsächlich eine veritable Großstadt. Überall etablierten sich Gemeinden von Menschen aus fremden Gegenden. Die Synagogengemeinde aus der Kyrenaika war uns bereits begegnet; auch die griechischsprachigen Juden hatten sich in Jerusalem eingerichtet und waren ebenfalls zahlreich genug, um eine eigene Synagoge, vielleicht sogar mehrere, aufzubauen und zu unterhalten. Von einer wissen wir durch eine aufschlußreiche Inschrift:

Theodotos, der Sohn des Vettenus,
Priester und Synagogenvorsteher,
Sohn eines Synagogenvorstehers,
Enkel eines Synagogenvorstehers,

erbaute diese Synagoge zur Vorlesung des Gesetzes
und zum Unterricht in den Geboten,
ebenso auch das Fremdenhaus
und die Wasseranlagen für die Pilger aus der Fremde,
die eine Herberge brauchen.
Den Grundstein dazu hatten seine Vorväter gelegt
und die Ältesten und Simonides.[26]

Diese Inschrift wurde bereits im Winter 1913/1914 von Raimond Weill in der Zisterne einer Badeanlage gefunden, in die sie möglicherweise die Römer im Zuge der Zerstörung Jerusalems geworfen hatten; sie ist auf jeden Fall älter als der Zeitpunkt dieser Zerstörung und stammt damit aus der Zeit der jüdisch-christlichen Urgemeinde Jerusalems.[27] Der Text dieser Inschrift ist ein vielschichtiges Zeugnis der multikulturellen Alltagswirklichkeit. Theodotos ist ein griechischer Name, Vettenus ein lateinischer. Dieser Vettenus könnte der ehemalige Sklave eines Angehörigen der Sippe (»gens«) Vettena gewesen sein, die in antiken Quellen bezeugt ist. Freigelassene, die es oft zu Reichtum und Einfluß brachten, erhielten den Namen der »gens«, aus der sie in die Freiheit und oft auch in das römische Bürgerrecht entlassen wurden.[28] Vettenus gab seinem Sohn keinen lateinischen, sondern einen griechischen Namen: Theodotos = »Gottesgeschenk«. Es war der Name eines Sohnes, der in eine jüdische Familie hineingeboren wurde, die mit lateinischer und griechischer Kultur gleichermaßen vertraut war.

Wichtiger als alle diese Details ist jedoch ein kleines Wort von größter Bedeutung: das griechische Wort in der letzten Zeile, »presbyteroi«, übersetzt als »die Ältesten«.[29] Der hier in einem zweifelsfrei jüdischen Zusammenhang für die Zeit der ersten Christen belegte Begriff »Presbyter« für Gemeindevorsteher hat sich bis heute im Christentum erhalten; im Neuen Testament finden wir ihn dementsprechend als Bezeichnung für jüdische Verantwortungsträger, dann aber auch für erste christliche Gemeindeleiter.[30] Gerade die frühchristlichen Schriften, die diese Amtsbezeichnung übernehmen, unter ihnen die von vielen Forschern für sehr spät gehaltenen »Pastoralbriefe« 1. Timotheus und Titus, erscheinen damit in einem anderen Licht. Sie erweisen sich auch dank dieses Inschriftenfunds als Dokumente, die keineswegs irgendwelche langwierigen Reifeprozesse kirchlicher Strukturen voraussetzen, sondern unmittelbar aus der Zeit der Nachbarschaft von Juden und Christen im unzerstörten Jerusalem stammen.[31] Das ist die überraschende Pointe dieser archäologischen Entdeckung: Eine in Jerusalem gefundene Inschrift in griechischer Sprache, die einen »römischen« Juden erwähnt, erhellt ein Phänomen jener Epoche. Juden und Christen im Jerusalem der Zeit vor dem Aufstand gegen die Römer teilten nicht nur die Selbstverständlichkeit des Umgangs mit der griechischen Sprache, sondern auch Amtsbezeichnungen und ihre Bedeutung.

Und damit nicht genug: Die Vielfalt der Synagogen Jerusalems zur Zeit der Urgemeinde[32] war auch ein Ausgangspunkt für mehrsprachige Gemeindebildungen unter den ersten Christen. Wenn man irgendwo »draußen« Apostel und ihre Helfer herumreisen ließ, durfte man auch zu Hause, an der Basis, nicht so tun, als gäbe es nur eine »kleinjerusalemer« Lösung, bei der man die Augen vor der Umwelt verschließen konnte. Immerhin hatte man mehr als fünftausend Christusanhänger zu betreuen.[33] Unter ihnen lebte auch eine Gemeinschaft, die stolz auf ihre griechische Sprache war und ihrerseits offensichtlich kein Interesse hatte, daran etwas zu ändern. Wie man damit umging, das war ein Testfall auch für die Fähigkeit, aus der Theorie der Flexibilität nach außen zuerst einmal die Praxis der Offenheit nach innen zu machen, gegenüber den doch irgendwie anderen Mitgläubigen im eigenen Hause. Daraus entwickelte sich, noch zu der Zeit, als Petrus und Jakobus gemeinsam in Jerusalem waren, ein Präzedenzfall mit bahnbrechenden Folgen: der Konflikt zwischen den griechischsprachigen und den aramäischsprachigen Juden, die Christen geworden waren.

Die strategische Entscheidung

Das Leben miteinander und nebeneinander war nicht immer einfach; das ist leicht nachzuvollziehen – die jüdische Gemeinde von Berlin erlebt es in diesen Jahren nach dem Zuzug Tausender Juden aus der ehemaligen Sowjetunion, die sich zwar auch deutsch verständigen können, aber über Generationen hinweg im Russischen und einer eigenen, anderen Umwelt zu Hause waren und nun Glieder der einen Großgemeinde sein sollen; man erlebt es im heutigen Israel nach dem Zuzug der schwarzhäutigen äthiopischen Juden und der so zahlreichen russischen Juden, die inzwischen eigene Tageszeitungen in ihrer alten Sprache drucken. In manchen Vierteln von Tel Aviv, Jerusalem oder Beer-Sheva findet man Läden, deren Schilder viersprachig – neuhebräisch, arabisch, englisch und russisch – verfaßt sind, manchmal auch nur neuhebräisch und russisch. Gelingt das Zusammenleben, oder definiert man sich durch die leicht zu erkennenden Unterschiede als Sondergruppe gegen die anderen, statt den gemeinsamen Nenner zu suchen? Auch im frühchristlichen Jerusalem fiel es nicht leicht, das gemeinsame Interesse – die Verkündigung und Verbreitung des Glaubens an Jesus als Messias – den Ärgernissen des Alltags unterzuordnen. »In jenen Tagen, als die Zahl der Jünger zunahm«, lesen wir in der Apostelgeschichte (6,1), »kam unter den griechischsprachigen Juden in der Gemeinde Unruhe gegen die aramäischsprachigen auf, weil ihre Witwen bei der täglichen Versorgung übersehen wurden.«

Die organisierte Fürsorge für Bedürftige hatten nicht erst die Christen erfunden, sie war Normalität unter den Juden in allen Gemeinden, auch in anderen Ländern. Für die Urgemeinde, die in ihrer Lebensführung natürlich nicht hinter dem karitativen Modell der jüdischen Gesellschaft zurückstehen durfte, zu der sie selbst noch gehörte, war es daher selbstverständlich, dabei mitzumachen. Wie es scheint, waren die ersten Christen sogar noch einen Schritt weitergegangen: Sie hatten das System der Gütergemeinschaft übernommen, das von den Essenern praktiziert wurde – jener jüdischen Gruppierung, mit der sie auf dem Südwesthügel Jerusalems (dem heutigen Zionsberg) benachbart waren. Man lebte gleichsam in einer Frühform des Kibbuz.[34] Die urchristliche Gütergemeinschaft war allerdings, anders als bei den Essenern, freiwillig.[35] Innerhalb der Gemeinschaft kam es so natürlich auch zu einer Erwartungshaltung: Bei der Verteilung des Einkommens und Besitzes mußten alle gleich behandelt werden, auch und gerade die Bedürftigen. Eine Gemeinschaft wie die urchristliche, die auch nach außen überzeugend wirken wollte, mußte das gerade an ihrem Umgang mit der Vielfalt in den eigenen Reihen beweisen. Die Vollversammlung wählte sieben Männer, deren Aufgabe es wurde, die diakonischen Aufgaben zu koordinieren. So konnte das Leitungsgremium der Zwölf entlastet werden und sich auf Gebet und Verkündigung konzentrieren (Apostelgeschichte 6,2-4). Die Wahl der Sieben hatte auch eine strategische Komponente – hier konnten nicht nur die verschiedenen »Fraktionen« innerhalb der Gemeinde berücksichtigt werden, man öffnete einmal mehr die Tür für Menschen, die ursprünglich nicht Juden gewesen waren. Sie hatten jetzt gleichsprachige Ansprechpartner. Die Namen der Sieben und die spärlichen Informationen, die Lukas mitteilt, sind aufschlußreich genug:

Alle sieben tragen griechische Namen. Man hat daraus schließen wollen, daß diese sieben allesamt Mitglieder der hellenistischen, griechischsprachigen Gruppe waren. Damit hätte man allerdings das Problem nicht gelöst, sondern nur umgedreht. Den Alteingesessenen wäre es kaum in den Sinn gekommen, sich ein immerhin siebenköpfiges Gremium von ursprünglich »fremden« und von der Herkunft fremdsprachigen Mitbrüdern vorsetzen zu lassen. Doch der Beschluß wurde einstimmig gefaßt, und der auslösende Konflikt trat nicht wieder auf. Tatsächlich sind ja griechische Namen im Judentum dieser Zeit kein Indiz für sprachliche und in gewisser Weise auch kulturelle Fremdheit oder Andersartigkeit. Namen griechischer Herkunft waren zu dieser Zeit im einheimischen Judentum weit verbreitet. Wir sahen das bereits früher am Beispiel zweier Jünger aus Betsaida in Galiläa, Philippus und Andreas, deren Namen rein griechisch sind und die doch offenbar nicht nur griechischsprachig, sondern mindestens ebenso aramäischsprachig waren.

Ein Philippus – nicht zu verwechseln mit jenem Jünger – wird nun auch in das Gremium der Sieben gewählt. Später spielt er eine wichtige Rolle bei der Verbreitung der Christusbotschaft unter Nichtjuden – er ist es, der dem äthiopischen Finanzminister auf der Straße von Jerusalem nach Gaza das Buch Jesaja erklärt, ihn tauft (Apostelgeschichte 8,26-39) und sich anschließend als Wandermissionar entlang der Küste von Aschdod nach Caesarea betätigt (8,40; 21,8). Gerade diese Art der Tätigkeit, die parallel auch von Petrus übernommen wurde, spricht gegen die Zugehörigkeit des Philippus zu einer exklusiven, einsprachigen Sondergruppe innerhalb der Jerusalemer Gemeinde. Er wird in das Komitee der Sieben gerade deswegen gewählt worden sein, weil er den mehrsprachigen, multikulturellen Zugang zu den anstehenden Aufgaben verkörperte, und weil sich auch die aramäischsprachigen Juden mit ihm identifizieren konnten.

Und dann ist da ein Mann namens Nikanor, griechisch »der Eroberer«. Der Name war jedem gläubigen Juden in Jerusalem täglich gegenwärtig: Das prächtige Tempeltor, das an der Ostseite des Frauenvorhofs zum Vorhof der Männer führte, hieß »Nikanor«-Tor. Die beiden Flügel waren 25 Meter hoch und 20 Meter breit und aus korinthischer Bronze, die »bei weitem den Wert der neun anderen Tore übertraf, die man mit Gold und Silber überzogen hatte«.[36] Hier spielte sich auch eine Szene aus der Kindheit Jesu ab: Nach alter Tradition war dies der Ort, an dem das erste Kind einer Mutter dargestellt wurde und die Mutter ein Reinigungsopfer brachte.[37] Hierher kam Maria mit Jesus und begegnete dem frommen Simeon, der in dem Säugling den Messias erkannte (Lukas 2,22-35). Das Nikanor-Tor war ein Mittelpunkt der Tempelfrömmigkeit; seine kostbare Ausschmückung und Größe war zugleich ein Zeichen der nahezu verschwenderischen Pracht, die ein wohlhabender Jude zur Ehre Gottes entfalten konnte. Gerade hierin könnte auch für die Eltern des Jerusalemer Nikanor die Anregung gelegen haben, ihren Sohn so zu nennen. Sie dürften wohl kaum an den anderen Nikanor gedacht haben, einen nichtjüdischen Träger dieses griechischen Namens, der als Feldherr der Seleuziden 166 v. Chr. gegen die Juden unter Judas Makkabäus kämpfte und in mehreren Schlachten besiegt wurde. Die siegreichen Juden schlugen den Kopf und die rechte Hand des gefallenen Nikanor ab und stellten sie in Jerusalem aus. Der Tag des entscheidenden Sieges, der 9. März 161 v. Chr., wurde als Nikanorstag zum nationalen Feiertag erklärt.[38]

Der Jude Nikanor dagegen, der das nach ihm benannte Tor stiftete, ist auch durch eine archäologische Entdeckung wieder sichtbar geworden: 1902 fand man im Norden Jerusalems, auf dem Skopusberg unweit der heutigen Hebrew University, die Familiengrabstätte Nikanors mit einem heute im Britischen Museum in London aufbewahrten Ossuar, dessen Inschrift zweisprachig, griechisch und aramäisch, ist. Unter dem griechischen Text, der den Knochenkasten als das Ossuar des »Nikanor aus

Alexandria, der die Tore gemacht hat« ausweist, steht in hebräischen Buchstaben »Nikanor Alexa«. Alexa ist wohl die Kurzform für »der Alexandriner«, griechisch »Alexa(ndréos)«, wie wir es in der zweiten Zeile der griechischen Inschrift finden[39] Auch dieser aus Alexandria kommende Jude Nikanor lebte folglich in einer Familie, die trotz des Vorrangs der griechischen Sprache in ihrer Heimat die Zweisprachigkeit für selbstverständlich hielt, sogar noch im Augenblick der Totenehre.

Ein nach ihm und seinem Prachttor benannter Jerusalemer Jude wird es kaum anders gehalten haben. Den Nikanor aus der Gruppe der Sieben als rein griechischsprachigen Hellenisten einzuordnen, ist daher kaum zu vertreten. Mit größerer Wahrscheinlichkeit war er ein einheimischer Jude, der zweisprachig war und gerade deswegen die großen Erwartungen erfüllen konnte, die nun beide Seiten in ihn setzten.

Noch ein dritter Name aus dem neuen Leiterkreis fällt auf: »Nikolaos, ein Proselyt aus Antiochia«. Hier begegnen wir nun in der Tat einem Mann, der nicht aus Jerusalem stammte. Mehr noch: Er war ursprünglich kein Jude, sondern ein »Proselyt«, das heißt ein zum jüdischen Glauben konvertierter Mann, der sich dann in Jerusalem zum Glauben an Jesus als dem Messias der Juden bekannte. Sein Name ist griechisch (»Eroberer des Volkes«); ob er in Antiochia nur griechisch sprach, ehe er nach Jerusalem kam, wissen wir nicht. Philippus, Nikanor und Nikolaos vermitteln uns ein buntschillerndes Bild der Vielfältigkeit innerhalb der urchristlichen Gemeinde Jerusalems. Über die Herkunft der anderen vier Leiter läßt sich nur sehr wenig sagen – Stephanus, Parmenas, Prochoros und Timon sind teils seltene, teils typische griechische Namen, die es überall im Römischen Reich und vor allem im Osten gegeben hat. Abgesehen von Nikolaus können wir nur bei Stephanus sicher sein, daß er tatsächlich ein hellenistischer Judenchrist war, also ein vorwiegend im Griechischen beheimateter Mann, der auch als Wortführer dieser Gruppierung auftrat. Offenbar gelang es ihm vor allem, andere hellenistische Juden durch seine Eloquenz zu bekehren. Der dadurch ausgelöste Konflikt über die wahre Interpretation des jüdischen Gesetzes, der dann in der Folge von Diffamierungen und Denunziationen zu einem Scheinprozeß und seiner Ermordung führte, wurde ausdrücklich mit anderen hellenistischen Juden ausgetragen und erst von dort vor den Hohen Rat getragen (Apostelgeschichte 6,9-12; 54-60).[40]

Das Gremium der Sieben erwies sich als strategisch geschickt zusammengestellte und wohl auch deswegen einstimmig gewählte Leitungsmannschaft, die einheimische, im Aramäischen beheimatete Judenchristen mit ebenfalls einheimischen, aber ursprünglich aus der Fremde, der »Diaspora«, stammenden und (zumindest einem) ursprünglich »heidnischen« Proselyten verband. Daß der begnadete Redner und Disputant Stephanus kurz darauf zu Tode gesteinigt wurde, bedeutete das schnelle Ende dieser Gruppe, änderte aber nichts an dem Einfluß, den ihre ursprüngliche Zusammenstellung auf die weitere Entwicklung des frühen Christentums gewann. Denn die Tötung des Stephanus erzwang eine Positionsbestimmung gegenüber den anderen Juden. Bis zu diesem Zeitpunkt hatte man in einer Art Waffenstillstand nebeneinandergelebt – immerhin waren die Apostel bei weiten Teilen der Bevölkerung durchaus beliebt,[41] so daß man auch von seiten der Hierarchie keine unnötigen Konflikte provozieren wollte. Was auch immer die Priesterkaste der Sadduzäer gern mit den Christen getan hätte, wurde außerdem gebremst durch die Pharisäer, die einfach abwarten wollten, wie die Dinge sich entwickeln würden.[42]

Erst die Auseinandersetzung um Stephanus zerbrach diesen delikaten Zustand des scheinbaren Gleichgewichts der Kräfte; auch die Pharisäer stimmten nicht gegen seine Tötung. Und unter denen, die seiner Steinigung mit Genugtuung zusahen, war auch ein Pharisäer namens Saulus.[43] Die Gemeinschaft, deren

Wortführer Stephanus gewesen war, wurde verfolgt und vertrieben, andere verließen die Stadt und setzten ihre Tätigkeit bis hinauf nach Phönizien, Antiochia und Zypern fort (Apostelgeschichte 11,19-20). Philippus ging zuerst nach Samaria (8,5-13). Von den Verfolgern ungewollt und von den Betroffenen nicht geplant, entstand aus der Krisensituation nach der Ermordung des Stephanus ein wesentlicher Schub christlicher Aktivitäten außerhalb des Kernlandes. Und nun wurden auch Menschen am Rande des Judentums und Nichtjuden verstärkt zur Zielgruppe: Die Samaritaner (Apostelgeschichte 8,5), ein hochrangiger Äthiopier (8,26-39), ein römischer Centurio mit Angehörigen und Dienern in Caesarea (10,1-8; 21-48), Griechen in Antiochia (11,20).

Trotz dieser plötzlichen und dramatischen Entwicklung war die Kirche in Jerusalem nicht am Ende. Allem Anschein nach wurden jene Judenchristen, die nicht zu den »Hellenisten« gehörten, weitgehend in Ruhe gelassen: Ausdrücklich erfahren wir, daß die Apostel nicht verfolgt wurden, und wir lesen auch, daß es genug fromme Männer gab, die Stephanus bestatteten und die Totenklage für ihn hielten – das weist auf eine nicht unerhebliche Minderheit unter den Juden der Stadt, die keineswegs damit einverstanden waren, wie man mit Stephanus und seinen Anhängern umging und entweder selbst mit den Klagenden gemeint sind oder doch jedenfalls die Totenklage der verbliebenen Judenchristen tolerierten.[44] Und vor allem wuchs gerade in den Tagen vor dem Prozeß gegen Stephanus die Gemeinde durch den unerwarteten Zugang einer größeren Gruppe von Priestern an – hier finden wir eines der wohl spannendsten Ereignisse der Wachstumsgeschichte eines nach außen offenen, keineswegs zurückgezogen und auf sich konzentrierten Urchristentums: Fast *en passant* erwähnt Lukas, daß »die Zahl der Jünger immer größer wurde und auch eine große Anzahl Priester dem Glauben gehorsam wurden« (Apostelgeschichte 6,7).

Es ist viel darüber nachgedacht worden, wer diese Priester gewesen sein könnten. Am Tempel dienten turnusmäßig Tausende Priester, doch die können nicht gemeint sein, denn die Tempelpriester-Aristokratie bestand aus Sadduzäern, die den Tempelkult beaufsichtigten und deren Abneigung gegen die christliche Auferstehungsbotschaft so eingefleischt war, daß sicher nicht viele von ihnen auf den Gedanken gekommen wären, plötzlich »dem Glauben (an Jesus als dem verheißenen Messias) gehorsam« zu werden. Wenig später sind es gerade die Sadduzäer, die sich mit Nachdruck gegen die Christengemeinde stellen und die Ermordung des Stephanus fordern. Die andere große, einflußreiche Gruppe in der Gesellschaft und im Hohen Rat, die Pharisäer, hatte auch Priester in ihren Reihen, aber es waren nur einige wenige. Und diese wenigen waren entweder abwartend oder nun, zur Zeit des Stephanus, auf seiten der Sadduzäer. Die von ihnen befürworteten Verfolgungsaktionen, für die man dem Pharisäer Saulus die Verantwortung übertragen hatte, sprechen nicht gerade dafür, daß sich »viele« unter ihnen in die Jesusgemeinde eingliederten. So bleibt nur eine wichtige Gruppe, die zugleich weder mit den Tempel-Sadduzäern noch mit den Pharisäern in Verbindung stand: die Essener. Sie waren eine im wesentlichen priesterliche Gemeinschaft, mit vielen Gemeinden auch außerhalb von Qumran, die wiederum von Priestern geleitet wurden. Hier wären in der Tat »viele Priester« denkbar, die zum christlichen Glauben konvertierten, ohne daß die Zahl auch nur annähernd an die Substanz der Zurückbleibenden gegangen wäre.[45]

Der Wiener Qumran-Forscher und Judaist Kurt Schubert weist darauf hin, daß sowohl die Essener als auch die ersten Christen eine messianische Bewegung waren. Das war eine wesentliche Voraussetzung für Essener, der neuen christlichen Verkündigung aufmerksam zuzuhören. Schubert hält es daher ausdrücklich für denkbar, »daß viele Glieder der Urgemeinde einmal Essener waren, bevor sie an Jesus als den Christus glaubten«, und daß daher auch die Stelle Apostelgeschichte 6,7 essenische Priester meint.[46] Aber es fällt an der Sache noch etwas anderes auf: Der Bericht über diese vielen (essenischen) Priester, die nun christusgläubig wurden, steht unmittelbar im Zusammenhang mit der Einsetzung des Gremiums der Sieben und ihren ersten Aktivitäten. Wir haben gesehen, daß dieses ausgewogen besetzte Gremium die Rolle der »hellenistischen«, also der griechischsprachigen Judenchristen, innerhalb der Gesamtgemeinde aufwerten sollte, ohne dabei die anderen zu benachteiligen. Sicher war es die Aufwertung der griechischsprachigen Judenchristen, die nicht nur von deren Gegnern – den späteren Verfolgern des Stephanus – aufmerksam registriert wurde. Unter den Essenern gab es zu dieser Zeit nachweislich ein wachsendes Interesse an griechischsprachiger Literatur des Judentums. In der großen Bibliothekshöhle von Qumran, der Höhle 4, wurden sechs griechische Texte gefunden. Und das waren nicht nur Abschriften der griechischen Übersetzung des »Tanach«, der jüdischen Bibel, sondern auch eine kommentierende Paraphrase des Buchs 2. Mose/Exodus und ein unidentifizierter längerer Text, der weder Bibel noch Bibelkommentar ist.[47] Gerade die Essener, die solche Texte lasen und abschrieben, sammelten und katalogisierten, hatten in Jerusalem eigene Ansprechpartner in der neuen messianischen Bewegung. Bildeten sie den Kern jener konvertierenden Vielzahl von Priestern? Unter ihnen könnten dann auch gut jene gewesen sein, die dafür sorgten, daß die Bibliothek der Qumran-Höhle 7 angelegt wurde, in der ausschließlich griechische Texte auf Papyrus gesammelt wurden. Und dann fällt es auch nicht mehr schwer, den Inhalt der Schriften in dieser siebten Höhle zu verstehen: Nach neuestem Forschungsstand handelte es sich um eine christlich geprägte Sammlung, in der neben alten Schriften wie 2. Mose/Exodus und dem für die ersten Christen wichtigen

»Brief des Jeremia« (Baruch 6, der nicht zum hebräischen Kanon der Bibel gehörte) und einiger unbekannter Literatur auch mindestens zwei Texte des Urchristentums und ein frühchristlicher Kommentar aufbewahrt wurden.[48] Wie der in Höhle 7 gefundene Krug mit der zweifachen hebräischen Inschrift »Roma« nahelegt, kamen die Schriftrollen ursprünglich aus Rom, wo einige der Texte auch entstanden sein dürften. Es ist also anzunehmen, daß sie direkt nach Jerusalem gelangten und dort später den ortsansässigen Essenern übergeben wurden, die sie dann vor dem Höhepunkt des katastrophalen Aufstands gegen die Römer nach Qumran in eine eigene, neu angelegte Höhle brachten. Da Qumran im Jahre 68 von den Römern überrannt wurde, müssen sie spätestens zu diesem Zeitpunkt dort gewesen sein.[49]

Die ungemein spannende, zugleich tragische und dynamische Episode um die Sieben in Jerusalem erweist sich als ein weiteres Indiz für die vielsprachigen, grenzübergreifenden Kontakte, die in Jerusalem zur Zeit der ersten Christen bestanden und von diesem Zentrum ermöglicht wurden. Es erwies sich schnell als eine Stärke dieser Christen, daß sie ihre Bereitschaft, Sprachen und Kulturen der nichtjüdischen Umwelt kennenzulernen, nie mit einer gleichzeitigen Abkehr von ihren jüdischen Wurzeln verbanden. Das eine war für sie nicht ohne das andere zu haben.

Ziemlich genau zehn Jahre nach dem Tod des Stephanus, 41 n. Chr., nach Jahren der lokalen und überregionalen Aufbauarbeit, kam es zum zweiten Martyrium in der Urgemeinde, der Hinrichtung des Zebedäus-Sohnes und Johannes-Bruders Jakobus durch Herodes Agrippa I.[50] Nun war auch die nichthellenistische Kerngruppe ins Fadenkreuz geraten. Petrus entkam. Jakobus mußte alles daransetzen, die Gemeinde zusammenzuhalten und wieder zu stärken, während draußen die reisenden Apostel, allen voran Petrus und Paulus mit ihren Begleitern, erstaunliche Erfolge erzielten. Sollte sich das Zentrum des Handelns von Jerusalem verlagern, an einen anderen Ort oder gleich an mehrere? War der Zeitpunkt gekommen, das Christentum zu dezentralisieren? Jakobus war nicht dieser Meinung: Der Tempel stand als unübersehbarer Mittelpunkt jüdischen und jüdisch-christlichen Gebetes in Jerusalem. Dazu gab es keine Alternative. Die Autorität der Jerusalemer Gemeinde sollte nicht in Frage gestellt werden. Es blieb also zu entscheiden, wie groß die strategische Flexibilität sein durfte, ohne die alte Substanz zu gefährden. Sieben weitere Jahre vergingen, ehe die Position des Christentums zwischen Juden und »Heiden«, zwischen Jerusalem und Rom als den Epizentren von Religion und Macht, auch vor dem Plenum der Apostel zur Debatte stand.

Ein Diplomat tritt auf

Die sieben Jahre zwischen der Hinrichtung des Jakobus und der Einberufung der Apostelversammlung sind Jahre der Mobilität. Während Jakobus in Jerusalem sitzt, ist Petrus in Antiochia, Kleinasien, Korinth und Rom,[51] Paulus reist durch Syrien und Kilikien, gelangt nach Zypern, Galatien und Antiochia.[52] An einigen Orten sind sie die ersten, die von Christus berichten, an anderen stoßen sie auf Gemeinden, die bereits früher entstanden waren. Nachrichten und die Menschen, die sie brachten, reisten gut und schnell zu dieser Zeit, in der gelegentliche lokale Unruhen nicht vom allgemeinen Frieden ablenkten. Die Römer hatten sich in stabilen Grenzen eingerichtet; sogar im kühlen Norden, am germanischen Limes, kümmerte man sich nun vornehmlich um die angenehmen Seiten des Lebens: Ziemlich genau zu der Zeit, als Petrus und Paulus von verschiedenen Ecken des Reichs zum Kongreß nach Jerusalem reisten, wurde ein Ort namens Aquae Mattiacorum zum Thermalbad ausgebaut. Solide, aus Stein errichtete Badegebäude sorgten für Bequemlichkeit an jener Stelle, die es rund 1 900 Jahre später unter dem Namen Wiesbaden zur hessischen Landeshauptstadt brachte. Der römische Naturhistoriker Plinius d. Ä. schwärmt im fernen Pompeji von diesen heißen Quellen, und in Rom rühmt der Dichter Martial das Haarfärbemittel, das aus dem Wiesbadener Quellsinter gewonnen wurde.[53] Die Apostel befaßten sich jedoch mit einer ganz anderen Frage der täglichen Lebensführung. Zugespitzt sah das Problem so aus: Mußten all jene, die nicht Juden waren, erst Juden werden, ehe sie Christen werden konnten, oder durfte man auf dem direkten Wege an Jesus glauben und Mitglied einer Gemeinde werden?

Die Frage hatte praktische Konsequenzen, denn auch als Neu-Jude, der eigentlich nur Christusnachfolger werden wollte, müßte man sich beschneiden lassen und das Gesetz des Mose einhalten (Apostelgeschichte 15,1 und 5). In den ersten Jahren war das offensichtlich weder ein Thema noch ein Problem – wir hören nichts davon, daß der äthiopische Finanzminister, der auf der Straße nach Gaza von Philippus getauft wurde, noch den guten Rat mitbekam, sich zu Hause beschneiden zu lassen und bestimmte Dinge nicht zu essen. Und auch Petrus, der in Caesarea den römischen Hauptmann Cornelius mit Verwandten, Freunden und seinem gesamten Haushalt tauft, denkt offenbar nicht daran, eine Beschneidung folgen zu lassen und den frischgewonnenen Gläubigen die mosaischen Speisegebote aufzuerlegen.[54] Gerade das Beispiel des Cornelius ist hier lehrreich.

Dieser Cornelius trug einen berühmten Namen. Einer seiner Vorfahren gehörte wohl zu den 10 000 Freigelassenen des Publius Cornelius Sulla, die 82 v. Chr. in die »gens Cornelia« aufgenommen wurden. Die Cornelier waren das größte römische Patriziergeschlecht mit vielen bekannten Zweigen: Lentulus,

Nepos, Scipio, Sulla und andere. Auch der schon mehrfach erwähnte Historiker Tacitus war ein Cornelius. Da wir von unserem Mann in Caesarea nur diesen Gentilnamen Cornelius (oder in der griechischen Umschrift »Kornälios«) kennen, wissen wir nicht mehr, wohin er verwandtschaftlich gehörte. Aber er hatte es zum Offiziersrang gebracht: Als Centurio war er Kompaniechef einer Truppe, die formal aus hundert Mann bestand (auch wenn es in der Praxis manchmal nur achtzig waren). In der größten Einheit, der Legion, dienten in neutestamentlicher Zeit sechzig Centurionen, deren ranghöchster »Primipilus« hieß. Sechs, manchmal zehn Zenturien bildeten eine Kohorte. Wir wissen, daß die Zenturie des Cornelius zur Italischen Kohorte gehörte.[55] Für das benachbarte Syrien ist diese Hilfskohorte durch eine Inschrift als »Cohors II Italica Civium Romanorum« belegt, die den alten Standort nennt. Wie viele römische Truppen wurde sie von Zeit zu Zeit versetzt; diese hier gelangte zwar nicht bis zu den wohltuenden Thermen von Wiesbaden, ist aber in Österreich nachzuweisen – in der Nähe des schönen Petronell, wo die eben erwähnte Inschrift gefunden wurde. Zur Zeit der von Lukas berichteten Begegnung von Petrus und Cornelius war sie am Standort Caesarea stationiert, von dem auch der jüdische Historiker Josephus berichtet.[56] Caesarea war Sitz der römischen Verwaltung von Judäa; Cornelius genoß hier großes Ansehen auch unter der jüdischen Bevölkerung als den Juden nahestehender, frommer und gottesfürchtiger Mann (Apostelgeschichte 10,2; 10,22). Es ist also möglich, daß er freiwillig bestimmte jüdische Gepflogenheiten befolgte, aber er war mit Sicherheit nicht beschnitten (11,3). Wir können ihn uns als einen Mann um die Mitte Vierzig vorstellen, also etwa gleichaltrig mit Petrus – als Mittdreißiger konnte man in der üblichen Militärlaufbahn Centurio werden, und hier ist bereits von einem etablierten Offizier in einem gut funktionierenden Alltagsumfeld die Rede.

Es war nun gerade die Tatsache, daß er nicht Jude war und daß Petrus mit ihm kultisch unreine Speisen gegessen hatte, die in Jerusalem zu Fragen nach dem richtigen Lebenswandel führte (Apostelgeschichte 11,2-3). Bei seinem nächsten Aufenthalt in der Stadt erläutert Petrus den Kollegen und den besonders traditionstreuen Judenchristen, was sich ereignet hatte. Er selbst habe mit Heiden nicht an einem Tisch sitzen wollen, um sich nicht zu verunreinigen, doch Gott habe ihm dreimal ausdrücklich geboten, die alten Speisegesetze aufzugeben (11,5-10). Petrus vergißt auch nicht, die Rolle des Heiligen Geists zu erwähnen, also die Geisttaufe, die Gottes Bestätigung für die Richtigkeit des Handelns war, und er schildert das Geschehen so einfühlsam und diplomatisch, daß kein Widerspruch aufkommt: »Als sie das hörten, beruhigten sie sich, priesen Gott und sagten: ›So hat Gott also auch den Heiden die Umkehr gegeben, die zum Leben führt.‹« (11,18). Das wäre damit gelöst gewesen, hätte man meinen sollen: Ein schöner Erfolg, mitten in der römischen Militärhierarchie, der strategisch auch für künftige Auseinandersetzungen nützlich sein würde. Aber die folgenden Jahre, und vor allem die Aktivitäten des Paulus und seiner Mannschaft, zeigten überdeutlich, daß Cornelius kein Ausnahmefall blieb. Überall kamen »Heiden«, unbeschnittene, dem mosaischen Gesetz völlig fremde Menschen zum christlichen Glauben. Und damit wurde die Sache zur Grundsatzfrage. Welchen Stellenwert hatten die Juden und ihre Lebensgewohnheiten noch in der aufblühenden frühchristlichen Gemeinde?

In dieser kritischen Phase war erneut der wieder in Jerusalem eingetroffene Diplomat Petrus gefragt, der dem Jakobus – zu dieser Zeit schon Leiter der Jerusalemer Gemeinde – zur Seite steht. Als die Judenchristen und die Anhänger des Paulus lautstark zur Sache gehen (Apostelgeschichte 15,7), erhebt sich Petrus und hält eine Rede, die als ein Musterbeispiel der realpolitischen Kompromißfindung gelten kann. Er erinnert die streitenden Parteien daran, daß er es gewesen sei, der die erfolgreiche Tätigkeit unter den Nichtjuden begonnen habe, nicht der »zugereiste« Paulus, und daß Gott selbst diese Arbeit nachweislich gesegnet habe. »Gott hat keinen Unterschied gemacht zwischen uns und ihnen, denn er hat ihre Herzen durch den Glauben gereinigt« (15,9). Petrus sagt nicht, daß die alten Gesetze der Thora, also der fünf Bücher Mose, eine ungerechtfertigte Last seien. Nur solle man sie nicht Menschen auferlegen, die sie nie gekannt hätten, wenn doch Juden selbst es immer wieder schwierig fänden, den so vielschichtigen Gesetzen in allem Folge zu leisten (15,10), und wenn doch die neu hinzukommenden gerade nicht Juden werden wollten – das stünde ihnen ansonsten ja frei, mit allen Gesetzesverpflichtungen, die dazugehören – sondern Menschen, die »durch die Gnade des Herrn Jesus selig werden« wollen (15,11).

Nun können Paulus und Barnabas von ihren Erfolgen berichten. Und da ergreift auch Jakobus das Wort. Jetzt muß es sich entscheiden, und Jakobus weist auf die alten Propheten hin, die ihrerseits schon eine Rechtfertigung für den neuen Weg formuliert hatten: »Darum will ich mich wieder zu ihnen wenden (spricht Gott) und will die zerfallene Hütte Davids wieder aufrichten und werde sie wiederherstellen, damit die anderen Menschen nach dem Herrn fragen, auch alle Heiden, über denen mein Name ausgerufen ist, spricht der Herr, der tut, was ihm seit Ewigkeit bekannt ist.« Jakobus verbindet hier Aussagen der Propheten Jeremia (12,15), Amos (9,11) und Jesaja (45,21). Er zitiert, nach alter Sitte, nicht den Wortlaut, sondern paraphrasiert, um Akzente zu setzen. Das Zitat aus dem Propheten Amos ist an den griechischen Text angelehnt, nicht an den hebräischen – ein geschicktes Manöver, um den anderen zu zeigen, daß gerade er, Jakobus, auch in der griechischen Fassung der alten Schriften zu Hause ist. Und auf einer weiteren Ebene können die Hörer Anklänge an Schriften aus Qumran erkennen, die ihrerseits zeigen, daß auch diese Gemeinschaft und die neuen Christen, die aus ihr kamen, nicht vergessen sind: Die »Damaskusschrift« (CD 7,16) und die Sprüche-Sammlung, das »Florilegium« (4QFlor 1,10-13) weisen in die gleiche Richtung. Den Heiden, sagt Jakobus, sollten keine Lasten aufgebürdet werden; es galt nun noch, auch den traditionsgebundenen Judenchristen weiterhin Heimat zu bieten, und so regt Jakobus an, solche Reinheitsgebote beizubehalten, die auch für »Heiden«-Christen einsichtig seien. Man konnte in den Geschäften Fleisch kaufen, das vom Opfer an heidnischen Kultstätten übriggeblieben war. Dieses unreine Fleisch sollten sie nicht essen. Zweitens sollten sie sich an die jüdischen Ehegebote halten und nicht der »Unzucht« mancher ihrer eigenen, freizügigeren Moralvorstellungen folgen.[57] Drittens sollten sie kein Blut und kein Ersticktes essen – das hieß also, kein Fleisch von Tieren, die so getötet worden waren, daß das Blut noch in ihnen blieb und mitgegessen wurde. Auch dies war ein uraltes Gesetz, das noch auf das 1. Buch Mose/Genesis 9,4 zurückging und unter orthodoxen Juden als Vorschrift der kosheren Küche bis heute in Kraft ist.[58] Die Regelungen, auf die Jakobus als Kompromiß, als kleinsten gemeinsamen Nenner, Wert legt, sind mit dem mosaischen Gesetz vergleichbar – und sie beziehen an einer Stelle ausdrücklich Fremde ein, die unter Juden oder mit Juden leben.[59] Die Konsequenz war klar: Solange Juden und Heiden als Christen gemeinsam leben wollten, mußte man Rücksicht aufeinander nehmen. Die Juden verzichteten auf einen großen Teil ihrer Gewohnheiten, und die Heiden gingen ihnen ein Stück des Weges entgegen, nicht ohne dabei wie die Juden ein Opfer zu bringen. Wer weitergehen wollte, um mehr über die Ursprünge zu erfahren, konnte das in jeder Stadt in den Synagogen tun (Apostelgeschichte 15,21). Einen christlichen Glauben ganz ohne Gesetz kann es nicht geben, wenn man frei sein will zum verantwortlichen Handeln – Jakobus greift das Thema ausdrücklich auch in seinem Rundbrief an die Juden in der Diaspora (das heißt außerhalb Judäas, Samarias und Galiläas) auf: Gleich zweimal spricht er dort pointiert vom »Gesetz der Freiheit«.[60]

Niemand widersprach der Rede des Gemeindeleiters. Ein Brief mit dem Inhalt dieser Lösung wurde aufgesetzt. Paulus und Barnabas reisten nach Antiochia, und man gab ihnen Begleiter mit, die für die Verbreitung des Briefes sorgen sollten: Judas Barsabbas und Silas/Silvanus (Apostelgeschichte 15,22-32). Noch einmal hatte die Leitung der Urgemeinde Jerusalems ihre Stärke bewiesen, und die jüdische Wurzel im Christentum schien gesichert. Vielleicht gab es schon damals Zweifel, ob die Formel ausreichte, unvermeidliche Konfliktsituationen zu überbrücken – und vor allem auch daran, wie die einzelnen Gemeindemitglieder damit umgehen würden. Es kann allerdings keinen Zweifel daran geben, daß Jakobus es ernst meinte. Jüdische Verwurzelung und die Herkunft aus fremden Kulturen und Traditionen durften keine unversöhnlichen Gegensätze bleiben, selbst wenn nicht sofort volle Gemeinschaft möglich war. Nach späteren Auseinandersetzungen über die Tragfähigkeit des erzielten Kompromisses akzeptierte das Paulus, der erklärte, er wolle den Juden ein Jude und den Griechen ein Grieche sein (1. Korinther 9,19-23), und der in der Grußliste am Ende seines Briefs an die Römer erkennen ließ, daß Judenchristen und Heidenchristen sogar in Rom noch getrennte Hauskirchen bildeten (Römer 16, 1-16).[61]

Jakobus setzte seine Linie fort, ehe auch er, im Jahr 62 n. Chr., von einer fanatischen Fraktion der jüdischen Hierarchie Jerusalems umgebracht wurde. Auch sein Brief ist ein beeindruckendes Dokument des Ringens um eine Linie, die Menschen aus beiden Traditionen gerecht wird und vor allem immer wieder die Nichtjuden an den jüdischen Urgrund heranführen

will. Daß dieser Brief in einem besonders guten Griechisch geschrieben ist, paßt in dieses Bild: Hier schreibt jemand, der nie
vergessen hatte, daß er – wie sein Bruder Jesus – in einem auch
griechisch geprägten Umfeld großgeworden war, zu dem eine
hohe sprachliche Kultur gehörte. Seit Luther herrscht das Miß-
verständnis, Jakobus als unvereinbar mit der Theologie des
Paulus abwerten zu wollen.[62] So ist gerade Jakobus heute von
Juden und Christen wiederzuentdecken, die mehr über ihre Ursprünge und vor allem über ihre Gemeinsamkeiten erfahren
wollen.

Nero, der Herr:
Ein Konflikt eskaliert

Den jungen Sporus ließ er entmannen
und versuchte sogar, eine
Geschlechtsumwandlung durchzuführen.
Er gab ihm eine Mitgift,
ließ ihm den roten Brautschleier
anlegen und vollzog mit ihm
feierlich die Hochzeitszeremonien.
Dann ließ er ihn mit prachtvollem Geleit
in seinen Palast bringen und
behandelte ihn wie seine Ehefrau.
Darüber kursiert heute noch der Witz,
es wäre um die Menschheit gut bestellt,
wenn Neros Vater Domitius
auch eine solche Frau gehabt hätte.

Sueton,
Nero, *28,1 (ca. 102 n. Chr.)*

Die Entdeckung der Schnelligkeit

Auch vor der Erfindung der elektronischen Kommunikation verfügten Juden und Judenchristen über ein gutfunktionierendes »World Wide Web«: Es war das Netzwerk der Synagogen, die es in nahezu jeder Stadt des Römischen Reichs gab. Hier wurden Nachrichten empfangen, gesammelt und weitergegeben, von Kaufleuten, Finanzmanagern und Pilgern. Vor allem Nachrichten aus Jerusalem, der Stadt des Tempels, waren überall draußen in der »Zerstreuung«, der Diaspora, ein begehrtes Gut. Und was in Rom oder in anderen Zentren von Wirtschaft, Handel, Religion und Politik geschah, beeinflußte auch in Jerusalem manche Entscheidung. Informanten und Informationen waren wertvoll, wenn man Handlungsspielräume und rechtliche Möglichkeiten nutzen wollte.

Als Petrus im Jahr 41 n. Chr. vor Agrippa I. aus Jerusalem nach Rom floh, dürfte er über den Haupthafen gereist sein, Caesarea am Mittelmeer, wo sein Informant Cornelius lebte, ein Mann, den er wenige Jahre zuvor getauft hatte. Hier konnte er aktuelle und zuverlässige Informationen bekommen, über die besten Transportmöglichkeiten ebenso wie über den Stand der Dinge in Rom, wo man wenige Monate zuvor den in Lyon geborenen Claudius zum Kaiser ausgerufen hatte. Als Agrippa 44 n. Chr. starb, erreichte die Nachricht schnell auch Rom, und Petrus war wieder frei, nach Jerusalem zurückzukehren – denn nach geltendem Recht endete ein Straferlaß wie jener, der Petrus ins Gefängnis gebracht hatte, mit dem Tod des zuständigen Herrschers. Petrus konnte ungehindert reisen und war tatsächlich spätestens 48, beim Kongreß der Apostel, wieder in Jerusalem. Als Kaiser Claudius 49 n. Chr. Juden und Judenchristen aus Rom auswies, weil er öffentliche Unruhen fürchtete, waren die Betroffenen selbst die Überbringer der Nachricht; Paulus traf mit zwei Vertriebenen in Korinth zusammen. Als in der

Frühzeit des Christentums an verschiedenen Stellen des Reichs Hungersnöte ausbrachen, wurden die Sammlungen und Spenden zügig koordiniert. So war auch die Nachricht von der Hinrichtung Jesu schnell zu den jüdischen Gemeinden gelangt – die Neuigkeit vom Tod eines Messias-Prätendenten war allemal spannend. Und als die Christen dann mit der Botschaft vom auferstandenen Messias auf Reisen gingen, traten sie zuerst meist in den Synagogen auf: Dort wußte man ja schon von ihnen, und so konnten sie schnell zum Eigentlichen kommen.

Die Schnelligkeit der Nachrichtenübermittlung erwies auch im Todesjahr des Jesusbruders Jakobus ihre Nützlichkeit. Dieses Jahr, 62 n. Chr., brachte nicht nur für die Jerusalemer Urgemeinde eine einschneidende Veränderung. Im gleichen Jahr scheiterte ein von Nero angeordneter Feldzug im Osten; Caesennius Paetus, Neros Legat in Kappadozien, mußte sich in seinem eigenen Lager den überlegenen Parthern ergeben. Die Nachricht von der Kapitulation war zehn bis zwölf Tage später in Rom; das ist schneller als heute ein Brief auf dieser Route benötigt. Es kam dabei auf die Wetterlage an und auf die optimale Verbindung von Land- und Seereise. Und dem Militär standen nicht nur die besten Kuriere, sondern auch die schnellsten Schiffe zur Verfügung. Soldaten hatten zudem aufgrund ihrer Marschgeschwindigkeit eigene Vorstellungen von Entfernungen entwickelt. So schreibt der Offizier Julius Apollonarius am Ende eines Briefs an seinen Vater Julius Sabinus das folgende PS: »Vielen Dank an Volusius und Longinus Barbarus. Erzähle den Angestellten des Aphrodas, dem Sohn des Gewürzhändlers, daß ich jetzt in der in Bosra stationierten Legion diene. Das ist acht Tagesreisen von Petra entfernt.«[1] Nun kann man nachrechnen: Die Entfernung von Bosra nach Petra im heutigen Jordanien betrug rund 212 römische Meilen, etwa 314 Kilometer. Wenn Julius Apollinarius das in acht Tagen schaffte, legte er täglich gut 39 Kilometer zurück. Das lag erheblich über dem

Durchschnitt für einen normalen Fußreisenden, der meist mit zwanzig bis dreißig Kilometer pro Tag beziffert wird.[2]

Mit dem Reisewagen sah es noch besser aus: 55 bis 60 Kilometer pro Tag waren kein Problem.[3] Auch dafür gibt es einen schönen Beleg, von keinem Geringeren als Cicero. Am 27. Juli 51 v. Chr. schrieb er an seinen Freund Atticus: »Bevor ich nicht irgendwo seßhaft geworden bin, kannst du von mir weder lange Briefe erwarten noch solche, die ich mit eigener Hand schreibe. Sobald ich aber Muße habe, wird sich beides ändern. Zur Zeit sind wir auf einer heißen und staubigen Straße unterwegs. Gestern schrieb ich aus Ephesus, heute schreibe ich aus Trallis.«[4] Wieder läßt sich rechnen: Unter keineswegs günstigen Bedingungen, nämlich bei heißem Wetter und auf einer staubigen Landstraße – der Staub ärgerte Cicero so sehr, daß er ihn auch im Abschiedsgruß noch einmal erwähnt – legte er die gut 55 Kilometer Entfernung zwischen den beiden kleinasiatischen Städten Ephesus und Tralles in einer Tagesreise zurück.

Für amtliche Kommunikation stand ferner die offizielle Reichspost zur Verfügung, der sogenannte »Cursus publicus«, doch der kam für Privatpersonen nicht in Frage. Dennoch könnte die Nachricht von der Erniedrigung des Legaten Caesennius Paetus auch die interessierten Kreise in Jerusalem schnell erreicht haben: Mit einem Kaufmannswagen wäre die Landstrecke aus dem Grenzgebiet zwischen Kappadozien und Armenien bis nach Jerusalem – etwa 750 Kilometer – in gut zwölf Tagen zu schaffen gewesen. Dort wiederum hatten Juden und Christen gleichermaßen ein Interesse an Ereignissen in jenem Raum – viele Juden lebten dort, und früh hatten sich dort auch die ersten christlichen Gemeinden etabliert.[5] Da war es schon wichtig, etwas über die Machtverhältnisse und ihre Verschiebungen zu erfahren. Ebenso werden die Juden und Christen auch in Rom und anderswo dankbare Empfänger schneller Nachrichten aus dieser Gegend gewesen sein – nicht zuletzt Petrus, der zu dieser Zeit wieder in Rom war und erst ein paar Jahre zuvor seinen Mitarbeiter Silvanus mit einem Brief dorthin geschickt hatte.[6]

Im Jahr 62 n. Chr. starb auch Afranius Burrus, der Präfekt der Prätorianer. Was vielleicht nebensächlich klingt, hatte jedoch weitreichende Folgen: Gemeinsam mit Seneca war dieser Burrus Neros wichtigster Berater in dessen frühen Herrscherjahren, ein Mann, der immer wieder mäßigend auf den Kaiser einwirkte, auch wenn er manche Exzesse nicht unterbinden konnte. Bis zu seinem Tod verhinderte er, daß Nero, der drei Jahre zuvor seine Mutter ermordet hatte, sich von seiner ersten Frau Octavia scheiden ließ. Mit dem Tod des Burrus sank auch der Einfluß des zweiten Beraters, des Philosophen Seneca, der sich ins Privatleben zurückzog und drei Jahre später von Nero zum Selbstmord gezwungen wurde. Auch außerhalb Roms werden die Christen aufmerksam die Nachrichten verfolgt haben: Unter den Prätorianern, der wichtigsten militärischen Stütze kaiserlicher Macht, gab es zu dieser Zeit bereits viele, die durch Paulus von der christlichen Botschaft gehört hatten, und einige aus der engeren Umgebung Neros waren wohl auch Christen geworden. So vermittelt es sein Brief an die Philipper, der vermutlich aus seiner römischen Gefangenschaft abgeschickt wurde. Eine Münze Neros aus dem Jahr 64 n. Chr. hebt die Bedeutung der Garde für diesen Kaiser hervor: Sie zeigt auf der Rückseite, wie Nero, mit hocherhobener rechter Hand vor dem Praetorium auf einem Podium steht und zu seinen Praetorianern spricht, neben ihm der Präfekt der Garde – zu diesem Zeitpunkt der Nachfolger des Burrus, Ofonius Tigellinus.[7] Die Nachricht vom Tod des Burrus können die Leser des Paulus-Briefs innerhalb von zehn Tagen im nordgriechischen Philippi erhalten haben.

Großes Interesse fand überall im Römischen Reich, vor allem unter den Juden und im judenchristlichen Milieu, noch eine weitere Nachricht des Jahres 62: Kaum war Burrus tot, ließ sich Nero von Octavia scheiden und heiratete seine Konkubine Poppaea Sabina. Was war von ihr zu erwarten, da doch die Gerüchte umgingen, sie sei es gewesen, die Nero zur Ermordung seiner Mutter und zur Verbannung und Tötung der Octavia veranlaßt hatte? Dann kam die Überraschung. Poppaea Sabina stellte sich als Freundin der Juden heraus. Der Historiker Flavius Josephus, der zu diesem Zeitpunkt noch Joseph Ben Matthitjahu hieß und als jüdischer Adliger eine pharisäische Laufbahn in Galiläa begonnen hatte, erzählt von einem Ereignis, das sich 62 n. Chr. abspielte, in seiner Autobiographie. Und der Bericht ist auch deswegen noch interessant, weil wir darin einer Person begegnen, mit der auch Paulus zu tun hatte – dem Prokurator Felix, der Paulus zwei Jahre lang in Caesarea gefangenhielt, während er auf eine hohe Bestechungs- oder Lösegeldsumme spekulierte (Apostelgeschichte 24,26-27). Und dazu enthält dieser Bericht noch eine Schiffskatastrophe, wie sie rund vier Jahre vor Josephus auf der gleichen Route – vom Haupthafen Caesarea nach Rom – auch Paulus und Lukas zugestoßen war:[8]

Ich hatte mein sechsundzwanzigstes Lebensjahr vollendet, als ich eine Reise nach Rom unternahm. Und das war der Grund: Als Felix Prokurator von Judäa war, ließ er einige mir befreundete Priester, rechtschaffene und ehrenwerte Männer, wegen einer Nichtigkeit verhaften und nach Rom bringen, wo sie sich vor dem Caesar (= Nero) verantworten sollten. Mit der Absicht, einen Beitrag zu ihrer Befreiung zu leisten, und besonders dadurch motiviert, daß ich erfahren hatte, wie sie auch in ihrem Unglück ehrfürchtig vor Gott blieben und sich nur von Feigen und Nüssen ernährten, reiste ich nach Rom, mußte aber auf See große Gefahren bestehen. Denn mitten auf dem Adriatischen Meer sank unser Schiff, und wir alle, fast sechshundert Personen, mußten die ganze Nacht lang schwimmen. Bei Tagesanbruch kam uns durch Gottes Fügung endlich ein Schiff aus Kyrene entgegen, das mich selbst mit einigen anderen aufnahm, die schneller geschwommen waren, insgesamt ungefähr achtzig Männer. So wurde ich gerettet und gelangte nach Puteoli, wo ich von Aliturus gastlich aufgenommen wurde.[9] Dieser Mann war ein geborener Jude und von Beruf ein Schauspieler, der die Gunst des Nero genoß. Durch ihn machte ich die Bekanntschaft der Frau des Caesars, Poppaea. Ihr trug ich sofort meine Bitte um die Freilassung der Priester vor. Und tatsächlich gewährte sie mir diese Gnade, und nachdem sie mich außerdem noch großzügig beschenkt hatte, kehrte ich nach Hause zurück.

(Josephus, Lebensbeschreibung, 16)

Die Ergänzung dieses Porträts der entgegenkommenden Poppaea lesen wir in einem anderen Bericht des Josephus, den er nicht als Augenzeuge überlieferte. Da das Ereignis jedoch gut anderthalb Jahre früher stattfand, bietet es gewissermaßen die vorausgehende Erläuterung. In seinen *Jüdischen Altertümern* schreibt Josephus, wie Anfang 62 n. Chr. eine hochrangige jüdische Delegation zu Nero reiste, um sich nachträglich bauliche Veränderungen am Tempel genehmigen zu lassen. Denn die neue Ummauerung hatte den Zorn des Königs Agrippa II. und des neuen Prokurators Festus erregt, da sie deren Ausblicke auf die Innenhöfe des Tempels versperrte. Nero aber stimmte den jüdischen Baumaßnahmen gegen die Wünsche seines Prokurators zu – der immerhin ein militärisches Interesse hatte, die Tempelanlagen von der unmittelbar angrenzenden Antonia-Festung vor allem bei den großen Massenaufläufen an den Hauptfesttagen kontrollieren zu können. Und Josephus erklärt nun, daß Nero so handelte, weil er seiner Frau Poppaea eine Freude machen wollte, denn »sie war eine Gottesfürchtige, die sich für die

Juden einsetzte«.[10] Man streitet noch heute darüber, was Josephus mit dem Wort »Gottesfürchtige« (griechisch »theosebäs«) ganz genau meinte. Im nur wenig früher ebenfalls von einem Juden geschriebenen Johannes-Evangelium, der einzigen Stelle des Neuen Testaments, an der es vorkommt, ist es unzweideutig auf den Gott der Juden und Christen bezogen: »Wir wissen, daß Gott die Sünder nicht erhört; sondern den, der ein Gottesfürchtiger ist, den erhört er« (Johannes 9,31). Hier spricht der Blindgeborene, der mit dem Gottesfürchtigen Jesus meint, von dem er geheilt wurde: Gott habe Jesus erhört und ihm die Kraft zum Heilen gegeben, weil er ein »theosebäs« sei. Und der Geheilte fügt hinzu: »Von Anbeginn der Welt an hat man nicht gehört, daß jemand einem Blindgeborenen die Augen aufgetan habe. Wäre dieser (= Jesus) nicht von Gott, so könnte er nichts tun.« Das ist alttestamentliche Sprache: »Der Herr ist ferne von den Gottlosen, aber der Gerechten Gebet erhört er« (Sprüche Salomos 15,29). Und das Wort geht zurück auf die Anfänge der Bibel, die Thora: Dort, im 2. Buch Mose/Exodus 18,21-22, spricht Jitro zu seinem Schwiegersohn Moses und sagt: »Sieh dich aber unter dem ganzen Volk um nach redlichen Leuten, die Gottesfürchtige sind, wahrhaftig und unbestechlich. Die setze über das Volk, als oberste über tausend, über hundert, über fünfzig und über zehn, damit sie das Volk allezeit richten.« Hier wird in der griechischen Fassung des Alten Testaments, der »Septuaginta«, die aus dem 3. vorchristlichen Jahrhundert stammt, für die Gottesfürchtigen wieder der Ausdruck »theosebäs« gebraucht. Es ist also nicht wenig, wenn Josephus die Poppaea so bezeichnet. Gerade die jüdischen Leser seiner Schrift und die damals schon zahlreichen Griechen und Römer, denen die Thora in der griechischen Fassung bekannt war, werden die Wortwahl bemerkt haben.[11]

Für Josephus war die zweite Frau des Kaisers Nero keine Intrigantin, sondern eine, die dem Judentum sehr nahestand und im Glauben an den einen Gott des jüdischen Volkes lebte, ohne formal konvertiert zu sein. Und da Nero in jüdischen Belangen auf sie hörte – gleich zweimal, wie wir sahen – ist es auch ganz unvorstellbar, daß der Kaiser nicht wußte, warum sie es tat. Daraus folgt aber noch mehr: Je deutlicher Nero begriff, wie wichtig seiner Frau die Juden waren, und vor allem, wer sie waren und woran sie glaubten, desto leichter mußte es ihm fallen, zwischen Juden und Christen zu unterscheiden. So konnte ihm nicht passieren, was sein Vorgänger Claudius unternahm, als er 49 n. Chr. Juden und (Juden-)Christen gemeinsam aus Rom auswies, weil er einen Aufruhr unterbinden wollte, der aus einer innerjüdischen Kontroverse über einen gewissen Chrestus oder Christus auszubrechen drohte.[12] Nero wußte sehr genau zu unterscheiden. Und als er im Anschluß an den katastrophalen Brand von Rom, der in der Nacht vom 18. auf den 19. Juni 64 n. Chr. ausbrach und weite Teile der Stadt vollständig zerstörte, nach Schuldigen suchte, die den allerdings wohl unbegründeten Verdacht der Brandstiftung von ihm selbst ablenkten, da entschied er sich für die Christen – und nur für sie, ohne auch nur einem Juden ein Haar zu krümmen.

Poppaea war auch verantwortlich für die Ernennung des Ehemanns einer Freundin, des Gessius Florus, zum neuen Prokurator von Judaea im Jahr 64. Das allerdings stellte sich schnell als Fehlentscheidung heraus, denn Gessius Florus tat alles, um die Juden gegen sich und die Römer aufzubringen – unter anderem führte die Anforderung eines großen Teils des Tempelschatzes zu einem blutigen Aufstand, und daraus entwickelte sich 66 n. Chr. die Revolte gegen die Römer, die in der Zerstörung Jerusalems und des Tempels gipfelte.[13] Poppaea Sabina erlebte den Anfang des Kriegs nicht mehr; wie es heißt, kam die Schwangere 65 n. Chr. durch einen Fußtritt um, den Nero ihr in den Unterleib gab – sie hatte ihm Vorwürfe gemacht, weil er zu spät nach Hause gekommen war.[14]

Wenn im Jahre 62 n. Chr. alle diese Nachrichten über Caesennius Paetus, Afranius Burrus und Poppaea in rund zwei Wochen von Rom nach Jerusalem gelangen konnten, so brauchte auch die Nachricht von der Ermordung des Jakobus im gleichen Jahr wohl kaum länger, um den umgekehrten Weg zu nehmen.[15] Selbst wenn widrige Winde zu ungünstiger Jahreszeit die Schifffahrt gefährlich machten (Apostelgeschichte 27,9) und Schiffbrüche ebenso möglich waren wie freiwillige oder erzwungene Unterbrechungen an Zwischenstationen: Die Nachrichten und ihre Übermittler erreichten ihr Ziel in einem überschaubaren Zeitraum. Jakobus wurde zusammen mit einigen anderen Mitgliedern der Jerusalemer Urgemeinde auf Betreiben des Hohenpriesters Ananos von einer Gruppe aufgehetzter Juden zu Tode gesteinigt: Den ältesten zusammenfassenden Bericht überliefert Josephus in seinen *Jüdischen Altertümern*, die um 93 n. Chr. veröffentlicht wurden,[16] doch die Fakten selbst waren innerhalb kürzester Zeit überall bekannt. Nachricht und Reaktion konnten im Wortsinn postwendend übermittelt werden – so auch hier: Josephus berichtet, wie einige gesetzestreue Juden nach dem ungesetzlichen Vorgehen des von Ananos aufgewiegelten Synhedrion dem Prokurator Albinus entgegenreisten, der die Nachfolge des verstorbenen Festus angetreten hatte. Albinus befand sich auf dem Weg von Alexandria nach Jerusalem, eine Strecke, die man ohne Anstrengung in vier Tagen zurücklegen konnte. Unterwegs traf ihn die jüdische Delegation, und der neue Prokurator wartete nicht bis zum Eintreffen in der Stadt, sondern schickte einen Brief an den Hohenpriester, in dem er die Bestrafung androhte. Und er mußte wissen, daß der Briefbote noch erheblich schneller als er selbst in Jerusalem eintreffen würde. Ein Zweitschreiben ging offenbar an König Agrippa II., denn der König handelte sicherheitshalber noch vor dem Eintreffen des Prokurators und setzt Ananos nach nur dreimonatiger Amtszeit ab. Das ist ein beachtlicher Ereignisablauf: Ermordung, Nachrichtenüberbringung, briefliche Reaktion, Bestrafung, alles innerhalb weniger Tage, während der zuständige Mann von Alexandria nach Jerusalem reiste und unterwegs stets auf dem Stand der Dinge war.

Die Schnelligkeit und Effizienz der Nachrichtenübermittlung, die hier am Beispiel einiger Ereignisse des Jahres 62 aufgezeigt wurden, erlaubte zeitgenössischen Archivaren und Historikern schon sehr bald, Geschichte aufzuarbeiten. Anders gesagt: Es fällt nicht nur dem geschulten Historiker auf, daß der Tod des Bruders Jesu, durch den das Leben der Urgemeinde in Jerusalem eine einschneidende Veränderung erfuhr, im ersten frühchristlichen Geschichtswerk, der Apostelgeschichte des Lukas, nicht mehr vorkommt. Die Apostelgeschichte endet mit dem Hausarrest des Paulus in Rom, vor 62 n. Chr. Kein einziger früher Papyrus, keine einzige Handschrift dieses Werks, zeigt irgendwelche Spuren einer Fortsetzung. Auch später ist offensichtlich nie versucht worden, am Ende des Buchs nachzutragen, was danach geschah. Die beiden anderen Einbrüche, die nach 64, wohl 67 n. Chr. eintraten – die Kreuzigung des Petrus und die Hinrichtung des Paulus mit dem Schwert, beide in Rom, kommen gleichfalls nicht mehr in der Apostelgeschichte vor. Das Fehlen des Jakobus-Todes kann also kein Versehen gewesen sein. War es dann vielleicht eine literarische Absicht des Lukas, der sein Opus offen enden lassen wollte? Gerade das muß ausgeschlossen werden, denn die Themen der Leidens- und Sterbensbereitschaft, die Märtyrertode des Stephanus und des Johannes-Bruders Jakobus, auch die ausdrückliche Todesbereitschaft des Paulus selbst, sind so wichtige Akzente, daß Lukas alles darangesetzt hätte, auch bei Jakobus, Petrus und Paulus davon zu berichten.[17] Hat vielleicht Lukas nur für seinen Widmungsempfänger Theophilus geschrieben, der von den jüngsten Todesfällen schon wußte, so daß Lukas sie ihm nicht mehr zu erzählen brauchte? Nicht nur angesichts der Struktur der Apostelgeschichte wäre es seltsam, gleich drei zentrale Märtyrertode nur deswegen nicht zu erwähnen, weil der erste Leser des Buchs davon vielleicht schon gehört hatte.

Beim Markus-Evangelium, das ebenfalls mit einem scheinbar »offenen« Schluß endet, verhält es sich genau umgekehrt: Hier läuft alles auf die dramaturgische Pointe hinaus, die heilige Furcht vor dem in der Geschichte handelnden Gott aufzuzeigen – deswegen gehen die Frauen in Furcht vom leeren Grab und erzählen niemandem etwas. Als Markus schrieb, konnte er natürlich voraussetzen, daß viele seiner Leser und Hörer diese Pointe in dem Wissen goutierten, wie es danach weiterging. Wir haben aber keine vier Apostelgeschichten, sondern nur eine, und keine Spuren einer etwa gleichzeitigen Überlieferung, die das Ende des Lukas-Buchs auffangen und fortführen würde. Und wie wir sahen, ist die Apostelgeschichte nun einmal gerade nicht auf die Pointe eines »offenen« Endes vor den Höhepunkten der drei wichtigsten Martyrien angelegt.

Es bleibt die Vermutung: Lukas hat gar nichts davon gewußt. Aber diese Annahme ist, wie wir bereits gesehen haben, kein *Lepton* wert. Jeder Jude, jeder Judenchrist, jeder Christ hatte zu solchen Nachrichten Zugang, wo auch immer er sich aufhielt, innerhalb von Tagen oder Wochen oder schlimmstenfalls auch Monaten. So bleibt nur eins: Lukas hat sein Werk spätestens 62 n. Chr. abgeschlossen.[18] Das liegt nicht zuletzt auch wegen der Geschwindigkeit der Nachrichtenübermittlung nahe, die ihm angesichts der Konzeption seines Buchs gar keine andere Wahl gelassen hätte, als davon zu berichten, wenn Jakobus und etwas später Petrus und Paulus zum Zeitpunkt der Veröffentlichung bereits ermordet gewesen wären. So ist das Jahr 62 n. Chr. ein Jahr des Abbruchs und des Umbruchs, im Privatleben des Nero und in seiner Autorität als Kaiser, im Leben der ersten christlichen Gemeinden, nicht nur in Jerusalem. Und aus dieser Perspektive wird erneut deutlich, daß die Welt des Römischen Reichs nicht in isolierte Nischen geteilt werden kann. Das Interesse an Kommunikation und die Möglichkeiten, dieses Interesse zu befriedigen, wurden von den Juden und den ersten Christen genutzt und wirkten sich auf sie aus – in den Beziehungen untereinander ebenso wie in den Beziehungen zu anderen Menschen, Gemeinschaften und Strukturen.

Eine Rolle für den Kaiser

62 n. Chr. war das frühe Christentum längst zu einer missionarischen Bewegung geworden, die in allen Zentren des Römischen Reichs ihre Außenposten hatte. Noch darf man für diese Zeit von Außenposten sprechen, denn mindestens bis zum Tod des Jakobus war Jerusalem, wie wir sahen, das »Verteilerzentrum« in die jüdische und nichtjüdische Welt, mit einer nirgends bezweifelten Autorität. Gerade weil die Gemeinde in Jerusalem, in diesen Zeiten der geradezu rasanten Ausbreitung ein Garant der Stabilität blieb – man könnte auch sagen: der noch in der Familienbeziehung bewahrten stabilen Orthodoxie, die sich vom Juden Jesus selbst ableitete – , blieb sie so wichtig. Als Nero bereits im fünften Jahr seiner Herrschaft war, 59 n. Chr., kam Paulus in Begleitung von Lukas und einigen Christen aus Caesarea noch einmal nach Jerusalem. Petrus war einige Monate zuvor abgereist und befand sich erneut auf dem Weg nach Rom. Paulus ging mit seinen Begleitern sofort zu Jakobus, der nun wieder die alleinige Leitung über die Urgemeinde innehatte. Was dann geschah, ist nur mit der allseits akzeptierten Integrität und Autorität des Jakobus noch in dieser späten Phase, immerhin neunundzwanzig Jahre nach dem Tod Jesu, angemessen zu verstehen:

Paulus berichtet »in allen Details« vom Siegeszug seiner Missionstätigkeit unter den griechischsprachigen Nichtjuden (Apostelgeschichte 21,19). Die Freude ist groß – heute würde man wohl von einer »standing ovation« für den Berichterstatter sprechen. Aber Paulus muß auch wieder auf den Boden der Tatsachen geholt werden. Der Glaube kann in dieser multikulturellen Welt im Wortsinn nur glaubhaft sein, wenn er nicht einseitig wird. Also sagt man ihm: »Bruder, du siehst, wie viele Tausende unter den Juden gläubig geworden sind, und sie alle sind Eiferer für das Gesetz.« Mit anderen Worten: Während Paulus »draußen« arbeitete, wurde in Jerusalem, in Judäa und Samaria, und sicher auch in Galiläa, eine beachtliche Zahl traditionsgebundener Juden zu Christusanhängern.[19] Der Rundbrief, den die Jerusalemer elf Jahre zuvor, 48 n. Chr., Paulus für seine Tätigkeit mitgegeben hatten, war kein Freibrief, das Jüdische als unverzichtbares Urelement zu vernachlässigen. Mehr noch – diese Judenchristen, die ihre Traditionen pflegten, hatten unangenehme Gerüchte gehört: Angeblich lehrte Paulus, daß nun auch die Juden, die Christen wurden, das Gesetz des Moses nicht halten und ihre Kinder nicht mehr beschneiden sollten. Vielleicht hatte Paulus tatsächlich darauf hingewiesen, daß man zur Überwindung der Spaltung in zwei frühchristliche Kulturen, eine rein jüdische und eine rein nichtjüdische, auch den Juden die Freiheit lassen müsse, auf Beschneidung und andere Traditionsregeln künftig zu verzichten, sofern sie über die knappen Regelungen hinausgingen, die der Jerusalemer Rundbrief 48 n. Chr. den »Heiden«-Christen auferlegt hatte. Vielleicht – Paulus selbst handelte jedenfalls in seinem unmittelbaren Einflußbereich anders: Seinen Begleiter Timotheus, der griechischer Abstammung war, ließ er beschneiden, »mit Rücksicht auf die Juden, die in jenen Gegenden wohnten« (Apostelgeschichte 16,3). Wir können hier den Lernprozeß beobachten, den Paulus nach dem Kongreß der Apostel und nach seiner mißlungenen Konfrontation mit Petrus in Antiochia durchlief und von dem sein erster Brief an die Korinther ein so beredtes Zeugnis ablegt.

Es war Jakobus ebenso klar wie Paulus, daß die Gerüchte unbegründet waren. Der 1. Korintherbrief war längst geschrieben, und eine Kopie war zu diesem Zeitpunkt selbstverständlich auch in die Hände des Jakobus gelangt. Der Kernsatz, daß Paulus den Juden ein Jude und den Griechen ein Grieche (1. Korinther 9,19-23), also situationsbedingte Flexibilität zu zeigen bereit war, mußte nun auch das Verhalten in Jerusalem bestimmen. Und so folgte Paulus der Anweisung des Jakobus, im Tempel ein Opfer darzubringen, eine kultische Reinigung zu vollziehen und diesen Ritus für vier weitere Männer aus der Gemeinde zu bezahlen – ein besonderes Zeichen der Frömmigkeit im althergebrachten Sinn. Auch ohne auf die Details dieser Anweisung einzugehen,[20] kommen wir an der Pointe der Geschichte nicht vorbei: Paulus akzeptiert die Autorität der Urgemeinde, er handelt, wie es ihm aufgetragen wird, und er tut dies noch zu einem Zeitpunkt, als nur Jakobus, nicht auch Petrus, sein Gegenüber ist. Eine solche Autorität, nur wenige Monate vor der Verhaftung des Paulus durch die Römer und nur drei Jahre vor dem Tod des Jakobus – also in einer Spätphase der Urgemeinde – hat größte Bedeutung auch für einen anderen Bereich der internationalen Ausweitung der christlichen Botschaft zur Zeit Neros, den wir bisher nur am Rande streiften: die Garantie der Vervielfältigung und Verbreitung dieser Botschaft in schriftlicher Form. Dabei geht es hier gar nicht in erster Linie darum, wann genau die ersten historischen Schriftstücke verfaßt wurden. Es geht vielmehr darum, wie und in welcher Form sie zu ihren Lesern gelangten. Die Jerusalemer Urgemeinde unter Jakobus spielte dabei eine nicht unmaßgebliche, in gewisser Weise sogar die entscheidende Rolle, und sie profitierte von den bewährten und erprobten Kommunikationswegen innerhalb des Römischen Reichs.

Blicken wir noch einmal auf die Ereignisse des Jahres 62: Zu all den Todesfällen, von denen wir schon hörten und die zweifellos überregionale Bedeutung hatten, kam noch ein weiterer, der des adligen Satirikers Aules Persius Flaccus aus der Gegend von Florenz. Sein Freundeskreis gehörte zum Widerstand gegen Nero. Obwohl Persius im Alter von nur achtundzwanzig Jahren eines natürlichen Todes starb, hatte sein Tod eine Art Signalwirkung; die herausragenden Persönlichkeiten der römischen Dichtung unter Nero gerieten zunehmend in den Verdacht, der stoischen Opposition anzugehören, und Nero schaltete einen nach dem anderen aus, wofür ihm die Pisonische Verschwörung von 65 n. Chr. den letzten noch fehlenden Vorwand gab. Aus dem Kreis des Persius mußten Lucius Annaeus Cornutus und Musonius Rufus ins Exil gehen, Lukan und der von Persius nicht besonders geschätzte Seneca wurden zum Selbstmord gezwungen, ein Jahr später brachte sich Thrasea Paetus um, dann auch Petronius. Persius vermittelt in seiner bitteren, abgrundschwarzen Zeitsatire ein Bild von der literarischen Szene zur Zeit Neros vor 62 n. Chr., die eben auch die Zeit der Verbreitung der historischen Schriften des Frühchristentums ist, und auch er ist gut informiert über die Gegenwart des jüdischen Elements in der römischen Gesellschaft.[21]

Die blühende literarische Szene dieser Jahre ist mit Gestalten verbunden, die uns heute oft nur noch namentlich bekannt sind, weil von ihren Werken kaum etwas erhalten blieb: Caesius Bassus zum Beispiel, ein Dichter und Literaturkritiker, der trotz seiner engen Freundschaft mit Persius unpolitisch und hoch angesehen war und 79 n. Chr. beim Ausbruch des Vesuvs ums Leben kam. Oder der in Rom griechischschreibende Epigrammatiker Lukillios, dessen Gedichte nichts an Witz verloren haben – wie etwa jenes, in dem er beschreibt, wie der Bruder eines fürchterlich zugerichteten Boxers sich weigert, diesem seinen Anteil am Familienerbe auszuzahlen, da er nicht mehr wie ein Mitglied der Familie aussehe.[22] Silius Italicus, zwöf Jahre älter als Nero, trat als Epiker hervor, der in über 12 000 Versen, kunstvollen Hexametern, den 2. Punischen Krieg beschrieb; politisch geschickt unterstützte er Nero, ebenso geschickt überlebte er dessen Untergang und Tod 68 n. Chr. und starb erst 101 n. Chr. Cluvius Rufus trat als Zeithistoriker hervor, wirkte wie Gallio als Herold bei Neros Theaterinszenierungen und schrieb eine Geschichte der Schauspielkunst. Trotz seiner Nähe zum Kaiser überstand auch er den Untergang und setzte seine Zeitgeschichte noch bis zum Kaiser Otho fort; Tacitus benutzte ihn als eine seiner Quellen.

Es gab keine literarische Gattung, die unter Nero nicht Anklang und Förderung gefunden hätte. Auch das Theater mit seinen verschiedenen Formen, vor allem den Komödien und Mimus-Possenspielen, stand unter Nero hoch im Kurs. Denn Nero war zumindest bis zum Jahr 62 ein leidenschaftlich engagierter Freund und Förderer aller Künste und Künstler. Und das war nicht nur die Liebe des passiven Genießers: Seine Begabungen, die er durch ständigen Unterricht verfeinerte, wurden von vielen Beobachtern anerkannt, wenn auch oft nur widerwillig. Die wohl eigenhändig verfaßte Ansprache, die er 67 n. Chr. in Griechenland hielt, blieb auf einer Inschrift erhalten und gilt noch unter heutigen Historikern als sprachliche und stilistische Meisterleistung.[23] Er ließ sich von den führenden Musikern seiner Zeit, Terpnos und Menekrates, in Gesang und im Spiel der siebensaitigen Kithara unterrichten. Am Tiberufer gründete er ein Privattheater und führte dort im Jahr 59 erstmals von ihm eingerichtete Festspiele auf, die »Juvenalia«, zur feierlichen, jährlichen Erinnerung an den Tag, an dem er sich zum ersten Mal rasiert hatte. Zum Programm gehörten Gesangsdarbietungen und dramatische Szenen aus Mythologie und Heldensage in lateinischer und griechischer Sprache. Nicht ganz freiwillig mußten in von ihm inszenierten Stücken auch hochrangige Senatoren mitwirken, und während ihn der alte Adel dafür zunehmend verachtete, liebte ihn das Volk um so mehr.

Die Bühne war für Nero das Bindeglied zwischen Kaiser und Volk auf Kosten der Patrizier und Senatoren geworden, und wenn Nero selbst auftrat und sang, scheint der Jubel der Massen tatsächlich aufrichtig gewesen zu sein. Immerhin wirkte der Bruder Senecas, Iunius Gallio, als Herold mit und kündigte die Bühnenauftritte Neros an, der dann eigene Stücke vortrug und sich selbst auf der Kithara begleitete.[24] Das war derselbe Gallio, der gut sieben Jahre zuvor, wohl im Frühjahr 52 n. Chr., als Prokonsul von Achaia noch mit Paulus in Korinth zusammentraf und sich weigerte, gegen den Apostel strafrechtlich vorzugehen (Apostelgeschichte 18,12).

Gelehrte Historiker wie Sueton, Tacitus und Cassius Dio hielten nicht viel vom Schauspieler, Sänger und Intendanten Nero, aber das Volk schätzte ihn.[25] Ohne Übertreibung darf man den Nero dieser Jahre als Volkskaiser bezeichnen, der noch 64, nach dem Brand von Rom, alles tat, um dem Volk entgegenzukommen: nicht nur durch die schnellen und wirkungsvollen Versorgungs- und Unterbringungsmaßnahmen zugunsten der obdachlos gewordenen Bevölkerung, für die er sogar seine eigenen Gärten und Grundstücke öffnete, sondern auch durch die Entscheidung, die Schuld für den Brand bei den Außenseitern in der Stadt zu suchen, den Christen. Daß er in der Grausamkeit seiner Verfolgungsmaßnahmen den Bogen überspannte und sogar das Mitleid der Bevölkerung und den Widerwillen von ausgesprochenen Christengegnern wie Tacitus hervorrief, steht auf einem anderen Blatt.[26] Doch dies war noch nicht der Nero, an den sich der Apostel Paulus 59 n. Chr. aus dem Arrest in Caesarea wandte, dem als römischer Bürger das Recht zustand, seinen Fall in einem Prozeß vor dem Kaiser entscheiden zu lassen. Es war auch noch nicht der Nero nach dem Tod des Burrus und der Entmachtung des Seneca. Für Paulus, aber auch für andere

Christen und Juden, war der Nero dieser Zeit ein gebildeter, musischer Mann, ein Philosoph aus bester Schule.

Von der charakterlichen Wende Neros, die im Rückblick mit der Ermordung der Agrippina, seiner Mutter, im Jahr 59 eingesetzt haben mag, dürfte Paulus frühestens auf dem Weg nach Rom erfahren haben, vermutlich aber erst nach seinem Eintreffen. Und selbst dann bliebe zweifelhaft, ob Nero selbst die Verantwortung für den Mord trug. Kurz: Weder Petrus, der zu diesem Zeitpunkt längst wieder ungehindert in Rom auftrat, noch Paulus, der selbst zum Kaiser wollte, konnten Nero anders sehen als die personifizierte Möglichkeit, in der Hauptstadt des Reichs den Juden Jesus als Christus für alle Menschen, für Juden, Griechen und Römer zu verkünden. Im berühmten Jahr 62 mag das kurzfristig sogar noch einmal zusätzliche Nahrung bekommen haben, als Nero die judenfreundliche Poppaea heiratete. Gerade Paulus könnte nun gehofft haben, die bis dahin ausgebliebene Audienz, und schließlich den Prozeß vor dem Kaiser, unter wohlwollenden Bedingungen zu erhalten. Wir sahen bereits, daß es anders kam, jenseits des Berichtszeitraums der Apostelgeschichte, und daß gerade Poppaea dazu beigetragen haben dürfte, ihren Ehemann zwar für die Juden, aber gegen die Christen einzunehmen – also auch gegen die christusgläubigen Juden Petrus und Paulus. Und dennoch müssen wir festhalten: In diesen Zeiten der Planung und der Hoffnung, der Erfolge und Enttäuschungen, war der Markt wie selten zuvor offen für die Verbreitung der ersten christlichen Bücher. Der Literaturfreund und Kunstmäzen Nero hatte zu einer Situation beigetragen, die Spielräume ließ für das Anders- und Eigenartige, eine Situation, die geradezu geschaffen war, um Neugierde zu wecken und zu befriedigen. Den christlichen Autoren und Multiplikatoren konnte es gleichgültig sein, daß die Lektüre auch zu Satiren führte wie bei Petronius und seinem *Gastmahl des Trimalchio*, oder zu novellistischen Verfremdungen wie im Roman *Kal-*

lirhoe des Chariton aus Aphrodisias. Entscheidend war, daß die Schriften überhaupt auf den Buchmarkt kamen und rezipiert wurden: Auf jede Satire, so durfte man hoffen, kam ein Vielfaches an ernsthaftem Nachdenken gerade in den gebildeteren Schichten. Und daß man diese erreichen konnte, das hatte nicht zuletzt Lukas bewiesen, dem es gelungen war, einen hochrangigen römischen Beamten, die Exzellenz Theophilus, als Widmungsempfänger seines Evangeliums und dessen Fortsetzung, der Apostelgeschichte, zu gewinnen.

Wo auch immer die vier Evangelien erstmals einzeln veröffentlicht wurden, in Rom, Alexandria, Caesarea, Antiochia, Ephesus oder Jerusalem, sie wurden als Schriftrollen publiziert. Das war die übliche Form, unter Juden ebenso selbstverständlich wie unter Griechen und Römern. Auch die Christen machten da natürlich mit. Für ihre eigene Klientel – für die Gemeinden und ihr Umfeld – war die Schriftrolle ebenso normal wie für andere Zielgruppen. Um sich diese Alltäglichkeit deutlich zu machen, braucht man nur daran zu denken, wie Jesus selbst in der Synagoge von Nazareth eine Schriftrolle des Propheten Jesaja auf- und wieder zusammenrollt (Lukas 4,16-20).[27] Man denke auch an das Bild, das in der Offenbarung des Johannes evoziert wird: »Und der Himmel wich wie eine Schriftrolle, die zusammengerollt wird« (Offenbarung 6,14). In dieser Zeit war »Buch« gleichbedeutend mit Schriftrolle. Der Gedanke, daß die Rolle doch eigentlich etwas ziemlich Unpraktisches ist, wenn man Stellen nachschlagen will oder einfach nur Platz sparen möchte – Rollen waren in der Regel nur einseitig, nämlich auf der geschützten Innenseite beschrieben und »verschenkten« damit die Hälfte des Beschreibstoffs –, dieser Gedanke lag den antiken Benutzern fern, solange es keine Alternativen gab. Nero nahm Schriftrollen ebenso selbstverständlich in die Hand wie Jesus, Kaiaphas, Markus oder Petronius. Und dennoch gibt es hierzu einen geradezu verblüffenden archäologischen Befund: Von den ältesten christlichen Texten sind mit einer Handvoll Ausnahmen keine Rollen erhalten, sondern Kodizes, das heißt also Vertreter der zweiten Generation christlicher Publikationsformen.

Einen Kodex kann sich ein heutiger Leser vereinfacht wie ein modernes Buch vorstellen: Ein Blatt Papyrus oder Pergament wurde so oft gefaltet, wie notwendig war, um das gewünschte Format zu erreichen. Die so erzielten Lagen wurden aufeinandergelegt und durch Fäden oder andere Mittel miteinander verbunden, zum Schluß kam eine Umhüllung dazu, die häufig aus Leder war. Nun konnten alle Seiten eines Bogens beschrieben werden, da sie gemeinsam geschützt waren, und statt der fünf separaten Rollen für die vier Evangelien und Teil 2 des Lukas-Evangeliums (also die »Apostelgeschichte«) reichte letztlich, wenn man wollte, ein einziger Kodex für alle fünf Werke aus. Ein mittlerer Kodex konnte immerhin mehr als das Zehnfache einer durchschnittlichen Papyrusrolle aufnehmen.[28] Das und viele andere Gründe, die für den Kodex sprachen, leuchten schnell ein.[29] Man mußte nur erst einmal darauf kommen – und vor allem, was damals wie heute genauso wichtig war: Man mußte die Autorität oder die markttechnischen Möglichkeiten besitzen, die Innovation auch durchzusetzen. Wer aber kann im frühen Christentum eine Autorität besessen haben, die derart weitreichend war? Von welcher Person oder welchem Ort konnte eine Direktive ausgehen, die offenbar überall in den christlichen Gemeinden und von den beauftragten Schreibern befolgt wurde, so radikal, daß schnell und flächendeckend nicht mehr Rollen, sondern nur noch Kodizes produziert wurden?

Nach den vorausgegangenen Seiten fällt die Antwort nicht mehr schwer. Doch gehen wir zur Sicherheit »gegenchronologisch« vor: Eine Großinstanz war der Kaiser, und der erste christliche Kaiser, Konstantin, gab in der Tat die Herstellung von vollständigen Ausgaben der Bibel in griechischer Sprache in Auftrag. Das war mit Sicherheit ein wichtiger Schritt zur Vereinheitlichung der Überlieferung. Allerdings ist der frühestmögliche Zeitpunkt, zu dem sich Konstantin erstmals öffentlich für das Christentum aussprach, das Jahr 313. Doch alle Forscher sind sich – ausnahmsweise – darin einig, daß die christlichen Kodex-Handschriften lange vor Konstantin überall im Römischen Reich hergestellt wurden. Wer käme vor Konstantin in Frage? Aus heutiger Sicht denkt man da an den Papst in Rom, der vielleicht nach dem bewährten Motto »Roma locuta, causa finita«[30] die Sache hätte organisieren können. Doch in der Epoche vor Konstantin war das Amt des Bischofs von Rom keineswegs reichsweit als maßgebliche Autorität anerkannt. Vor allem im Osten wurde allen Versuchen Roms, für die Gesamtkirche zu sprechen, Widerstand entgegengebracht. Mit anderen Worten: Hätte ein Papst die Marschroute »Kodex statt Rolle« ausgegeben, so hätten die Kirchen der östlichen Reichsgebiete wohl gerade deswegen nicht mitgemacht, weil die Initiative aus Rom gekommen wäre. Zweifellos machten aber alle mit, als der Kodex im Christentum eingeführt wurde. Was also bleibt? Wo gab es vor Konstantin, vor den Bischöfen von Rom, eine Autorität, auf die man sofort und überall hörte? Es bleibt nur eine Antwort, die auch aus der chronologischen Entwicklung des frühen Christentums bereits nahelag: Jerusalem unter Jakobus, vor dem Jahr der Wende, vor 62 n. Chr.

Jakobus hielt die Fäden in der Hand, und selbst ein so unabhängiger Mann wie Paulus mußte – und wollte – sich mehrmals bei ihm rückversichern. Er war natürlich kein Alleinherrscher; die Quellen sind sich darin einig, daß er ein Kollegium um sich hatte, das mit ihm entschied. Was mag die Jerusalemer dazu veranlaßt haben, von der Schriftrolle abzugehen? Das ist eine ganz pragmatische Frage, die sich natürlich auch dann stellen würde, wenn wir nicht die Jerusalemer Urgemeinde sondern irgendeine andere Gemeinde oder Autorität als Initiator der Hinwendung zum Kodex vermuten wollten.

Schon seit Julius Caesar (100–44 v. Chr.) gab es Notizbücher, die aus aufeinandergelegten und zusammengehefteten bzw. zusammengebundenen Einzelblättern bestanden. Caesars Biograph Sueton beschreibt, wie er in Rom von der Praxis seiner Vorgänger, für ihre Memoranden Papyrusrollen zu verwenden, abwich und Einzelblätter benutzte, die miteinander verbunden wurden.[31] Unter Augustus, als aus der Republik ein Prinzipat und dann das Kaiserreich wurde, bestätigte der populärste Dichter der Antike, Horaz (65–8 v. Chr.), der Caesar noch erlebt hatte, die Benutzung der Notizbücher auch an Stelle der früheren Wachstafeln.[32] Und dann kam noch, in frühchristlicher Zeit, der Satiriker Persius, dem wir bereits mehrmals begegneten: Um 55 n. Chr. beschrieb er in seiner dritten Satire, wie ein vom Wein noch verkaterter Student seine Utensilien zusammensucht und darunter auch ein Notizbuch aus Pergamentseiten hat.[33] Ob wir nun den aus Pflanzenmark hergestellten Papyrus Caesars oder das Pergament von Horaz und Persius nehmen – die Form schien sich durchgesetzt zu haben. Neben der konkurrenzlos für alle Formen der Literatur benutzten Schriftrolle gab es für private und dienstliche Zwecke eine Alternative. Vom späteren Kodex, dem Vorläufer unseres heutigen Buchs, unterschied dieses Format vorerst wohl nur, daß die Blätter einzeln aufeinandergelegt, also nicht gefaltet wurden, und daß der Umfang begrenzt blieb. Was auf diese Weise in Rom zunehmend zum administrativen, schulischen und privaten Alltag gehörte, konnte natürlich anderswo im Römischen Reich nicht verborgen bleiben. Und in der Tat enthält auch das Neue Testament einen Text, der davon weiß:

Wenn du kommst, bring den Mantel mit, den ich in Troas bei Karpus gelassen habe, auch die Bücher, vor allem die Pergamente.
(2. Brief des Paulus an Timotheus 4,13)

So der Wortlaut der evangelisch-katholischen Einheitsübersetzung, und auch andere deutsche Übersetzungen haben die entscheidenden Wörter in dieser Form: Mantel, Troas, Karpus, Bücher, Pergamente. Karpus und Troas sind schnell verstanden: Karpus, eigentlich Kárpos, war offenbar ein Gastgeber des Briefschreibers in der Hafenstadt Troas, gut 25 Kilometer südwestlich von Troja, in der sich Paulus mehrmals aufhielt und die auch später für die Geschichte des Christentums wichtig blieb.[34] Spannender ist die Frage nach Mantel, Büchern und Pergamenten. »Bücher« griechisch »bibliá«, ist der Standardbegriff, der uns auch sonst im Neuen Testament, und nicht nur dort, als Bezeichnung für Bücher in Schriftrollenform begegnet. Der Briefschreiber meint also fertige Texte. Allerdings haben wir keine Möglichkeit mehr, ihren Inhalt zu ermitteln. Thora-Rollen können gemeint sein, auch ein Prophet wie Jesaja, eben alles, was man als christlicher Autor brauchte, um die engen Verbindungen zwischen den alten Schriften des Judentums und der Person und Lehre Jesu aufzuzeigen. Es können antike Autoren gewesen sein, wie sie uns in neutestamentlichen Schriften gelegentlich im Zitat begegnen – Arat, Aischylos, Menander zum Beispiel. Oder auch Schriften, die von Christen und Juden zu dieser Zeit gelesen wurden, die aber nicht zum alten hebräischen Kanon gehörten: Der Brief des Jeremia, die Himmelfahrt des Moses und andere. Es kann selbstverständlich von allem etwas dabeigewesen sein, und möglicherweise auch ein frühes Evangelium oder Kopien anderer, früherer Paulus-Briefe.

Paulus fährt in seiner Wunschliste fort und erbittet zum Schluß die »membranas«, das heißt die Pergamentnotizbücher, wie sie uns bei Horaz und Persius begegneten. Er gab dafür kein griechisches Wort, also benutzt er das lateinische und setzt es in griechische Buchstaben um. Auch das bestätigt, daß diese Form der Notizbücher von Rom aus populär wurde.[35] Unsere deutschen Übersetzungen bieten demnach keine ganz richtige Vorstellung, wenn sie nur von den »Pergamenten« sprechen. Hier ist von einer speziellen Form die Rede, zweifelsfrei einem Vorläufer des Kodex. Und daß man für diese Notizbücher das Pergament dem Papyrus in der Regel vorzog, lag an der praktischen Möglichkeit, auf Pergament die Tinte feucht abwischen zu können. Auf Papyrus ging das ebensowenig wie heute auf Papier. Doch wer sich seiner Sache sicher war, benutzte auch Papyrus-Notizbücher – wir sahen das am Beispiel Caesars. Der Ausdruck »membranai« konnte daher schnell vom Ausgangsmaterial auf das Format übergehen. So geschah es dann etwas später auch mit dem Begriff »Codex«, abgeleitet von »caudex«, was eigentlich nur Holzstamm bedeutet und über den Weg der mit Wachs überzogenen Holzschreibtafeln – die man oft ebenfalls buchähnlich miteinander verband – zum Begriff für das gebundene Buch wurde. Paulus besaß also solche Notizbücher. Wieder können wir nicht wissen, was sie enthielten. Vollständige Werke können es kaum gewesen sein, eher wohl Skizzen für Briefe, die er nach alter Gewohnheit einem seiner Mitarbeiter diktieren wollte, oder Verzeichnisse von Gemeinden und Gemeindemitgliedern, mit denen er in Verbindung stand oder die er aufsuchen wollte. Wie auch immer – wer jemals sein Notizbuch oder sein »Filofax« verlegt, vergessen oder verloren hat, weiß, wie wichtig dem Apostel die Überbringung der »membranas« sein mußte.

Entscheidend ist, daß wir auch hier, mitten im Neuen Testament, diesem Buchvorläufer begegnen, dem »Ideengeber« für den eigentlichen, den richtigen Buch-Kodex.[36] Wie genau der 2. Timotheusbrief auf die literarischen und buchtechnischen Gegebenheiten der Zeit eingeht, wird noch durch das scheinbar so harmlose Wort »Mantel« deutlich: Gerade das scheint völlig selbstverständlich zu sein – wer möchte nicht gern seinen Mantel wiederhaben? Ganz so einfach ist das aber nicht, denn der griechische Begriff, der hier steht – und im ganzen Neuen Testament nur hier –, nämlich »phailónäs«, meint an dieser Stelle vielleicht gar nicht Mantel, sondern »Futteral«. Es könnte sich um ein Behältnis handeln, das Rollen wie ein Mantel schützend umhüllte, die nicht im Regal lagen oder in einer »capsa« standen, dem zylindrischen Rollenbehälter. Einer der besten Kenner des antiken Buchwesens, Theodor Birt, setzte sich bereits in der Blütezeit der deutschen Antikenforschung für diese Interpretation ein.[37] Konsequent verstand Birt den Vers daher so: »Buchkasten und Rollen bringe mir nach, vor allem aber das Wichtigste, die Membranen, das heißt: meine eigenen Brouillons oder Notizhefte oder Rechnungsbücher.«[38]

Die Idee, einen Schritt weiterzugehen und aus dem Notizbuch das Buch zu machen, lag auf der Hand. Sie mußte nur ergriffen werden. Wir können dabei sogar außer acht lassen, ob der 2. Timotheusbrief möglicherweise nicht von Paulus stammt, sondern erst nach seinem Tod unter seinem Namen geschrieben wurde, wie die Mehrheit der heutigen Neutestamentler meint, oder ob er doch von Paulus selbst geschrieben oder diktiert wurde, wie andere Forscher immer wieder festhalten.[39] Denn im ersten Fall wäre die Stelle 2. Timotheus 4,13 die Bestätigung eines akzeptierten Zustands, den man aus der authentischen Paulus-Zeit noch kannte; im zweiten Fall wäre er eben das Dokument des Apostels selbst. Reizvoll ist natürlich die Annahme der Echtheit, für die es nicht erst seit Joachim Jeremias gute Gründe gibt,[40] wegen der damit verbundenen Möglichkeit, den Vers noch der Zeit vor dem Übergang von der Rolle zum Kodex zuzuordnen, als einen auch in Jerusalem vor dem Tod des Jakobus bekanntgewordenen Beleg für ein Zwischenstadium. Aber erforderlich ist das nicht. Wie andere, außerchristliche Quellen zeigen, war der praktische Nutzen des Notizbuchs auch vor einem authentischen Paulus-Datum klar. Und ebenso schnell erwies sich nach seiner Einführung die unvergleichliche Nützlichkeit der Kodexform für ganze Schriften.[41] Als den Zeitpunkt aber, zu dem dieser Schritt geschah, dürfen wir nun nach der Überprüfung der erhaltenen Indizien und Belege die Zeit der Urgemeinde in Jerusalem, unter Jakobus, als die einzig wahrscheinliche annehmen. Und auch das können wir noch etwas genauer fassen.

Die Rekonstruktion dieser radikalen Wende könnte folgendermaßen aussehen: Der Bedarf an schnell und sparsam zusammenzustellenden, effizient und platzsparend zu verschickenden Papyrus-Kodizes war da. Die Gemeinden wuchsen überall, es war hoffnungslos, sie alle mit reisenden Missionaren erreichen zu wollen. Paulus sah das ein und schrieb beispielsweise an die Römer, ehe er eine realistische Chance sah, sie zu besuchen. Johannes tröstete seine Leser: Viel lieber würde er zu ihnen reisen, aber es ging nicht, er mußte sich notgedrungen mit Papyrus und Tinte begnügen (2. Johannes 5,12; 3. Johannes 13). Die Zeit war reif, und dennoch: Alle diese Autoren waren Juden, sie lebten noch in der Tradition der alten Formen, sie zehrten davon, in der Diskussion über den Messias Jesus Schriftrolle neben Schriftrolle legen zu können, um von Stelle zu Stelle die Erfüllung der Prophezeiungen zu überprüfen.[42] Ganz so bewahrt es noch ein Fresko aus der Domitilla-Katakombe in Rom, in dem Paulus mit zwei Schriftrollenbehältern zu seinen Füßen dargestellt ist: auf der einen Seite die fünf Rollen der Thora, der Bücher Mose, und auf der anderen die fünf Rollen der historischen Grundschriften der Jesus-Verkündigung: die vier Evangelien und die Apostelgeschichte. Das war die klassische Ausgangssituation, mit der nicht nur Paulus umging. Würden Jakobus und sein Leitergremium den Bruch der Form wagen, um die Anregung von außen aufzunehmen und den praktischen Anforderungen Genüge zu tun? Den Mut zur vorsichtigen Abkehr von der ganzen Strenge des mosaischen Gesetzes hatten sie mit größter Behutsamkeit längst bewiesen. Nun also auch dieser Schritt. Nach über einem Jahrzehnt literarischer Aktivität und Textverbreitung in Schriftrollenform konnte ihnen niemand vorwerfen, sie wären der Tradition nicht treu gewesen. Daß es für ein neues Buchformat das Vorbild des Notizbuchs gab, würde auch den anderen Juden nicht entgehen. Und schließlich: Solange die vorhandenen Rollen noch hielten – und das konnten viele Jahrzehnte sein –, würde man sie parallel oder alternativ, je nach Bedarf, weiter benutzen.

Die Bedenken waren geklärt, und es erging die Direktive, von nun an neue Abschriften nur noch in der weiterentwickelten Notizbuchform, im Kodex-Buch, anzufertigen. Wie das umzusetzen war, wußte jeder Schreiber, der ein Notizbuch gesehen hatte, überall im Römischen Reich – man mußte ihm nur die entsprechende Anweisung geben, es auch tatsächlich zu tun. Die Maßnahme lief an, die Autorität des Jakobus und der Urgemeinde standen dahinter – und da trat das Unerwartete ein: Jakobus wurde von Mitgliedern des Synhedrions unter dem Hohenpriester Ananos ermordet. Jetzt gab es keine Kraft mehr, die eine solche Erneuerung hätte durchführen können. Aber sie war bereits eingeleitet, und nun fielen auch bei denen, die vielleicht noch Vorbehalte gehabt hatten und nur halbherzig bei der Sache waren, die letzten Bedenken weg: Wenn die Jerusalemer Tempelaristokratie den frommen Judenchristen Jakobus umbrachte, war dann damit nicht klar gesagt, daß von dieser Seite das Trennende für wichtiger gehalten wurde als das Verbindende? Wozu dann noch an der gemeinsamen Schriftrolle festhalten? Der Mut zum Neuen war nun auch befreit von letzten Rücksichtnahmen.

Läßt man sich auf dieses Szenario ein, dann kann man den Wechsel von der Schriftrolle zum Kodex ziemlich genau auf die Zeit ab 61/62 n. Chr. festlegen. Vorhandene Rollen wurden selbstverständlich nicht weggeworfen: Noch für die Zeit um 96 n. Chr. hält die rückblickende Darstellung der in jenem Jahr getöteten Märtyrerin Petronella auf einem Fresko in der römischen Domitilla-Katakombe fest, daß neben dem Kodex, der aufgeschlagen – also benutzt – neben ihr gezeigt wird, noch Rollen existierten, geschlossen in einem Behälter zu ihren Füßen. Auch der Babylonische Talmud weiß noch davon, daß Christen Rollen besaßen.[43] Aber sie verschwanden langsam, durch Abnutzung und auch dadurch, daß sie, von Ausnahmen abgesehen, für die historischen Schriften und die sich entwickelnden Briefsammlungen nicht mehr benutzt wurden. Noch bis ins späte 2., frühe 3. Jahrhundert hinein wurden immerhin gelegentlich sogenannte Opistographe angefertigt: Man benutzte bereits beschriftete Rollen, um auf der üblicherweise frei gebliebenen Rückseite einen neuen, eigenen Text unterzubringen. Den konnte man dann schützen, indem man die Rolle »umrollte«. Ein erst vor wenigen Jahren publiziertes Beispiel ist der Papyrus 98 in der Nestle-Aland-Liste, der im Französischen Institut für Orientalische Archäologie in Kairo aufbewahrte P.IFAO II 31 (237b). Es handelt sich bei diesem sieben mal dreizehn Zentimeter großen Fragment um die älteste erhaltene Handschrift der Offenbarung des Johannes, mit den Versen 1,13-20. Sie stammt möglicherweise noch von der Wende des 1. zum 2. Jahrhundert, ist also einer der ältesten Papyri des ganzen Neuen Testaments.[44] Was einst auf der anderen Seite stand, ist ein unbekannter, nichtliterarischer Text, der mit herkömmlichen Mitteln nicht mehr zu rekonstruieren ist. Es kam auch vor, daß da ein alttestamentliches Buch aufgeschrieben war, das sich in christlichem Besitz befand und dann auf diese Weise »umgedreht« und weiterverwendet wurde.[45]

Sehr schnell, innerhalb weniger Jahrzehnte, noch im 1. Jahrhundert, löste im christlichen Schrifttum der Kodex die Rolle ab. Es überrascht also keineswegs, daß 95 Prozent aller neutestamentlichen Handschriften von Kodizes stammen. Nur archäologische »Zufälle« wie die Entdeckung der Höhlen von Qumran am Toten Meer mit der judenchristlichen Bibliothek in Höhle 7, die wie alle Höhlen von Qumran im Jahre 68 n. Chr.

verschlossen und verlassen wurde, haben frühchristliche Schriftrollenfragmente ans Licht gebracht. Vielleicht kommen eines Tages noch Funde aus Herculaneum dazu: Auch dies ist ein Ort, für den das archäologische Enddatum feststeht – 79 n. Chr., das Jahr des Vesuv-Ausbruchs –, und an dem es zu diesem Zeitpunkt bereits eine christliche Gemeinde gab. Nachdem dort die Ausgrabungen im Bereich der »Villa dei Papiri« 1997 wieder aufgenommen wurden, kann man insgeheim ein wenig hoffen, daß neue Schriftenfunde gelingen werden. Qumran und Herculaneum sind zwei Zeitkapseln, die etwas bewahren, was im Umbruch begriffen war. In dieser Epoche galt das in Teilen sogar für die griechische und römische Literatur.

Um 84 n. Chr. veröffentlicht Martial eine Neuausgabe der Bände 1 und 2 seiner Epigramme. Und das verbindet er mit zwei Maßnahmen: Er wechselt den Verleger – von Atrectus zu Secundus –, und er wechselt das Format. Die einbändige Ausgabe erscheint nicht mehr als Schriftrolle, sondern als Kodex.[46] Martial weiß genau, warum er das tut: Das neue Format ist handlicher, man kann es leicht auf Reisen mitnehmen, und es eignet sich, umfangreiche Werke und sogar Gesamtausgaben aufzunehmen.[47] Gerade der letzte Aspekt war für Autoren und Verleger gleichermaßen verlockend, denn nun war es viel schwieriger, in die Vielzahl der Einzelrollen, die das Œuvre eines Schriftstellers ausmachte, Fälschungen einzuschmuggeln oder auch ganze Rollen mit Einzelwerken zu verlieren.[48] Es liegt auf der Hand, daß dieser Gesichtspunkt auch für christliche Autoren und Gemeinden größte Bedeutung hatte.

Martial nennt einige der populärsten Autoren, die im Schulunterricht und für die private Lektüre als Klassiker der griechischen und lateinischen Literatur galten und die es nun auch als Kodex-Buch gab: Ein Kodex mit der *Ilias* und der *Odyssee* Homers, eine Gesamtausgabe der Werke Vergils mit einer Porträtzeichnung des Autors, verschiedene Werke Ciceros in einem

Band, einen Teil der *Römischen Geschichte* des Livius, und die bis heute vielgelesenen und häufig nachgeahmten *Metamorphosen* Ovids.[49]

Besonders aufschlußreich ist die Beschreibung der Ausgabe Vergils, der hier um des lateinischen Versmaßes willen bei seinem dritten Namen, dem »Cognomen« genannt wird – er hieß vollständig Publius Vergilius Maro:

> *Welch ein winziger Band umfaßt den gewaltigen Maro!*
> *Und auf dem vordersten Blatt findest du auch sein Porträt.*

Hier, in Epigramm 14,186, wird der beeindruckende Umfang der zahlreichen Werke Vergils wirkungsvoll mit der handlichen, einbändigen Ausgabe kontrastiert. Allein die zwölf Bücher seiner *Aeneis* wurden traditionell in zwölf Rollen publiziert; nun paßten sie, zusammen mit seinen anderen Werken, in einen einzigen Kodex. Ähnlich lesen wir es in der Beschreibung des Livius-Kodex, 14,190:

> *Auf winzige Seiten gedrängt ist des Livius Menge,*
> *Die meine Bibliothek nicht völlig umfaßt.*

Wenn hier auch wohl nur an eine Teilausgabe des Livius gedacht ist, liegt der Akzent des Martial doch auf der Winzigkeit der Seiten – »pellibus exiguis« schreibt er wörtlich –, und so darf man schon fast an eine Art Taschenbuchausgabe denken. Martial macht viel Werbung dafür. Der Laden seines Buchhändlers und Verlegers auf dem Markt der Pallas wird so genau beschrieben (I, 2,7-8), daß ihn kein interessierter Kunde verfehlen konnte.

Das also war die Situation Anfang der achtziger Jahre: Auch für die klassische Literatur gab es zumindest in Rom die aus den Pergament-Notizbüchern, den »membranae«, weiterentwickelten Kodizes, und es gab sie sogar schon in besonders handlichen Ausgaben. Hier tritt der Kodex zweifelsfrei an die Seite der noch immer beliebten Schriftrolle, doch er ist keineswegs ein Testprodukt, mit dem ein experimentierfreudiges Autoren- und Verlegergespann einfach nur eine Marktlücke mit Billigangeboten schließen möchte: Die Ausgaben, die Martial beschreibt, sind als Gastgeschenke gedacht, sollen also durchaus repräsentativ sein und Eindruck machen. Vor allem – und hier schließt sich wieder der Kreis zu den ersten Christen – war das Ganze eben ungemein praktisch, auch für Reisen. Man braucht sich nur vorzustellen, wie viele Exemplare einer Evangelienausgabe und später auch der zuerst noch als eigenständige Sammlung edierten Paulus-Briefe jeder beliebige christliche Kaufmann oder Wanderprediger im Handgepäck mitnehmen und unterwegs auch selbst studieren konnte. Das Rezept steht in Martials zweitem Epigramm:

> *Wenn du meine Bücher, wohin du auch gehst, dabeihaben willst,*
> *Damit sie dir unterwegs Reisebegleiter noch sind,*
> *Dann geh und kauf dir die handlichen Taschenbuch-editionen:*
> *Die großen gehör'n ins Regal, meine umfaßt eine Hand.*

Was hier in Rom und von Rom aus in weiten Teilen des Reichs für Dichtung (Homer, Vergil, Ovid), Philosophie (Cicero) und Geschichtsschreibung (Livius) akzeptabel wurde, konnte den Christen nur recht sein. Denn sie wußten nun, daß ihre eigenen Kodex-Editionen nicht in ein Vakuum fielen oder als etwas schon formal völlig Fremdes und Befremdliches belächelt wurden. Im Gegenteil: Es war geradezu Mode, einen Kodex als Gastgeschenk mitzubringen oder als Novität auf dem Markt anzubieten. Mit anderen Worten: Gerade die Entscheidung für den

Kodex erwies sich mit Blick auf die »heidnischen« Zielgruppen als großer Wurf. Man war sozusagen »medienmäßig in« und hatte dadurch auch eine Hürde auf dem Weg zum Leser überwunden.

Die Fähigkeit der ersten Christen, die Marktmöglichkeiten und Kommunikationstechniken ihrer Zeit auszunutzen, kann gar nicht hoch genug eingeschätzt werden. Für die Judenchristen und »Heiden«-Christen in Rom läßt sich der definitive Durchbruch der seit 62 n. Chr. von Jerusalem aus propagierten Kodexform sogar ziemlich genau auf die Zeit der neronischen Christenverfolgung ab 64 n. Chr. datieren: Die Trennung, die Nero vornahm, als er Juden von Christen unterschied und nur die Christen – einschließlich der Judenchristen wie Petrus – verfolgen ließ, wurde ihm auch dadurch erleichtert, daß man ihre Schriften und damit auch sie selbst schon am Buchformat auseinanderhalten konnte. Wenn Nero die Schriften zur Urteilsfindung vorgelegt wurden, genügte ihm und seinen Beratern ein Blick, um Jüdisches (ausschließlich auf Rollen) von Christlichem (nun auch in Kodizes) zu trennen. Wer einen theologischen Kodex anbot oder verbreitete, war Christ, nicht Jude. Die Christen standen dazu; es hätte auch keinen Sinn gehabt, nun aus Tarnungszwecken wieder zur Rolle zurückzukehren. Die wenigen, oben beschriebenen Ausnahmen, die beidseitig beschrifteten »Opistographen«, bestätigen nur diese Regel. Gerade ein vielbelesener Mann wie Martial könnte durchaus durch die Begegnung mit den ersten christlichen Kodizes, die von den römischen Hauskirchen nach der neronischen Verfolgung an ihre Zielgruppen weitergegeben wurden, einen zusätzlichen Impuls erhalten haben. Es trat ein, was oben beschrieben wurde, und so waren die achtziger und neunziger Jahre des 1. Jahrhunderts, die Epoche des Kaisers Domitian (81–96 n. Chr.), gleichbedeutend mit einer zweiten Blüte christlicher Schriftverbreitung.[50]

Der Herr der neunzehn Lämmer

In den christlichen Texten, die nun überall im Römischen Reich auftauchten, unter Juden, Griechen und Römern, fiel den Lesern auch beim schnellen Überfliegen eines sofort auf: Der Jesus, über den da berichtet wird, trägt nicht nur den Titel »Christos«, den man sich erklären lassen konnte. Er wird auch als »Herr« angesprochen. Und das bedurfte keiner Erklärung. Denn hier ging es nicht um eine schlichte Anrede, die unserem »Herrn Müller« entspräche. »Herr« war eine Ehrenbezeugung. Jesus war nicht irgendein, sondern »der« Herr, und er teilte diese Bezeichnung mit Gott selbst. Wer die hebräische Bibel in griechischer Übersetzung las – und die kursierte bereits seit dem 3. Jahrhundert vor Christus –, der fand dort, wo hebräisch der unaussprechliche Gottesname »JHWH« stand, in den Handschriften manchmal die hebräischen Buchstaben mitten im griechischen Text oder eben auch das griechische Wort für »Herr«, »kyrios«.[51]

Die Psalmen vor allem, die zur regelmäßigen Lektüre gehörten, sind voll davon. Eine von Christen schon früh vieldiskutierte Stelle mag als Beispiel genügen: der Beginn der griechischen Fassung des 110. Psalms: »Der Herr sprach zu meinem Herrn: ›Setz dich zu meiner Rechten, bis ich deine Feinde zum Schemel deiner Füße mache.‹« Beide Male steht hier griechisch »Kyrios« für »Herr«. Im Matthäus-Evangelium bezog Jesus selbst diesen Psalmvers auf den Messias zur Rechten Gottes (Matthäus 22,41-46); in der Pfingstpredigt des Petrus, die Menschen aus allen Gegenden des Römischen Reichs hörten, interpretierte Petrus diese »Herren«-Stelle ausdrücklich als Hinweis auf Jesus, den Christus (Apostelgeschichte 2,34-36). Paulus griff den Psalmvers mit dieser Deutung in seinem 1. Brief an die Korinther auf (1. Korinther 15,23-28); und im sogenannten »Philipper-Hymnus«, einem uralten frühchristlichen Glaubensbekenntnis, das Paulus in seinem Brief an die Philipper zitiert, ist der Begriff »Jesus Christus der Herr« ebenfalls mit einem Rückblick auf den 110. Psalm verwandt und geht zugleich darüber hinaus (Philipper 2,5-11).[52]

Grundsätzlich galt im Osten des Römischen Reichs, daß der Titel »Herr« wie ein göttliches Prädikat benutzt wurde, so auch in anderen Religionen wie zum Beispiel im Serapis-Kult.[53] Die ersten Christen dachten sich also etwas dabei, als sie die aramäische Bezeichnung »maran(a)«, »unser Herr«, die in dieser Originalform nur einmal als feste Formel im griechischen Neuen Testament vorkommt (im ersten Brief des Paulus an die Korinther, 16,22)[54], durch das griechische Wort »Kyrios« ersetzten. Auch die Essener von Qumran, die auf dem Südwesthügel Jerusalems Nachbarn der ersten Christen waren, verwandten das aramäische Wort, absolut gebraucht (»mare«), wie eine Gottesbezeichnung. In einer aramäischen Übersetzung (»Targum«) des Buches Hiob/Ijob, die in der 11. Qumran-Höhle gefunden wurde (11QTgJob = 11Q10), heißt es im Fragment der Kolumne 24,7 zu Hiob 34,12: »Würde Gott denn jetzt wirklich falsch aussagen, und *der Herr* …«[55] Ein solcher Wortgebrauch, der wohl nicht auf die Essener beschränkt war, kann dem Juden Paulus durchaus bekannt gewesen sein. Für ihn ist jedenfalls klar, daß Jesus »der« Herr ist, »unser Herr«. Die Evangelien sehen das ebenso, auch das Evangelium des Paulus-Begleiters Lukas, der das Nebeneinander von »Herr« als Gottesname und Jesusname gleich zu Beginn deutlich herausstellt: Als der Bote Gottes den Hirten die Geburt Jesu mitteilt –wohl jeder kennt die Szene auch heute noch aus der »Weihnachtsgeschichte« –, da sagt er: »Fürchtet euch nicht, denn siehe, ich verkündige euch eine große Freudenbotschaft, die für das ganze Volk gilt: Euch ist heute der Heiland (Sotär) geboren, welcher Christus der Herr ist, in der Stadt Davids« (Lukas 2,10-11). Und als dann das Baby im Tempel dargestellt wird, wie es alter Brauch war,[56] da heißt es, nur zehn Verse später: »Als dann die vierzig Tage ihrer (Marias) Reinigung nach dem Gesetz des Mose erfüllt waren, brachten sie ihn (Jesus) nach Jerusalem hinauf, um ihn dem Herrn darzustellen, so wie es im Gesetz des Herrn geschrieben steht« (Lukas 2,22-23).

Das sind nur zwei Beispiele von vielen, die sich durch die frühchristlichen Texte hindurchziehen, und sie fallen bei Lukas besonders auf, denn wie wir sahen, wurde sein Evangelium dem hochrangigen römischen Staatsbeamten Theophilos gewidmet, der mehr als andere wissen mußte, daß diese Bezeichnung in den Augen und Ohren eines nichtjüdischen, nichtchristlichen Lesers auch ein Politikum war.[57] Für einen Bürger des Römischen Reichs war der Titel »Herr« zuerst einmal eine Bezeichnung seines Kaisers. Und tatsächlich scheint es nach der Sachlage archäologischer Funde, auf Inschriften und auf Papyri, gerade Nero gewesen zu sein, der Kaiser des Theophilos, der den Titel systematisch auf sich anwenden ließ. Er war nicht der erste – auch Augustus, der Kaiser, unter dem Jesus zur Welt kam, wurde schon als »Gott und Herr« bezeichnet.[58] Tiberius, der Kaiser, unter dem Jesus gekreuzigt wurde, wird auf einer Inschrift im syrischen Abila griechisch als Herr und Augustus (»Sebastos«) tituliert.[59] Claudius, der Kaiser, der Leiterkreise der Juden und Judenchristen aus Rom vertrieb, wird in überlieferten Dokumenten mehrmals Herr genannt.[60]

Wenn das nach Lage der Dinge eher vereinzelt geschah und vielleicht noch nicht einmal vom jeweiligen Kaiser selbst veranlaßt wurde,[61] so änderte sich die Sachlage schlagartig mit Nero. Schon Ulrich Wilcken führte 1899 in seinem Standardwerk über beschriftete Tonscherben (»Ostraka«) siebenundzwanzig solcher Scherben auf, die Nero als »Herrn« titulieren.[62] Die berühmte Marmortafel aus Akraphiai in Boëtien, auf der auch seine Rede an die Griechen erhalten ist, spricht Nero als den »Herrn des ganzen Kosmos« an und nennt ihn den »Herrn

Sebastos« (lateinisch »Augustus«).[63] Ein besonders lebendiges Zeugnis ist ein präzise auf den 24. Juli 66 n. Chr. datierbarer Brief, den ein oberägyptischer Bauer namens Harmiysis schrieb, um von der Stadtverwaltung genehmigen zu lassen, daß er zu seinen zwölf Lämmern noch sieben weitere hinzunimmt:

An Papiskos, den Städtischen Kosmeten a. D. und Strategen des Bezirks von Oxyrhynchus, und an Ptolemaios, den Königlichen Sekretär, und an die Bezirksschreiber –
Von Harmiysis, Sohn des Petosiris, selbst Sohn des Petosiris, mütterlicherseits der Didyme, Tochter des Diogenes, einer Familie aus dem Dorf Phthochis in der Ost-Toparchie.
Ich ließ einschreiben im gegenwärtigen 12. Jahr des Neron Klaudios Kaisar Sebastos Germanikos des Selbstherrschers, bei dem genannten Phthochis von der Zucht Tiere, die ich habe, zwölf Lämmer. Und jetzt lasse ich einschreiben die hinzugekommenen für die gegenwärtige zweite Einschreibung: von der Zucht derselben Tiere sieben Lämmer – macht sieben Lämmer.
Und ich schwöre bei Neron Klaudios Kaisar Sebastos Germanikos dem Selbstherrscher, nichts verschwiegen zu haben.
Lebt wohl.
Apollonios i. A. des Papiskos des Strategen bescheinige sieben Lämmer. Im Jahre 12 Nerons des Herrn, Epeiph 30.[64]

Bei der Lektüre eines solchen Schreibens merkt man, daß Bürokratie keine deutsche Erfindung ist. Die Bestätigung des Beamten Apollonios wurde dann noch mit gleichem Wortlaut von zwei weiteren Beamten ihrerseits bestätigt. Auffällig ist aber vor allem, daß Harmiysis dem Nero zwar seine Titel vollständig gibt (dafür gab es sicher eine amtliche Vorlage), aber darauf verzichtet, den Kaiser als »Herrn« zu bezeichnen. Einen besonderen Hoheitstitel verwendet allerdings auch der Bauer: den auf Inschriften und Münzen vielfach bezeugten »Sebastos«, der dem lateinischen »Augustus« entspricht und »der Erhabene« heißt. Genauso, als »Sebastos«, wird Nero auch bei der Verhandlung über Paulus in Caesarea bezeichnet. Als der Apostel sich auf seine Rechte als römischer Bürger beruft und beantragt, zum Kaiser nach Rom geschickt zu werden, erklärt er dem Prokurator Festus: »Ich gehe vor das Gericht des Kaisers, und dort muß ich gerichtet werden (Apostelgeschichte 25,10). Er gebraucht hier schlicht das Wort »Kaisar« (lateinisch »Caesar«), wie es auch im Brief des Bauern steht. Dann aber berichtet Festus erst dem König Agrippa von dieser Appellation, einen Tag später noch einmal der Versammlung der Stadtrepräsentanten. Und beide Male nennt Festus den Kaiser »Sebastos« – und zwar nur »Sebastos«, ohne Hinzufügung des Namens oder des »Kaisar«-Titels (Apostelgeschichte 25,1 und 25). Der Titel »Erhabener« war also um 59 n. Chr. wie ein Namensersatz zu benutzen; er reichte aus, denn jeder wußte, wer gemeint war.

Harmiysis unterläßt noch die Bezeichnung »Herr« für Nero; das holen dann erst die drei Beamten nach, die auch das Datum noch ergänzen, um es auf den Tag genau festzulegen (30. Epeiph des 12. Regierungsjahres Neros = 24. Juli 66 n. Chr.). Die Beamten durften sichtlich nicht darauf verzichten, Nero so zu nennen. Immerhin: Die Auslassung des Harmiysis hatte 66 n. Chr. in Oberägypten noch keinen Einfluß auf die Genehmigung, denn sie wird ihm ohne Vorbehalte erteilt. Drei Jahre früher, am 4. August 63 n. Chr., hatte an einem anderen oberägyptischen Ort, in Theben, dem heutigen Luxor, ein gewisser Psenamunis bei der Quittung für eine Sammlung zugunsten der Göttin Isis auf einer Tonscherbe von sich aus den »kyrios«-Titel benutzt:

Psenamunis, Sohn des Pekysis, einen Gruß an Phennesis,
den Homologen Pibuchis, Sohn des Pateesis.
Ich habe von Dir vier Drachmen und eine Obole als Kollek-
te der Isis empfangen, für die öffentlichen Leistungen.
Im Jahre neun Nerons des Herrn, am 11. Mesore.[65]

Wie selbstverständlich der Titel »Herr« für Nero benutzt wurde, belegt auch Lukas in seiner Apostelgeschichte: Festus, der römische Prokurator, faßt die Situation des von ihm in Haft gehaltenen Paulus zusammen, den er nun auf dessen eigenen Antrag hin zum Kaiser nach Rom schicken will. Zuvor will er aber Paulus noch einmal verhören, denn: »Etwas Genaues weiß ich nicht, das ich meinem Herrn schreiben könnte« (Apostelgeschichte 25,26). Paulus reagiert in dieser Situation sehr subtil: Im Verhör berichtet er über die Begegnung mit der Erscheinung des Auferstandenen auf der Straße nach Damaskus, und da heißt es, fast beiläufig, aber für Festus nicht zu überhören (26,15): »›Wer bist du, Herr?‹ Der Herr sagte: ›Ich bin Jesus, den du verfolgst.‹« Geradezu programmatisch hatte Paulus es bereits an anderer Stelle formuliert: »Und obwohl es solche gibt, die Götter genannt werden, sei es im Himmel oder auf Erden, wie es ja viele solcher Götter und viele solcher Herren gibt, so haben wir doch nur einen Gott, den Vater. Von ihm stammt alles, und wir leben auf ihn hin. Und wir haben einen Herrn, Jesus Christus, durch den alle Dinge sind, und wir durch ihn« (1. Korinther 8,5-6). Viel deutlicher kann man es nicht mehr sagen.

Das alles hatte natürlich Konsequenzen. Wer die Evangelien las oder Paulus oder auch den Brief des Jesusbruders Judas, der mußte sich früher oder später die Frage stellen, ob man dem Kaiser über den normalen staatsbürgerlichen Gehorsam hinaus im Bedarfsfall auch die Anerkennung als »Herr« im kultischen Sinn zugestehen durfte. Der frühe Judas-Brief, vielleicht einer der ältesten Briefe des Neuen Testaments, nähert sich der Problematik im Inneren der Gemeinde, ohne direkt auf den Anspruch des Kaisers zu sprechen zu kommen.[66] Doch kein Leser konnte übersehen, daß auch dieser Anspruch gemeint war: »Denn es haben sich einige Leute eingeschlichen, über die schon längst das Urteil geschrieben ist. Gottlose sind sie, die die Gnade unseres Gottes dazu mißbrauchen, ein ausschweifendes Leben zu führen und die Jesus Christus verleugnen, *unseren alleinigen Herrscher und Herrn*« (Judas 4).

Im übrigen hatten auch die Juden zur gleichen Zeit ganz erhebliche Schwierigkeiten mit der kaiserlichen »Herren«-Anrede; denn auch für sie war ja Gott, und nur Gott, der Herr. Juden, die sich dem Kaiserkult verweigerten, wurden unter Caligula umgebracht, und nach der Zerstörung des Tempels unter Vespasian und Titus gab es besonders nationalistische Juden, sogenannte Sikarier, die dem Kaiser den Herren-Titel mit der Begründung verweigerten, daß nur Gott der Herr ist – und die dafür Folter und Tod auf sich nahmen. »Denn obschon man gegen sie Folterung und Verstümmelung ersann, nur um sie dazu zu bringen, die Anerkennung des Kaisers als ihren Herrn auszusprechen, gab doch niemand von ihnen nach. Sie verweigerten diese Aussage und bewahrten trotz des Zwangs standhaft ihre Gesinnung, so als ob der Körper im Erleiden der Folterung und des Feuers keinerlei Empfindung habe und die Seele sich beinahe erfreut zeige. Am stärksten freilich wurden die Zuschauer vom jugendlichen Alter der Knaben ergriffen; ließ sich doch nicht einer unter diesen dazu überwinden, der Würde des Kaisers als der ihres Herrn Ausdruck zu verleihen«, berichtet Josephus.[67]

Mit Neros Beharren darauf, Herr und Weltenherrscher zu sein, wurde eine Entwicklung eingeleitet, die dann vor allem im 2. und 3. Jahrhundert zu Verweigerung und Verfolgung führte. Domitian machte es den Christen noch schwerer, indem er für sich auch in lateinischer Fassung die Anrede »Unser Herr und Gott« benutzen ließ, die seine Nachfolger übernahmen.[68] Kein Christ konnte den Kaiser so ansprechen. Solange man nicht ausdrücklich das Martyrium suchte – und solche Christen gab es durchaus –, konnte man dem Problem oft genug aus dem Weg gehen. Vor Decius (249–251 n. Chr.) gab es keinen Kaiser, der seine Untertanen aktiv dazu provozierte, ihn ausnahmslos und vor Zeugen in einem Akt der Anerkennung des staatlichen Kaiserkults zu verehren. Doch jeder Provinzverwalter, jeder lokale Regierungsbeamte hatte jederzeit ein Mittel in der Hand, gegen die Christen vorzugehen; Vorwände gab es genug, und mit der Frage nach dem wahren Herrn hatte man die ernsthaft gläubigen Christen schnell als Staatsfeinde entlarvt. Wie das aussah, wenn an einem Ort ein Prokonsul und seine Handlanger gegen Christen vorgingen, beschreibt sehr anschaulich eine Szene aus dem authentischen Bericht über das Martyrium des sechsundachtzigjährigen Bischofs Polykarp von Smyrna aus dem Jahr 155/156 n. Chr.:

Als er (Polykarp) das Gebet beendet hatte, in dem er aller gedachte, die ihm jemals begegnet waren, der Kleinen wie der Großen, der Bedeutenden wie der Unbedeutenden und der ganzen, allgemeinen Kirche auf dem Erdkreis, und als die Stunde des Aufbruchs gekommen war, da setzten sie ihn auf einen Esel und brachten ihn in die Stadt; es war der große Sabbat. Und es kamen ihnen entgegen der Eirenarch Herodes und dessen Vater Niketes; sie nahmen ihn zu sich in den Wagen, versuchten ihn, während sie neben ihm saßen, zu überreden und sagten: »Was ist es denn Schlimmes zu sagen: Herr ist der Kaiser, zu opfern, die Dinge, die sich daraus ergeben, zu tun und sich so zu retten?« Er aber antwortete ihnen zunächst nicht; als sie aber fortfuhren, sagte er: »Ich werde nicht tun, was ihr mir ratet.«[69]

Doch mit diesem Blick in die Zeit des Kaisers Antoninus Pius (138–161 n. Chr.) haben wir weit vorgegriffen. Die Auseinandersetzung mit dem Imperium war kein Phänomen ausschließlich der apostolischen und nachapostolischen Epochen. Die Wurzeln hierfür lagen ganz am Anfang, zu dem wir nun im nächsten Kapitel zurückkehren: Bei Jesus selbst, dem Juden, dessen Mutter die Worte hörte, daß er der »Sohn Gottes«, der »Sohn des Allerhöchsten« sei.

Eine politische Herausforderung: Der Sohn Gottes wird geboren

»Er wird der Sohn Gottes genannt werden,
und sie werden ihn den Sohn des Höchsten nennen.«

Qumran-Fragment 4Q246
(spätes 1. Jh. v. Chr.)

»Nicht mit den Menschen stirbt
die Frömmigkeit.
Die Menschen leben und vergehen,
sie stirbt nicht.«

Sophokles,
Philoktet, *1443-1444 (409 v. Chr.)*

Jesus war noch nicht einmal geboren, als es von ihm schon hieß, er werde »Sohn Gottes‹ genannt werden. So berichtet es einige Jahrzehnte später der Evangelist Lukas. Das war zuerst einmal viel abstrakter als der Titel »Herr«, denn der Herr – ob Kaiser oder Christus, ob Gott oder Götze – stand in einer direkten Beziehung zu den von ihm Abhängigen, den Dienenden, den Untertanen, Sklaven und Knechten. Wir sahen, daß nicht nur Nero das für sich so wollte, sondern daß auch Paulus sich und die anderen Gläubigen als Knechte des Herrn Jesus Christus sah. Zu wem aber stand in der Antike ein Sohn Gottes in Beziehung? Zum Gott sicherlich, und damit wie dieser auch zu denen, die an ihn glaubten. Das ist weniger konkret als »Herr«, aber zugleich erheblich mehr. Denn Herren konnten viele sein, Sohn Gottes aber nur wenige – für die Christen schließlich nur einer. Vor allem aber hatte ein Sohn Gottes die rein irdische Ebene des Herrschens glorreich transzendiert, ohne selbst etwas dafür tun zu müssen. Es war, um in den Begriffen antiken religiösen Denkens zu bleiben, die gelungene Apotheose. Mitten in diese Vorstellungswelt gerät nun aber die Ankündigung, die wir im Lukas-Evangelium lesen: Auch Jesus – nein, nur Jesus – ist Sohn Gottes. Um zu verstehen, was das im jüdischen und griechisch-römischen Umfeld dieser Zeit bedeutete, müssen wir den Spuren eines Rebhuhns folgen, mit dessen Hilfe ein wichtiges Schriftstück entdeckt wurde.

Es ist das Jahr 1952. Fünf Jahre waren vergangen, seit ein Beduine die erste Höhle von Qumran am Toten Meer entdeckt hatte, in der man die beiden großen Rollen des Propheten Jesaja fand. Archäologen hatten seitdem systematisch nach weiteren Höhlen mit Schriftrollen gesucht, und doch war ihnen bis zu diesem Zeitpunkt nur noch ein einziger aufsehenerregender Fund gelungen: die Kupferrolle in der Höhle 3, eine kodierte Liste mit Verstecken der Schätze von Essenern und befreundeten jüdischen Gruppen. Es war schon ärgerlich: Hätten die Historiker und Archäologen nur ein wenig mehr von Kirchengeschichte verstanden, wären sie nicht zu spät gekommen. Origenes (ca. 185–254 n. Chr.), einer der gelehrtesten unter den frühen Christen, hatte mitgeteilt, daß ihm für seine Arbeiten verschiedene Handschriften aus einem Krug vorlagen, der bei Jericho gefunden worden war. Qumran und die anderen Gegenden, in denen seit 1947 Schriften gefunden wurden, liegen zweifellos bei Jericho. Und Origenes amtierte als der kundige und umtriebige Leiter der großen Bibliothek von Caesarea, keine zwei Tagesreisen von Jericho entfernt; ganz ahnungslos kann er nicht gewesen sein. Dennoch hat sich offenbar über 1700 Jahre lang niemand für diesen Hinweis interessiert. Und noch einmal hätte es eine Chance gegeben: Um 800 n. Chr. schrieb Timotheus I. von Seleukia, der Patriarch der Nestorianer, daß in der Nähe von Jericho eine Höhle mit biblischen und außerbiblischen Handschriften in hebräischer Sprache entdeckt wurde.[1] Es nützte nichts – erst die Beduinen stießen 1947 wieder auf diese Höhlen.

Und dann kam das Rebhuhn. Ein Beduine verfolgte das verwundete Tier, es verschwand in einer Höhle, er ging hinterher und stand plötzlich vor zerbrochenen Krügen. Jahrelang behielt er das Erlebnis für sich, bis er andere Beduinen von ihren Funden erzählen hörte, von der spektakulären Höhle 1, und von dem vielen Geld, das auch noch für das kleinste Fragment gezahlt wurde. Und da, es war im September 1955, berichtete er von seiner Entdeckung. Andere Beduinen folgten seiner Wegschilderung, und so wurde Höhle 4 wiederentdeckt. Fast 800 Schriftrollen tauchten auf, alle in Tausende kleine und kleinste Stücke zerfallen. Während viele Forscher ursprünglich glaubten, hier auf das Schrifttum der Bewohner Qumrans gestoßen zu sein, so hat sich inzwischen herausgestellt, daß neben den Texten dieser Menschen, die man Essener nannte, dort auch die Literatur anderer jüdischer Bewegungen dieser Epoche gesammelt wurde. Man kann Höhle 4 die Studienbibliothek von Qumran nennen, mit Schriften in hebräischer, aramäischer und griechischer Sprache auf Leder (und einigen Ausnahmen auf Papyrus). Auch andere Höhlen dienten besonderen Zwecken – so etwa die Höhle 7 nur mit griechischen Texten ausschließlich auf Papyrus oder die eben genannte Höhle 3 mit der Schatzliste der »Kupferrolle«. Doch Höhle 4 war schon wegen ihres Umfangs etwas Besonderes.

Noch heute, fast dreiundvierzig Jahre nach dem Fund, sind nicht alle darin gefundenen Fragmente rekonstruiert und übersetzt. Und das hat nichts mit mangelnder Sachkenntnis der Forscher zu tun oder mit dem Versuch, kontroverse Texte geheimzuhalten, sondern einfach nur damit, daß es die meisten dieser Schriften nur ein einziges Mal gibt – eben in einer Höhle von Qumran. Woran also soll man die Bruchstücke messen, womit soll man sie vergleichen? Wer heute einen Homer-Papyrus findet oder ein Bruchstück des Markus-Evangeliums beispielsweise, der hat eine überschaubare Aufgabe vor sich: Der neue Fund kann mit vielen anderen verglichen werden, und mit den kritischen Ausgaben der vollständigen Texte; schnell weiß man, ob Abweichungen vorliegen, Fehler, Verbesserungen oder genaue Übereinstimmung. Auch in Qumran wurden Rollen gefunden, mit denen man so arbeiten konnte – die Abschriften der biblischen Bücher, des Tanach, den Christen das Alte Testament nennen. Alle Bücher mit Ausnahme von Esther wurden in Teilen oder vollständig (Jesaja) in den Höhlen gefunden. Doch Jahre und Jahrzehnte detektivischen Spürsinns waren und sind erforderlich, um die vielen anderen Fragmente von Qumran wieder zusammenzufügen und Lücken zu schließen. Manche Ergebnisse können dennoch bisher nur als Vermutungen gelten.

Eines dieser Schriftrollen-Fragmente vom Toten Meer, die für viel Aufregung und Spekulationen sorgten, stammt aus der Bibliothekshöhle 4 und gehört zu den in aramäischer Sprache geschriebenen Lederstücken. Es ist der einzige aller in Qumran gefundenen Texte, in denen von einem »Sohn Gottes«, einem »Sohn des Höchsten« die Rede ist. Und da es als 246. Stück aus dieser 4. Höhle katalogisiert wurde, trägt es die Nummer 4Q246. Seit Juli 1997 ist es in Jerusalem ausgestellt, im »Shrine of the Book« des Israel Museums.[2]

Bei diesem Fragment handelt es sich um den Schlüsseltext, der uns verstehen läßt, wie provozierend und wie politisch brisant es war, als Lukas in der Verkündigungsgeschichte seines Evangeliums davon schrieb, daß man Jesus »Sohn Gottes« nennen wird und »Sohn des Höchsten«. Mit diesem Text stehen wir am Anfang des Weges, der die frühen Christen dazu führte, Jesus gegen die Götter anderer Religionen und gegen den römischen Kaiser als ihren Herrn zu bekennen. So lautet der fragmentarische Text aus der 4. Höhle von Qumran, in der entscheidenden zweiten Spalte:

Er wird der Sohn Gottes genannt werden, und sie werden ihn Sohn des Höchsten nennen. Doch ihr Königreich wird sein wie Sternschnuppen einer Vision. Nur wenige Jahre werden sie über das Land regieren, während Völker die Völker unterdrücken und Nationen die Nationen ... bis sich das Volk Gottes erhebt; dann werden alle Ruhe vor Krieg finden. Ihr Königreich wird ein ewiges Königreich sein, und ihre Wege werden in der Wahrheit sein. Sie werden gerechte Urteile im Land fällen, und alle Nationen werden Frieden schließen. Der Große Gott wird ihr Helfer sein. Er wird selbst für sie kämpfen. Er wird Völker in ihre Hand geben und alle vor ihnen zu Fall bringen. Gottes Herrschaft wird eine ewige Herrschaft sein, und die Grenzen ...

Wer mit dem Buch des Propheten Daniel vertraut ist, wird hier viele Gemeinsamkeiten erkennen. Die Unterdrückung von Völkern durch andere Völker ist das Thema in Daniel 7,23; das ewige Königreich des Gottesvolks findet sich in Daniel 7,27; der Große Gott erscheint in Daniel 2,45. So kann man verstehen, daß kurz nach der Entdeckung dieses Textes von einem »Pseudo-Daniel« die Rede war. Und gerade das 7. Kapitel des Buchs Daniel erzählt in der Sprache der Vision vom Messias, dem »Menschensohn« und benutzt damit einen Titel, den Jesus mehrfach auf sich selbst anwandte. Doch das Visionäre des Qumran-Textes und seine Anspielungen auf Daniel treten zurück hinter den Worten, die das Fragment und das Lukas-Evangelium gemeinsam haben: *Sohn Gottes, Sohn des Höchsten*. Wer ist gemeint? Hat Lukas sein Jesusbild nach einer Vorlage aus Qumran geformt, und wären wir ihm vielleicht nie auf die Spur gekommen, wenn nicht das Fragment 4Q246 aus dem späten 1. Jahrhundert v. Chr. aufgetaucht wäre? War da vielleicht von einem Messias aus dem Hause Davids die Rede, der als Sohn Gottes bezeichnet wurde? Hatte die christliche Verkündigung ihr Vorbild in einem Schriftstück aus Qumran? Alle Evangelien beanspruchen für Jesus eine Abstammung von David; und daß der Messias aus dem Hause Davids kommen würde, war alte jüdische Tradition. Lukas erzählt den Anfang der Geschichte so:

Im sechsten Monat wurde der Engel Gabriel von Gott in eine Stadt in Galiläa namens Nazareth zu einer Jungfrau gesandt. Sie war mit einem Mann namens Joseph verlobt, der aus dem Haus Davids stammte. Der Name der Jungfrau war Maria. Der Engel trat zu ihr ein und sagte: »Sei gegrüßt, du Begnadete, der Herr ist mit dir.« Sie erschrak über die Anrede und überlegte, was dieser Gruß zu bedeuten habe. Da sagte der Engel zu ihr: »Fürchte dich nicht, Maria; denn du hast bei Gott Gnade gefunden. Du wirst ein Kind empfangen, einen Sohn wirst du gebären, dem sollst du den Namen Jesus geben. Er wird groß sein und Sohn des Höchsten genannt werden. Gott, der Herr, wird ihm den Thron seines Vaters David geben. Er wird über das Haus Jakobs in Ewigkeit herrschen, und seine Herrschaft wird kein Ende haben.« Maria sagte zu dem Engel: »Wie soll das gehen? Ich habe noch mit keinem Mann geschlafen.« Der Engel antwortete ihr: »Der Heilige Geist wird über dich kommen, und die Kraft des Höchsten wird dich überschatten. Deshalb wird auch das Kind heilig und Sohn Gottes genannt werden. Auch Elisabeth, deine Verwandte, hat noch in hohem Alter einen Sohn bekommen. Obwohl sie als unfruchtbar galt, ist sie jetzt schon im sechsten Monat. Denn für Gott ist nichts unmöglich.« Da sagte Maria: »Ich bin die Magd des Herrn; mir geschehe, wie du es gesagt hast.« Danach verließ sie der Engel.

Heutige Leser finden viele Widerhaken in diesem Text. Hat sich Lukas mit der Geschichte vom Engel Gabriel und der Jungfrauengeburt aus der historisch glaubwürdigen Berichterstattung verabschiedet? Ganze Bibliotheken sind darüber geschrieben worden, bis in die Details des jüdischen Rechtsverständnisses, nach dem auch ein Adoptivsohn – und das wäre Jesus dann ja für Joseph gewesen – die Abstammung seines Adoptivvaters, eben die so wichtige aus dem Hause Davids, beanspruchen konnte. Geza Vermes, ein ungarischer Qumran-Forscher, der bis zu seiner Emeritierung an der Universität Oxford lehrte, machte aus seiner Wunschdeutung der Zusammenhänge kein Geheimnis. Mit Hilfe der englischen Tageszeitung *The Independent* schuf er am 1. September 1992 eine Sensation, als er ein Foto des Qumran-Fragments 4Q246 veröffentlichte und mit großer Schlagzeile erklären ließ: Eine der Grundsäulen des Christentums sei zusammengebrochen. Denn daß Jesus der eine und einzige, der »eingeborene« Sohn Gottes sei, das habe sich mit diesem Qumran-Fragment ein für allemal erledigt. Die Christen, Lukas mit seiner Erzählung allen voran, seien als Epigonen der Essener von Qumran entlarvt.[3] Doch Vermes hatte übersehen, daß der Begriff des Gottessohnes schon lange vor den Qumran-Texten im Judentum etabliert war und zur Zeit des frühen Christentums auch anderswo eine Rolle spielte. Was auch immer Lukas meinte – den Anspruch, der erste zu sein, der diesen Begriff in seinem Bericht über den Auftritt des Engels Gabriel einführte, kann er nicht erhoben haben. Lukas war ein Mensch seiner Zeit, vertraut mit den Begriffen und Schriften seiner Umwelt, deren Kenntnis er auch bei seinen Lesern voraussetzen mußte.[4] Und das hieß: Er wußte, daß die Vorstellung vom Gottessohn und die Bezeichnung »Sohn Gottes« längst gebräuchlich waren, als er schrieb.

In der Antike gab es viele mythologische Söhne vieler mythologischer Götter, oft mit irdischen Frauen gezeugt, die dann als Halbgötter durch die Epen Homers, Ovids und anderer Autoren der griechischen und römischen Literatur wandeln und ihre Heldentaten vollbringen. Ein ganzer Kontinent, Europa, verdankt seinen Namen einer solchen Sage. Zeus, der Göttervater und Herrscher des Olymp, hatte es wieder einmal auf eine liebliche Maid abgesehen, die Tochter des phönizischen Königs Agenor und seiner Frau Telephassa. Er verwandelte sich in einen Stier, was in Jacques Offenbachs Oper »Orpheus in der Unterwelt« ironisch als Notwendigkeit kommentiert wird: In seiner wirklichen Gestalt, so heißt es da in einer Szene, hätte keine Frau ihn angesehen. Das Mädchen, das arglos am Strand spielte, irgendwo zwischen den Städten Sidon und Tyros im heutigen Libanon, hieß Europa. Zeus entführte sie nach Kreta und zeugte dort mit ihr drei Söhne.

Vergleichen wir das mit der Sprachwelt der biblischen Überlieferung, so geht es hier erheblich sachlicher zu. Hier ist nicht mehr die Rede von Göttersöhnen in einer Welt zahlreicher Götter, mit beliebig häufigen und beliebig fruchtbaren sexuellen Verbindungen zwischen Göttern und Menschen. Das Judentum und, aus der gleichen Wurzel kommend, auch das Christentum kannte nur einen einzigen Gott, und der zeugte keineswegs in wechselnden Verkleidungen und Gestalten mal hier, mal dort seine Söhne und Töchter. Wenn die ersten Christen beanspruchten, daß Jesus tatsächlich Gottes Sohn war, dann hatte das zwar ausdrücklich auch eine biologische Komponente; aber wie auch immer man sie begreifen und erklären wollte – es ging ihnen um etwas Einzigartiges, das weder mit griechischen noch mit ägyptischen Mythen vergleichbar war. Zudem war der Begriff selbst, »Sohn Gottes«, offenbar im Judentum auch losgelöst von einer leiblichen Vaterschaft zu verstehen. Das ist für den Text aus Qumran ebenso wie für Lukas eine entscheidende Voraussetzung. Einer der ältesten Texte, der uns an das Verständnis des Qumran-Fragments und des Lukas-Textes heranführt, findet sich im Alten Testament, im 2. Buch Samuel 7,14. Dort spricht Gott selbst, aus dem Mund des Propheten Natan. Er kündigt dem König David einen Nachkommen an, von dem er sagt: »Ich will sein Vater sein, und er soll mein Sohn sein.«

Eine der ältesten Schriften der hebräischen Bibel verwendet also den Begriff des Gottessohnes. Schon damit ist die Vorstellung, Lukas sei lediglich ein Epigone eines in Qumran gefundenen essenischen Textes aus dem späten 1. Jahrhundert vor Christus, als absurd entlarvt. Keiner der ersten Leser des Lukas-Evangeliums, die mehrheitlich wie die ersten Christen selbst Juden waren oder jüdische Wurzeln hatten, konnte eine solche Querverbindung übersehen. Im übrigen steht 2. Samuel 7,14 keineswegs allein: Zu den bekanntesten Texten der Bibel gehörte und gehört Psalm 2, der traditionell König David zugeschrieben wird und in dem »der Gesalbte des Herrn« prophetisch als von Gott gezeugter Sohn bezeichnet wird:

Warum toben die Heiden und murren die Völker so vergeblich? Die Könige der Erde lehnen sich auf, und die Herren halten Rat miteinander wider den Herrn und seinen Gesalbten: Lasset uns zerreißen ihre Bande und von uns werfen ihre Stricke! Aber der im Himmel wohnt, lacht ihrer, und der Herr spottet ihrer. Einst wird er mit ihnen reden in seinem Zorn, und mit seinem Grimm wird er sie schrecken: »Ich aber habe meinen König eingesetzt auf meinem heiligen Berg Zion.« Kundtun will ich den Ratschluß des Herrn. Er hat zu mir gesagt: »Du bist mein Sohn, heute habe ich dich gezeugt. Bitte mich, so will ich dir Völker zum Erbe geben und der Welt Enden zum Eigentum. Du sollst sie mit einem eisernen Zepter zerschlagen, wie Töpfe sollst du sie zerschmeißen.« So seid nun verständig, ihr Könige, und laßt euch warnen, ihr Richter auf Erden! Dient dem Herrn mit Furcht und küßt seine Füße mit Zittern, daß er nicht zürne und ihr umkommt auf dem Wege; denn sein Zorn wird bald entbrennen. Wohl allen, die auf ihn trauen!

Der Gesalbte des Herrn, das heißt, der Messias, oder griechisch der Christus, wird hier zum ersten Mal ausdrücklich mit dem Begriff des Gottessohnes zusammengebracht.[5] Für die ersten christlichen Interpreten – die, das kann man nicht oft genug sagen, selbst Juden waren, klang das so eindeutig, daß sie diesen Psalm schon kurz nach der Auferstehung Jesu, im Jahr 30 n. Chr., zur Bekräftigung ihres Glaubens heranziehen konnten. Nach einem Verhör des Petrus und des Johannes vor dem »Synhedrion«, dem Hohen Rat, spricht die Urgemeinde in Jerusalem ein Gebet, in dem es unter anderem heißt: »Herr, du hast Himmel und Erde und das Meer und alles, was darin ist, gemacht;

du hast durch den heiligen Geist, durch den Mund unseres Vaters David, deines Knechtes, gesagt: ›Warum toben die Heiden und die Völker nehmen sich vor, was umsonst ist? Die Könige der Erde treten zusammen, und die Fürsten versammeln sich wider den Herrn und seinen Christus.‹« (Apostelgeschichte 4,24-26).

Doch damit nicht genug: Die alten griechischen und lateinischen Bibelausgaben enthalten das Buch Jesus Sirach, das in evangelischen Bibeln nur zu den »Apokryphen« zählt, da es in die hebräische Bibel nicht aufgenommen worden war. Es entstand um 180 v. Chr., trägt den hebräischen Namen »Ben Sira«, den griechischen »Siracides« und den lateinischen »Ecclesiasticus«. Auch dort wird der Begriff des Gottessohnes benutzt, hier einmal ohne den Zusammenhang mit dem »Gesalbten Gottes« (Jesus Sirach 4,10):

Sei den Weisen wie ein Vater und den Witwen wie ein Gatte, dann wird dich Gott seinen Sohn nennen, er wird Erbarmen mit dir haben und dich vor dem Grab bewahren.

Lange hat man geglaubt, daß die biblischen Texte als Quellen ausreichen, um die Gedankenwelt der vor- und frühchristlichen Zeit kennenzulernen, und um zu verstehen, was Jesus über sich und was die anderen über ihn dachten. Spannend wird die Spurensuche aber oft erst dann, wenn man auch jüdische Literatur heranzieht, die nicht in der Bibel steht. Die Autoren des Neuen Testaments weisen einem selbst gelegentlich den Weg: Im Brief des Judas wird beispielsweise auf eine »Himmelfahrt des Moses« angespielt und im 1. Korintherbrief auf eine »Offenbarung des Elias«, die nie zur Bibel gehörten. Und wie wir schon sahen, hatte der jüdisch-griechisch gebildete Paulus sein Vergnügen daran, einen griechischen Komödienschreiber namens Menander zu zitieren, Philosophen wie Arat und Epimenides oder

Dichter wie Aischylos und Kallimachos.[6] Sogar im 2. Brief des Petrus, dem viele heutige Interpreten keine besonders hohe Bildung zutrauen, findet sich ein Abschnitt, mit dem sich ein Fenster zur faszinierenden Beziehungsvielfalt der antiken Literatur öffnet. In 2. Petrus 2,22 heißt es: »Auf sie [d.h. auf bestimmte Irrlehrer] trifft das wahre Sprichwort zu: ›Der Hund kehrt zurück zu dem, was er erbrochen hat‹, und: ›Die gewaschene Sau wälzt sich wieder im Dreck‹« (2. Petrus 2,22). Der erste Teil zitiert eine alttestamentliche Schrift, die »Sprüche Salomos« 26,11. Aber der zweite Teil spielt nicht nur auf den griechischen Philosophen Heraklit an,[7] sondern auch auf einen in der vor- und frühchristlichen Antike ungemein beliebten Roman, die Geschichte vom weisen Achikar.[8] Dieser Text, der zahlreiche Weisheitssprüche enthält und in dem Achikar, der Kanzler der assyrischen Könige Sanherib und Sarhaddon, die Hauptrolle spielt, wurde im 6. vorchristlichen Jahrhundert in aramäischer Sprache geschrieben, d.h. in der Muttersprache von Jesus, Petrus und vielen anderen in ihrem unmittelbaren Umfeld. Die ältesten aramäischen Papyri, aus dem späten 5. Jahrhundert v. Chr., wurden 1906 auf der Nilinsel Elephantine entdeckt. Ein dem griechischen Alten Testament (der »Septuaginta«) beigegebenes Buch, das im Christentum und in der christlichen Kunst besonders beliebt wurde – die Geschichte von Tobit oder Tobias – setzt die Kenntnis Achikars voraus (Tobit 11,19). Später wurde der Roman ins Syrische, Armenische und Arabische übersetzt. So beliebt war er, daß selbst ein griechischer Weiser wie Demokrit ihn schon im 5. Jahrhundert v. Chr. als Quelle einiger seiner Sprüche benutzte; und noch an der Wende vom 3. zum 4. nachchristlichen Jahrhundert verewigten ihn die Römer in ihrer westlichen Hauptstadt Augusta Treverorum, dem heutigen Trier, in einem »Acicarius«-Mosaik.[9]

Alle diese Zitate und Anspielungen setzen voraus, daß auch die jüdischen und aus dem Judentum kommenden Menschen jener Zeit, die Schreiber ebenso wie die Leser, sich nicht nur mit einer engbegrenzten, »offiziellen« Sammlung Heiliger Schriften befaßten. Auch das Qumran-Fragment 4Q246 gehört zu diesen Texten, die bestätigen, wie lohnend es ist, die außerbiblische Literatur genauer anzusehen. Und bei der Suche nach dem »Gottessohn« in 4Q246 gibt es da in der Tat noch einen Fund, der uns ein Stück weiterhilft: Er stammt von einer der faszinierendsten Gestalten des antiken Judentums, dem Philosophen Philo von Alexandria, der uns bereits mehrmals begegnet ist. Philo stammte aus einer wohlhabenden Familie im ägyptischen Alexandria und gehörte zu den vielen einflußreichen und gebildeten Juden außerhalb des jüdischen Kernlandes, die kaum noch Hebräisch verstanden. Sein Denken und Schreiben bezog sich auf die griechische Übersetzung der jüdischen Bibel, die sogenannte Septuaginta, und auf die griechischen Schriften der großen Philosophen. Auch an der Tagespolitik nahm er teil: Im Winter 39/40 n. Chr. – als Petrus noch Leiter der christlichen Urgemeinde in Jerusalem war – führte er eine Gesandtschaft in die Hauptstadt des Römischen Reichs, nach Rom, zu Kaiser Caligula, von dem er das römische Bürgerrecht für die Juden Alexandrias erlangen wollte. Philo war ein aufmerksamer Beobachter seiner Zeit. Kritisch äußerte er sich über Pontius Pilatus, unbestechlich war sein Urteil über das Verhältnis des Staates zu seinen jüdischen Bürgern. Philos ausnahmslos griechisch verfaßte Schriften sind fast vollständig erhalten. Eine von ihnen heißt »Über die Nüchternheit«, und ihr Ausgangspunkt sind die Gebete und Flüche, die Noah äußerte, als er seinen Rausch ausgeschlafen hatte (1. Mose/Genesis 9,24-27). Manche Formulierungen klingen wie sanfter Trost in den Ohren verkaterter Trinker: »In der Tat, jedes Übel, das aus dem Betrunkensein kommt, hat seinen Widerpart in irgendeinem Guten, das aus der Nüchternheit folgt.« Philo selbst war jedenfalls ein recht nüchterner Denker, und entsprechend schnörkellos beschreibt er in diesem Text Abraham als Sohn Gottes. Derjenige, der wie Abraham sei, habe Gott als seinen Vater erkannt und sei durch »Adoption« sein einziger Sohn geworden. (»Über die Nüchternheit«, 56). Es ist ein schwieriger, eigenartiger Text, der schon von frühchristlichen Autoren hin und her gewendet wurde. Zweifelsfrei ist jedenfalls eines: Noch ehe Lukas sein Evangelium schrieb, konnte Philo zumindest Abraham als einen Sohn Gottes bezeichnen. Und wie wir schon im ersten Kapitel sahen, war Abraham nicht irgendwer, er war der Stammvater, auf den sich erst die Juden zurückführten, später dann, noch zu Lebzeiten Philos, die aus dem Judentum kommenden Christen, und Jahrhunderte später mit Mohammed, der auf Abrahams Sohn Ismael verwies, auch noch die Muslime.

In die politische Wirklichkeit führt uns ein Text, der fast zeitgleich mit dem Qumran-Fragment entstand, in der letzten Hälfte des ersten vorchristlichen Jahrhunderts. Es sind die »Psalmen Salomos«, die trotz des – symbolisch zu verstehenden – Titels nicht beanspruchen, vom historischen König Salomo zu stammen. Obwohl sie ursprünglich wohl hebräisch verfaßt wurden, ist nur die ungefähr gleichzeitig entstandene griechische Fassung erhalten geblieben. Diese Schrift blickt zum einen – ohne Namensnennung, aber unverkennbar genug – auf jüngstes historisches Geschehen zurück, auf die Eroberung Jerusalems und die Entweihung des Tempels durch den römischen Feldherrn Pompeius im Jahre 63 v. Chr. (Psalm Salomos 1,8; 2,1-11 und 8,1-21). Und zum anderen stellen die letzten beiden Psalmen, der 17. und 18., diesem katastrophalen Geschehen die Hoffnung auf die Herrlichkeit des Sohnes Davids, des kommenden Messias entgegen. »Laß es geschehen, Herr! Laß ihnen ihren König wieder erstehen, den Sohn Davids, zu der Zeit, die du erwählst, Gott, auf daß Israel ihm diene! Umgürte ihn mit Macht, auf daß er die Herrscher des Frevels zerschmettere! Reinige Jerusalem von den Heiden, die es so schmachvoll niedertreten!« (Psalmen Salomos 17,23-25). Da ist sie, die Erwartung eines Messias, der sein Volk mit Gewalt von den Römern befreien wird. Und es folgt die Vorstellung vom auserwählten Volk als den Söhnen Gottes: »Er läßt nicht zu, daß auch in Zukunft das Unrecht unter ihnen bleibt. Und wer dem Bösen folgt, darf nicht unter ihnen sein. Er kennt sie, sie alle sind die Söhne ihres Gottes, und er verteilte sie in ihren Stämmen über das Land« (17,29-30). Das ist, zur Zeit der als Unterdrückung empfundenen römischen Herrschaft, die größte Ausweitung des Gottessohn-Denkens, nun ganz aktuell aus den alten Schriften wie Jesaja (54,13) und, früher noch, Deuteronomium/5. Mose (14,1) abgeleitet: »Ihr seid Kinder des Herrn, eures Gottes.«

Wie wir gerade erst gesehen haben, war diese Wortwahl geradezu explosiv, als der Qumran-Text 4Q246 geschrieben wurde, und höchst explosiv war sie noch, als Philo und Lukas schrieben: Kaiser Augustus nämlich, der von 63 v. Chr. bis 14 n. Chr. lebte und auch in den Seiten des Neuen Testaments eine wichtige Gastrolle spielt (Lukas 2,1), war auf den Gedanken gekommen, sich »Sohn Gottes« nennen zu lassen. Das hatte eine gewisse Logik, denn zuvor hatte er seinen ermordeten Adoptivvater Julius Caesar durch einen formellen Beschluß vergöttlichen lassen, und wenn Caesar ein »Divus Julius« war, dann konnte der (Adoptiv-)Sohn beanspruchen, ein »Divi filius« zu sein, der Sohn (des) Gottes. Die Entscheidung war dem Augustus sicher nicht schwergefallen – Julius Caesar war schon zu Lebzeiten auf Inschriften schlicht und direkt als »Gott« bezeichnet worden. Ein guterhaltenes Beispiel ist ein Säulenkapitell im theassalischen Demetrias, nach 48 v. Chr. Dort steht griechisch: »Gaius Iulius Kaisar Autokrátor Theós« – Gaius Julius Caesar Selbstherrscher Gott.[10] Um 31 v. Chr., kurz nach seinem Machtantritt, bekam Octavianus Caesar, also Augustus, seine eigene Göttlichkeit wohl zum ersten Mal von anderen bestätigt.

Auf einer Statuenbasis von der Kykladeninsel Keos lesen wir: »Das Volk [ehrt] den Selbstherrscher Caesar, Gott und Gottes Sohn.«[11]

Im griechischsprachigen Osten des Römischen Reichs hatte dieser Titel die ganze Wucht des kaiserlichen Absolutheitsanspruchs. Zahllose Inschriften und Papyri belegen diesen Gebrauch; niemand, der sich auf den Straßen und Plätzen bewegte, ob Jude, Heide oder Christ, konnte dem entgehen. Die kaiserliche Anmaßung wird in einer dem Caesar Augustus gewidmeten fragmentarischen Marmorinschrift aus Pergamon besonders deutlich: »… den Selbstherrscher Kaisar (= Caesar), den Sohn Gottes, den Gott Sebastos (griechisch = Augustus), allen Landes und Meeres Aufseher …«[12] Der Kaiser ist also Sohn Gottes und selbst erhabener, höchster Gott. Und aufmerksame Betrachter dieser Inschrift, die ihre Bibel nicht in hebräischer, sondern in griechischer Sprache lasen, werden damals gleich bemerkt haben, daß noch der griechische Begriff, der hier für »Aufseher« steht (»epóptäs«), eine Bezeichnung aufgreift, die auch dem biblischen Gott galt – im Buch Esther 5,1, im 2. Buch der Makkabäer 3,39 und 7,35 und im 3. Buch der Makkabäer 2,21.[13]

In Sardes, einer Stadt, die ebenso wie Pergamon zu den Adressaten der sieben Sendschreiben in der Offenbarung des Johannes gehört (Offenbarung 1,11), stand eine Inschrift für den Priester des Kaiserkultes, die unter anderem den »Imperator Caesar Augustus, Sohn eines Gottes« nennt.[14] Auch an anderen Orten wurden ähnliche Inschriften entdeckt, die stellvertretend für die Vielzahl nicht mehr erhaltener Zeitzeugnisse stehen. Neben den Inschriften stehen die Papyri, wie jener im oberägyptischen Oxyrhynchus gefundene, in dem zwei Tempelangestellte – Lampenanzünder – im Jahr 29 v. Chr., also auf Augustus bezogen, ihren Eid so formulieren: »Wir schwören bei Caesar, dem Gott, von einem Gott abstammend.«[15]

Das war die Situation, als Lukas seinen Bericht über das Auftreten des Engels Gabriel vor Maria niederschrieb. Er selbst und seine Leser konnten sich keinen Illusionen darüber hingeben, wie die Bezeichnung »Sohn Gottes«, angewandt auf den noch nicht geborenen Sohn der Maria, verstanden werden mußte: innerhalb des Judentums als der Anspruch, einen Schlußpunkt zu setzen und den einen, wahren Sohn Gottes zu proklamieren, und nach außen als religionspolitische Kampfansage gegen die Herrscher des Römischen Reichs. Es entbehrt dabei nicht der Ironie, daß Lukas sein Evangelium einem hochrangigen römischen Beamten widmet, »seiner Exzellenz« Theophilus.[16] Gerade Theophilus sollte auf diese Weise verstehen, daß der Glaube an Jesus nicht ohne die Abkehr vom »Glauben« an den Kaiser zu haben war. Das war allerdings kein Aufruf zum zivilen Ungehorsam gegen die staatliche Autorität; hier ging es allein um den Status des Kaisers als religiöse, als göttliche Herrschaftsinstanz. Von Anfang an war Christen die Benutzung des »Gottessohn«-Titels für den Kaiser ebenso unmöglich wie dann die »Kyrios«/Herren-Titulatur. Es war dabei kaum von Bedeutung, daß Juden und Christen unter »Gott« und »Gottessohn« etwas ganz anderes verstanden als andere Bewohner des Römischen Reichs. Der durchschnittliche Stadt- oder Landmensch lebte gut mit einer Vielzahl von Gottheiten, die verschiedenen Zwecken dienten und in der Regel nebeneinander, mitunter sogar in denselben Tempeln, verehrt wurden. Den Kaisern konnte man da ihren Platz und ihre besondere Zuständigkeit ohne weiteres gönnen. Die Göttergeschichten Homers, der in seiner *Ilias* erzählt, wie die Götter des Olymp teils für die Trojaner, teils für die Griechen Partei ergreifen, sind nicht typisch für die Alltagskulte zur Zeit des Römischen Reichs. Juden und Christen waren dagegen auf den Dekalog verpflichtet, auf die Zehn Gebote, in denen es unmißverständlich heißt: »Ich bin der Herr, dein Gott, du sollst keine anderen Götter haben neben mir« (2. Mose/Exodus 20,3).

Jesus und jene, die über ihn schrieben, lebten in der östlichen Hälfte des Reichs. Im Westen sah man die Dinge anfangs etwas gelassener. Die Welt der Heroen und solitären Selbstherrscher, der Halbgötter und der Götter, die in Menschengestalt auftraten, war dort längst nicht so weit verbreitet wie im Osten.[17] Noch zu Beginn des 2. Jahrhunderts n. Chr. kann der aus Alexandria stammende und in Rom als »advocatus« tätige Appian in seiner *Römischen Geschichte* den Kontrast zwischen der Einschätzung der Kaiser vor und nach ihrem Tod mit dem Unterton der Verwunderung so beschreiben: »Die Römer erweisen jedem Inhaber des Kaiseramtes, wenn er nicht gerade tyrannisch oder tadelnswert gewesen war, nach dem Tode göttliche Ehren – sie, die es noch nicht einmal ertrugen, jene schon vorher bei Lebzeiten Könige zu nennen.«[18] Der Gegensatz mußte einem die griechische Kulturwelt gewohnten Mann wie Appian um so mehr auffallen, als schon Julius Caesar, wie wir sahen, im Osten ohne weiteres als »Gott« bezeichnet werden konnte, während er noch lebte – und nicht erst wie im Westen auf die »Consecratio«, die Vergöttlichung nach seinem Tode angewiesen war.

Möglicherweise hat auch Augustus selbst noch einen Unterschied gemacht zwischen seiner Verehrung im griechisch geprägten Ostteil und im lateinisch ausgerichteten Rom. Der jüdische Philosoph und Gesandte Philo von Alexandria legt das nahe. In seiner Sendschrift an Kaiser Caligula blickt er auf die Epoche des Augustus zurück und schreibt: »Daß er [Augustus] von den maßlosen Ehrungen, die man ihm erwies, niemals eingebildet oder aufgeblasen wurde, geht klar aus der Tatsache hervor, daß er sich nie als Gott anreden lassen wollte, sondern sogar ärgerlich wurde, wenn jemand ihn so ansprach. Er nahm außerdem die Juden freundlich auf und wußte genau, daß sie solche Dinge mit Abscheu betrachteten.«[19] Sicher beschreibt Philo hier nur die Situation im Westen, die er gegenüber Caligula im Blick hat. Sie wirft ein Schlaglicht auf das diplomatische Geschick des Friedensbringers und Friedensbewahrers Augustus im Zentrum seines Reichs. Es gibt keinerlei Hinweise auf Versuche, die Anrede »Gott« und »Sohn Gottes« auf den oben beschriebenen griechischen Inschriften in Pergamon, Sardes oder Keos zu unterbinden oder rückgängig zu machen – und auch dort lebten Juden. Die Kaisertempel des Augustus haben das Erscheinungsbild gleichfalls nicht geschmälert, denn daß hier meist auch das vergöttlichte Rom, die »Dea Roma«, mit verherrlicht wurde, könnte auf Griechen und Römer wie eine von Augustus gewünschte Bescheidenheitsgeste gewirkt haben, machte die Sache in den Augen gläubiger Juden aber eher noch schlimmer.[20]

In dieses zeitgeschichtliche Panorama gehört das Qumran-Fragment 4Q246. Wenn wir es uns jetzt noch einmal genauer ansehen, dann merken wir, daß hier zwar zweifellos auch von einem Sohn Gottes die Rede ist, wie bei Augustus und seinen Nachfolgern, wie bei Lukas, Jesus Sirach und Philo von Alexandria. Aber etwas ist doch anders: Der Sohn Gottes und Sohn des Höchsten tritt darin als Negativgestalt auf. Er ist einer, der nicht unter Gottes Gnade steht, sondern unter Gottes Urteil: »Er wird der Sohn Gottes genannt werden, und sie werden ihn Sohn des Höchsten nennen. Doch ihr Königreich wird sein wie Sternschnuppen einer Vision. Nur wenige Jahre werden sie über das Land regieren, während Völker die Völker unterdrücken und Nationen die Nationen … bis sich das Volk Gottes erhebt.« Wer ist der Sohn, wer sind die Herrscher, deren Reich wie Meteore vergehen wird?

Nehmen wir die zeitgeschichtlichen Zusammenhänge des späten 1. Jahrhunderts ernst, dann kann es eigentlich nur eine Antwort geben: Der Sohn Gottes, von dem hier gesprochen wird, ist der römische Kaiser, der zugleich Gott und Sohn des Höchsten Gottes sein wollte. Augustus regierte seit 43 v. Chr. Lang genug, um den an allen religiösen, kulturellen und politischen Entwicklungen interessierten Qumran-Essenern vor Augen zu führen, was da geschah. Und die Auseinandersetzung mit den Römern war keineswegs neu. Schon seit den Makkabäer-Aufständen gab es Kontakte: Um 164/163 v. Chr. boten die Römer den Juden an, auf ihrer Seite beim syrischen König in Antiochia zu intervenieren. Zu dieser Zeit gab es kaum Vorbehalte gegenüber den Römern, und wenn es sie gelegentlich gab, dann waren sie nicht politisch, sondern religiös motiviert. Doch das änderte sich im Laufe der Jahrzehnte. Im Jahre 63 v. Chr., dem Geburtsjahr des Augustus, nahm der römische Politiker und Feldherr Pompeius, auf den die Psalmen Salomos anspielen, im Zuge seiner Eroberungen im östlichen Mittelmeerraum auch Jerusalem ein. Das jüdische Kernland war unter römische Herrschaft gelangt, und es war mehr als nur eine militärische Eroberung. Mit der Erstürmung des Tempels von Jerusalem hatte Pompeius in jüdischen Augen eine furchtbare Gotteslästerung begangen. Die Römer waren zu Todfeinden der Juden geworden.

Und so waren sie zur Zeit des Augustus nicht nur die Besatzungsmacht, die feindlichen »Kittim«, von denen in vielen Qumran-Texten die Rede ist. Sie waren auch eine religiöse Bedrohung, denn ihre Kaiser maßten sich an, was nur Gott selbst zustand. Und der Gott der Bibel, der seinem Volk so oft beigestanden hatte, konnte hier nach jüdischer Auffassung nicht tatenlos zusehen. Die Essener, wohl die gläubigste, orthodoxeste aller Bewegungen des Judentums dieser Zeit – schon ihr Name ist vermutlich vom hebräischen Wort für »die Frommen« abgeleitet – fanden Beistand in der Heiligen Schrift. Ein Psalm prophezeite, was denen geschehen würde, die auf blasphemische Weise einen Titel beanspruchten, der ihnen nicht zustand. Es ist

Psalm 82, und die entscheidenden letzten Verse lauten, aus dem Hebräischen übersetzt:

Ich hatte gedacht: Seid ihr Götter, seid ihr alle Söhne des Höchsten? Nein! Ihr werdet sterben wie die Menschen sterben, ihr werdet fallen wie jeder der Fürsten. Erhebe dich, Gott, richte die Welt, denn dir gehören alle Nationen. (Psalm 82,6-8)

Diesen Psalm hatte der unbekannte Autor des Qumran-Textes 4Q246 vor Augen, als er die Anmaßung der Römer verurteilte und vom Ende ihrer Herrschaft sprach. Was Psalm 82 verhieß, wurde nun heiß herbeigesehnt, es sollte geschehen, und möglichst bald. Die Visionen des Propheten Daniel, die dem Schreiber ebenfalls geläufig waren, ergänzten seine Interpretation. So entstand ein grandioser, sprachgewaltiger Text. Das Qumran-Fragment ist damit in gewisser Weise eine Schrift in bester jüdischer Tradition. Es ist ein »Pescher«, die für Qumran typische Form der Auslegung biblischer Texte im Hinblick auf die eigenen Erfahrungen und die jüdische Wirklichkeit der Zeit. Meist sind diese »Pescharim« verschlüsselt, so daß es eines konkreten Anknüpfungspunktes bedarf, um die aktuellen Bezüge zu verstehen. Hier scheint der Zusammenhang allerdings deutlich genug zu sein. Auch die sehr stark beschädigte erste Spalte von 4Q246 weist in die gleiche Richtung, denn soweit man diesen Textteil überhaupt noch sinnvoll rekonstruieren kann, heißt es da:

… eine Bedrückung wird über die Welt kommen … ein großes Massaker in der Provinz … der König von Assyrien und … pten (?) … wird über die Erde herrschen … werden seine Untertanen sein und ihm gehorchen … Er wird groß genannt werden, und sein Name wird ihn kennzeichnen …

Viele Forscher glauben, daß sich diese Aussagen auf den syrischen Herrscher Antiochus IV. Epiphanes aus der Seleukiden-Dynastie beziehen, der zwischen 173 und 164 v. Chr. die Juden mit Gewalt zur hellenistischen Kultur zwingen wollte.[21] Sein Beiname »Epiphanes«, d.h. »die Erscheinung«, könnte dann als eine Art Gottesanspruch verstanden werden. Doch diese Interpretation scheitert daran, daß 4Q246 gut einhundert Jahre nach der Regierungszeit des syrischen Tyrannen geschrieben wurde und gewiß eine unmittelbar zeitgenössische Erfahrung mit einer Zukunftsvision von Gottes strafendem Eingreifen verbindet. Es geht nicht mehr um längst abgeschlossenes Geschehen (auch wenn dieses sicher noch im historischen Bewußtsein der Menschen präsent war), sondern um Gegenwart und Zukunft. Und wenn wir uns wieder klarmachen, daß ein solcher »Pescher« mit subtilen, aber lösbaren Verschlüsselungen arbeitet, dann können wir in dem »Großen« der ersten Spalte von 4Q246 den »Erhabenen« wiedererkennen, und nichts anderes heißt ja »Augustus« auf lateinisch.

In der Verkündigungsgeschichte des Lukas-Evangeliums wird ausdrücklich auch Jesus, der Sohn Gottes und Sohn des Höchsten, als groß bezeichnet: »Er wird groß sein und Sohn des Höchsten genannt werden« (Lukas 1,32). Sogar einen Schritt weiter können wir noch gehen: Der römische Kaiser, als Herrscher auch über Assyrien/Syrien und Ägypten (wenn denn das stark beschädigte aramäische Wort wirklich »Ägypten« heißt), die hier namentlich vorkommen, war damit zugleich der Herrscher über eine Stadt, die es in beiden Gebieten und römischen Provinzen gab: Babylon. Das sagenumwobene Babylon am Euphrat war zu dieser Zeit längst bedeutungslos geworden; das andere, »Babylon Fossatum«, war ein römisches Militärlager am Nil an der Stelle, wo sich heute die ägyptische Hauptstadt Kairo befindet. Jenes einst so prachtvolle und mächtige Babylon, das die Juden unterworfen und in die »babylonische Gefangenschaft« geführt hatte, war jedoch noch immer das Symbol für Macht, Reichtum und dekadenten Verfall. Zu der Zeit, als die Qumran-Schrift 4Q246 entstand, war Rom das neue Babylon. Die Qumran-Bibliothekare standen direkt oder indirekt mit der Reichshauptstadt in Verbindung, wie nicht zuletzt der Schriftrollenkrug aus der Höhle 7 mit der hebräischen Inschrift »Rom« zeigt. Daß man in Rom den symbolischen Namen »Babylon« auf sich selbst bezog, kam seit 160 v. Chr. häufig vor, als Terenz in seiner in Rom geschriebenen und aufgeführten Komödie »Adelphoe« einen Verschwender namens Micio als »jenen Babylonier« bezeichnete (Adelphoe 914-915); schon damals muß die Übertragbarkeit von »Babylon« allgemein üblich gewesen sein, denn die Zuschauer sollen in einer Komödie über den Wortwitz lachen und nicht erst ins Grübeln kommen. Dieser Faden zieht sich danach durch die Literatur bis in die frühchristliche Zeit, als Petronius seine *Satyrica* mit dem *Gastmahl des Trimalchio* schreibt (Satyrica 56). Zur gleichen Zeit entsteht der erste Brief des zum Christusnachfolger gewordenen Juden Petrus, in dem Rom als Babylon bezeichnet wird (1. Petrus 5,13), und ein anderer zum Christen gewordener Jude, Johannes, verurteilt das verkommene Rom um 68/69 n. Chr., kurz nach dem Tod Neros, als die »Hure Babylon« (Offenbarung des Johannes 14,8 und Kapitel 16-18).[22]

Was da im Qumran-Fragment 4Q246 steht, war also für die Leser am Ende des ersten Jahrhunderts vor Christus ebenso leicht als Anspielung auf den Kaiser in Rom, sein Reich und seine so empfundene Unterdrückung des jüdischen Volkes zu entschlüsseln wie für Leser, die Zugang zu den in Qumran entstandenen oder vervielfältigten Schriften noch bis zum Untergang der Siedlung im Jahre 68 n. Chr. hatten, als die Römer den Ort und den Bereich der Höhlen im Zuge der Niederschlagung der jüdischen Revolte eroberten. Das Jahr 68 brachte das Ende der von den Essenern formulierten Erwartungen. Nicht die Römer waren untergegangen, sondern sie selbst. Es sollte noch bis 313 n. Chr. dauern, ehe ein römischer Kaiser sich zum Gott der Juden bekannte und damit das Ende des alten Reiches einleitete auch wenn dieser Kaiser, Konstantin der Große, dann nicht Jude wurde, sondern Christ.

Das kleine Qumran-Fragment stellt sich als das fehlende Glied einer historischen Kette heraus. Die Verkündigungsgeschichte des Lukas-Evangeliums ist alles andere als eine Nachahmung – im Gegenteil, gerade vor dem Hintergrund der Auseinandersetzung mit den Römern und ihren Kaisern können wir die wirkliche Pointe erkennen. Wer wie Jesus Sirach oder Philo von treuen Gläubigen als Söhnen Gottes spricht, mag es in guter Absicht tun; wer es wie die römischen Kaiser für sich selbst beansprucht, verfällt dem Urteil des lebendigen Gottes. Letztlich, so teilt uns Lukas mit, zählt nur eins: was Gott selbst will. Und zu diesem Zweck tritt bei ihm Gabriel auf, der Bote Gottes. Hier, und nur hier, zum ersten und einzigen Mal in der Geschichte, wird der ausdrückliche Anspruch erhoben, daß Gott selbst mitteilen läßt, wer sein Sohn ist.

Panik und Pointen

Jesus kam etwa im Jahre 29 mit seinen Jüngern nach Caesarea Philippi, dem heutigen Banjas im Norden Galiläas (Matthäus 16,13). Und hier spielte sich eine Szene ab, in der ein Gott gegen den Sohn Gottes stand. Noch immer graben dort Archäologen, um immer mehr vom alten Caesarea Philippi wieder freizulegen. Sie bewegen sich auf den Spuren des Tetrarchen Philippus, in dessen Herrschaftsbereich einige der Jünger – Petrus, Andreas, Johannes, Jakobus, Philippus – aufgewachsen waren. Er zählte zu den Verehrern des römischen Kaisers und der griechischen Kultur. Es gefiel ihm, daß an diesem Ort eines der wichtigsten antiken Pilgerzentren stand, ein Pan-Heiligtum. Was ihm nicht gefiel, war der schlichte, von der griechischen Gottheit Pan abgeleitete Ortsname Panaeas, auf den der heutige arabische Name Banjas zurückgeht. Also baute er die Stätte prachtvoll aus und benannte sie zu Ehren des Kaisers und zu seinen eigenen Ehren in Caesarea Philippi um, die kaiserliche Stadt des Philippus.

Was Jesus und seine Begleiter dort vorfanden, wird zur Zeit wieder ausgegraben: Das weitflächige Areal des Pan-Heiligtums, mit seinen Grotten und Nischen und Statuen, hineingeschlagen in ein langgestrecktes Felsmassiv, und davor die Hallen und Räume für den Kult und seine Verwalter, die Geschäfte und Erfrischungsplätze für die Pilger. Als Gott der Hirten und der Fruchtbarkeit war Pan für viele Zwecke zuständig, nicht zuletzt für erotische, was manche antike Darstellungen unübersehbar deutlich machen. Als mythischer Erfinder der Pan-Flöte (Syrinx) hat er sich um die Musik verdient gemacht, und als Schöpfer der nach ihm benannten Panik, die er mit Vorliebe in der Stille des Mittags auszulösen pflegte, ist er nicht zuletzt in fast alle Sprachen der westlichen Welt eingegangen. Praktisch war auch, daß er aufgrund der scheinbaren Wortgleichheit seines Namens mit dem griechischen »pan«, »alles«, als ein für jedes Bedürfnis zuständiger »Allgott« verehrt werden konnte.

Und dann ist da der Nar Banjas, eine Jordanquelle, die beim Pan-Heiligtum aus dem Felsen kommt. Als der Täufer Johannes Jesus im Jordan taufte, da wurde, so heißt es, von oben her eine Stimme hörbar, die man als Stimme Gottes verstand: »Du bist mein geliebter Sohn, an dir habe ich Wohlgefallen« (Markus 1,11 und, ergänzend, Johannes 1,29-41). Nur wenige Meter entfernt, auf der anderen Seite der Jordanquelle, wird heute der Tempel wieder ausgegraben, den König Herodes zu Ehren des Augustus erbauen ließ. An dieser Stätte, bei der Quelle des Jordans, in dem Jesus und die meisten seiner Jünger getauft worden waren, im Anblick eines der bedeutendsten Pilgerzentren einer griechischen Gottheit und eines dem »Gott« und »Gottessohn« Augustus geweihten Tempels, liefert Jesus die Pointe zur Begegnung Gabriels mit seiner Mutter Maria. Denn hier fragt er die Jünger, für wen die Menschen und sie selbst, die Jünger, ihn hielten (Matthäus 16,13-20). Und als Petrus es auszusprechen wagt, daß Jesus der Messias sei, griechisch der Christus, »des lebendigen Gottes Sohn«, da war allen, die dabeiwaren, ebenso klar wie den ersten Lesern des Evangeliums: Dem alten Götterkult und den römischen Kaisern wird eine ungeheure Herausforderung entgegengehalten. Pan ist kein Gott. Und nicht die Kaiser sind Söhne Gottes. Sohn Gottes ist nur der eine, der Sohn des lebendigen Gottes, Jesus, der hier zum prophezeiten Messias erklärt wird.

Viel später kamen christliche Denker und Dichter auf den Gedanken, den gelegentlich mit Bocksfüßen dargestellten Pan nicht mehr mit dem von Christus überwundenen Satan gleichzusetzen, sondern Christus als den wahren »Großen Pan« zu bezeichnen.[23] Es war in gewisser Weise die logische Schlußfolgerung eines Prozesses, in dem die heidnischen Mythologien bewußt durch den christlichen Glauben ersetzt werden sollten – ein Prozeß, der längst schon aus den Briefen des Paulus und aus dem Judasbrief abzuleiten war und der in neutestamentlicher Zeit einen unmißverständlichen Höhepunkt fand: »Wir sind nämlich nicht klug ausgedachten Mythen gefolgt, als wir euch die Kraft und das Kommen unseres Herrn Jesus Christus kundtaten, sondern wir waren Augenzeugen seiner Macht und Größe« (2. Brief des Petrus 1,16). Drei Jahrhunderte später heißt es im »Quicunque vult«, dem Credo des Athanasius: »Unser *Herr* Jesus Christus, der *Sohn* Gottes, ist *Gott* und Mensch.«

Es mag zum Zeitpunkt des Geschehens in Caesarea Philippi auch dem Juden Petrus nicht ganz klar gewesen sein, was er da sagte, als er Jesus den Messias nannte, »den Sohn des lebendigen Gottes«. Doch die Zeit war reif – es war eine Zeit, in der viele Juden mit brennender Leidenschaft die Ankunft des Messias erwarteten. Messias – hebräisch eigentlich Maschiach –, das hieß wörtlich: der »Gesalbte« Gottes, ist die Bezeichnung für den von den Propheten verkündeten, den heilbringenden Herrscher der Endzeit. Ins Griechische wurde das als »Christos« übertragen, lateinisch wurde daraus »Christus«, und in dieser Form hat sich das Christentum an den Titel gewöhnt.

Doch dieser Titel war zumindest in der griechisch- und lateinischsprachigen Welt, die von der hebräischen Herkunft kaum etwas ahnte, nicht leicht zu verstehen. Jesus, der »Christos« sollte das »Jesus, die Salbe« heißen, oder »der Bemalte«, »der Geschminkte«? »Christon« war den alten Griechen wenigstens aus der Medizin bekannt, von der Hautpflege und vom Sport.[24] Auch im Lateinischen gab es die Möglichkeit zum Mißverständis – römische Inschriften aus der frühchristlichen Zeit belegen den Eigennamen »Chrestus«, der in dieser Zeit genauso ausgesprochen wurde wie »Christus«. Das ließ sich, wiederum vom Griechischen her, als »der Gute« verstehen oder als »Gutmann«. Sueton, der römische Historiker, unterlag der Verwechslungsmöglichkeit, als er die Vertreibung der jüdischen und judenchristlichen Anführer aus Rom unter Kaiser Claudius, 49 n. Chr., einem Tumult zuschrieb, der von einem gewissen Chrestus ausgelöst worden sei. Ihm schwebte eine damals lebende Gestalt mitten in Rom vor; daß die Unruhe wohl durch die engagierte judenchristliche Verkündigung der Botschaft von Jesus, dem Christus – dem Gesalbten Gottes – ausgelöst worden war, hatte er nicht im Blick.[25] Vermutlich aber hat gerade Markus, der sein Evangelium wohl um 44 n. Chr. als erster schrieb,[26] das Risiko des seltsamen Beginns ganz bewußt gewagt: »Dies ist der Anfang der guten Botschaft von Jesus ›Christos‹, dem Sohn Gottes« (Markus 1,1). Jeder Autor, ob Historiker oder Erzähler, weiß nicht erst seit heute, wie wichtig ein gelungener, Neugierde weckender Einstieg ist. Hier entsteht solche Neugierde: Was ist denn das für eine »gute Botschaft« (griechisch »euangelion«), die so erzählt wird? In dieser Form war das griechische Wort »Evangelium«, das wir mit »guter Botschaft« oder »guter Nachricht« wiedergeben können, ganz ungebräuchlich.

Gotteslästerer oder Messias

Die Kernfrage, auf die die Schriften des Neuen Testaments eine Antwort geben mußten, lautete: Welches Heil sollte dieser Messias, dieser Christus nun bringen? Zur Zeit Jesu dachten fast alle Juden an einen Krieger, der die Römer vertreiben würde. Auch Petrus schien dies erwartet zu haben. Denn kaum hat er sich zu Jesus als Messias bekannt, da spricht dieser davon, daß er leiden müsse und daß man ihn töten werde (Matthäus 16,21). Petrus überhört, daß Jesus auch verspricht, am dritten Tage aufzuerstehen. Er hört nur Leiden und Tod und erkennt, daß dies nun gar nichts mit seinem (und der meisten anderen Juden) Verständnis vom triumphierenden Messias zu tun hat. »Das soll Gott verhüten, Herr,« ruft er aus, »das darf nicht mit dir geschehen!« Und Jesus weist ihn mit scharfen Worten zurück; aus ihm spreche der Satan, der Verführer: »Geh weg von mir Satan! Du willst mich zu Fall bringen, denn du hast nicht das im Sinn, was Gott will, sondern was die Menschen wollen.«

Was aber wollte Gott? Jesus bezog sich offensichtlich auf die Prophezeiungen Jesajas. Denn da ist von einem leidenden Messias die Rede, von einem Gottesknecht, der die Erlösung nicht im militärischen Triumph, sondern durch seine Leidens- und Todesbereitschaft bringt. Petrus konnte nicht begreifen, daß der

Sohn des lebendigen Gottes getötet werden sollte. Erst viel später, nach der Auferstehung, erkannte er den Zusammenhang und konnte eine Stelle wie Jesaja 53, 1-11 verstehen, eine Stelle, die wie das ganze Buch Jesaja (das einzige, das in Qumran in zwei fast vollständigen Rollen gefunden wurde), auch für die Essener große Bedeutung hatte:

Aber wer glaubt dem, was uns verkündet wurde, und wem ist der Arm des Herrn offenbart? … Fürwahr, er trug unsere Krankheit und lud auf sich unsere Schmerzen. Wir aber hielten ihn für den, der geplagt und von Gott geschlagen und gemartert wäre. Aber er ist um unserer Missetat willen verwundet und um unserer Sünde willen zerschlagen. Die Strafe liegt auf ihm, auf daß wir Frieden hätten, und durch seine Wunden sind wir geheilt. Wir gingen alle in die Irre wie Schafe, ein jeder sah auf seinen Weg. Aber der Herr warf unser aller Sünde auf ihn … Und man gab ihm sein Grab bei Gottlosen und bei Reichen, als er gestorben war, obwohl er niemand Unrecht getan hat und kein Betrug in seinem Munde gewesen ist. So wollte ihn der Herr zerschlagen mit Krankheit. Wenn er sein Leben zum Schuldopfer gegeben hat, wird er Nachfolger haben und in die Länge leben, und des Herrn Plan wird durch ihn gelingen. Weil seine Seele sich abgemüht hat, wird er das Licht schauen und die Fülle haben. Und durch seine Erkenntnis wird er, mein Knecht, der Gerechte, den Vielen Gerechtigkeit schaffen, denn er trägt ihre Sünden.

Dies war das Messias-Bild, das Jesus verkörpern wollte. Und nur so konnte er dann auch am Kreuz den Anfang des 22. Psalms beten: »Mein Gott, mein Gott, warum hast du mich verlassen?« Es ist ein Psalm, der aus der Verzweiflung am Leiden umschlägt in die Gewißheit, daß Gott aus diesem Leid das Heil bringt: »Dich will ich preisen in der großen Gemeinde, ich will mein Gelübde erfüllen vor denen, die ihn fürchten. Die Elenden sollen essen, daß sie satt werden, und die nach dem Herrn fragen, werden ihn preisen; euer Herz soll ewig leben. Es werden gedenken und sich zum Herrn bekehren aller Welt Enden, und vor ihm anbeten alle Geschlechter der Heiden. Denn des Herrn ist das Reich, und er herrscht unter den Heiden. Ihn allein werden anbeten alle, die in der Erde schlafen; vor ihm werden die Knie beugen alle, die zum Staube hinabfuhren und ihr Leben nicht konnten erhalten. Er wird Nachkommen haben, die ihm dienen; vom Herrn wird man verkünden Kind und Kindeskind. Sie werden kommen und seine Gerechtigkeit predigen dem Volk, das geboren wird. Denn er hat's getan.« (Psalm 22,26-32).

Es war ein sehr jüdisches, visionäres, prophetiegesättigtes Gebet, das der Jude Jesus am Kreuz sprach. Und selbst wenn er, wie die Evangelien berichten, nur den ersten Vers zitierte, so wußten doch alle, die ihn wiedererkannten, und alle, die später die Berichte lasen, wie es im Text weiterging. Diejenigen, die zufrieden darüber waren, daß Jesus von den Römern nach römischer Sitte hingerichtet wurde, konnten auch hier noch einmal eine Brücke schlagen zu den Gedanken, die der Qumran-Text 4Q246 in Worte faßt. Denn alle jene Juden, die Jesus nicht als den verheißenen Messias akzeptierten, sondern glaubten, daß er sich den Titel des Gottessohnes nur angemaßt hatte, konnten auf ihn leicht das Urteil der Qumran-Schrift und damit das Urteil von Psalm 82 anwenden.

Es gibt eine Szene im Johannes-Evangelium, in der diese Kontroverse aufleuchtet – mitten in Jerusalem, im Winter, zur Zeit des Tempelweihfests, als Jesus sich ausdrücklich als Sohn Gottes und als Messias bezeichnet und sofort mit dem Tode bedroht wird: »Wenn du der Messias bist,« sagen einige zu ihm, »dann erkläre es offen!« Und Jesus antwortet: »Ich habe es euch gesagt, aber ihr glaubt nicht. Die Werke, die ich im Namen meines Vaters vollbringe, legen Zeugnis für mich ab. Ihr aber glaubt nicht, weil ihr nicht zu meinen Schafen gehört. Meine Schafe hören auf meine Stimme; ich kenne sie, und sie folgen mir. Ich gebe ihnen ewiges Leben. Sie werden niemals zugrunde gehen, und niemand wird sie meiner Hand entreißen. Mein Vater, der sie mir gab, ist größer als alle, und niemand kann sie der Hand meines Vaters entreißen. Ich und der Vater sind eins.« (Johannes 10, 24-30)

Die Reaktion der Umstehenden ist eindeutig: »Da hoben die Juden wiederum Steine auf, um ihn zu steinigen. Jesus hielt ihnen entgegen: ›Viele gute Werke habe ich im Auftrag des Vaters vor euren Augen getan. Für welches dieser Werke wollt ihr mich steinigen?‹ Die Juden antworteten ihm: ›Wir steinigen dich nicht wegen eines guten Werkes, sondern wegen Gotteslästerung, denn du bist nur ein Mensch und machst dich selbst zu Gott.‹« Und da verweist Jesus auf Psalm 82,6 – jenen Psalm, der dem Qumran-Fragment 4Q246 zugrunde liegt. Wenn Gott von anderen denken konnte, daß sie Götter und Söhne des Höchsten genannt werden durften, ohne leibhaftig seine Söhne zu sein, um wie vieles berechtigter war es dann, daß der von Gott selbst erwählte, von ihm selbst in die Welt gesandte Messias sich so bezeichnete. So schließt sich hier der Kreis zur Verkündigungsgeschichte am Anfang des Lukas-Evangeliums mit ihrem Bericht über die Botschaft des Engels Gabriel an Maria.

Leicht war das alles schon damals nicht zu verstehen, für die Jünger selbst nicht, und noch weniger für jene, die Jesus skeptisch gegenüberstanden. Zu unterschiedlich waren die Auffassungen von der Rolle des Messias und der Wirklichkeit des Gottessohnes. Die Kontroverse, die letztlich zum Tode Jesu führte, sollte sich erst in Jerusalem zuspitzen, in den letzten Lebenswochen des historischen Jesus. Und so hatte es auch seinen

Sinn, daß Jesus im Norden, in Galiläa, anderes in den Vordergrund stellte und diesen Konflikt noch nicht eskalieren lassen wollte. »Dann befahl er den Jüngern, niemand zu sagen, daß er der Messias sei«, heißt es unmittelbar nach dem Bekenntnis des Petrus (Matthäus 16,20). Was die ersten Christen bekannten, das wurde wohl als erstes von einem der gebildetsten Juden, die sich zu Jesus als dem Messias bekannten, theologisch vertieft: von Paulus. In seinem Brief an die Römer spricht er um 59 n. Chr. von Gottes »Sohn Jesus Christus, unserem Herrn, der als Mensch geboren wurde und Nachkomme Davids ist, und nach dem Geist, der heiligt, eingesetzt ist als Sohn Gottes in Macht durch die Auferstehung von den Toten« (Römer 1,3-4). Schon am Anfang des Briefs setzt Paulus voraus, daß seine Leser über die Leidensgeschichte und die Kreuzigung Jesu informiert sind; nur dann kann die Pointe der Auferstehung ihre volle Wirkung erzielen. Weder Paulus noch seinen Lesern wird unbekannt gewesen sein, was Jesus im Bericht des ältesten Evangeliums im Verhör durch den Hohenpriester über sich selbst sagte: »Da fragte der Hohepriester abermals und sprach zu ihm: ›Bist du der Christus, der Sohn des Hochgelobten?‹ Jesus sagte: ›Ich bin es. Und ihr werdet den Menschensohn zur Rechten der Macht sitzen und mit den Wolken des Himmels kommen sehen.‹ Da zerriß der Hohepriester sein Gewand und rief: ›Was brauchen wir noch Zeugen? Ihr habt die Gotteslästerung gehört. Was ist eure Meinung?‹ Und sie fällten einstimmig das Urteil: ›Er ist schuldig und muß sterben.‹« (Markus 14,60-61).

Alle Evangelien bestätigen dies in ihren Darstellungen der letzten Tage in Jerusalem und der Ereignisse nach der Kreuzigung: Jesus ist der leidende Messias, der Gerechte und Gesalbte, der von Gott als sein Sohn bestätigt wird. So wird dann die Auferstehung für alle frühchristlichen Berichterstatter und Kommentatoren ein triumphaler Schlußpunkt. Und gerade die vielfältigen Beziehungen des Begriffs »Sohn Gottes«, die sich zwischen Lukas und den Ereignissen und Texten dieser Epoche ergeben, machen auch deutlich, daß wir hier nicht am Ende einer späten christlichen Traditionsgeschichte stehen, sondern ganz am Anfang, in der Frühzeit, als das Erleben und die zeitgeschichtliche, soziale, politische und religiöse Bedeutung noch täglich spürbar waren. Es ist der Anfang der christlichen Positionsbestimmung. Jesus »der Herr« und Jesus »der Sohn Gottes« sind Bestandteile der ältesten Bekenntnisse. Stephanus, der erste Märtyrer, betet zu seinem »Herrn Jesus« (Apostelgeschichte 6,59). Bereits in den ersten Jahren der Jerusalemer Gemeinde ist damit auch im Gebet der Sohn Gottes neben Gott als Adressat von Gebeten gestellt. In einem der ersten Briefe des Paulus, dem Brief an die Galater, schreibt der Apostel, es habe Gott gefallen, »mir seinen Sohn zu offenbaren« (Galater 1,16).[27] Das sind nur zwei Beispiele von vielen, die sich in den Briefen und in der Apostelgeschichte wie ein roter Faden verfolgen lassen. Am Ende des 2. Korintherbriefs ist um 56 n. Chr. ein früher Höhepunkt erreicht. Erstmals wird hier die Dreieinigkeit des Herrn Jesus Christus, Gottes und des Heiligen Geistes formuliert: »Die Gnade unseres Herrn Jesus Christus und die Liebe Gottes und die Gemeinschaft des Heiligen Geistes sei mit euch allen!« (2. Korinther 13,13). Auch Paulus weiß, daß der Ursprung der Bekenntnisse, die er übernahm, in Jerusalem lag; er selbst vergewisserte sich dort immer wieder der Wurzeln und schließt in seinem Brief an die Römer ausdrücklich auch die Heidenchristen in die Empfänger der geistlichen Segnungen ein, die von dort ausgingen.[28] Wie die frühen Paulusbriefe zeigen, muß all dies viele Jahre vor 62 n. Chr., dem Todesjahr des Gemeindeleiters Jakobus, festgelegt worden sein. Es ist die erste Generation der Zeit- und Augenzeugen, deren Handschrift wir hier erkennen, jener Männer und Frauen, die Jesus noch gehört hatten und aus eigener Erfahrung wußten, was er über sich selbst gesagt hatte.[29]

In diese Phase gehört noch eine weitere Entwicklung: Die aus dem Judentum kommenden ersten Christen hatten früh erkannt, daß sie ihr Glaubensbekenntnis – daß Jesus der Christus war, Gottes Sohn und Gott – nun auch bildlich vermitteln mußten. Niemand begriff das schneller als die Judenchristen um Jakobus, die ihre heilige Schrift, den »Tanach« , immer wieder lasen und befragten, so, wie das dann auch an anderen Orten die Juden taten, denen von Jesus erzählt wurde.[30] Jeder Leser der hebräischen Bibel und jeder Hörer im Tempel und in den Synagogen wußte, daß es ein Geheimnis gab: Der Name Gottes war unaussprechlich. Die vier Buchstaben JHWH wurden nie ausgesprochen, sondern durch andere Wörter ersetzt, die Gott oder seine Eigenschaften umschrieben. Das konnte ursprünglich im Schriftbild nicht auffallen, da die hebräische Schrift keine Vokale kennt.[31] Nur wer – wie die aus dem Judentum stammenden ersten Christen – die Gebräuche kannte, der wußte, daß JHWH die Kurzform für den unaussprechlichen Gottesnamen war. Man fand dafür den Ausdruck »Tetragramm« oder »Tetragrammaton« – das »in vier Buchstaben Geschriebene«. Unübersehbar wurde die Schreibweise JHWH durch die Verbreitung der griechischen Bibelübersetzung des 3. vorchristlichen Jahrhunderts, der »Septuaginta«. Dort konnte für den unaussprechlichen Namen das griechische »Kyrios« (= »Herr«) stehen, wie wir im vorangegangenen Kapitel sahen. In den Handschriften standen hier aber häufig auch, mitten im griechischen Text, die vier hebräischen Konsonanten. Ein schönes Beispiel dafür ist eine der beiden ältesten bekannten griechischen Handschriften des Buches 5. Mose/Deuteronomium aus dem späten 2. Jahrhundert v. Chr., Papyrus Fouad Inv. 266, die sich heute in Kairo befindet. Auf den 113 erhaltenen Bruchstücken ist der Begriff »Gott« stets mit den vier hebräischen Buchstaben wiedergegeben.[32] In den Höhlen von Qumran ist ein Beispiel für den umgekehrten Weg gefunden worden: Eine griechische Handschrift des Buches 3. Mose/Leviticus hat statt der hebräischen Konsonanten oder des ausgeschriebenen »Kyrios« die drei Vokale i-a-o (griechisch Iota, Alpha, Omega).[33] Es war also nicht nur möglich, sondern üblich, in jüdischen Bibelhandschriften den Gottesnamen »abzukürzen«.

Für die ersten (juden-)christlichen Schreiber und ihre Auftraggeber ergab sich daraus geradezu eine Verpflichtung: Wenn denn nun Jesus auch Gott war, dann durfte man hinter dem Vorbild der alten Handschriften nicht zurückbleiben. Ein »JHWH« oder »i-a-o« einzusetzen, wäre allerdings zu wenig gewesen und hätte Mißverständnisse ermöglicht. Die Lösung, die man fand, war genial: Man nahm den ersten und letzten Buchstaben des heiligen Namens, und setzte darüber einen waagerechten Strich. Der Strich half jedem Leser und Vorleser, die Buchstaben sofort als eine Abkürzung zu erkennen; die Entscheidung für den ersten und letzten Buchstaben machte es möglich, das System in allen Deklinationsformen durchzuhalten. Gleichzeitig war klar, daß es nicht bei der Abkürzung für »Gott« (griechisch »Theos«), »Herr« (»Kyrios«), »Jesus« und »Christus« bleiben konnte. Spätestens seit der schon erwähnten Segensformel, die Paulus am Ende des 2. Korintherbriefs festhält (2. Korinther 13,13) war auch schriftlich überliefert, daß die Begriffe Jesus, Christus, Herr und Gott zusammengehörten. Von Anfang an kam auch das griechische Wort »Pneuma« (Geist) hinzu. Nach und nach wuchs die Liste auf fünfzehn Begriffe, die wie beispielsweise »Sohn« (wenn der Sohn Gottes gemeint war) alles umfaßte, was mit der Trinität zusammenhing.[34] Bei einigen Begriffen kam noch ein dritter Buchstabe in die Abkürzung hinein, doch das System blieb unverändert. Von Anfang an wurde es so konsequent angewandt, daß griechische Handschriften des Neuen Testaments schon auf den ersten Blick an dem Gebrauch dieser Kürzel zu erkennen sind. Und es besteht kein Zweifel daran, daß die Entscheidung, so zu verfahren, in der Frühzeit der schriftlichen Überlieferung getroffen und überall befolgt wurde, spätestens seit dem Wechsel von der Schriftrolle zum Kodex. Das heißt: Auch hier war die Autorität der Jerusalemer Urgemeinde maßgeblich, spätestens vor ihrem Ende mit der Flucht der Christen nach Pella, 66 n. Chr., wahrscheinlicher aber wohl vor dem Tod des Jakobus 62 n. Chr.[35]

Bei nichtjüdischen Lesern oder solchen, die mit dem alten jüdischen Brauch des »Tetragramms« nicht vertraut waren, konnte das christliche Abkürzungssystem noch einen reizvollen Nebeneffekt erzielen: In literarischen Texten der griechisch-römischen Antike waren Abkürzungen extrem selten. Überaus häufig waren sie dagegen in dokumentarischen Handschriften, in Erlassen, Verträgen und ähnlichen Schriftstücken. Ein schönes Beispiel liefert die mit der Jerusalemer Urgemeinde zeitgleiche Handschrift P. Michigan Inv. 622, die auf das Jahr 42 n. Chr. datiert ist und verschiedene Verträge zusammenfaßt. Symbole und Abkürzungen durchziehen den ganzen Text.[36] Wurde ein Kodex der Evangelien mit Abkürzungen heiliger Namen von einem Leser aufgeschlagen, der die jüdischen Hintergründe nicht kannte, so sah er nun beides: ein Werk, das historische Literatur war, aber wie ein Dokument mit Kurzformen operierte.[37] Das konnte wie eine Verstärkung wirken: Der nüchterne, zusammenfassende, gleichsam »dokumentarische« Charakter der Werke wurde nachhaltig unterstrichen. Historischer Anspruch und Buchschrift standen zur Abkürzungsroutine dokumentarischer Geschäftsschriften nicht im Widerspruch, sondern ergänzten sich. Bei der Entscheidung für die Abkürzung der heiligen Namen spielte das sicher kaum eine Rolle, doch für die Gebildeteren unter den Lesern außerhalb des Judentums war es eine subtile Nuance.

Viele Interpreten sind noch heute der Auffassung, daß die in diesem Kapitel herangezogenen Berichte, wie wir sie bei Lukas über den Engel und Maria oder bei Matthäus über das Geschehen in Caesarea Philippi finden, entweder mythologisch überlagert oder aus späten christlichen Bedürfnissen heraus erfunden sind. Das ist zu einfach gedacht. Vor allem und zuerst sind sie fest verwurzelt im jüdischen Denken und Erleben ihrer Zeit und in der Wirklichkeit der sprachlich, kulturell und religiös vielfältigen Welt des Römischen Reichs. Erst wenn wir lernen, das wieder ganz ernst zu nehmen, können wir auch nach den literarischen Ausgestaltungen fragen, die solchen Berichten beigegeben wurden. Am Anfang jeder Spurensuche steht die Achtung vor den Quellen. Im Umgang mit den jüdisch-christlichen Quellen ist aus der Achtung allzuoft eine modische Verachtung geworden. Doch die dient niemandem, auch nicht den Verächtern der Religionen. Und es sollte heute auch niemand mehr glauben, daß Autoren wie Lukas oder Matthäus gar kein Interesse daran gehabt hätten, Geschichte zu schreiben. Das Gegenteil ist der Fall. Man darf fragen, ob es ihnen gelungen ist, Geschichte zu schreiben, aber man sollte nicht unterstellen, daß sie es nicht wollten. Lukas zum Beispiel läßt uns da gar keine Wahl: Zu Beginn seines dem römischen Beamten Theophilus gewidmeten Evangeliums erklärt er ausdrücklich, daß er – wie jeder Historiker seiner Zeit und früherer Zeiten – die schriftlichen Quellen herangezogen und die Augenzeugen befragt hatte, um die Ergebnisse seiner Recherchen dann in die von ihm für richtig befundene Form zu bringen, ohne dabei (darin ganz den griechischen und römischen Vorbildern wie Thukydides oder Livius folgend) den Zweck seiner Darstellung zu verheimlichen. Die Suche nach dem Sohn Gottes im Qumran-Fragment 4Q246 und seinem Umfeld hat uns noch einmal gezeigt, daß wir nicht mit leeren Händen dastehen, wenn wir uns darauf einlassen.

Schon in den ersten Jahrzehnten befand sich das frühe Christentum auf den verschiedensten Ebenen in einer ständigen, fruchtbaren Auseinandersetzung mit seiner Umwelt – den Juden, Griechen und Römern, und nicht nur mit ihnen. Diese

Berührungen waren nicht zufällig, sondern auch gewollt, und sie waren nicht von Ängstlichkeit bestimmt, sondern von strategischem Denken und geschicktem Handeln, mit einer Offenheit, die erst dort endete, wo Gott und sein Sohn in Frage gestellt wurden. Das Risiko war hoch, und die immer wieder aufflackernden Verfolgungen zeigten deutlich, was für den einzelnen Christen und ganze Gemeinden auf dem Spiel stand. Man wollte es nicht anders und suchte die Öffentlichkeit von Anfang an mit allen Mitteln. Von großer Bedeutung war dabei, daß neben die Mundpropaganda sehr schnell die schriftliche Mitteilung trat. Diesen Beginn müssen wir uns noch etwas genauer ansehen.

Nahaufnahmen:
Wie alt sind die Quellen?

Dann wußte er, daß er für niemanden
auf der Welt noch etwas tun konnte,
und in dem Lichtstrahl, der seiner
eigenen Vernichtung vorausging,
erinnerte er sich voller Glück der Legende
vom Rabbi Chanina ben Teradion, wie
sie der Vorfahr mit Freude berichtet hatte:
Als der sanftmütige Rabbi, eingehüllt
in die Rolle der Thora, von den Römern
auf den Scheiterhaufen geworfen wurde,
weil er das Gesetz gelehrt hatte, und als
man die Bündel aus Zweigen anzündete, die
noch grün waren, um sein Leiden zu verlängern,
da sagten seine Jünger zu ihm: »Meister,
was siehst du?‹ Und Rabbi Chanina antwortete:
»Ich sehe das Pergament, das verbrennt,
aber die Buchstaben fliegen davon.«
»Oh ja, so ist es, die Buchstaben fliegen davon«,
wiederholte Ernie Lévy, während die Flamme,
die seine Brust versengte, mit einem
Schlag sein Gehirn erfaßte.

André Schwarz-Bart,
Der letzte der Gerechten *(1959)*

Juden und die ersten, aus dem Judentum kommenden Christen hatten nicht nur die gleichen Wurzeln, sie teilten auch die gleiche Hoffnung und Erwartung: In naher Zukunft würde der Messias kommen. Was sie in dieser Einigkeit trennte, ist bis heute gültig: Gläubige Juden erwarten das erste Kommen des Messias, Christen dagegen seine Wiederkehr. Das waren keine vagen, verschwommenen Vorstellungen. Es sollte bald geschehen, nicht als Vertröstung, und man wollte es selbst noch erleben. Diese Erwartung mußte Auswirkungen haben – nicht nur auf das tägliche Leben, sondern auch auf die Art und Weise, wie man mit der Überlieferung umging und mit dem, was man selbst erlebt hatte. Und davon waren das Entstehen und die Verbreitung der schriftlichen Quellen betroffen: Die große Intensität der Erwartung des Messias und der mit ihm beginnenden Endzeit wurde zum Impuls, schnell und viel zu schreiben und das Geschriebene zu verbreiten.

»Er spricht, der dies bezeugt; ›Ja, ich komme bald.‹ ›Amen, ja, komm, Herr Jesus!‹« heißt es am Ende der Offenbarung des Johannes (22,20). »Seid auch ihr geduldig und macht euer Herz stark, denn das Kommen des Herrn steht nahe bevor«, schreibt Jakobus (Jakobus 5,8). »Und jetzt, meine Kinder, bleibt in ihm, damit wir, wenn er [Christus = der Messias] erscheint, Zuversicht haben und bei seinem Kommen nicht zu unserer Schande von ihm gerichtet werden«, steht bei Johannes (1. Johannesbrief 2,28). »Er aber, der Gott des Friedens, heilige euch durch und durch und bewahre euren Geist, eure Seele und euren Leib unversehrt und ohne Tadel für die Ankunft unseres Herrn Jesus Christus«, bittet Paulus (1. Thessalonicher 5,23). Es waren frühe Jahre und Jahrzehnte, in denen Juden und Judenchristen überall nach den Zeichen Ausschau hielten, mit denen sie die Nähe des Kommens bestimmen konnten. Vor Zeichendeutung und Berechnungen wird allerdings ausdrücklich gewarnt: Es werden falsche »Messiasse« kommen, auf die leichtfertige Zeichensucher hereinfallen werden, warnt Jesus selbst (Matthäus 24,23-28). Den Tag der Wiederkunft »kennt niemand, auch nicht die Engel im Himmel, auch der Sohn nicht, sondern nur der Vater« (Matthäus 24,36). Und Paulus ergänzt: »Der Tag des Herrn wird kommen wie ein Dieb in der Nacht« (1. Thessalonicher 5,2).

Das alles heißt nicht, daß diesen Tagen nicht bereits Ereignisse vorausgehen werden, die Weichenstellungen auf dem Weg dorthin sind, aber noch nicht das Ende bedeuten (Matthäus 24,6): Kriege, Verfolgungen, Schändungen des Tempels, schließlich seine Zerstörung. Und zu all dem gehört: Die Botschaft von Jesus »wird auf der ganzen Welt verkündet werden, damit alle Völker es hören; und erst dann kommt das Ende« (Matthäus 14,14). Manches wird noch zu Lebzeiten der ersten Generation eintreffen: »Diese Generation wird nicht vergehen, bis das alles eintrifft« (24,34): die Zerstörung des Tempels nämlich und die sie begleitenden Ereignisse.[1]

Die Zusammenhänge waren anfangs auch für die Zeitzeugen nicht leicht zu durchschauen. Die Judenchristen mußten sich selbst immer wieder daran erinnern, daß der Messias schon gekommen war und damit das von ihm repräsentierte Gottesreich bereits Gestalt angenommen hatte. »Wahrlich, ich sage euch,« erklärt Jesus, »es stehen einige hier, die werden den Tod nicht erleiden, bis sie das Reich Gottes kraftvoll gekommen sehen« (Markus 9,1). Mit anderen Worten: Einige, aber nicht alle von denen, die Jesus so reden hörten, werden unmittelbar miterleben, wie seine messianische Herrlichkeit offenbart wird. Und tatsächlich werden schon »nach sechs Tagen« (Markus 9,2) einige, nicht alle – nämlich Petrus, Jakobus und Johannes –, Zeugen der Verklärung Jesu. Auf dem Höhepunkt der Szene, in der sich das äußere Erscheinungsbild Jesu verändert und Elia zusammen mit Moses sichtbar wird, spricht Gott selbst: »Und es kam eine Wolke, die überschattete sie, und aus der Wolke rief eine Stimme: ›Das ist mein geliebter Sohn, auf den sollt ihr hören.‹« (Markus 9,7). Wie auch immer ein rationaler Erklärungsversuch dieses Geschehens aussehen könnte, Jesus untersagt den drei Jüngern, vor seiner Auferstehung von den Toten anderen darüber zu berichten. Der eingeweihte engste Kreis ist in die Pflicht genommen, Garantieträger der Überlieferung zu werden. Noch sind die drei allerdings ratlos: »Dieses Wort beschäftigte sie, und sie befragten sich untereinander, was das sei: von den Toten auferstehen« (Markus 9,9-10).

Von einem der Zeugen ist der schriftliche Bericht über das Verstehen dieses Ereignisses erhalten, und er ist es auch, der dann die Brücke vom ersten zum zweiten Kommen des Messias schlägt: »Wir sind nicht irgendwelchen klug ausgedachten Mythen gefolgt, als wir euch die machtvolle Ankunft Jesu Christi, unseres Herrn, verkündeten, sondern wir waren Augenzeugen seiner Macht und Größe. Er hat von Gott, dem Vater, Ehre und Herrlichkeit empfangen durch eine Stimme von der großen Herrlichkeit, die zu ihm sprach: ›Das ist mein geliebter Sohn, an dem ich Wohlgefallen habe.‹ Diese Stimme, die vom Himmel kam, haben wir gehört, als wir mit ihm auf dem heiligen Berg waren« (2. Brief des Petrus, 1,16-18). Und dann, etwas später im gleichen Brief: »Vor allem sollt ihr eins wissen: Am Ende der Tage werden Spötter kommen, die sich lustig machen, ihren eigenen Begierden nachgehen und sagen: ›Wo bleibt denn seine verheißene Ankunft?‹« (2. Petrus 3,4). Sie war eben nicht auf Tag und Stunde festgelegt, und nur diejenigen, die es nicht abwarten konnten, waren dem Spott der Skeptiker ausgesetzt.[2]

Wenn die Juden, die in Jesus den Messias erkannten, sich so äußerten, wie dachten dann die anderen? Welche Form nahmen ihre Erwartungen an? Sichere Information, die nicht erst in späteren Jahrhunderten gesammelt und veröffentlicht wurde – wie das für den Jerusalemer und den Babylonischen Talmud gilt –, haben wir heute dank der Schriftrollen vom Toten Meer. Noch immer ist in der Forschung teilweise umstritten, welche Texte von der Gemeinschaft der Essener stammen, die sich schon im 2. vorchristlichen Jahrhundert von der Jerusalemer Tempelhierarchie getrennt hatten, und welche Texte zu den Sammlungen gehören, die von den Qumran-Bibliothekaren als Studienmaterial über die verschiedenen jüdischen Bewegungen zusammengetragen wurden: Die Lage ist nicht immer so klar wie im Fall der Höhle 7, deren Texte ausschießlich auf Papyrus und ausnahmslos in griechischer Sprache verfaßt wurden – eine Sondersammlung, die sich mittlerweile als judenchristlich herausgestellt hat. Ein besonders wichtiger Text über die nahende Ankunft des Messias wird jedoch allgemein als eine Schrift der frommen Essener-Gemeinschaft verstanden: Es ist der in der ersten Qumran-Höhle entdeckte Kommentar über den Propheten Habakuk, 1QpHab. Er ist mit Sicherheit in vorchristlicher Zeit entstanden, wohl um die Mitte des 1. Jahrhunderts v. Chr. Es lohnt sich, den vielleicht wichtigsten Abschnitt vollständig zu lesen und sich dabei auch auf die ungewohnte Sprache einzulassen:

Und Gott sprach zu Habakuk, er solle aufschreiben, was kommen werde über das letzte Geschlecht. Aber die Vollendung der Zeit hat er ihm nicht kundgetan. Und wenn es heißt: »Damit eilen kann, wer es liest«, so bezieht sich seine Deutung auf den Lehrer der Gerechtigkeit, dem Gott kundgetan hat alle Geheimnisse der Worte seiner Knechte, der Propheten. »Denn noch ist eine Schau auf Frist, sie eilt dem Ende zu und lügt nicht.« Seine Deutung ist, daß sich die letzte Zeit in die Länge zieht, und zwar weit hinaus über alles, was die Propheten gesagt haben; denn die Geheimnisse Gottes sind wunderbar. »Wenn sie verzieht, so harre auf sie,

denn sie wird gewiß kommen, und nicht wird sie ausbleiben.«
Seine Deutung bezieht sich auf die Männer der Wahrheit, die
Täter des Gesetzes, deren Hände nicht müde werden vom
Dienst der Wahrheit, wenn die letzte Zeit sich über ihnen hin-
zieht. Denn alle Zeiten Gottes kommen nach ihrer Ordnung,
wie er es ihnen festgesetzt hat in den Geheimnissen seiner
Klugheit.
(1QpHab 7,1-14)[3]

Natürlich ist es kein Zufall, daß wir hier eine gedankliche Nähe
zu dem Brief des Jesusbruders Jakobus erkennen, der die Bedeutung der Werke betont, ohne Abstriche an der Bedeutung des
Glaubens zu machen, oder auch zu dem zweiten Brief des Petrus, der davor warnt, sich von Spöttern auf die sofortige Wiederkehr des Messias festlegen zu lassen. Wo der essenische Ha-
bakuk-Kommentar die intensive Erwartung der messianischen
Endzeit mit der Einsicht in die Länge der Zeit verbindet und
Gott zugesteht, seiner eigenen Zeitordnung zu folgen, schreibt
Petrus rund anderthalb Jahrhunderte später in gleicher Erkenntnis: »Eins sei euch aber nicht verborgen, liebe Brüder, daß beim
Herrn ein Tag wie tausend Jahre ist und tausend Jahre wie ein
Tag. Der Herr verzögert nicht die Verheißung, wie einige meinen, die von einer Verzögerung reden, sondern er hat Geduld
mit euch und will nicht, daß jemand zugrunde geht, sondern daß
alle zur Umkehr gelangen.«[4]
   Erste Christen und die Juden, deren Denken uns aus den
Qumran-Schriften wieder zugänglich wurde, teilen nicht etwa
deswegen gewisse Erkenntnisse, weil sie voneinander abhängig
gewesen wären. Es zeigt sich, wie nicht anders zu erwarten, daß
beide gemeinsam, und in den Nuancen dann mit ihren je eigenen Akzenten, aus der gleichen Quelle schöpfen: der prophetischen Literatur der jüdischen Bibel. Daraus folgt aber zwangsläufig eine nüchterne Erkenntnis: Eine Bewegung, die mit dem

Kommen des Messias rechnet, mit der nahenden Endzeit, mit einem geschichtlichen Ereignis also, das jederzeit eintreffen kann, und dessen Verwirklichung man sich lieber heute als morgen erhofft und erbetet, ohne es berechnen zu wollen, eine solche »eschatologische« Bewegung verharrt nicht im mündlichen Erzählen, sondern sie schreibt darüber. Sie schreibt, schnell und viel, denn sie will, daß andere erfahren, was man erkannt hat. »Damit eilen kann, *wer es liest*«, schreibt der Habakuk-Pescher, und die Evangelisten Markus und Matthäus mahnen: »*Wer es liest,* der merke auf!« (Markus 13,14; Matthäus 24,15). Die Funde von Qumran bestätigen immer wieder, was sich auch logischem Denken erschließt: Wer darauf hofft, daß sich die messianischen Prophezeiungen nicht irgendwann, sondern bald erfüllen, der schreibt auf, was er weiß, um es weiterzugeben. Mit anderen Worten: Gerade die Erwartung des Kommens – bzw. des Wiederkommens – des Messias war eine Verpflichtung zum Verfassen informierender und erklärender Literatur.

Hat man das erkannt, dann begreift man auch, wie sich eines der wichtigsten Argumente mancher Neutestamentler für ein spätes Datum der historischen Jesusliteratur in Luft auflöst: Die Evangelien wurden keineswegs erst als eine Rückbesinnung verschiedener Gemeinden entworfen, als man keine Hoffnung auf die umgehende Wiederkehr des Christus mehr hatte und ein wenig verspätet und verzweifelt doch noch festhalten mußte, was man gerade noch so ermitteln konnte. Sie waren im Gegenteil ein notwendiger Bestandteil der Erwartung. Je mehr und je schneller man gerade auch schriftlich weitergeben konnte, was man als richtig erkannt hatte, desto besser. Jesusliteratur war ein Gebot der ersten Stunde.

Die Parallele zwischen der Dringlichkeit, schriftlich über Jesus zu berichten, und der Endzeitliteratur in Qumran läßt sich auch noch an einem zentralen Text beobachten, der nicht Kommentar, sondern selbst Theologie ist: an der im frühen ersten vorchristlichen Jahrhundert entstandenen »Damaskus-Schrift«. Und sie läßt sich an einer Person erkennen, dem sogenannten Lehrer der Gerechtigkeit. Er war die prägende Gründergestalt der Gemeinschaft, und obwohl sein Name in keinem Text genannt wird, weisen die Indizien darauf hin, daß er ein hochrangiger Tempelpriester war, der im Konflikt über die wahre Bedeutung des Tempels, die Auslegung und die Anwendung des Gesetzes mit seinen Anhängern die Stadt verließ.[5] Die Gruppe ließ sich zuerst nicht im allzu nahegelegenen Qumran nieder, sondern im »Land Damaskus«, von dem die Damaskus-Schrift berichtet, in der dieser Lehrer wiederum eine wichtige Rolle spielt. Erst um 100 v. Chr. errichtete die inzwischen stark angewachsene Gemeinschaft ihr Hauptquartier in Qumran, das damals allerdings nicht diesen neueren arabischen Namen trug, sondern Sechacha hieß.[6] Offenbar gewann der Lehrer schnell eine große Anhängerschaft auch unter Laien, denn überall im Land, nicht nur in den Zentren von Qumran und Jerusalem, bildeten sich essenisch orientierte Gruppen, denen natürlich auch Jesus und die Jünger begegneten. Philo von Alexandria erwähnt, daß es Essener in ganz Palästina gab.[7]

Der »Lehrer der Gerechtigkeit« hinterließ neben seinen Spuren im essenischen Schrifttum auch einen Brief, der möglicherweise von ihm selbst diktiert wurde. Dieses Schriftstück aus Höhle 4 von Qumran, 4QMMT (MMT steht für »Miqsat Ma'ase ha-Thora« , »Etwas über das Tun – also das handelnde Umsetzen der Thora«), enthält nicht nur viele zum Teil wörtliche Berührungen mit der »Damaskus-Schrift« oder auch der »Tempelrolle« aus Höhle 11. Vor allem hat man sechs verschiedene Fragmente dieses Briefs gefunden. Möglicherweise stellen sich weitere, noch nicht sicher identifizierte Fragmente als Reste weiterer Abschriften heraus. Und das sind wohlgemerkt nur die Abschriften, die man in der Qumran-Bibliothek aufbewahrte. Es ist leicht vorstellbar, daß viele Exemplare anderswo existierten, nicht nur an Orten wie Damaskus. Mit anderen Worten: Das Denken des Gründers der Gemeinschaft wurde trotz aller drängenden Endzeiterwartung nicht nur mündlich bewahrt, sondern umgehend und vielfältig in schriftlicher Form weitergegeben. Es ist daher völlig unvorstellbar, daß eine messianische Gruppierung wie die Judenchristen nach der etablierten Vorstellung vieler Neutestamentler nahezu vierzig Jahre gewartet haben soll, ehe sie ein erstes »Evangelium« schrieb, oder fast dreißig Jahre, ehe erste Briefe verfaßt wurden.

Von den bis nach Damaskus siedelnden essenischen Gruppen finden wir eine Spur auch in dem schon erwähnten Text, der dort entstand oder jedenfalls mehrmals darauf Bezug nimmt.[8] Er berichtet über die Gemeinschaft, bietet Gesetzesauslegungen und enthält neue Gesetze. Man hatte ihn schnell und oft abgeschrieben und verschickt. Die ersten Teile wurden von Solomon Schechter bereits 1896 in der Geniza, dem Auslagerungsraum nicht mehr benutzter Schriften, der Esra-Synagoge von Alt-Kairo wiederentdeckt. Nach dem Ort dieser Erstentdeckung wurde diese Damaskus-Schrift auch als »Cairo (Damaskus) Document« bezeichnet – daher die geläufige Abkürzung »CD«. Dann wurden in den Höhlen 1, 4 und 6 von Qumran weitere fragmentarische Abschriften gefunden.

Die Tatsache, daß diese Schrift nicht in Qumran selbst entstand, sondern an einem entfernten Ende des essenischen Einzugsbereichs, daß sie auf besondere Gesichtspunkte dieser »Außenstelle« Rücksicht nimmt, die auch fremdes Gedankengut enthalten, daß sie dennoch in mehreren Exemplaren in die Studienbibliothek von Qumran aufgenommen wurde und darüber hinaus bis nach Kairo gelangte, ist nicht zu unterschätzen. All das läßt einmal mehr erkennen, wie selbstverständlich es für eine messianische Bewegung war, die in der Erwartung der Endzeit lebte, ausführlich zu schreiben, abzuschreiben und zu verbreiten, was man wußte und glaubte. Der Anstoß dazu wird im frühen Christentum um so größer gewesen sein, wenn man den Eintritt vieler essenischer Priester in die urchristliche Gemeinde Jerusalems schon um 33 n. Chr. berücksichtigt [9] Denn diese hochgebildete, belesene und mehrsprachige Priesterelite hat mit Sicherheit auf die Verschriftlichung der Lehre und der Geschichte gedrängt, die sie selbst praktiziert hatte. Sollten die ersten Christen jemals gezögert haben, so bald wie möglich die schriftliche Tradition neben die mündliche zu stellen – mit dem Beitritt von Männern aus der essenischen Gemeinschaft hätten sie den letzten vielleicht noch fehlenden Impuls erhalten, nur wenige Jahre nach Tod und Auferstehung Jesu.

Das Vorhandensein schriftlicher Quellen über den historischen Jesus, die nicht viele Jahrzehnte, sondern nur wenige Jahre nach seinem Tod entstanden, sind für den Historiker kein Problem. Es ist die Situation, mit der er rechnet und der er mit seinen Mitteln gerecht werden will: Ziel geschichtswissenschaftlichen Arbeitens ist es, so nahe wie möglich an die Quellen heranzukommen und über diese an die Ereignisse, von denen sie berichten. Die Ermittlung großer Nähe ist kein Anlaß zur Beunruhigung, sondern zur Genugtuung. Die ethische Verantwortung des Historikers gegenüber seiner Wissenschaft und seinen Lesern verlangt daher, auf alle vorgefaßten Deutungsmuster zu verzichten, die den Blick auf die Quellen und die Ereignisse verstellen.[10] Was so selbstverständlich klingt, gelingt nicht allen, die sich mit den Texten des Neuen Testaments befassen. Die Göttinger Althistorikerin Helga Botermann hat das mit einigen Beobachtungen dargelegt, die hier etwas ausführlicher zitiert sein sollen – denn sie verweisen uns auf den Kern des Problems und helfen uns auch zu verstehen, warum die Ergebnisse, die von Historikern zum Verständnis der Quellen vorgeschlagen werden, von anderen entweder gar nicht verstanden oder mit Rückzügen in die eigene Anschauungswelt abgelehnt werden:[11]

In der deutschsprachigen Forschung kann man die Situation generell dahingehend charakterisieren, daß praktisch seit zwei Generationen kein Kontakt zwischen Altertumswissenschaftlern und Theologen besteht. Das war einmal anders. Als Adolf von Harnack 1890 in die Berliner Akademie aufgenommen wurde, sprach er in seiner Antrittsrede von seinem Bemühen, zu zeigen, daß die innerkirchliche Entwicklung der ersten Jahrhunderte »aus der Verflechtung mit der sie umgebenden griechisch-römischen Welt hervorgegangen ist«. Es gelte, »alle Erscheinungen des kirchlichen Lebens im Altertum mit den entsprechenden des antiken Lebens zu vergleichen, um ihren Ursprüngen und ihrer Geschichte auf den Grund zu kommen«. [...] Doch der weitere Fortgang der Forschung war nicht nur der Verbindung von Altertumswissenschaft und Kirchengeschichte feindlich, sondern, was in diesem Zusammenhang noch wichtiger ist, der prononciert geschichtlichen Betrachtungsweise, mit der Harnack und Lietzmann die neutestamentlichen Schriften bearbeitet hatten. [...] Lietzmann hat, sieht man von einer Ausnahme wie Martin Hengel ab, keinen Nachfolger gefunden. Auch in den Theologischen Fakultäten ist wie überall die Spezialisierung fortgeschritten, und das Neue Testament befindet sich fest in der Hand der Neutestamentler. [...] Sie arbeiten zwar nach der sog. »historisch-kritischen Methode«, aber blickt man auf die Behandlung der urchristlichen Quellen, ist es offensichtlich eine andere »historische« Methode als die, die der Althistoriker handhabt. Der fehlende Blick für die Altphilologie dürfte sich allein schon aus den heute in der Regel fehlenden Sprachkenntnissen ergeben.[12]

Botermann bringt auch Beispiele; eines bezieht sich auf Lukas, dessen Doppelwerk, Evangelium und Apostelgeschichte, zweifellos Geschichtsschreibung nach antikem Maßstab sein will (um das zu begreifen, muß man nur die ersten vier Verse seines Evangeliums lesen), von Neutestamentlern oft aber noch gleichsam in einer anderen Welt angesiedelt wird·

> *Er [der Bericht des Lukas] ist selbstverständlich durch seine Quellen und durch die Auffassung des Autors geprägt. Aber nur wenn man Lukas als Historiker ernst nimmt, kann die historische Kritik überhaupt ansetzen. Dabei muß der Grundsatz gewahrt werden, daß der Kritiker die Beweislast trägt.*[13]

Es versteht sich von selbst, daß eine Gegenüberstellung geschichtswissenschaftlicher und neutestamentlicher Verfahren und Gedankenmodelle bei der Untersuchung der ältesten Quellen nicht heißen kann, daß alle Neutestamentler auf der einen Seite und alle Historiker auf der anderen solide Blöcke mit einer jeweils gleichen Interpretation bilden. Unter Historikern gibt es ebenso unterschiedliche Auffassungen bestimmter Details wie unter Neutestamentlern – letztlich lebt eine ganze geisteswissenschaftliche Publikationsindustrie davon, daß es so ist. Der entscheidende Unterschied liegt nicht in der Freiheit des einzelnen Forschers, zu seinen Ergebnissen, Thesen und Vermutungen zu kommen und damit vor die Kollegen und an die Öffentlichkeit zu treten – sondern darin, welche Zugänge zu den Quellen geöffnet oder von vornherein verdeckt oder umgangen werden. In unserem Fall, bei der Frage nach der Entstehung der ältesten schriftlichen Quellen über das Leben und Wirken des historischen Jesus und seiner Anhänger, ist die Diskrepanz besonders deutlich.

Wir haben gesehen, daß die Anhänger der jüdischen Messias-Bewegung, die später als Christen bekannt wurden, gerade auch wegen ihrer intensiven Erwartung der Wiederkehr Christi gar nicht anders konnten, als so schnell und so viel wie möglich zu schreiben. Wir sind in früheren Kapiteln immer wieder Hinweisen darauf begegnet, daß die christliche Schriftkultur keine späte, sondern eine frühe Entwicklung ist. Und wir haben gesehen, daß damit nicht nur sporadische Sammlungen von Jesus-Sprüchen gemeint sein können, sondern fertige, sorgfältig konzipierte Werke, die literarischen Anspruch mit geschichtsschreibender Absicht verbinden. Die Einsicht, daß die Jesusüberlieferung in schriftlicher Form früh einsetzte, ist so unausweichlich, daß auch die theologische Literatur immer wieder einmal dazu Stellung nimmt. So kommt beispielsweise der Heidelberger Neutestamentler Gerd Theißen, der dank seines populären Briefromans über Jesus, *Der Schatten des Galiläers,* weit über Fachkreise hinaus bekannt wurde, zu dem Ergebnis, daß »die Verschriftlichung von Jesusliteratur in Form großer Einheiten schon von 40 n. Chr. an beginnt«.[14] Allerdings stellt sich schnell heraus, daß Theißen mit den »großen Einheiten« nicht die Evangelien meint, sondern »ältere Sammlungen«. Fertige Evangelien darf es offenbar – entgegen der eigenen Einsicht – so früh noch nicht gegeben haben. Denn z.B. im Lukas-Evangelium 21,20-24 schildere der Autor »unverkennbar Belagerung und Fall Jerusalems«.[15] Das Markus-Evangelium wurde »in Erwartung einer drohenden Katastrophe ca. 70/74 verfaßt« – also ebenfalls nach der Zerstörung Jerusalems, die im Jahre 70 n. Chr. stattfand.[16] Das Matthäus-Evangelium wolle nach der Zerstörung Jerusalems und dem Überleben der »vernichtenden Kriegsmaschinerie« der Römer eigentlich nur irgendwie die große Aufgabe für die Gemeinde vermitteln, »in ›normalen‹ Friedenszeiten ihr Leben nach Jesu Weisung zu gestalten«; es sei wie Lukas »in den 80/90er Jahren« entstanden.[17]

Die Fixierung darauf, daß die Evangelien erst nach dem Jahr 70, nach der Zerstörung von Jerusalem und dem Tempel, entstanden sein können, ist eigenartig. Wir begegneten ihr bereits mehrmals, ohne Anhaltspunkte dafür zu finden, daß irgendein historischer Aspekt für ein derart spätes Datum – über vierzig Jahre nach Kreuzigung und Auferstehung – sprechen könnte. Die geschichtliche Bedeutung des Zeitpunkts liegt darin, daß hier ein Einbruch geschah, der Juden und Christen gemeinsam betraf, während frühere Katastrophen – die Ermordung des Jerusalemer Gemeindeleiters Jakobus 62 n. Chr., die Christenverfolgung durch Nero ab 64 n. Chr., die Ermordung von Petrus und Paulus nach 64, wohl 67 n. Chr. – sich zuerst scheinbar »nur« unmittelbar auf die Christen auswirkten. Und dann kommt natürlich noch hinzu, daß Jesus die Zerstörung von Stadt und Tempel voraussagte. Man kann daran also gut festmachen, ob Jesus ein historisches Ereignis voraussagen konnte – dies träfe zu, wenn die Evangelien vor 70 n. Chr. entstanden –, oder nur ein Mensch mit einer Mission war, den man zu etwas Besonderem erst nachträglich hochstilisierte, indem man ihm die Gabe der Prophezeiung zuschrieb, nachdem das Ereignis längst eingetreten war. Erst wenn diese zweite Anschauung Gültigkeit erlangt – und das ist in der Theologie längst der Fall –, hat man einen festen Punkt, von dem aus man auch konsequent zwischen einem Jesus der Geschichte und einem Jesus der Verkündigung unterscheiden kann, zwischen einem historischen Jesus und einem Jesus der legendenbildenden, je nach Bedarf frohgemut dichtenden Evangelien. Eine wissenschaftlich arbeitende Theologie müßte es aber schaffen, einen unmittelbaren, sehr engen zeitlichen Zusammenhang zwischen dem Jesus der Geschichte und dem Christus des Glaubens zu vermitteln. Je enger der zeitliche Abstand zwischen den historischen Ereignissen und dem urchristlichen Nachdenken darüber wird, desto geringer wird dann auch der Spielraum, sich von den Quellentexten zu lösen und über sie zu spekulieren. Es ist, mit anderen Worten, der qualitative Unterschied zwischen Beliebigkeit und Verbindlichkeit, um den es hier geht.

Ein großer Teil der heutigen Theologie – und auch darin unterscheidet sie sich vom Umgang der Altertumswissenschaften mit ihren Quellen – lebt aber weitgehend von der Beliebigkeit eines frei verfügbaren, nirgends konkret verorteten Ursprungs. Sie braucht Daten irgendwann nach 70, um Jesus aus der von Zeitzeugen überlieferten Geschichte herausholen und zum Objekt immer wieder veränderbarer Denkmodelle machen zu können.[18] Das gelingt natürlich nur mit Hilfe einer weitgehenden und häufig kaum auffallenden Uminterpretation der heute zugänglichen Quellen. Wagen wir einen Blick in die theologische Werkstatt.

Siebzig verweht

Eine Grundbedingung für die Versuche, die Evangelien in die Zeit nach der Tempelzerstörung zu datieren, ist: Jesus darf eine ganze Reihe von Aussagen nicht gemacht haben, sie müssen nachträglich erfunden sein. Das wird aber nicht nach den Kriterien der Literatur- und Textkritik belegt, sondern vorausgesetzt. Die anschließende Argumentation für angebliche Anspielungen auf spätere Ereignisse dient dann rückwirkend als Beleg dafür, daß Jesus selbst in der Tat nicht so gesprochen haben kann: der klassische Zirkelschluß also. Selbst das Markus-Evangelium, das von einigen noch behutsamen Neutestamentlern wie Martin Hengel längst nicht mehr mit der Zerstörung Jerusalems in Verbindung gebracht wird,[19] fällt diesem Verfahren immer noch zum Opfer. Gerd Theißen beispielsweise behauptet, alle Endzeitwarnungen Jesu, wie die vor dem Erscheinen falscher Messiasse (Markus 13,22), habe natürlich nicht der historische Jesus ausgesprochen. Sie habe vielmehr der Evangelist erfunden, als Kontrastprogramm zum römischen Kaiser Vespasian, der als friedensstiftender Herrscher nach einer Zeit der Kriege und Bürgerkriege wie eine Art Messias gefeiert worden sei.[20] Vespasian regierte von 69 bis 79 n. Chr.; mit ihm werden verschiedene Wundertaten in Verbindung gebracht,[21] vor allem aber eine Prophezeiung, die ihm noch während des Aufstands der Juden gegen die Römer ankündigte, er werde Kaiser und Weltenherrscher sein. Diese Prophezeiung stammte von einem Juden, dem später in römischen Diensten Geschichtswerke schreibenden Rebellenanführer Josephus, der selbst davon erzählt.[22] Ein anderer Historiker, der Römer Sueton, der unter den Kaisern Trajan und Hadrian der kaiserlichen Kanzlei vorstand und daher Zugang zu den Quellen hatte, berichtet seinerseits von dieser Prophezeiung des Josephus.[23] Nun spricht nichts dagegen, daß Josephus eine solche Prophezeiung wagte – zuerst einmal wollte er, der gefangene Rebellenführer, der Hinrichtung entgehen, und da war es ein bewährtes Mittel, sich dem siegreichen Feldherrn als Seher anzudienen. Das Risiko, unrecht zu behalten, konnte Josephus eingehen: Den genauen Zeitpunkt der Erfüllung ließ er offen.

Jesus von Nazareth war also nicht der einzige erfolgreiche Prophet dieser Epoche. Und selbst die Zerstörung Jerusalems und des Tempels sagte nicht nur er voraus. Ein gewisser Jesus ben Ananias verkündete sieben Jahre lang, seit 62 n. Chr., den Untergang der Stadt und ließ sich weder durch Verhöre noch durch Folter davon abbringen; er starb erst im Augenblick des Eintreffens seiner Prophezeiung, als ihn ein Wurfgeschoß der römischen Belagerungstruppen tötete.[24] Was nun verblüfft, ist die Selbstverständlichkeit, mit der Theißen und jene, die wie er denken, einem Josephus das Prophezeien ohne weiteres zutrauen und, soweit man sehen kann, auch gegen dessen Bericht über Jesus ben Ananias nichts vorzubringen haben. Nur der Jesus der Evangelien darf auf gar keinen Fall als Prophet durchgehen. Wenn er prophezeit, dann muß es eine nachträgliche Erfindung der Evangelisten sein. Der »Messias« Vespasian kommt als Projektion gerade recht. Da trifft es sich, daß die Nachricht von der Kaiserproklamation Vespasians im unruhigen Osten des Reiches wörtlich als »gute Nachrichten« verstanden wurde – griechisch also »euangelia«.[25] Und so bezeichnet auch Markus einleitend seinen Bericht über Jesus Christus als »euangelion«, gute Nachricht. Was folgt daraus, oder besser: Was soll daraus folgen? Ebendies: Markus habe sein Evangelium als »Gegenevangelium« verfaßt: »Nicht die politische Konsolidierung unter Vespasian ist das ›Evangelium‹, sondern die Botschaft vom Leben und Sterben Jesu von Nazareth.«[26]

Dürfen da die philologischen Fakten stören? Markus spricht nicht von »Evangelien« – guten Nachrichten – im Plural, sondern von dem einen »Evangelium«, im Singular. Und hinter Markus steht eine zu seiner Zeit bereits neunhundert Jahre alte Sprachtradition. Schon Homer konnte den Begriff »euangelion« für eine gute Nachricht gebrauchen. Doch warum bei Vespasian stehenbleiben? Nach gleichem Prinzip könnte man das Markus-Evangelium auch als Reaktion auf Kaiser Domitian (81–96 n. Chr.) deuten, der sich als »Herr und Gott« feiern ließ. Denn den wahren Gott und den wahren Herrn verkündet Markus gleich zu Beginn seines Evangeliums (1,1-3). Aber so weit will denn doch kein Neutestamentler gehen. Der Zweck der Übung ist erreicht, wenn man auch bei Markus darauf beharren kann, daß er freischöpfend im Rückblick auf den jüdischen Krieg schreibt, nach dem Untergang Jerusalems und der ersten christlichen Gemeinde in der Stadt, ohne Korrektiv aus der Gruppe der Augenzeugen und Zeitzeugen.

All dies wird nun natürlich auch für die beiden traditionell als jünger eingeschätzten Evangelien des Matthäus und des Lukas vorausgesetzt (Johannes mit seiner sehr persönlichen Darstellungsweise ist ohnehin ein Sonderfall). Matthäus und Lukas sollen mit noch größerer zeitlicher Distanz auf den jüdischen

Krieg zurückblicken. Wie kann man dieses interpretatorische Kunststück vollbringen? Matthäus liefert das Argument gleich selbst: Sein Gleichnis (seines, nicht das des historischen Jesus natürlich) vom König, der die Stadt der unbotmäßigen Gäste anzündet (Matthäus 22,1-14), muß sich auf die Zerstörung Jerusalems beziehen.[27] Das ist so offensichtlich, daß man den entscheidenden Vers nur zu zitieren braucht: Nachdem die Gäste die Einladung zum Hochzeitsmahl ausgeschlagen und die Boten des Königs umgebracht hatten, »wurde der König zornig; er schickte seine Heere aus, brachte die Mörder um und zündete ihre Stadt an« (Matthäus 22,7). Wer könnte daran zweifeln, daß dieser Vers erst nach der Zerstörung Jerusalems geschrieben wurde? »Kriege sind als Reaktion auf abgewiesene Einladungen untypisch und unrealistisch. Erst die (christliche) Deutung der Zerstörung Jerusalems als Strafe für die Abweisung der Botschaft macht diesen Zusammenhang plausibel.«[28] Wieder fragt man: Was stören da schon die Details? Der Feldzug gegen die unbotmäßigen Gäste beginnt nicht, weil sie die Einladung ablehnten, sondern weil sie die Gesandten des Königs ermordeten. Und das war allemal ein Anlaß für eine militärische Strafaktion. Zudem handelt es sich ausdrücklich (!) um ein Gleichnis. Jede Festlegung auf einen einzelnen konkreten Akt ist damit von vornherein nicht möglich. Und vor allem: Der Ablauf hat nichts mit der tatsächlichen Zerstörung Jerusalems zu tun. Es ist nicht nur aufgrund der Berichte über die Eroberung, sondern auch aufgrund der archäologischen Funde zweifelsfrei geklärt, daß Jerusalem nicht angezündet wurde. Feuer wurde im Tempel gelegt, doch die Stadt – und nur von einer Stadt spricht das Gleichnis – wurde mit mechanischen Mitteln zerstört. Mit anderen Worten: Das Gleichnis kann sich gar nicht auf die Zerstörung Jerusalems beziehen – man möchte sogar hinzufügen: gerade dann nicht, wenn es nach dieser Zerstörung aufgeschrieben wurde. Dieses zentrale Argument für die Datierung des

Evangeliums in die Zeit nach 70 verweht im Nichts.[29] Doch die Übersetzer der evangelisch-katholischen »Einheitsübersetzung« haben allem Anschein nach versucht, eine Brücke zur freizügigen Interpretation der Stelle zu bauen: Obwohl im griechischen Text das Wort »empímprämi« gebraucht wird, was nichts anderes heißt als »in Brand setzen«, »anzünden«, »verbrennen«, und damit von vornherein jeden Bezug auf die Zerstörung Jerusalems ausschließt, veränderten sie den Satz, um genau dieses wichtige Detail loszuwerden: »Da wurde der König zornig; er schickte sein Heer, ließ die Mörder töten und ihre Stadt in Schutt und Asche legen.« Man muß schon aufpassen, um hinter der »Asche« noch das zu erkennen, was tatsächlich im griechischen Text steht.

Wie kann man nun bei Lukas versuchen, ein spätes Datum nach 70 zu bewerkstelligen, gerade bei jenem Autor, der ausdrücklich als Historiker antritt (Lukas 1,1-4)? Vergessen wir, daß eine Datierung des zweiten Teils seines Doppelwerks, der Apostelgeschichte, auf spätestens 62 n. Chr. den ersten Teil, also das Evangelium, notwendigerweise vor 62 n. Chr. datiert – mindestens acht Jahre, ehe der Jüdische Krieg in der Zerstörung Jerusalems kulminierte. Wir dürfen es vergessen, denn wir erfahren: Lukas »reflektiert intensiv über den Jüdischen Krieg«.[30] Das muß einem historisch denkenden und lesenden Menschen erst einmal gesagt werden. Im Text steht nämlich nichts vom Jüdischen Krieg, es gibt keinerlei konkrete Anspielung darauf und dementsprechend auch kein rückblickendes Nachdenken darüber. Es sei denn, man verfährt nach dem bewährten Muster und interpretiert alle Aussagen Jesu, die sich auf Verhaltensweisen in Zeiten der Gefahr, auf kommende Schrecken und auf die Zerstörung Jerusalems beziehen, als nachträglich erdichtete Einfälle eines Autors, der »eine dunkle apokalyptische Stimmung trifft«.[31] Da darf man es mit den Quellen nicht allzu genau nehmen. So wird aus dem Autor der ersten Generation, dem Paulus-

Begleiter, der Augenzeugen befragt (Lukas 1,2-3), plötzlich ein Verfasser, der »sich selbst in die dritte Generation nach Jesus« einreiht.[32] Aber vielleicht kann man Lukas tatsächlich überführen: Denn in seinem Evangelium »schildert Lk dann unverkennbar Belagerung und Fall Jerusalems«.[33] Wer jemals das Lukas-Evangelium gelesen hat, weiß natürlich, daß der Autor die Belagerung und den Fall Jerusalems weder unverkennbar noch anderswie schildert. Die Behauptung ist nur dann haltbar, wenn man auch hier einmal mehr in Voraussagen etwas hineinliest, was angeblich erst nach dem Eintreten des Ereignisses aufgeschrieben werden konnte. Das kann man bei Lukas immerhin versuchen, denn in der Tat zitiert er die voraussagenden Worte Jesu etwas ausführlicher als die anderen Evangelisten.

Das funktioniert nun so: Jesus (bei Theißen natürlich nicht Jesus, sondern Lukas) sagt: »Wenn ihr aber sehen werdet, daß Jerusalem von einem Heer belagert wird, dann erkennt, daß seine Verwüstung nahe herbeigekommen ist« (Lukas 21,20). Das soll heißen: Lukas wußte bereits, daß Jerusalem von sechs Legionen und Hilfstruppen umzingelt wurde.[34] Schon zwei Kapitel früher (19,43) sagt der Jesus, den Lukas sich zurechtgebastelt haben soll, über Jerusalem: »Es wird eine Zeit für dich kommen, da werden deine Feinde einen Wall um dich aufwerfen, dich belagern und von allen Seiten bedrängen.« Man begreift: Das muß zurückblicken auf die Technik der »circumvallatio«, die bei der Belagerung Jerusalems angewandt wurde.[35] Da stört es kaum, daß die Umwallung einer belagerten Stadt zum Standardrepertoire antiker Kriegsführung gehörte, ihre Erwähnung also nicht einmal einer prophetischen Gabe bedurfte.[36] Doch nicht genug: »Lukas weiß von der Verwüstung Jerusalems (21,20).«[37] Was steht in Lukas 21,20? »Wenn ihr aber sehen werdet, daß Jerusalem von einem Heer belagert wird, dann erkennt, daß seine Verwüstung nahe herbeigekommen ist.« Der Satz hat so viel innere Logik, daß er auf jede antike

Stadtbelagerung und -eroberung paßt und als authentische Aussage Jesu belegt, um es ganz einfach zu sagen, daß Jesus logisch denken konnte. Woraus hier folgen soll, daß Lukas von der Verwüstung Jerusalems wußte, als er das aufschrieb, bleibt rätselhaft. Ebenso selbstverständlich ist die nachfolgende Ankündigung: »Mit scharfem Schwert wird man sie (die Bewohner der eroberten Stadt) erschlagen; als Gefangene wird man sie wegführen unter alle Völker, und Jerusalem wird zertreten werden von den Heiden, bis die Zeiten der Heiden sich erfüllen« (Lukas 21,24). So war es damals, in der griechisch-römischen Antike. Die Bevölkerung einer eroberten Stadt wurde teils getötet, teils in die Sklaverei verkauft. Darüber hinaus war jedes Detail dieser Voraussagen schon für die ersten Hörer erkennbar als bewußte Anknüpfung an Sätze des Alten Testaments – eine ordentliche Bibelübersetzung liefert die Belege dafür ebenso ausführlich wie die heutigen Textausgaben des griechischen Neuen Testaments. Nur der zweite Teil der Vorhersage gibt dem allseits bekannten Verfahren eine besondere Nuance: Jesus macht eine weiterreichende Aussage über das, was danach geschehen wird. Doch wenn er das schon als erfüllt wissen und konkret festlegen wollte, dürfte Lukas heute noch nicht schreiben.

Wir können unseren Blick in die Werkstatt an dieser Stelle beenden. Die Argumente eines der prominentesten Vertreter des Versuchs, die Evangelien des Markus, Matthäus und Lukas in die Zeit nach der Zerstörung Jerusalems zu verlegen und die Aussagen Jesu als Erfindungen der Evangelisten hinzustellen, sind am Text selbst und an den bekannten historischen Fakten gescheitert. Die Indizien, nach denen diese Evangelien bereits vor dem großen Einbruch des Jahres 62 entstanden, als es noch eine Gemeinde in Jerusalem gab, als die römischen Christen noch nicht verfolgt wurden, als Jakobus, Petrus und Paulus noch am Leben waren, konnten nicht in Frage gestellt werden. Es bleibt allerdings eine Frage: Läßt sich dieses Netz der Indizien für Entstehungsdaten in apostolischer Zeit noch etwas enger ziehen, läßt sich noch weiter absichern, was wir an den verschiedensten Schnittstellen der Spurensuche immer wieder beobachteten? Wie nahe können wir heute noch an die Ursprünge der Evangelien herankommen?

Versuchte Nähe

Ein »Suchprogramm« wurde 1991 von einem der großen Gelehrten unserer Zeit formuliert, dem Schweden Harald Riesenfeld. Er hatte Klassische Philologie, Alte Geschichte, Papyrologie und Theologie studiert, ehe er Professor für Biblische Exegese an der Universität Uppsala wurde. In seinem Vortrag zur Eröffnung des Eichstätter Qumran-Kongresses faßte er zusammen, worum es geht und zeigte, wie sich die Forschung aus ihren selbstangelegten Fesseln befreien kann.[38] So fragte er, wie man sich das denn vorstellen müsse, daß es in den Anfängen der Entstehung der Evangelien überhaupt völlig frei und unkontrolliert umherlaufende Traditionselemente gegeben haben soll, die sich allmählich zusammenfanden. Wo hätte so etwas einen Sitz im Leben der Gemeinden? »Es ist wohl kein Zufall, daß wir vier Evangelien haben – die nie gegeneinander ausgespielt worden sind –, aber keine Bruchstücke von Evangelien. Die Zahl der versprengten Jesusworte ist auffällig gering.«[39] Den Versuchen, »Tradenten« und »Redaktoren« ausfindig zu machen, um zu ermitteln, wie in einem komplizierten Wechselspiel von Abhängigkeit und eigenen »theologischen« Ansichten irgendwie die Abschnitte und Sätze der Evangelien geformt und geordnet wurden, hält er die Frage entgegen, wie das in einer Zeit denkbar sei, in der es weder Konkordanzen noch Lochkarten (oder Computer) gab. »Vor allem: mit solchen Methoden entfernt sich die Analyse von dem, was die Evangelien in ihrer ursprünglichen Anlage glaubhaft gemacht hat und immer noch glaubhaft macht. Intention und Evidenz gehen verloren. Mit einem Nietzschewort läßt sich sagen, daß es auch einen Sieg der Methode über die Wissenschaft und die Wahrheit geben kann.«[40]

Wie steht es dann mit der tatsächlichen Gestalt der Verkündigung der Jesusbotschaft, dem mit einem griechischen Begriff von Theologen sogenannten »Kerygma«? »Daß es je Gemeinden gegeben habe, die sich in ihrem Glauben und bei ihren Zusammenkünften mit einem kurzen ›Kerygma‹ begnügt hätten, ist eine wirklichkeitsfremde Illusion. Kein vernünftiger Mensch hätte sich zu einem Messias Jesus oder zu Jesus, dem Christus, bekannt, ohne eingehende Berichte über das Leben und die Lehre dieses Mannes erhalten zu haben. Entsprechendes gilt für die Versammlungen der christlichen Gemeinden. Die mündliche ›Evangelientradition‹ war zweifelsohne von grundlegender Bedeutung. Aber wie konnte der Inhalt dieser Tradition in immer neuen Gemeinden vergegenwärtigt werden? Die Träger der mündlichen Tradition konnten sich nicht ohne weiteres vermehren. Die Übertragung in schriftliche Tradition war ein Erfordernis.«[41] Und dann ein Blick über die Grenzen der wissenschaftlichen Fächer, zur Beziehung der drei in vielen Punkten verbundenen, »synoptischen« Evangelien des Markus, Matthäus und Lukas: »Zu denken gibt auch, daß es in mehr als zweihundertjähriger Arbeit nicht geglückt ist, sich in der Frage nach dem gegenseitigen Verhältnis der synoptischen Evangelien auch nur annähernd zu einigen. Neue naturwissenschaftliche Erkenntnisse können indessen gewisse Analogien zum Prozeß der Evangelienbildung liefern. Die Chaosphysik lehrt uns, daß überall in der Natur nicht nur lineare, sondern auch alineare Kausalität herrscht. Neue Muster können sich gegebenenfalls überraschend schnell bilden. Als weitere Analogie, aus unserer eigenen Zeit, kann der unerwartet schnelle Wechsel der politischen Systeme in Osteuropa, fast gleichzeitig und über weite Gebiete, angeführt werden. In der Geschichte finden sich weitere Beispiele. Die Entstehung der Evangelien war sicherlich ein komplizierterer und schneller verlaufender Prozeß, als wir es uns bisher vorgestellt haben.«[42]

Riesenfeld verweist beispielsweise auf die Arbeiten britischer Theologen wie John A. T. Robinson und John Wenham,[43] die frei genug gewesen waren, Konsequenzen zu ziehen und frühe Entstehungszeiten vorzuschlagen. Er nennt einen schwedischen Forscher wie Hugo Odeberg[44] und einen Altphilologen wie den Berner Olof Gigon.[45] Kurz: Er will im Rückblick auf einzelne, aber nicht vereinzelte Forscher, die man gern als »Außenseiter« abtut, einer neuen Generation von Lesern und Wissenschaftlern Mut machen, von außen an die Texte heranzugehen, um sie wieder von innen besser zu verstehen. Er hat folglich auch keine Scheu davor, sich als Althistoriker, Philologe und Papyrologe mit antiker Literatur und den ältesten Evangelien-Papyri auseinanderzusetzen und ebenso ausführlich wie begründet für die Richtigkeit der Identifizierung eines vor 68 n. Chr. in Qumran deponierten und wohl kurz nach 50 n. Chr. geschriebenen Papyrus des Markus-Evangeliums (7Q5 = Markus 6,52-53) einzutreten, an das sich die meisten Theologen noch immer nicht herantrauen.

Es ist sicher kein Zufall, daß gerade die Frage nach Entstehungszeit und Entstehungsumständen der Evangelien das zentrale »Kampfgebiet« abgibt, auf dem um das Bild des historischen Jesus gerungen wird. In der Tat ist es eine Grundsatzfrage. Kein Historiker wird behaupten, daß spätere Texte nicht auch authentisches Material benutzen und vermitteln können, doch wie wir bereits mehrmals sahen, entscheidet sich die Beurteilung antiker Berichte und Ereignisabfolgen zwangsläufig auch am zeitlichen Verhältnis der Quellen zu den Geschehnissen, von denen sie berichten. Kein Althistoriker käme auf den

Gedanken, den römischen Geschichtsschreiber Tacitus als Legendendichter abzuwerten, weil er in seinem Bericht über die Römer in Britannien auf die Berichte eines Augenzeugen, des Legaten Agricola, zurückgreift, der sein Schwiegervater war, und auch noch freimütig gesteht, daß er zur Verkündigung des bleibenden Ruhms dieses Mannes schreibt – ja das ganze Werk sogar nach ihm benennt. Seine Nähe zu den Ereignissen und seine Beziehung zum Augenzeugen spricht für, nicht gegen ihn.

Die Frage der Augenzeugen macht auf einen Gesichtspunkt aufmerksam, den auch Harald Riesenfeld betonte: Die Träger der mündlichen Tradition konnten sich nicht ohne weiteres vermehren. Die Übertragung in schriftliche Tradition war ein Erfordernis der ersten Stunde. Ein zentrales Ereignis des Jahres 30 n. Chr., wenige Tage nach Kreuzigung und Auferstehung Jesu, wirft ein bezeichnendes Schlaglicht auf die Situation:

Der Verräter Judas Iskarioth, einer der Zwölf, hatte Selbstmord begangen. Petrus ruft den Kern der Jerusalemer Gemeinde – etwa hundertzwanzig Personen – zu einer Beratung zusammen und erklärt, daß die Zahl der Zwölf wieder vervollständigt werden muß (Apostelgeschichte 1,15-26). Der neue zwölfte Mann hat ein einziges Kriterium zu erfüllen – er muß ein Augenzeuge aller Geschehnisse seit dem ersten öffentlichen Auftreten Jesu gewesen sein: »So muß nun einer von den Männern, die die ganze Zeit über bei uns gewesen waren, als der Herr Jesus ein- und ausging, angefangen von der Taufe durch Johannes bis zu dem Tag, an dem er von uns genommen wurde, mit uns Zeuge seiner Auferstehung sein.« Klopften nun Hunderte von Kandidaten an die Tür des Gemeindesaals? Nur zwei Bewerber meldeten sich. Man liest diesen Bericht heute gern so, als wären die Leute um Petrus in der peinlichen Lage gewesen, unter zwei Kandidaten wählen zu müssen. Doch darum geht es gar nicht. Auffällig ist vielmehr, daß es eben nur zwei waren, die das strenge Kriterium der fortdauernden Augenzeugenschaft erfüllten. Darauf aber kam es an, und man rückte keineswegs davon ab, um eine größere Auswahl zu erhalten. Die künftigen Hörer der Jesusbotschaft sollten sich darauf verlassen können, daß vor ihnen nicht Menschen standen, die alles nur vom Hörensagen kannten. Ausnahmen waren nur möglich, wenn genaue Instruktion durch Mitglieder dieses Zwölferkreises und eine besondere Autorisierung vorausgegangen waren – das mußte noch Paulus einsehen, der selbst davon berichtet, wie er sich nach langem Zögern bei Petrus und Jakobus in Jerusalem in zweiwöchiger Unterrichtung die notwendige Absicherung holte (Galater 1,18-19), obwohl doch der auferstandene Christus ihm, dem »geringsten unter den Aposteln«, noch selbst begegnet war (1. Korinther 15,8-9).

Dieses Beharren auf der Augenzeugentradition verfehlte seine Wirkung nicht. Noch einhundertfünfzig Jahre später, in einem historischen Roman mit dem Titel *Die Taten des Petrus,* der ca. 180 n. Chr. vermutlich in Rom geschrieben wurde, begegnen wir einer Spur: Das Buch schildert in einer Szene, wie um 60 n. Chr. in Rom eine Gemeindeversammlung in einem Privathaus zusammenkommt. Nach altem Brauch liest einer der Anwesenden aus einer Evangelienrolle vor. Da geht die Tür auf, und Petrus betritt den Raum. Der Ablauf der Versammlung wird nicht unterbrochen, aber Petrus nimmt dem Vorleser die Rolle aus der Hand, rollt sie zusammen und erzählt nun selbst, was damals in seiner Gegenwart geschehen war.[47] Stand der Augenzeuge selbst zur Verfügung, war er persönlich der Garant der Überlieferung. Dahinter steht die Erinnerung an die Ursprungszeiten: Selbst als es bereits ein schriftliches Evangelium gab, war das Wort des Zeugen noch unersetzbar. Die *Taten des Petrus* geben aber beharrlich noch eine andere, doppelte Information weiter. In Abwesenheit des Augenzeugen konnte die autorisierte schriftliche Quelle ihn ersetzen. Und der Zeuge selbst bestätigt die Autorisierung. Dieser relativ späte Reflex einer um

60 n. Chr. angesiedelten Szene macht zusätzlich deutlich, daß es sich um eine Ausnahmesituation handelte. Wie oft und an wie vielen Orten war es Petrus überhaupt möglich, in einer Gemeindeversammlung aufzutreten und zu erzählen? Nimmt man die Zwölf und die von ihnen unterrichteten und beauftragten Personen hinzu, wächst der Kreis, bleibt aber dennoch zu klein, um dem schnell ansteigenden Bedarf gerecht zu werden. Johannes bekennt am Ende seines zweiten und seines dritten Briefs, daß er notgedrungen schreiben muß, weil er es einfach nicht schafft, »seine« Gemeinden aufzusuchen (2. Johannes 5,12; 3. Johannes 13). Paulus ringt darum, nach Rom zu kommen, aber ehe es ihm endlich doch noch gelingt, muß er den ihm weitgehend unbekannten Christen in der Hauptstadt des Reichs einen Brief schreiben (Römer 1,9-13). Das sind nur Beispiele; ganz allgemein bildeten sich so schnell und an so vielen Orten schon in den ersten Jahrzehnten kleinere und größere Gemeinden, daß eine persönliche Betreuung durch die Augenzeugen entweder gar nicht oder nur mit großer Verzögerung möglich war. Hier also mußte die schriftliche Überlieferung einsetzen.

Wenn sie das aber wirkungsvoll tun sollte, dann hatte sie natürlich das gleiche Kriterium zu erfüllen, das für die mündlichen Berichterstatter galt: Die Texte mußten den Rang von Augenzeugenberichten haben oder durch Augenzeugen beglaubigt sein. Nur so und nicht anders waren sie für ihre Zielgruppen akzeptabel, nur so konnten sie überhaupt angefertigt und versandt werden. Genau dies ist bei allen vier Evangelien der Fall. Entweder teilen sie selbst mit, daß sie Augenzeugenberichte sind (Johannes 19,35; 21,24), oder sie beziehen sich auf die Augenzeugen als Garanten (Lukas 1,2-3; vgl. 2. Korinther 8,18),[48] oder sie werden wie Matthäus und Markus von den ältesten Autorenzuschreibungen in den Papyri und der frühchristlichen Bezeugung als Jünger (Matthäus-Levi) beziehungsweise Petrus-Begleiter und -Vertrauter (Markus) identifiziert.

In der frühen Kirche waren diese Zusammenhänge so selbstverständlich, daß man es nicht für erforderlich hielt, darüber viel zu sagen. Es ging ja schließlich auch nicht um biographische Informationen über die Autoren, sondern um den historischen Jesus – die Autoren der Jesus-Schriften waren »Diener des Wortes« (Lukas 1,2). Mögliche und indirekte Hinweise auf die Verfasser wie 2. Korinther 8,18 (Lukas) oder Apostelgeschichte 13,5 (Markus) sind daher die Ausnahme.[49] Eine frühe Überlieferung der Autorennamen war dennoch eine praktische Notwendigkeit: Antike Schriftrollen – und wie wir sahen, wurden die ersten Exemplare der Evangelien als Schriftrollen verbreitet – trugen am Griff einen Pergamentstreifen, der Informationen über das Werk enthielt. Man mußte sie also nicht erst aufrollen, um zu erfahren, wie sie heißen und wer sie schrieb. Was beim Buch der Rücken und die Einbandvorderseite sind, war bei den Schriftrollen dieser als »Sillybos« oder »Sittybos« bezeichnete Streifen.[50] Solange es nur ein Werk mit der Bezeichnung »Evangelium« gab, wie Markus sie gleich im ersten Vers als eine Art Titel einführt, hätte es für einen sparsamen Buchhändler, Bibliothekar oder Gemeindearchivar ausreichen können, dieses eine Wort auf den Streifen zu schreiben. Wahrscheinlicher ist natürlich, daß der Verfassername nach herkömmlicher antiker Praxis gleich dazukam, denn ohne Kenntnis des Inhalts war »Evangelium«, »Gute Nachricht«, nur für christliche Leser eindeutig. Spätestens aber mit dem Erscheinen des zweiten Evangeliums mußten auch christliche Benutzer schon vor dem Öffnen erkennen können, um welches spezifische Werk es sich handelte. Von diesem Zeitpunkt an trug der »Sillybos« für das zweite und jedes weitere Evangelium, selbstverständlich nun aber auch rückwirkend für das erste, zusätzlich den Verfassernamen.

Hatte man die Rolle dann geöffnet und bis zum Ende gelesen, fand man noch einen Endvermerk auf dem letzten Blatt der

Rolle, in dem erneut der Name des Autors, der Titel und gegebenenfalls die Nummer der Rolle notiert wurden.[51] Beim Übergang von der Rolle zum Kodex wechselte diese Betitelung auf den Einband und dann auch in die Kopfzeile des ersten Blatts.[52] So bietet sich das Bild noch heute jedem, der ein griechisches Neues Testament oder irgendeine Übersetzung aufschlägt. Das heißt aber auch: Notwendigerweise wurden die Verfassernamen sehr früh festgehalten und überliefert. Wenn wir uns noch einmal das frühere Zwischenergebnis in Erinnerung rufen, daß zumindest die drei Evangelien des Markus, Matthäus und Lukas vor 62 n. Chr. entstanden, dann ist zugleich auch klar, daß die Namen keine freien Erfindungen sein können. Aber auch die Autorenzuschreibung des Johannes-Evangeliums muß bereits zu einer Zeit erfolgt sein, als die ersten Exemplare dorthin versandt wurden, wo wenigstens schon ein weiteres Evangelium bekannt war. Im übrigen fällt hier auch auf, daß die Namen, die da nun einmal stehen, mit Personen in Verbindung gebracht werden, die den Kriterien der persönlichen oder autorisiert vermittelten Augenzeugenschaft entsprechen, daß es sich aber – mit der Ausnahme des Johannes – nicht um Personen der »ersten Garnitur« handelt. Auch Matthäus war zwar einer der Zwölf, gehörte jedoch nicht zum engeren Kreis der drei (Petrus, Jakobus, Johannes) oder vier (Petrus, Jakobus, Johannes, Andreas). Daher ist es auch schwer vorstellbar, daß es sich selbst bei einem späteren Datum der Evangelien um freie Fiktionen handeln könnte, die von irgendwelchen Gemeindekomitees ausgedacht wurden. Wer auch immer nun Markus, Matthäus, Lukas und Johannes als Individuen waren – selbst bei Johannes wird seit Jahrhunderten darüber debattiert –, man kommt nicht um die Erkenntnis herum, daß die Evangelien von Trägern dieser Namen verfaßt wurden, die dem in erster Stunde festgelegten Anspruch der Zeugenschaft gerecht wurden.

Daß es sich so verhält, bestätigen dann auch die ersten Äußerungen frühchristlicher Interpreten und Kirchenhistoriker, angefangen mit einem gewissen Papias, Bischof von Hierapolis, der um 110 n. Chr. schrieb. Papias berief sich auf eine Quelle aus dem 1. Jahrhundert, den »Ältesten« (griechisch »Presbyter«) Johannes, und dafür kommt nur eine Person in Frage: der Verfasser des 2. und 3. Johannes-Briefs, der sich im ersten Satz jeweils selbst so vorstellt.[53] Wir erfahren nicht mehr alles, was Johannes dem Papias mitteilte, denn sein fünfbändiges Werk *Die Auslegung der Worte des Herrn* ist bis auf einige Fragmente nicht erhalten geblieben. Fast alles, was wir heute noch haben, ist um 326 n. Chr. in der Kirchengeschichte Eusebs überliefert. Und dieser Euseb betont, unwillentlich, wie wertvoll Papias war. Denn obwohl er ihn wegen seiner Endzeittheologie für einen Mann beschränkten Geistes hält,[54] kommt er an ihm doch nicht vorbei, wenn es um alte Auskünfte über die Evangelien geht. Euseb begnügt sich damit, nur die Aussagen über Markus und Matthäus im Zusammenhang zu zitieren und sich an anderer Stelle mit Johannes zu befassen.[55] Was er über Markus und Matthäus mitteilt, ist allerdings von höchster Brisanz für die Suche nach den ältesten Spuren der Evangelien:

Und das sagte der Presbyter: »Markus war der Interpret des Petrus und schrieb sorgfältig auf, soweit er sich daran erinnerte, allerdings nicht in der Anordnung, was vom Herrn gesagt oder getan worden war. Denn er hatte weder den Herrn gehört, noch war er ihm gefolgt, sondern, wie gesagt, erst später dem Petrus, der seine Unterweisung den Bedürfnissen gemäß einrichtete, jedoch nicht mit dem Ziel einer geordneten Darstellung der Worte des Herrn. Daher machte Markus nichts falsch, als er einiges so aufschrieb, wie er es in Erinnerung hatte. Denn ihm ging es um das eine, nichts wegzulassen oder zu verfälschen von dem, was er gehört hatte.«

Dies berichtet Papias über Markus. Und über Matthäus heißt es: »Matthäus schrieb in aramäischer Sprache *die* Worte *des Herrn auf, und jeder übertrug sie so gut, wie er es vermochte.*«
(Papias von Hierapolis, bei Euseb, Kirchengeschichte *3, 39, 15-16)*

Was hier so einfach und direkt klingt, ist voller Wegweiser und Fallstricke. Papias hält fest, daß Markus seinen Stoff, der ihm von dem Augenzeugen Petrus anvertraut worden war, anders ordnete als die anderen. Daß hier eine innere dramaturgische und dramatische Konzeption vorlag, sah er nicht, merkte aber immerhin, daß der mündliche Effekt, die »Bühnenwirksamkeit« der Auftritte des Petrus, der sich an der Erwartungshaltung seiner Hörer ausgerichtet hatte, ein Modell gewesen sein könnte. Dann kommt hohes Lob: Markus erwies sich seiner Funktion als Autor würdig, da er das Material des Augenzeugen Petrus übernahm, ohne es zu manipulieren. Das heißt: eigenwillige literarische Struktur: ja, Eingriffe in die Inhalte: nein. Spannend wird es dann mit den hier hervorgehobenen Begriffen. Was meint Papias damit, daß er Markus den »Interpreten« des Petrus nennt, griechisch den »Hermeneuten«? Das wird häufig so verstanden, als habe Markus seinen Meister in Rom – wo sich beide gemeinsam mehrere Jahre lang aufhielten – und vielleicht auch anderswo auf Reisen ins Griechische übersetzt, da der ungehobelte Fischer Petrus nur aramäisch sprechen konnte. Heute wissen wir allerdings, daß ein in Betsaida aufgewachsener und in Kapernaum als mittelständischer Fischereiunternehmer tätiger Mann, der in einer griechisch durchwobenen Umwelt lebte und an einer internationalen Handelsstraße arbeitete, das Griechische mühelos beherrschte. Die bekannte Stelle in der Apostelgeschichte, derzufolge die Jünger in den Augen des Hohen Rates »ungelehrte und einfache Leute« waren (Apostelgeschichte 4,13), bezieht sich darauf, daß sie nicht die Ausbildung der Pharisäer, der Schriftgelehrten oder Sadduzäer durchlaufen hatten. Man könnte allenfalls darüber spekulieren, ob Markus, der offenbar auch lateinisch sprechen und schreiben konnte – wie einige Indizien in seinem Evangelium nahelegen – den Petrus für lateinischsprachige Hörer in Rom in diese Sprache übersetzte.[56] Aber so weit muß man die Deutung des Begriffs bei Papias gar nicht treiben. Er meint schlicht das, was er sagt und einen Satz später auch noch selbst erklärt: Markus war der »Interpret« des Petrus, indem er dessen mündlichen Vorträgen die schriftliche und zudem literarisch ausgestaltete Form gab.

Aber was waren die »Worte‹, die er da aufschrieb? Der griechische Begriff, »lógia« taucht gleich zweimal auf – zuerst als Beschreibung für das, was Petrus an seine Zuhörer und an Markus weitergab, und später dann für das, was Matthäus aufschrieb. Es kann »Worte« heißen, »Reden«, »Sprüche« – nur eines nicht: fertige literarische Einheiten, Erzählungen oder gar ein ganzes Evangelium. Das ist deswegen so wichtig, weil die Aussage des Papias über Matthäus meist so verstanden wird, als wäre hier von einem Evangelium die Rede – und dann auch noch von einem Evangelium »in aramäischer Sprache«. Entscheidend ist also: Papias betont zuerst, daß Markus ein literarisches Werk gestaltet, für das er die vom Augenzeugen Petrus authentisch bezeugten Worte, Reden, Aussprüche Jesu benutzt, wie Petrus sie ihm im jeweiligen Kontext mitgeteilt hatte. Dann erst kommt der Mann aus Hierapolis auf Matthäus zu sprechen. Auch hier geht es um »lógia«, also ausdrücklich nicht um das fertige literarische Werk. Aber, und das ist der Unterschied, diese Worte wurden von Matthäus »in aramäischer Sprache« aufgeschrieben, griechisch: »hebraidi dialecto«. Im Sprachgebrauch dieser Zeit steht »Hebräisch«, oft wie hier ergänzt durch das (griechische) Wort »diálektos«, tatsächlich meist für

330

»Aramäisch«, sofern der Zusammenhang es nicht ausdrücklich anders verlangt. Eine gewisse Parallele bietet der Gebrauch im heutigen Israel: Dort wird die Landessprache allgemein als »Hebräisch« bezeichnet, obwohl sie eigentlich »Ivrit« heißt. Erst der Kontext, also zum Beispiel der Hinweis auf eine Lesung in einer Synagoge, würde klarmachen, daß das alte biblische Hebräisch gemeint ist, die Gottesdienst- und Bibelsprache zur Zeit Jesu ebenso wie heute. Einige Interpreten haben allerdings den Ausdruck bei Papias so verstanden, daß er hier gar nicht die Sprache meint, sondern die Sprachform, den Stil. Matthäus habe sein Evangelium in einer Weise geschrieben, die nicht griechischen Stilformen entspricht, sondern hebräisch-aramäischen. Ganz abwegig ist diese Vermutung nicht. Doch sie führt nicht weit, denn wie wir gesehen haben, geht es gar nicht um das fertige Evangelium, sondern um das »Rohmaterial«, die Jesusworte. Und da erweist sich einmal mehr, daß Papias genau das meint, was er sagt: Obwohl Jesus nachweislich griechisch sprechen konnte und das gelegentlich auch in neutestamentlichen Szenen tat (es sei nur an das Gespräch mit der griechisch redenden Syrophönizierin erinnert, Markus 7,26), dürften über 90 Prozent seiner Worte und Reden aramäisch gewesen sein. Matthäus, der Jünger und Augenzeuge, hat sie so aufgeschrieben. Papias informiert uns also darüber, daß dieser Matthäus eine erste Sprüchesammlung in aramäischer Sprache anlegte, und daß die dann von allen anderen so gut wie möglich (ins Griechische) übertragen wurde. Was Papias über das zweite Stadium, das fertig ausgestaltete Evangelium des Matthäus, in seinen fünf Büchern mitgeteilt hat, erfahren wir nicht; Euseb bricht hier ab.

Dennoch können wir nun ein Szenario der ältesten Evangelienentstehung entwickeln. Markus schrieb das erste fertige Evangelium. Seine Quelle war kein anderer als Petrus. Daneben stand Matthäus, der von Anfang an im Besitz seiner eigenen aramäischen Logienquelle war. Er behielt sie nicht für sich, sondern ließ sie kursieren; andere benutzten sie, übertrugen sie dann jedoch gleich ins Griechische. Vom aramäischen Matthäus ist nicht die geringste Handschriftenspur erhalten, denn nachdem es fertige Evangelien gab, in die seine Überlieferung einfloß – allen voran sein eigenes späteres Evangelium –, wurde die aramäische Vorstufe nicht mehr abgeschrieben und aufbewahrt. Auch Lukas wußte von der Vielzahl schriftlicher Quellen, die seinem eigenen Evangelium vorausgingen: »Schon viele haben es unternommen, Bericht zu geben über all das, was sich unter uns ereignet hat«, schrieb er im Prolog seines Evangeliums – viele, nicht nur ein oder zwei. Die aramäische Wortesammlung des Matthäus dürfte dazugehört haben. Andere Spuren begegnen uns im Johannes-Evangelium, später noch in einer griechischen Papyrusabschrift von Jesus-Worten, die auf ca. 120 datiert werden kann, dem sogenannten Papyrus Egerton 2/ P. Köln Inv. 601 und manche Forscher möchten gern in den Sprüchen des sogenannten Thomas-Evangeliums zumindest stellenweise Reste aus dieser frühen Phase entdecken. So gab es also einen »aramäischen Matthäus«, der nicht identisch ist mit der ausgearbeiteten Endstufe, dem »griechischen Matthäus«, dem Evangelium, das wir heute kennen.

Wenn die aramäische Logienquelle des Matthäus tatsächlich unmittelbar auf das zurückgeht, was Jesus in dieser Sprache sagte, dann ist diese Stufe älter als das Markus-Evangelium. Nun ist es angesichts der ungemein effizienten Kommunikationswege im Römischen Reich als selbstverständlich vorauszusetzen, daß schriftliche Quellen, ganz gleich in welcher Form, schnell kursierten, und daß vor allem die Apostel und ihre Mitarbeiter untereinander alle schriftlichen Niederlegungen von Jesusberichten austauschten. Matthäus kann beispielsweise in Antiochia, dem am häufigsten mit der Entstehung seines Evangeliums in Verbindung gebrachten Ort, von einer ausgearbeiteten schriftlichen Fassung der Reden des Petrus durch Markus in Rom schon innerhalb weniger Wochen nicht nur eine Nachricht, sondern bereits ein eigenes Exemplar erhalten haben. Was dann geschehen sein könnte, ist einer auf den ersten Blick widersprüchlichen Stellungnahme des Klemens von Alexandria zu entnehmen: In seinen *Hypotyposen* berichtet er um 200 n. Chr. gleich zweimal über die Entstehung des Markus-Evangeliums. Euseb, dem wir die Überlieferung dieser Äußerungen verdanken, zitiert sie an weit auseinanderliegenden Stellen und in unterschiedlichen Zusammenhängen; Sinn ergeben sie erst, wenn man sie nicht als Gegensätze, sondern, wie von Klemens selbst ursprünglich gemeint, als Stationen einer Entwicklung liest. Markus habe, so schreibt Klemens, auf Bitten der römischen Gemeinde die von Petrus mündlich erzählten Begebnisse aufgeschrieben. Zu diesem Zeitpunkt ist Petrus nicht mehr in Rom – das unterstreicht, wie wir gleich noch sehen werden, in anderem Zusammenhang der rund zwanzig Jahre früher schreibende Irenäus von Lyon. Damit haben wir auch eine Auskunft über den Zeitrahmen für die Entstehung des Markus-Evangeliums: Es ist frühestens nach der Abreise des Petrus und spätestens vor dessen Rückkehr aufgeschrieben worden. Petrus kann 44 n. Chr., nach dem Tod Agrippas I., wieder in Richtung Jerusalem abgereist sein und war spätestens 48, zum Apostelkongreß, in der Tempelstadt.[57] Um 59 n. Chr., jedenfalls nach der Abfassung des Briefs, den Paulus an die Römer schreibt und in dessen Grußliste er nicht vorkommt, eben weil er da noch nicht wieder in Rom war, traf Petrus wieder in der Hauptstadt ein und blieb dort bis zu seinem Tod. Das heißt: Das Evangelium des Markus ist auf der einen Seite nach der Abreise entstanden, die frühestens im Sommer 44, spätestens Anfang 48 stattfand, und auf der anderen Seite mit Sicherheit vor 59 n. Chr., als Petrus den Römern wieder persönlich zur Verfügung stand.

Welches Markus-Evangelium ist es nun aber, von dem Klemens hier schreibt? »Als Petrus davon Kenntnis nahm, war er weder ausdrücklich dagegen, noch hat er ihn [Markus] bestärkt.«[58] Das klingt eigenartig. Und es ist um so eigenartiger, wenn man dann die andere Äußerung des Klemens liest: Euseb leitet die Stelle erneut mit der Bemerkung ein, daß die römische Gemeinde den Markus dringend gebeten hatte, ihnen schriftliche Erinnerungen an die mündliche Lehre des Petrus zu geben. »So wurden sie [die römischen Christen] zur Veranlassung des Markus-Evangeliums«. So weit, so gut – und nun kommt es zu einem Zeitsprung und zu folgender Aussage: »Nachdem nun, wie es heißt, das Ergebnis ihm [Petrus] durch eine Offenbarung des Geistes bekannt wurde, war er vom Engagement der Leute angetan und ratifizierte die Schrift zur Lesung in den Gemeinden.«[59] In einem Nachsatz fügt Euseb hinzu: »Diese Tatsache berichtet Klemens im 6. Buch seiner *Hypotyposen*, und mit ihm stimmt Bischof Papias von Hierapolis überein.« Wieder erkennen wir eine Reihe verschiedener Informationen: Offensichtlich hat nämlich jener Papias doch mehr über das Markus-Evangelium gewußt und mitgeteilt, als Euseb später zitiert. Denn in dem Satz, den Euseb überliefert, stehen die Details, die Klemens mitteilt, nun gerade nicht. Und: Es gab eine Phase, in der Petrus die Anregung der römischen Gemeinde und das Ergebnis der Tätigkeit des Markus nicht gleichgültig oder jedenfalls ohne große Begeisterung zur Kenntnis nahm, sondern mit seiner ganzen Autorität für alle Christen im Römischen Reich unterstützte. Da Euseb, der Hofhistoriker Kaiser Konstantins und Leiter der Bibliothek von Caesarea, kaum so ungeschickt gewesen sein dürfte, innerhalb seiner eigenen Kirchengeschichte zwei Aussagen des gleichen Gewährsmanns wiederzugeben, die sich gegenseitig ausschließen, können wir eine chronologische Abfolge rekonstruieren. Und hier kommt auch wieder die aramäische Redensammlung des Matthäus ins Spiel.

In einer ersten Etappe schreibt Markus sein Evangelium auf Bitten der Christen Roms, seine einzige Quelle ist der Bericht des Augenzeugen Petrus, den er mehr als einmal gehört hatte. Petrus erhält eine Kopie der Erstfassung. Zu diesem Zeitpunkt liegt ihm ebenfalls ein Exemplar der aramäischen Redensammlung des Matthäus vor. Mit dem Text des Markus ist er nicht ganz zufrieden. Vielleicht, weil er selbst darin zu ausführlich und zu gut wegkommt, vielleicht auch, weil ihm das Material des Matthäus zeigt, was ein anderer Jünger aus der Fülle der Jesusworte zusätzlich für aufbewahrenswert hielt. Spätestens im Jahr 48 n. Chr., wohl schon etwas früher, kommt es in Jerusalem zu einer Begegnung zwischen Petrus und Markus.[60] Das Jahr 48 ist dann der große Moment des Apostel-Kongresses, an dem alle »Apostel und die Ältesten« teilnahmen – wir dürfen also vermuten, daß auch Matthäus, einer der Zwölf, anwesend war. Petrus und Markus haben die Probleme der Erstfassung erörtert, Markus hat die aramäische Sammlung des Matthäus gelesen. Schließlich kommt es am Rande des Kongresses zur Begegnung zwischen Markus und Matthäus. Man einigt sich schnell: Markus ergänzt sein Evangelium durch sparsam ausgewähltes Material aus der Matthäus-Sammlung, Matthäus übernimmt das Modell der literarisch-historischen Darstellungsform »Evangelium«, wie Markus es entwickelt hat, ohne sich von ihm gänzlich abhängig zu machen – man schreibt schließlich auch für unterschiedliche Zielgruppen. Keiner verletzt das »Copyright« des anderen, und dennoch profitieren sie von der jeweiligen Vorleistung des Kollegen.

Was haben wir mit einem solchen Rekonstruktionsversuch gewonnen? Es ist ein Mosaik, in dem immer mehr Steine zusammenpassen und ein klar erkennbares Bild ergeben. Matthäus war in der Tat der erste, der schrieb, und zwar auf aramäisch. Aber er war nicht der erste Evangelist. Die erste Ausgestaltung des Jesusstoffes, die erste Verbindung von Worten und Berichten, stammt von Markus. Markus aber revidierte seine Erstfassung auf Wunsch des Petrus und nun auch in Kenntnis der Redensammlung des Matthäus. Etwa zur gleichen Zeit, als diese Revision entstand, die unserem heutigen Markus-Evangelium entspricht, schreibt nun auch Matthäus ein Voll-Evangelium. Dafür benutzt er das Modell des Markus und seine eigene Quelle von Jesusworten, ohne allerdings seinerseits alles, was er gesammelt hatte, auch in sein eigenes Konzept einzubauen. Einige Jahre später macht sich Lukas an die Arbeit, auf Wunsch des Theophilus. Ihm stehen nun mindestens drei schriftliche Vorlagen zur Verfügung: Das Markus-Evangelium, das Matthäus-Evangelium und die aramäische »Logien«-Quelle des Matthäus, die weder Matthäus selbst noch Markus voll ausgeschöpft hatten. Zusätzlich benutzt Lukas die Informationen, die er aus Augenzeugen-Interviews bezog. So erklärt sich, daß Matthäus mit seinem Evangelium von Markus »abhängig« ist, umgekehrt aber auch Markus punktuell von Matthäus »abhängig« zu sein scheint. Und es erklärt sich, warum Lukas nicht nur vielfach Markus folgt, sondern dann auch wieder Matthäus scheinbar »gegen« Markus, und warum er darüber hinaus noch Material verwenden kann, das weder in dem einen noch in dem anderen Evangelium zu finden ist. Ein solcher Rekonstruktionsversuch kann keine Beweiskraft haben, aber er macht es jedenfalls möglich, alle »Abhängigkeiten«, Querverbindungen und »losen Enden« in das Mosaik einzupassen. Voraussetzung dafür ist nicht mehr als ein Ernstnehmen der realen Rahmenbedingungen: Kontakte zwischen den führenden Christen der ersten Generation, Meinungs- und Erfahrungsaustausch, strategisches Denken vor dem Hintergrund der vorhandenen Kommunikationswege.

Auch wenn sich die aramäische Redenquelle des Matthäus nicht mehr lange neben den abgeschlossenen griechischen Evangelien behaupten konnte und heute in keinem einzigen Papyrusfragment nachweisbar ist, wußte man, daß es sie einmal gegeben hatte – Papias hatte die Kenntnis aufbewahrt und mitgeteilt. Dieses Wissen verselbständigte sich später. Papias selbst hatte da, wo er von Markus und Johannes schrieb, keine Gattungsbezeichnung benutzt, sondern nur die Sachverhalte dargestellt; bei Matthäus dagegen benutzte er ausdrücklich eine Sachbezeichnung – eben »logia«. Wenn er statt dessen die Sachbezeichnung »evangélion« hätte benutzen wollen, oder anders: wenn er das gemeint hätte, wäre er noch nicht einmal gezwungen gewesen, einen neuen Fachausdruck einzuführen: Unmittelbar konnte er das aus dem ersten Vers des Markus-Evangeliums ableiten. »Euangelion« für ein Evangelium und als Sammelbegriff für die Gattung kannte aber einige Jahre vor Papias auch schon Ignatius, der Bischofskollege aus Antiochia – aus der Stadt also, die traditionell mit der Entstehung des Matthäus-Evangeliums in Verbindung gebracht wird.[61] Da Papias nun aber gerade da, wo er – ausnahmsweise – eine Art technischen Gattungsbegriff für eine schriftliche Jesusquelle benutzte, nicht »euangelion« schrieb, sondern »logia«, müssen wir ihn beim Wort nehmen. Dennoch ist bei Irenäus, der rund 70 Jahre nach Papias schrieb, aus den »Logien« bereits ein aramäisches »euangelion«, also ein Evangelium geworden.[62] Ganz ähnlich äußert sich wiederum einige Jahrzehnte später Origenes.[63] Weder bei Irenäus, der im gallischen Lyon schrieb, noch bei Origenes, der immerhin als Vorgänger des Euseb Leiter der Bibliothek von Caesarea war, gibt es allerdings irgendeinen Hinweis darauf, daß sie die aramäische Logiensammlung des Matthäus gekannt hätten, geschweige denn ein vollständiges aramäisches Evangelium. Der Text, der ihnen vorlag, war griechisch. Erst der direkte Rückgriff auf Papias zeigt uns, wie sich die Notiz dieses Bischofs von Hierapolis gleichsam verselbständigen konnte. Ganz falsch ist eben nicht, was Irenäus und Origenes schreiben – es ist nur eine Überinterpretation der ältesten Auskünfte.

Eine Parallele, die uns vielleicht zu verstehen hilft, wie es dazu kommen konnte, bietet das sogenannte Thomas-Evangelium. Diese »gnostische«, pseudo-christliche Schrift, die, wie wir früher schon sahen, möglicherweise zum Teil sehr altes und authentisches Material über Jesus verarbeitet, besteht aus 114 »Jesus-Worten«. Es ist genausowenig ein Evangelium wie die aramäische Redensammlung des Matthäus. Dennoch wird diese Zusammenstellung seit dem 3. Jahrhundert – ihrer frühesten Erwähnung als »Evangelium des Thomas« bezeichnet.[64]

Gegenproben

Ohne es zu wissen, hat ein weitgereister Gelehrter des 2. Jahrhunderts den heutigen Lesern ein unangenehmes Problem hinterlassen. Der Unschuldige, der uns auf den Seiten dieses Buchs schon mehrmals begegnete, hieß Irenäus und stammte aus Kleinasien. Er lebte im 2. Jahrhundert und war in Smyrna Schüler des gebildeten und einflußreichen Bischofs Polykarp gewesen, der als junger Mann noch den Apostel Johannes kennengelernt hatte und 156 n. Chr. während einer örtlichen Christenverfolgung im städtischen Amphitheater umgebracht wurde. Irenäus war dieser Verfolgung entkommen und hatte im fernen Lyon das Amt eines Presbyters angetreten. Um 177 reiste er im Auftrag der Gemeinden von Lyon und Vienne nach Rom, um dort in der Frage des Umgangs mit eschatologischen Sonderlehren zu vermitteln. Während er in Rom war, zur Regierungszeit des Kaisers Mark Aurel (161–180) brach zu Hause eine lokale Verfolgung aus, und Hunderte von Christen, unter ihnen Bischof Photinus von Lyon, wurden umgebracht. Lyon, die Geburtsstadt des Kaisers Claudius (1. 8.10 v. Chr. –13.10.54 n. Chr., Kaiser von 41–54), war unter den Römern ein wichtiges Kulturzentrum. Die überlebenden Christen wählten den kaum aus Rom zurückgekehrten Irenäus 178 n. Chr. zum Nachfolger des ermordeten Photinus. Nun saß er an einer der einflußreichsten kirchlichen Schaltstellen im Westen des Reichs – ein Mann, der umfassende Bildung besaß und über seinen Lehrer Polykarp mit der Tradition des Jüngers und Apostels Johannes verbunden war.

In seinem Kampf gegen die Häretiker schrieb er scharf und gelegentlich vereinfachend: Es kam auf ihre Wirkung an, nicht auf Spitzfindigkeiten; wir sahen bereits, wie er die alten Auskünfte über die Evangelien im Fall des Matthäus zuspitzte. Das heißt natürlich nicht, daß die Informationen, die er weitergab, grundsätzlich verdächtig wären. Im Gegenteil, sie müssen gerade wegen seiner Verbindung mit Polykarp, dem Johannes-Schüler, trotz aller Vorbehalte über die Gestalt, die er ihnen letztlich gab, ernsthaft geprüft werden. Das gilt also auch für das eingangs angedeutete Problem, das er uns hinterließ.

»Nach ihrem [des Petrus und Paulus] Tod hat uns Markus, der Schüler und Interpret des Petrus, schriftlich die von Petrus verkündigten Dinge überliefert.«[65] Die Anklänge an Papias sind unschwer zu erkennen – der »Interpret« (griechisch wieder »hermeneutäs«) ist uns bereits bekannt. Aber was meint Irenäus mit dem Tod der Apostel? Das hieße, daß Markus erst nach 64, dem frühestmöglichen, eher noch nach 67, dem wahrscheinlicheren Todesdatum der beiden Apostel, geschrieben hätte. Markus wäre noch immer der Schüler des Petrus, der dessen Augenzeugenberichte getreulich überlieferte, aber der spätestmögliche Zeitpunkt, den wir bisher ermittelt hatten – Markus, Matthäus und Lukas vor 62 n. Chr. – wäre ernsthaft in Frage gestellt. Das entscheidende kleine Wort heißt »Tod«. Im griechischen Text steht hier »éxodos« Es heißt zuerst nur »Weggang«, »Auszug« und dann, im übertragenen Sinn, als Weggang aus dem Leben, auch »Tod«. Ob die übertragene Bedeutung gemeint ist oder die ursprüngliche, das muß dann aus dem Zusammenhang erschlossen werden. Das zweite Buch des Alten Testaments, das in evangelischen Bibeln »2. Mose« überschrieben ist, heißt griechisch seit dem 3. Jahrhundert vor Christus »Exodos«. Berichtet wird darin nicht vom Tod der Israeliten, sondern von deren Auszug aus Ägypten. Genauso verwendet es im Neuen Testament auch der Brief an die Hebräer, der den Auszug aus Ägypten in Erinnerung rufen will (Hebräer 11,22). Nur zweimal noch kommt das Wort im Neuen Testament vor; im Lukas-Evangelium (9,31), wo es eindeutig auf den kommenden Tod Jesu bezogen ist, und im 2. Brief des Petrus (1,15), wo es vermutlich eine Todesahnung bezeichnet.

Mit anderen Worten: Wenn die meisten Interpreten des Irenäus das Wort »éxodos« auf die Bedeutung »Tod« festlegen, so ist das im günstigsten Fall voreilig, schlimmstenfalls aber bereits geprägt von der Vorentscheidung, das Markus-Evangelium auf jeden Fall so spät wie möglich datieren zu wollen, hier also nach dem Tod von Petrus und Paulus. Die entscheidende Lösung gelang dem amerikanischen Neutestamentler E. Earle Ellis. Er tat, was naheliegend war und untersuchte den Wortgebrauch in den Werken des Irenäus mit Hilfe einer Computer-Konkordanz. Das Ergebnis trug er erstmals 1991 auf der Eichstätter Qumran-Tagung vor: Wenn Irenäus von »Tod« sprechen will, gebraucht er das eindeutige griechische Wort »thánatos«. Schreibt er »éxodos«, so steht das für Weggang, Auszug, Abreise.[66] Der meistzitierte Beleg gegen ein frühes Datum des Markus-Evangeliums stellt sich also plötzlich ganz im Gegenteil als Beleg für ein Entstehen in apostolischer Zeit heraus.

Nun spricht Irenäus einleitend davon, daß sich Petrus und Paulus in Rom befanden. »Nach ihrem Weggang« überlieferte Markus sein Evangelium.[67] Auch das muß man sich genau ansehen. Irenäus sagt nicht, daß Petrus und Paulus gleichzeitig aus Rom weggingen, und er sagt auch nicht, daß er sein Evangelium erst nach dem letzten dieser Auszüge verfaßt hätte – es geht um die Leistung des Überlieferns bis über den Weggang der Apostel hinaus, nicht um das (folglich frühere) Abfassen.[68] Irenäus nennt Petrus und Paulus gern in einem Atemzug, so auch, wenn er schreibt, daß beide die Kirche Roms »gegründet« hätten, obwohl er natürlich aus den Quellen genau wußte, daß die Gemeinde Roms schon existierte, ehe Petrus zum ersten Mal dort eintraf, und daß Paulus selbst andeutet, er wisse, daß ein anderer vor ihm die dortige Gemeinde begründet habe (Römerbrief 15,20). »Gründen« heißt hier griechisch ohnehin nicht »erstmals einrichten«, sondern »mit einem Fundament versehen«, »etablieren« – eben das, was die Apostel in Rom leisten konnten.[69]

Nehmen wir Irenäus ernst, erhalten wir folgenden zeitlichen Rahmen: Nach einmütiger Bezeugung der frühen Quellen außerhalb des Neuen Testaments, angefangen mit dem 1. Brief des Clemens von Rom, gelang es Paulus nach Ende seines Hausarrests – mit dem die Apostelgeschichte des Lukas im Jahre 62 n. Chr. schließt – und vor der erneuten Inhaftierung in der Folge der im Spätsommer 64 n. Chr. einsetzenden neronischen Christenverfolgung, sich seinen Wunsch einer Spanienreise zu erfüllen.[70] Allein auf Paulus bezogen, wäre demnach der Abreisezeitpunkt 62 n. Chr. Petrus verließ Rom seinerseits zwischen 44 und 48 n. Chr.; für eine erneute Abreise nach seiner Rückkehr 59/60 n. Chr. gibt es keine Hinweise. Das heißt: Was Irenäus von der schriftlichen Überlieferung durch Markus weiß, paßt zu den Auskünften, die wir von Papias und Klemens von Alexandria erhalten. Nach der Abreise des Petrus machte sich Markus daran, ein Evangelium zu verfassen. In Zusammenarbeit mit Petrus und mit Hilfe der aramäischen Sprüchesammlung des Matthäus entsteht eine überarbeitete Zweitfassung. Diese wiederum geht, von Petrus ratifiziert, an alle Gemeinden, und Irenäus gibt uns eine zeitliche Orientierungshilfe für die allgemeine Verbreitung: nach dem Jahr der Abreise des Paulus aus Rom.[71] Und dank des Fundes der Qumran-Handschrift 7Q5, jenes Fragments, das Markus 6,52-53 enthält, sowie dank des in der gleichen 7. Höhle gefundenen Krugs mit der zweimaligen hebräischen Herkunftsbezeichnung »Rom« wissen wir, daß eine Abschrift vor 68 n. Chr. (dem »Verschlußdatum« der Höhlen von Qumran) bis in die Studienbibliothek der Essener am Toten Meer gelangte.[72]

Gegenproben zum vorherrschenden Bild, das heute noch von der Entstehungszeit der Evangelien vermittelt wird, sind nicht nur durch eine frische Überprüfung dessen möglich, was tatsächlich in den alten Texten steht. Über die gängige Skepsis gegenüber den Äußerungen der »Kirchenväter« spottete schon der amerikanische Althistoriker und Philologe George Kennedy: »Antike Autoren meinten mitunter, was sie sagten, und gelegentlich wußten sie sogar, wovon sie redeten.«[73] In jüngster Zeit mehren sich die Versuche, die alten Autoren nicht von vornherein als unglaubwürdig abzuhandeln, sondern ihnen gleichsam das alte Rechtsprinzip zuzugestehen: »Im Zweifel für den ›Angeklagten‹«. Wie schwierig auch immer die oft extrem knappen Äußerungen zu deuten sein mögen, Schwierigkeit und Verknappung sind kein Argument gegen die Brauchbarkeit der Informationen. Einen besonders vielversprechenden, neuen Zugang wählte zum Beispiel der Würzburger Professor für Ostkirchenkunde, Hans-Joachim Schulz. Geschult in den Traditionen, die im Osten des Römischen Reichs bewahrt und über die Byzantinische Epoche bis in die Gegenwart weitergegeben wurden, kann Schulz den Evangelien, ihren Autoren und deren ältesten »Kommentatoren« wertvolle Informationen entnehmen, die auch für ihn nur einen Schluß zulassen: Alle vier Evangelien waren vor dem großen Wendejahr, 70 n. Chr., veröffentlicht.[74] Als besonders wichtig stellt sich für Schulz die liturgische, also gottesdienstliche Rolle der Evangelien heraus: Sie waren ja nicht nur Literatur für das private Studium oder die Debatte unter den Vertretern der Religionen und Philosophien, sondern hatten ihre regelmäßige, lebendige Funktion bei jedem Zusammentreffen einer christlichen Gemeinde, die mehr benötigte als Auskünfte durch Hörensagen. Was das für die frühe Entstehung der Evangelien bedeutet, zeigt Schulz an gelegentlich überraschenden Zusammenhängen.[75]

Das wirkt sich nicht zuletzt auch auf die Bewertung des Johannes-Evangeliums aus: Der Autor dieses sehr persönlichen Berichts, der sich trotz aller Gemeinsamkeiten deutlich von Markus, Matthäus und Lukas unterscheidet,[76] erweist sich einmal mehr als Augenzeuge »vom Beginn des Wirkens Jesu an«, als der Jünger und Apostel Johannes, der Sohn des Zebedäus und Bruder des Jakobus.[77]

Auch hier wird die Gegenprobe gemacht. In der Nachfolge des Briten John A. T. Robinson[78] geht Schulz den Thesen nach, die zugunsten eines späten Datums dieses Evangeliums (gegen Ende des 1. Jahrhunderts) in den Lehrbüchern, Einleitungen und Kommentaren gängig sind. Besonders hilfreich sind immer wieder die nachdrücklichen Hinweise auf die zeitgeschichtlichen Zusammenhänge. Ein Beispiel ist der Umgang mit den Folgen einer Veränderung innerhalb des Judentums Judäas: Nach der Zerstörung Jerusalems und des Tempels hatten die Sadduzäer keine geistliche Heimat mehr. Ihre Spur verliert sich ebenso wie die der Essener, die nach der Zerstörung Qumrans, Jerusalems und des letzten Zufluchtsortes Masada, wohin einige von ihnen sich mit wenigen Schriftrollen geflüchtet hatten, als organisierte Gruppe in der jüdischen und jüdisch-christlichen Geschichte keine Rolle mehr spielen.[79] Den Pharisäern gelang jedoch die Neugruppierung; mit Genehmigung Vespasians durfte eine Gruppe um Jochanaan ben Zakkai schon vor der Belagerung und Zerstörung Jerusalems in Jamnia (Jabneel/Javne/Jabne), sechs Kilometer von der Mittelmeerküste entfernt, eine Akademie gründen. Nach der Zerstörung Jerusalems siedelten die überlebenden Mitglieder des Synhedrions, also des Hohen Rats, nach Jamnia um. Jochanaan ben Zakkai schuf eine reorganisierte geistige und geistliche Pharisäer-Elite, die nach dem Verlust des Kultzentrums – des Tempels – mehr denn je die Verbindlichkeit der schriftlichen Überlieferung und die Geschlossenheit des Judentums nach außen sichern mußte. Höhepunkt dieser Entwicklung war das »Konzil von Jamnia«. Es wird meist auf 90 n. Chr. datiert, muß aber nach internen Kriterien bereits um 80 n. Chr. stattgefunden haben.[80] Die Akademie stimmte bei dieser Gelegenheit der Neufassung des sogenannten Achtzehngebets zu, das nun einen Fluch über die Christen enthielt, den »Birkat ha-minim«.[81] Zu dieser Zeit war das nur die formelle Besiegelung einer Trennung, die mit der Tötung des Jesusbruders Jakobus 62 n. Chr. begonnen hatte. Die Christen, die aus dem Judentum gekommen waren und die Juden, die sich nicht dem Glauben an Jesus als dem prophezeiten Messias anschlossen, hatten sich nicht mehr viel zu sagen. Die ersten öffentlichen Aktionen, mit denen die Trennung eingeleitet und bekräftigt wurde, gingen wohl von den Juden aus; die Christen haben dann allerdings fast zwei Jahrtausende hindurch diesen »Vorsprung« nicht nur aufgeholt, sondern ihn bis zu den gewollten, tolerierten oder nicht verhinderten Verfolgungs- und Vernichtungsfeldzügen gegen die Juden übertroffen. Vor allem die deutsche Theologie hat sich nach 1945 davon nicht erholt. Die Evangelien sind zur Verblüffung vieler jüdischer Forscher einer eigentümlichen Form der »Wiedergutmachung« zum Opfer gefallen, dem modischen Philosemitismus. Dieser Anschauung zufolge ist vor allem Johannes ein antisemitisch geprägtes Evangelium, das »den Juden« die Schuld an allen Mißgeschicken zuschreibt, die Jesus begegneten.

Das ist schon historisch Unsinn, denn Johannes war ebenso wie der zweite Lieblingskandidat der Antisemitismus-Entlarver,

Matthäus, natürlich selbst Jude. Es ist auch philologisch Unsinn, denn die Evangelien urteilen differenziert genug, um einseitige, vereinfachende Schuldzuschreibungen ihrerseits auszuschließen.[82] Für die zeitliche Einordnung des Johannes-Evangeliums hat nun das »Konzil« von Jamnia, mit der Ausschließung der Christen im Achtzehngebet, in den Augen der meisten Interpreten eine entscheidende Funktion: Weil Johannes – angeblich – so scharf gegen alle Juden anschreibt und weil angeblich die Ausstoßung der Christen aus den Synagogen von ihm bereits vorausgesetzt wird, ist das unter seinem Namen verbreitete Evangelium eine polemische Reaktion auf dieses »Konzil« und dessen Folgen. Wenn man dann den Beschluß von Jamnia auch noch zehn Jahre später, um 90 statt um 80 n. Chr., datiert, kommt man mühelos zu einer Datierung dieses Evangeliums auf das Ende des 1. Jahrhunderts.

Schulz zeigt dagegen an allen Stellen des Johannes-Evangeliums, die hierzu immer wieder herangezogen werden (9,22-34, 12,42-43, 16,2, u.a.), daß sie weder etwas mit pauschaler Judenfeindschaft noch mit einer Reaktion auf die Verfluchung und die Ausschließung der Christen in Jamnia zu tun haben, sondern den scharf formulierten Gegensatz zwischen Glauben und Unglauben voraussetzen, der nicht erst nach Jamnia so folgenreich ausgesprochen wurde, sondern bereits in den Schriften einer anderen jüdischen Bewegung dieser Zeit, der Essener. Jeder Versuch, das Johannes-Evangelium in die Zeit nach Jamnia zu verlegen, ist, so Schulz, ein purer Anachronismus.[83] Hat man das erst einmal erkannt, überrascht kaum noch eine weitere überaus wichtige Beobachtung: Sprache und Denken des Johannes-Evangeliums werden meist noch immer als das Ergebnis eines langen Entwicklungsprozesses verstanden. Vor allem die anspruchsvoll wirkende Einführung, das erste Kapitel des Evangeliums, wird so gedeutet. Der feierliche Ton der ersten Verse verfehlt auch in Übersetzungen seine Wirkung nicht; in der Tradition vieler Kirchen ist dieser Abschnitt (1,1-14) noch heute das Evangelium am 1. Weihnachtsfeiertag. Der Liturgie-Experte Schulz kann nun zeigen, daß diese »hochstehende Christologie« bei aller Originalität des Johannes zwei alte Wurzeln hat: Die Sprache über Gott im Alten Testament und ganz wesentlich die hymnische Beschreibung Christi, die Paulus in seinem Brief an die Philipper zitiert (2,6-11). Dabei setzt Paulus diesen Text als etwas Ursprüngliches voraus, das unter den ersten Christen bereits verkündet wurde, lange bevor er vom Christenverfolger zum Gläubigen wurde. Auch ein anderer Brief des Paulus, 1. Korinther 8,6, enthält bereits die althergebrachten Voraussetzungen. So, wie Johannes schreibt, konnte man bereits vor 50 n. Chr. schreiben und denken. Schulz verfolgt den gedanklichen Faden dann weiter zurück, geht auf die von Irenäus berichtete Auseinandersetzung des Johannes mit »gnostischen« Irrlehrern ein und erzielt ein präzise formuliertes Ergebnis: Das Johannes-Evangelium ist in seinen entscheidenden Schichten judenchristlich geprägt, sein Messiasbild ist geradezu archaisch ursprünglich und gehört traditionsgeschichtlich in die frühe Phase der apostolischen Zeit.[84]

Jüngst ist neben Robinson und Schulz noch der Heidelberger Neutestamentler Klaus Berger als engagierter Vertreter des apostolischen Ursprungs dieses Evangeliums in der Zeit vor der Zerstörung Jerusalems und des Tempels hervorgetreten. Berger vertritt viele der Argumente von Schulz, fügt eigene hinzu und plädiert dafür, das Evangelium um 67 n. Chr. zu datieren. Sein Kernsatz lautet: »Die Zerstörung Jerusalems im Jahre 70 ist nicht bekannt«, aber Berger beläßt es nicht dabei, dies zu begründen. Punkt für Punkt überprüft er, was gegen ein spätes und für ein frühes Datum spricht, fragt selbstkritisch auch nach dem umgekehrten Weg und kommt zu einem ähnlichen Schluß wie Schulz und Robinson.[85] Es ist also Bewegung in die religionsgeschichtliche Landschaft gekommen, und daran fällt besonders auf, daß es den hier Genannten gelingt, eine Neudatierung mit Hilfe einer Überprüfung der theologischen Aussagen und deren Wurzeln zu erzielen. Das heißt: Gerade die Argumentationsstränge, die bisher zu einer besonders späten Einordnung des Johannes-Evangeliums führten, stellen sich nun im Gegenteil als Hinweise auf ein besonders frühes Datum heraus. Für uns ist das der Augenblick, abschließend noch einmal zu den historischen Kriterien zurückzukehren und in einer weiteren Gegenprobe zu fragen, ob sich vor dem Hintergrund solcher Ergebnisse im Rahmen der antiken Zeitgeschichte für alle vier Evangelien noch nähere, ergänzende, präzisierende Hinweise auf die Entstehungszeit finden lassen. Ausgangspunkt bleibt das Datum der Zerstörung des Tempels und der Stadt Jerusalem, 70 n. Chr.

In den neutestamentlichen Schriften wird nicht nur diese eine Zerstörung vorausgesagt. Auch für Rom und für einige Städte Galiläas finden sich unmißverständliche Ankündigungen, die nicht einfach Dekadenz, Verfall und allgemeine Auflösung meinen, sondern sehr plastisch die Zerstörung durch Außeneinwirkung. Jesus kündigt an, daß auch Chorazin, Betsaida und Kapernaum so gründlich vernichtet werden, daß man selbst den Untergang Sodoms im Vergleich als »erträglicher« bezeichnen werde (Matthäus 11,20-24; Lukas 10,13-15). Im letzten Buch des Neuen Testaments, der Offenbarung des Johannes, wird das Ende Roms, der »Hure Babylon« in visionären Bildern als rückwirkende Prophetie beschrieben: Johannes sieht, zukünftig, einen Engel, der ihm mitteilt, daß Rom gefallen ist, zerstört und verbrannt, wüst und leer (Offenbarung 18,1-21). In beiden Fällen bietet es sich geradezu an, eingetroffene Ereignisse für diese Prophezeiungen vorauszusetzen. Für Anhänger der These, daß tatsächliche geschichtliche Ereignisse wie die Zerstörung Jerusalems nicht vorhergesagt werden können, ist das sogar eine unverzichtbare Bedingung.

Sowohl für die tatsächlich eingetroffene Vernichtung der galiläischen Städte als auch für den Untergang Roms, das danach, wie die Offenbarung es bildmächtig beschreibt, eine kaum noch bewohnte Ruinenstadt war, kennen wir die historischen Abläufe und Daten: Rom wurde erstmals 410 n. Chr. von den Westgoten unter Alarich eingenommen, teilweise zerstört und geplündert. Das war für das Weltbild und das Selbstverständnis der Menschen im Römischen Reich eine unvorstellbare Katastrophe. Im fernen Bethlehem weinte der Christenbischof Hieronymus, der römische Senat klagte die Christen an, ihre Abkehr von den alten Göttern Roms habe zur Verweichlichung geführt und den Untergang mit herbeigeführt, und im nordafrikanischen Hippo verfaßte Augustinus sein zwischen 413 und 426 in mehreren Teilen veröffentlichtes Hauptwerk *Vom Gottesstaat* als unmittelbare Reaktion auf diese Zerstörung und ihre Bewertung durch die Römer. So hätte man schließen können: Die Offenbarung des Johannes entstand nach 410, vielleicht auch erst nach der zweiten Eroberung Roms durch die Wandalen, 455, in deren Folge die Stadt bis in die frühe Neuzeit nahezu verlassen, verödet und völlig bedeutungslos blieb. Allerdings hat die neutestamentliche Forschung eine derartige Spätdatierung dann doch nicht gewagt. Da christliche Autoren die Existenz dieses Buchs in Zitaten und Debatten nachweisbar seit dem 2. Jahrhundert voraussetzen und Papyrus-Handschriften ebenfalls mindestens bis in diese Zeit zurückgehen – beispielsweise der älteste erhaltene Papyrus dieser Schrift, der Papyrus Kairo inv. 237b (P98)[86] – ist die Offenbarung des Johannes auf jeden Fall ein paar Jahrhunderte vor dem Eintreffen der Prophezeiung niedergeschrieben worden.[87]

Näher an Jesus selbst ist der Fall der galiläischen Städte Chorazin, Betsaida und Kapernaum. Sie lagen mitten im Kampfgebiet zwischen aufständischen Juden und Römern während der Revolte der Jahre 66–73 n. Chr. – eben jener Revolte, der Jerusalem zum Opfer fiel. Man müßte also geradezu erwarten, daß die drei Städte während dieses Kriegs zerstört wurden und sich die Prophezeiung Jesu damit wie im Fall Jerusalems als eine rückblickend erfundene Vorhersage deuten läßt. Und zwar um so mehr, als Jesus diese Zerstörung ebenso wie jene Jerusalems als ein Zeichen der Endzeit verstanden wissen will. Das heißt also umgekehrt: Soll die Zerstörung Jerusalems eine nachträgliche, nach dem tatsächlich eingetroffenen Ereignis erfundene Prophezeiung sein, so muß das nach gleicher Logik auch auf die drei galiläischen Städte zutreffen. Nun liegt für alle drei der archäologische Befund und der ausführliche Kriegsbericht des Mitkämpfers und Zeitzeugen Josephus vor. Josephus schildert die Schlachten, Eroberungen, Zerstörungen, Siege und Niederlagen in Galiläa genau, er berichtet sogar von einem Kampf in der Nähe von Betsaida, bei dem er vom Pferd fiel und sich an der Hand verletzte.[88] Nicht der geringste Hinweis findet sich bei ihm auf eine Zerstörung dieser drei Städte; wie im Auge des Wirbelsturms blieben gerade sie verschont. Kein einziges archäologisches Indiz spricht für Kriegseinwirkungen während dieser Revolte; Betsaida wurde erst um 115 n. Chr. durch ein Erdbeben schwer beschädigt, Chorazin fiel zu Beginn des 4. Jahrhunderts einer nicht mehr näher bekannten Zerstörung zum Opfer, Kapernaum blieb bis zur Mitte des 7. Jahrhunderts durchgehend bewohnt und unzerstört.[89]

Damit ergibt sich eine zwingende Schlußfolgerung: Wie schon die Prophezeiung der Zerstörung Roms in der Offenbarung des Johannes, so ist auch diese Prophezeiung der Zerstörung von Chorazin, Betsaida und Kapernaum mit absoluter Sicherheit nicht nach den entsprechenden Ereignissen aufgeschrieben worden. Da Jesus selbst, ohne eine Gleichzeitigkeit vorauszusetzen, diese kommende Zerstörung aber auf eine Bedeutungsstufe mit derjenigen Jerusalems und des Tempels stellt, müssen wir ihm zugestehen, daß er diese Ereignisse voraussagte, ehe sie geschahen. Der jüdische Aufstand gegen die Römer mit dem katastrophalen Höhepunkt der tatsächlichen Vernichtung Jerusalems fand nach, nicht vor der Niederschrift der Evangelien statt. Wir gewinnen zusätzlich eine theologische Einsicht: Die Ungleichzeitigkeit dieser Untergänge über einen vergleichsweise langen Zeitraum belegt, was bei genauem Hinsehen schon immer zu begreifen war – Jesus kündigte die »Endzeit« und sein eigenes messianisches Wiederkommen tatsächlich nicht für die unmittelbare Zukunft, zu Lebzeiten der ersten Generation an. Die »Zeichen« sind eine Abfolge, nicht ein plötzliches, einmaliges Geschehen.

Ebenso wichtig wie die Zerstörung der Stadt Jerusalem und ihres Umfelds war die Erwartung nahender Verfolgungen, Leiden und Tod vieler Nachfolger Jesu; auch dies hatte er unmißverständlich angekündigt (siehe z.B. Markus 13,9-20). Tatsächlich kam es sehr früh schon zu Opfern – Stephanus wurde um 33 n. Chr. umgebracht, Jakobus, der Bruder des Johannes, 41 n. Chr., der Jesusbruder Jakobus 62 n. Chr. Bereits dieser letzte Todesfall kommt im Neuen Testament nicht mehr vor; wie wir sahen, fehlt in den Evangelien und in der Apostelgeschichte ebenso wie in den Briefen aber auch jeglicher Hinweis auf die erste konzentrierte Verfolgungsaktion, die zum vorübergehenden Ende der römischen Christengemeinde führte: der neronischen Verfolgung ab 64 n. Chr.[90]

Machen wir die Gegenprobe mit Hilfe eines anderen Propheten, der unvermittelt in den Seiten des Neuen Testaments auftaucht, eines gewissen Agabus. Dieser Mann kam aus Jerusalem, trat in Antiochia auf und kündigte die große Hungersnot an, die zur Zeit des Kaisers Claudius tatsächlich eintraf.[91] Einige Jahre später besuchte er Paulus im Hause des Philippus in Caesarea und prophezeite dem Apostel mit großer Geste, daß er Gefangenschaft und Leiden zu erwarten hätte, falls er nach Jerusalem reisen sollte.[92] Agabus betonte, daß Paulus durch Juden verhaftet und den Römern (»den Heiden«) übergeben werde (Apostelgeschichte 21,11). Er berief sich auf den Heiligen Geist; die Begleiter und Gastgeber des Paulus waren entsetzt, doch Paulus selbst blieb gelassen: Er sei bereit, sich in Jerusalem als Jesusnachfolger fesseln zu lassen »und sogar zu sterben«. Wenig später brach die Gruppe nach Jerusalem auf. Dort kam es tatsächlich zur Gefangennahme des Paulus (Apostelgeschichte 21,33), doch waren es die Römer, die ihn in Schutzhaft nahmen, nachdem eine Gruppe von Juden versucht hatte, Paulus zu lynchen. Angeblich hatte er den Trophimus, einen unbeschnittenen Nichtjuden, in das Innerste des Tempels mitnehmen wollen – und das war ein todeswürdiges Verbrechen. Die dann folgende Szene führt nicht zur Fesselung und Tötung des Paulus, sondern schließlich, unter vielerlei Bedrohungen durch jüdische Gruppierungen, zu dessen Überführung zurück nach Caesarea, angesichts der allgemein unruhigen Situation unter schwerer Bewachung und im Rahmen der Privilegien, die einem römischen Bürger – und als solcher wird Paulus von den Offizieren anerkannt – bis zum Abschluß eines Prozesses zustanden.[93] In Rom unternahmen die dortigen Juden nichts gegen ihn, er fand unter ihnen Anhänger und Gegner, stets aber auf der Ebene einer offenen Debatte.

Wie kommt es nun, daß eine Prophezeiung, die sich nicht erfüllte, von Lukas bewahrt und weitergegeben wurde? Es gibt aus historischer Perspektive nur eine Erklärung: Die Ereignisse in Jerusalem waren für Lukas nur der Anfang des Leidensweges, der Paulus noch bevorstand. Die Juden im Tempel hatten ja in der Tat den Paulus festnehmen wollen; daß die Römer ihn in Schutzhaft nahmen, ging letztlich auf den bedrohlichen Druck dieser jüdischen Gruppe zurück – insofern hatten sie ihn tatsächlich den Römern übergeben. Das alles konnte man so verstehen. Entscheidend blieb die Frage des Todes. Paulus hatte zwar, wie es scheint, damit gerechnet, daß er vielleicht schon in Jerusalem den Tod finden würde, aber er hat sich nicht darauf festgelegt, und vor allem: Agabus hatte eine solche Ortsfestlegung nun gerade nicht prophezeit. Damit hatte Lukas die Möglichkeit, den Agabus auch hier, wie schon im Fall der Prophezeiung der Hungersnot, als wahren Propheten dastehen zu lassen. Und daran muß ihm gelegen haben, denn er schätzte ihn offensichtlich als einen inspirierten Mann, der nicht einfach nur mal eben so einen Zufallstreffer gelandet hatte. Daß Agabus hier doch unrecht hatte, sich mit anderen Worten auf Paulus bezogen als falscher Prophet erwies, das konnte man erst wissen, als Paulus starb: Er wurde nicht nach einem jüdischen Verfahren den Römern ausgeliefert – das wäre immerhin noch möglich gewesen, wie die Apostelgeschichte sogar selbst darlegt, denn der römische Statthalter Felix hatte über einen Antrag der hohenpriesterlichen Gruppe zu entscheiden, die eine Auslieferung des Paulus nach Jerusalem forderte. Felix lehnte ab (Apostelgeschichte 25,2-4; 25,20-21). Damit schwanden die Chancen auf eine Erfüllung der Prophezeiung. Unmöglich blieb sie nicht – noch immer konnte Paulus nach einer späteren Freilassung, auf die Lukas in seinem Vertrauen auf die römische Rechtsprechung allem Anschein nach hoffte, wieder in Jerusalem eintreffen, dort vom Synhedrion verurteilt und ähnlich wie Jesus selbst den Römern ausgeliefert werden.

Wie sich zeigte, kam Paulus nicht auf diese Weise um, sondern Jahre später durch eine Aktion der römischen Staatsmacht im Zuge der Verfolgung durch Nero in Rom. Das bedeutet aber: Lukas muß seine Apostelgeschichte vor dem Tod des Paulus geschrieben haben. Dieser Tod widerlegte die Prophezeiung des Agabus. Wäre Paulus zum Zeitpunkt der Abfassung bereits tot gewesen, hätte Lukas den geschätzten Agabus kaum als falschen Propheten im Raum stehen lassen. Darüber hinaus unterstreicht das große Vertrauen in die Rechtsprechung der Römer, das die letzten Kapitel der Apostelgeschichte prägt, auch grundsätzlich die Erkenntnis, daß diese Schrift des Neuen Testaments vor der im Jahre 64 einsetzenden Christenverfolgung des Nero abgefaßt wurde.

So schließt sich der Kreis. Selbst das als Gegenprobe kritisch zu prüfende Element der Prophetien weist, vielleicht überraschend, in die Richtung, die wir in diesem Buch an den verschiedensten Stellen immer wieder hervortreten sahen: Die historischen Schriften des Neuen Testaments – die vier Evangelien und die Apostelgeschichte – wurden vor 70 geschrieben. Das allerdings ist nur der spätestmögliche Zeitpunkt. Die Schriftwerdung begann mit der aramäischen Redensammlung des Matthäus noch zu Lebzeiten Jesu, fand ihre erste feste literarische Gestalt bei Markus kurz nach 44 und führte wenig später zum Vollevangelium des Matthäus, dann zum Lukas-Evangelium, das notwendigerweise älter ist als die um 62 n. Chr. entstandene Apostelgeschichte des gleichen Autors. Johannes schließlich, der eigene Wege ging, ohne dabei isoliert zu sein, begann parallel zu den drei »Synoptikern«; seine Endfassung kann in der Zeit vor 70 genauer bestimmt werden, wenn man sich entscheidet, ob der Kommentar zu Jesu Prophezeiung des Petrus-Todes (Johannes 21,18-10) im Rahmen einer echten Prophetie bleibt oder eine nachträglich eingefügte Notiz ist.

Wo bleiben die Papyri?

»Wer es liest, der merke auf!« Mit diesen Worten unterstreicht Markus eine Prophezeiung Jesu, die auch Matthäus mit dem gleichen Appell an seine Leser überliefert (Markus 13,14; Matthäus 24,15). Wer es liest – das heißt doch wohl, daß beide Autoren für Zielgruppen schrieben, die nicht aus Analphabeten bestanden, denen man alles vorlesen mußte. Das ist auch deswegen bemerkenswert, weil das Vorlesen im größeren Kreis ein Standardverfahren des Christentums war, nicht nur während des Gottesdienstes; die oben erwähnten *Taten des Petrus* von 180 n. Chr. beschreiben ein solches Vorgehen, für das es auch ältere Belege gibt, sehr anschaulich, und bei den Benediktinern zum Beispiel ist es noch bis heute ein von der Ordensregel vorgegebener, fester Brauch, zu den Essenszeiten von einem Mitbruder ausgewählte Texte vorlesen zu lassen. Nicht »wer es hört, der merke auf« steht aber bei Markus und Matthäus, sondern: »Wer es liest«.[94]

Schriftkultur ist eine der Grundvoraussetzungen des frühesten Christentums. Und es ist wohl auch kein Zufall, daß diese Bemerkung an einer Stelle steht, die mehr als einmal für die Datierung beider Evangelien herangezogen wurde. Denn dort ist die Rede vom »Greuelbild der Verwüstung« im Tempel, eine Ankündigung, die sich nach nahezu einhelliger Meinung der Kommentatoren auf den Plan des sich selbst zum Gott erhebenden Kaisers Caligula bezieht, im Tempel von Jerusalem seine eigene Gottesstatue aufstellen zu lassen. Das war ein nicht nur in Jerusalem aufsehenerregendes Vorhaben, das erst mit seiner Ermordung am 24. Januar 41 n. Chr. endgültig scheiterte.[95] »Wer es liest« – nehmen wir diese Aussage beim Wort, dann heißt das auch: In die Zeit, die wir für die Entstehung der Evangelien ermittelt haben, gehört nicht nur ein vereinzelter, zufälliger Papyrus, eine Rolle und etwas später ein Kodex mal hier, mal dort. Es ist eine intensive Verbreitung der Texte vorausgesetzt, nicht spät und sporadisch, sondern von Anfang an. Es mag banal klingen, muß aber wohl ausgesprochen werden: Zu dieser Textüberlieferung gehören auch die Papyri und Pergamente, das Material also, auf denen diese Texte überliefert wurden. Wenn man es so nüchtern sieht, ist das Auffinden alter Handschriften des Neuen Testaments, die uns in diese Epoche führen, keine Sensation mehr, sondern »nur« die sichtbare Bestätigung einer historischen Tatsache.

Weihnachten 1994 sorgte die Wiederentdeckung der ältesten Handschrift des Matthäus-Evangeliums weltweit für Schlagzeilen. Es handelte sich um den P64 (eigentlich »Papyrus Magdalen Greek 17«), der 1901 aus Luxor ans Magdalen College Oxford kam, damals erst auf das frühe 4. Jahrhundert, dann auf ca. 180 n. Chr. datiert wurde und schließlich, wie es schien, völlig unerwartet, ja geradezu sensationell, tatsächlich schon um 66 n. Chr. oder früher einzuordnen war.[96] Derjenige, der zu all dem den Anlaß gegeben hatte – der Autor dieses Buches – war von den Reaktionen wohl noch mehr überrascht als viele andere.[97] Denn aus der Sicht des Historikers und Papyrologen war immer damit zu rechnen, daß ein solcher Papyrus eines Tages auftauchen würde: Es mußte ihn ja gegeben haben, nicht nur einmal, sondern in zahlreichen Exemplaren. Die eigentliche Sensation – wenn man denn dieses Wort unbedingt gebrauchen will – lag also nicht darin, daß plötzlich ein solcher Beleg bestimmt werden konnte. Sie lag darin, daß jenen Kommentatoren des Neuen Testaments, die sich in einer Spätdatierung der Evangelien eingerichtet hatten und die vor allem das Matthäus-Evangelium irgendwo in den achtziger Jahren des 1. Jahrhunderts verorteten, eine für jedermann sichtbare Infragestellung vorgehalten wurde. Nun konnte auch eine breitere Öffentlichkeit sehen, daß die Lehrmeinungen, die sich vom Religionsunterricht an den Schulen über die zu den jahreszeitlich passenden Oster-, Pfingst- und Weihnachtsverlautbarungen der Medien bis zu den theologischen Universitätsveranstaltungen erstrecken, fragwürdig waren. Man konnte sehen, daß die zur gleichen Zeit vor großer Öffentlichkeit verbreiteten Publikationen des Göttinger Theologen Gerd Lüdemann, denen zufolge nun endlich auch von den Kanzeln zu verbreiten sei, daß die Evangelien nur späte Mythen enthielten, eine konkrete, frühe, textgeschichtlich und historisch überprüfbare Überlieferung entgegenstand.[98]

Anders gesagt: Die nach wie vor anhaltende internationale Debatte um diesen Papyrus wirkt in zwei Richtungen. In der aktuellen Auseinandersetzung um die Entstehung der Evangelien ist der P64 und sein in Barcelona aufbewahrtes »Schwesterstück« , der P67,[99] eine Erinnerung daran, daß die schriftliche Übermittlung der Jesusbotschaft lange vor dem Jahre 70 begann. Eine Erinnerung – denn selbst wenn sich wider Erwarten eines Tages als Ergebnis immer neuer Untersuchungen herausstellen sollte, daß der P64/P67 doch nicht vor 66 n. Chr., sondern etwas später geschrieben wurde, so bliebe die Sachlage dennoch unverändert: Auch wenn kein einziger Papyrus aus der ersten Phase erhalten geblieben wäre, könnte das nichts daran ändern, daß es die alten, die älteren Papyri tatsächlich einmal gab – die Schriftrollen ebenso wie die Kodizes. Auch die Papyrologie muß immer wieder über ihre Kriterien nachdenken, denn die Gefahr, sich bei Datierungen von Vorurteilen über die Entstehungsgeschichte eines Textes beeinflussen zu lassen, statt die Datierung des Textes auf der Grundlage des papyrologischen Befunds (mit)zubeurteilen, droht immer. Alte Vorstellungen über Kommunikationswege, die Entstehung und Verbreitung von Schreibzentren oder die Zuverlässigkeit von Schriftstil-Kategorien beeinflussen häufig die Beurteilung des Alters einer Handschrift. Es ist keine Selbstverständlichkeit, sich über solche Einengungen hinwegzusetzen, aber es geschieht erfreulicherweise doch immer häufiger.

Für die Papyrologie des Neuen Testaments wurde der spanische Papyrologe José O'Callaghan zu einem Vorbild. Obwohl zu dieser Zeit unter der absoluten Mehrheit der Neutestamentler kein Zweifel daran bestand, daß Markus frühestens um 70 n. Chr. entstand und der 1. Timotheusbrief frühestens gegen Ende des 1. Jahrhunderts, gelang es O'Callaghan schon 1972, zwei Fragmente aus der 7. Höhle von Qumran mit diesen Texten zu identifizieren: 7Q5 = Markus 6,52-53; 7Q4 = 1. Timotheus

3,16-4,3.[100] Da die Qumran-Höhlen im Jahre 68 n. Chr. kurz vor der Eroberung durch die 10. römische Legion »Fretensis« verlassen wurden und auch nach Abzug der römischen Garnison gut sechzig Jahre später dort archäologisch nachweisbar keine Neubesiedlung oder -benutzung durch andere stattfand, muß alles dort gefundene Textmaterial älter sein als 68 n. Chr. Mittlerweile haben zumindest Papyrologen keine Schwierigkeit mehr damit, die Schlußfolgerungen in ihre Arbeit einzubeziehen. Während die Debatte um das Fragment 7Q4 in jüngster Zeit noch einmal aufflackerte, darf die langanhaltende Kontroverse um 7Q5 als abgeschlossen gelten: Es gibt ein Schriftrollen-Fragment des Markus-Evangeliums, vor 68 n. Chr. in einer Qumran-Höhle deponiert, als Teil einer judenchristlichen Textsammlung, die ursprünglich und wohl über die Zwischenstation Jerusalem aus Rom dorthin kam.[101]

Ist nun aber die – wiederum nicht unerwartete – Existenz wenigstens eines der ehemals vielen Schriftrollen-Papyri der Evangelien für diese Zeit gesichert, dank der archäologischen »Zeitkapsel« Qumran, dann ist auch die innere Hürde zum neuen Nachdenken über die ältesten Kodex-Handschriften im 1. Jahrhundert, schon vor 70 n. Chr., überwunden.[102] Der Papyrus P64/P67 des Matthäus-Evangeliums kann daher nun auch von Papyrologen frei bewertet werden, und das beinhaltet die selbstkritische Frage nach den bisherigen Vergleichskriterien für das Datieren antiker Handschriften. Wie sicher sind Kategorien wie die immer wieder ins Feld geführte »Biblische Unziale«? Wie genau wurden und werden die datierbaren und datierten Vergleichshandschriften untersucht – nicht im Rahmen ihres Schriftstils, der ja doch nur Sicherheit vortäuschen kann, die es erst noch zu untersuchen gilt, sondern selbständig, nach eigenem Maßstab? Auch in der Papyrologie muß neu beherzigt werden, daß nicht die Methode den Text bestimmt, sondern der Text die Methode. Die Kontroverse um den P64/P67 hat in der kurzen Zeit, die seit ihrem Beginn vergangen ist, erste Fortschritte gebracht, befindet sich aber verständlicherweise erst am Anfang.[103]

Ein weiteres, abschließendes Beispiel dafür, wie sich papyrologische Forschung und die Suche nach den Ursprüngen des Neuen Testaments gegenseitig unterstützen können: Der Kodex-Papyrus P64/P67 des Matthäus-Evangeliums besteht aus Blättern, die offensichtlich zweispaltig, d.h. mit zwei Kolumnen pro Blatt, beschrieben waren. Das wird gelegentlich als ein Indiz für ein spätes Datum gedeutet, als Beleg für eine Art »Kanzelausgabe« des Evangeliums, zumal Hinweise auf den zweispaltigen Kodex im 1. Jahrhundert fehlen. Nun sahen wir bereits in einem früheren Kapitel, daß zwar einerseits die Existenz des Kodex auch in der nichtchristlichen Literatur im 1. Jahrhundert bestens bezeugt ist, daß jedoch nur eine einzige weitere Handschrift erhalten blieb, die das sichtbar macht – das Fragment einer Geschichte der »Mazedonischen Kriege«. Dieses Fragment entstammt einem ansonsten nicht erhaltenen Text, so daß eine vollständige Rekonstruktion beider Seiten unmöglich ist. Was auf den ersten Blick wie eine Kolumne pro Seite aussieht, könnten also auch zwei gewesen sein. Die These vom späten »Zwei-Kolumnen-Kodex« ist als Argument gegen ein frühes Datum des P64/P67 im 1. Jahrhundert unbrauchbar.[104] Auf zwei Kolumnen ist aber auch schon ein anderer, sehr alter Papyrus des Neuen Testaments geschrieben, der P4 (Supplementum Graecum 1120/5) in der Pariser Bibliothèque Nationale, mit Teilen des Lukas-Evangeliums. Nun ist immer wieder einmal behauptet worden, daß der P4 ursprünglich zum gleichen Kodex gehörte wie der P64/P67 – das heißt, wir hätten hier einen Beleg für die Veröffentlichung mehrerer Evangelien in einem Band.[105] Das aber »darf« nach herrschender Lehrmeinung nicht im 1. Jahrhundert geschehen sein und schon gar nicht vor 70, denn man kann sich nicht vorstellen, daß Christen so

»früh« bereits Evangelien gesammelt und in einem Band veröffentlicht hätten. Justin sei ja um die Mitte des 2. Jahrhunderts der erste, der etwas von einem vierfachen Evangelium zu wissen schien.[106] Hier wird schlicht der erste Autor, der es für erforderlich hält, ein gesammeltes Vierer-Evangelium zu erwähnen, absolut gesetzt gegen die älteren Autoren, die durch Zitate und Anspielungen voraussetzen, daß sie drei oder auch alle vier Evangelien kennen; dem Beispiel des Ignatius von Antiochia waren wir bereits begegnet.

Voraussetzung für solche Gedankenspiele ist allerdings, daß überhaupt erst einmal der Zusammenhang der Matthäus-Fragmente in Oxford und Barcelona mit denen in Paris nachgewiesen wird. Wie gezeigt werden konnte, sind sie zwar verwandt, gehören also wohl in die gleiche Zeit und möglicherweise sogar an den gleichen Entstehungsort, doch sprechen eindeutige Beobachtungen am Material, an der Herstellungstechnik und einigen charakteristischen Merkmalen der Textmarkierung zweifelsfrei dagegen, daß sie einst zum gleichen Kodex gehört haben könnten – die einzige denkbare Möglichkeit wäre, daß irgendwann später einmal ein Sammler oder Bibliothekar Einzelkodizes verschiedener Evangelien zu einem Band zusammenbinden ließ; doch wäre damit für die Vertreter der Auffassung vom ursprünglichen Sammelkodex nicht viel gewonnen.[107] Wichtig ist noch eine weitere Überlegung: Selbst wenn wir annehmen wollten, daß die Papyri des Matthäus-Evangeliums und jene des Lukas einst zum gleichen, von Anfang an so konzipierten Kodex gehörten, wo bleiben dann die anderen beiden Evangelien, Markus und Johannes? Keiner der beiden Protagonisten der »Prachtkodex-Fassung« aller vier Evangelien, die nach früherer Datierung des P64/P67 dann gegen Ende des 2. Jahrhunderts eingeordnet werden könnte, findet irgendwo auch nur eine Spur eines Markus- oder Johannes-Papyrus, der in die Nähe dieser beiden Handschriften gebracht werden könnte.

Aus historischer Perspektive dürfen wir heute sagen, daß es gegen Ende des 2. Jahrhunderts viele Kodizes gegeben hat, in denen alle vier Evangelien und wohl auch die Apostelgeschichte als Fortsetzung des Lukas-Evangeliums zusammengebunden waren. Das hatte auch einen strategischen Sinn – nicht nur hatte man so alle fünf historischen Schriften des Neuen Testaments zusammen, man hatte auch eine Fünferzahl und konnte daher die fünf historischen Grundtexte des Christentums nunmehr gebündelt neben die fünf Grundschriften der Thora, die fünf Bücher Mose, stellen. Es war ein notwendiger Schritt, nach der Sammlung der fünf Rollen – wie sie z.B. noch ein Fresko in der römischen Domitilla-Katakombe in Erinnerung ruft[108] – nun auch das Buch mit allen fünf Schriften zusammenzustellen und danach kontinuierlich weiterzuedieren, bis das Neue Testament aus Teilsammlungen – den Evangelien mit oder ohne Apostelgeschichte, den Paulus-Briefen, gelegentlich mit der Apostelgeschichte, usw. – zum Kanon der 27 Schriften zusammenwuchs, den wir auch heute noch haben.[109]

Der Matthäus-Kodex P64/P67 steht ganz am Anfang dieser Entwicklung; und Sammelkodizes mehrerer Evangelien hat es, allein schon aus pragmatischen Erwägungen, nicht erst am Ende des 2. Jahrhunderts gegeben. Warum jedoch das Festhalten an einem späten »Vierevangelien-Kodex« überhaupt vorgetragen und verteidigt wird, zeigt einer der beiden Vertreter dieser These, Graham Stanton: Die Evangelien dürfen nicht in erster Linie historische Quellen sein, sie haben bestenfalls den Status von Glaubenszeugnissen.[110] Nur so, als vier verschiedene Glaubensschriften in erzählender Form, konnte die Kirche gerade diese vier aufbewahren und in einem Kodex zusammenbinden, statt etwa der Versuchung eines Marcion nachzugeben, der um 140 n. Chr. ein einziges Dokument, das als das historischste angesehene Lukas-Evangelium, erhalten wollte. Für eine solche These ist allerdings, wie wir gesehen haben, die Papyrologie nicht geeignet. Wendet man sie ohne Vorbehalte oder verborgene Interessen[111] an, kommt man zu anderen Ergebnissen:

Einzelkodizes und Sammelkodizes standen am Anfang der christlichen Schriftüberlieferung; Einzelkodizes vor 62 n. Chr., Sammelkodizes später, aber aus strategischen Gründen sicher bald nach der Neukonsolidierung des Christentums nach den Katastrophen von 64 und 70. Daß es Sammelkodizes spätestens Anfang der achtziger Jahre des 1. Jahrhunderts gab, belegt bereits der zeitgenössische römische Epigrammatiker Martial.[112] Der älteste bisher bekannte sichtbare Beleg für den frühesten christlichen Sammelkodex ist um 200 n. Chr. der Papyrus Bodmer XIX/XV (P75), der das Lukas- und das Johannes-Evangelium enthält; der älteste Beleg für einen Vier-Evangelien-Kodex (mit der Apostelgeschichte) ist der Papyrus Chester Beatty 45, etwa aus der gleichen Zeit.[113] Den ersten Anstoß aber – und hier schließt sich dieser Kreis von der Papyrologie zurück zum Text des Neuen Testaments –, die Evangelien zu sammeln und gesammelt herauszugeben, konnten die Christen bereits einem Wort des historischen Jesus entnehmen: »Nimm einen oder zwei Männer mit, denn jede Sache muß durch die Aussage von zwei oder drei Zeugen entschieden werden« (Matthäus 18,16). Dieses Rechtsprinzip war im Judentum seit ältester Zeit gültig – wir finden es schon im 5. Buch Mose/Deuteronomium 19,15 –, auch Paulus greift es auf: »Durch zweier oder dreier Zeugen Mund soll jede Sache bestätigt werden«, schreibt der Apostel in seinem zweiten Brief an die Korinther (13,1). Die Evangelien bestätigten sich in ihrem historischen Zeugnis wechselseitig, sie waren, gerade dann, wenn man sie zu zweit, zu dritt und schließlich mit Johannes sogar zu viert gesammelt vorlegen konnte, die Erfüllung des alten Rechtsprinzips der mehrfachen Bezeugung. Und die war so wichtig, weil die Evangelien eben doch gerade mehr waren als Glaubenszeugnisse – sie waren nicht zuletzt, auch nach eigenem Bekunden, historische Schriften.

Christen, Kulte und Kulturen: Die schnellen Erfolge eines neuen Glaubens

Da unten aber ists fürchterlich,
Und der Mensch versuche die Götter nicht.

Schiller,
»Der Taucher« (1797)

Eigentlich ist es unziemlich,
in Gesellschaft von religiösen
Fragen zu sprechen.

Reinhold Schneider,
Winter in Wien *(1958)*

Drei alte Freunde treffen sich nach langer Zeit der Trennung in Rom. Sie beschließen, nach Ostia zu fahren – es ist die Zeit der Weinernte, und das liebenswürdige Städtchen am Meer bietet ihnen Ablenkung vom Trubel der Großstadt. Am frühen Morgen gehen sie den Strand entlang, sie genießen den leichten Wind und freuen sich wie Kinder an den Spuren, die ihre Füße im weichen Sand hinterlassen. Da entdeckt einer der drei eine Statue des Gottes Serapis und wirft ihr eine Kußhand zu. Mit dieser Szene beginnt eines der reizvollsten Werke der spätantiken Literatur, der *Octavius* des Minucius Felix.

Worum es geht, sagt der Autor, ein römischer Rechtsanwalt, in seiner Einleitung: Er selbst und sein verstorbener Freund Octavius Ianuarius, dessen Andenken er die Schrift widmet, waren gemeinsam »aus der Tiefe der Finsternis« den Weg »zum Licht der Weisheit und Wahrheit emporgestiegen«, der Dritte im Bunde aber, Caecilius Natalis, war »zu dieser Zeit noch in den Nichtigkeiten des Aberglaubens befangen«. Sie bemerkten es, als er der Serapis-Statue seine Verehrung erwies. Das also ist der Ausgangspunkt: Drei erfolgreiche Juristen sind unterschiedliche Wege gegangen. Zwei wurden Christen, der dritte blieb dem überkommenen Glauben seiner Familie treu. Am Strand von Ostia beginnt nun ein Streitgespräch zwischen Caecilius und Octavius, die den Minucius zum Schiedsrichter bestellen. Caecilius, der Serapis-Verehrer, beginnt. Punkt für Punkt antwortet anschließend Octavius, der Christ. Obwohl Caecilius auch Vorurteile und Gerüchte anführt, macht er es sich nicht leicht. Dem Freund zuliebe will er trotz aller Polemik mit gebotenem Ernst begründen, warum es unter seiner Würde ist, an den Gott Christus zu glauben. Octavius hört zu, er unterbricht nicht, und seine Gegenrede ist ein Musterstück frühchristlicher Argumentation. Vor allem versucht er nicht, mit der Bibel in der Hand recht zu bekommen; kaum einmal wird auf das Alte oder Neue Testament angespielt. Octavius läßt sich auf die Methode des Caecilius ein, die philosophische Verteidigung des alten Götterglaubens. »Er hatte Dinge, die leichter zu fühlen als zu formulieren sind, mit Beweisen, Beispielen und Zitaten aus der Literatur unterstrichen«, kommentiert rückblickend Minucius, »und hatte so die Übelwollenden mit ihren eigenen Waffen, mit den Pfeilen der Philosophen, zurückgeschlagen.« Wer also hatte gewonnen? Caecilius selbst spricht als erster. »Wir haben beide gesiegt,« erklärt er, »auch wenn ihr das für anmaßend haltet. Ich habe ebenfalls gewonnen, denn so, wie er über mich gesiegt hat, so habe ich über meinen Unglauben triumphiert.« Caecilius will Christ werden. Einige Fragen werden noch zu beantworten sein, doch könne man darüber auch am nächsten Tag reden. Die drei Freunde gehen in den Sonnenuntergang hinein, die Statue des Serapis ist vergessen.

Das literarische Juwel des Minucius Felix entstand um 150 n. Chr. Es ist das älteste erhaltene Werk der christlichen Literatur in lateinischer Sprache.[1] Längst hatte der christliche Glaube auch das »Bildungsbürgertum« erreicht, man lebte in einer Zeit relativer Ruhe zwischen Verfolgungen und konnte sich der intellektuellen Auseinandersetzung widmen. Einhundert Jahre nach den ersten Briefen und Evangelien waren die Christen zu einem unübersehbaren Faktor in der Gesellschaft des Römischen Reichs geworden. Auch die unterprivilegierten Schichten hatten schnell begriffen, daß ihnen hier Anerkennung, Gemeinschaft und eine Perspektive geboten wurden. Weder der gesellschaftliche Rang, noch das Geschlecht waren entscheidend: In den christlichen Gemeinden standen einfache Freigelassene neben Sklaven, Rechtsanwälte und Senatoren neben Handwerkern, Frauen neben Männern. Hier fanden alle, die anderswo heimatlos blieben, eine Aufgabe in der Gegenwart und die Verheißung der kommenden Auferstehung – nicht als Trost, sondern als Zugabe zur Gleichberechtigung im Hier und Jetzt. Unser heutiges Bild von diesen Zusammenhängen wird häufig getrübt durch den angeblich so misogynen Apostel Paulus, der den Frauen befohlen haben soll, sich den Männern unterzuordnen und in der Kirche zu schweigen, und der den entlaufenen Sklaven Onesimus zu seinem Herrn Philemon zurückschickte.

Das Christentum war von Anfang an beispielsweise für Sklaven nicht deswegen attraktiv, weil man sicher sein konnte, mit schönen Worten in alte Abhängigkeiten zurückgeschickt zu werden – ein Sklave, der zu Christen kam und selbst Christ wurde, wußte nur zu gut, daß niemand dort, auch ein Paulus nicht, die Macht hatte, gesellschaftliche Verhältnisse durch Widerspruch und Widerstand schlagartig zu verändern. Es ging um etwas ganz anderes: Nur unter Christen wurde auch der entrechtete Mensch, der Sklave, als gleichberechtigt aufgenommen. Der christliche Gott war auch sein Gott, und die christliche Glaubensverkündigung sagte ihm, daß Jesus auch für ihn am Kreuz gestorben war. Das war ein konkurrenzloses Heilsangebot, und es war so attraktiv, weil es keine Vertröstung war, sondern sich in der Gemeinschaft Tag für Tag zeigte. Es war gerade Paulus, der in seinem Brief an Philemon, den Besitzer des entlaufenen Onesimus, erkennen ließ, wie diese Gemeinschaft sogar in einer Situation funktionierte, die nach geltendem Recht für Onesimus eine schwere Strafe, unter Umständen sogar den Tod zur Folge gehabt hätte.[2]

Anerkennung und Aufwertung erhielten auch die Frauen – die andere, unter Griechen und Römern ebenso wie im Judentum geringgeschätzte Gruppe in der Gesellschaft.[3] Der Gott, den die Christen verkündeten, machte keinen Unterschied zwischen Männern und Frauen. Keine dramatischere Veränderung der alten Gewohnheiten war denkbar als die gleich vierfach bezeugte Tatsache, daß es Frauen waren, die am Ostermorgen als erste das leere Grab Jesu fanden und als erste von seiner Auferstehung erfuhren, und daß es eine Frau war, die als erste dem Auferstandenen begegnete.[4] Die zwölf Jünger waren Männer, doch zu keinem Zeitpunkt hatte Jesus Frauen aus seiner engeren Umgebung ausgeschlossen – im Gegenteil. Nun, im Augenblick der Erfüllung der von ihm angekündigten Auferstehung, waren Frauen die ersten Zeugen. Von diesem Augenblick hatten Frauen in den ersten Gemeinden stets prägend mitgewirkt: Die Purpurhändlerin Lydia in Philippi, die erste namentlich bekannte Christin Europas, die eine Hausgemeinde leitete, ferner die ausdrücklich unter die erweiterte Gruppe der Apostel eingereihte Junia in Rom[5] sowie die Diakonin Phoebe in der Hafenstadt Kenchreae bei Korinth sind nur drei Beispiele. Zählt man die in den Gemeinden verantwortlich aktiven Personen, die Paulus im Brief an die Römer namentlich hervorhebt, ergibt sich ein Verhältnis von sechs zu drei zugunsten der Frauen.[6] Der jüdische Historiker Ludwig Friedländer stellt denn auch für die Zeit des frühen Christentums fest, daß in den Gemeinden die Emanzipation der Frauen selbstverständlich war und von den ersten Missionaren ausdrücklich als eine der revolutionären Tugenden des Christentums mitgeteilt wurde.[7]

In der Frühzeit wurden folgerichtig besonders viele Unterprivilegierte und Frauen Christen – mehr jedenfalls als arrivierte Männer der Führungsschicht, was natürlich nicht zu dem lange gängigen und gelegentlich noch heute kolportierten Trugschluß berechtigt, daß Mitglieder der herrschenden Klasse und der Bildungselite dem neuen Glauben fernblieben. Wir sind in diesem Buch zahlreichen Gegenbeispielen begegnet. Die Gleichberechtigung der Frau in den Gemeinden hatte jedoch einen ebenso langfristigen Einfluß auf die erfolgreiche Verbreitung des Christentums – die nicht mit öffentlicher oder staatlicher Anerkennung verwechselt werden darf – wie die den Sklaven uneingeschränkt gegebene Menschenwürde. Sklaven wurden häufig zu Freigelassenen und waren dann nicht selten in einflußreichen Positionen; Frauen heirateten oder waren bereits verheiratet, was nicht immer zu Konflikten, sondern auch zu Bekehrungen der Ehemänner führte. Und selbst wenn die Taufe eines Gatten mehr Gefälligkeit als Überzeugungstat gewesen sein sollte, blieb sie nicht ohne Folgen: Die Kinder wurden christlich erzogen, die christliche Ethik der Ehe wurde wirksam und schränkte die außerehelichen Beziehungen ein, die den Männern in der römisch-griechischen Gesellschaft durchaus erlaubt waren. Auch die aus den Lehren Jesu und der Apostel abgeleiteten Verbote von Abtreibung, Ehebruch und Scheidung trugen zu einer Veränderung bei und machten Ehe und Familie erstmals im Römischen Reich zu einem stabilisierenden Faktor der Gesellschaft.

Wer auf alten Gewohnheiten und Privilegien beharrte, mußte sich durch diesen christlichen Einfluß gefährdet sehen; andere fühlten sich unweigerlich angezogen. Die Mitglieder der alten Geistes- und Adelselite, die auf die Attraktivität des neuen Glaubens mit besonderer Verachtung herabblickten, wußten also, warum sie es taten. Und daß sie unser Bild von den Verhältnissen bis heute prägen, hängt sicher auch damit zusammen, daß die erhaltenen Werke der römisch-griechischen Literatur, in denen die frühen Christen beurteilt werden, nicht von der Exzellenz Theophilos, dem zyprischen Statthalter Sergius Paullus, dem korinthischen Stadtkämmerer Erastos oder dem äthiopischen Finanzminister stammen, hochrangigen Männern, die schon in neutestamentlicher Zeit Christen wurden, sondern von Plinius dem Jüngeren, Sueton und Tacitus, die alles Christliche ablehnten. Und dennoch dürfen wir nicht vergessen, daß einer der aktivsten Autoren, die über Christus und das Christentum schrieben, nicht nur ein umfassend gebildeter Jude war, sondern auch ein Römer, der auf die Privilegien seines Bürgerrechts keineswegs verzichtete: Paulus aus Tarsos.[8]

Eine der Möglichkeiten, in die marktbeherrschende Stellung der alten Elite wirkungsvoll einzudringen, wurde von den gebildeten Christen erkannt: Öffentliche Debatten sollten verhindern, daß Gerüchte und Vorurteile über die Christen das Meinungsbild bestimmten. Der niveauvolle Dialog auf der Grundlage der genauen Kenntnis der jeweiligen Schriften und Gedanken war das Ziel. Einige Ergebnisse kennen wir: Ein kleinasiatischer Christ namens Quadratus überreichte um 129 n. Chr. seine Abhandlung dem Kaiser Hadrian, dem auch der christliche Philosoph Aristides um 138 n. Chr. ein Werk widmete. Justin, der Zeitgenosse des Minucius Felix, widmete seine apologetische Schrift über das Christentum dem Kaiser Antoninus Pius. Neben dem lateinisch schreibenden Minucius stand, etwa zur gleichen Zeit, der unbekannte Verfasser des griechischen Briefs an Diognet, der sich gleichfalls auf hohem Niveau an belesene, im selbständigen Denken geschulte Leser wandte.[9] Diese Autoren der ersten Hälfte des 2. Jahrhunderts fanden viele Nachfolger, doch Vorgänger hatten sie schon im Urchristentum.[10]

Die Auseinandersetzung mit heidnischen Kulten begann bereits an dem Ort, den Jesus für die Messias-Frage wählte, vor einem Pan-Heiligtum und neben einem Tempel des Gottkaisers Augustus in Caesarea Philippi.[11] Den Dialog mit den Philosophen hatte Paulus auf dem Athener Areopag begonnen.[12] Gegen »die mit Händen gemachten Götter« – wie jene Statue des Serapis, die Caecilius am Strand von Ostia grüßt – sprach Paulus, sehr zum Ärger der Künstler, die sie herstellten.[13] Den ebenso modischen wie unvergänglichen Reiz immer neuer »Götzen« beschrieb die Offenbarung des Johannes.[14] Und über die vielen Mythen, die um die Hörigkeit der Menschen konkurrieren, machten sich die Christen in apostolischer Zeit ebenfalls keine Illusionen.[15] Ein Erlebnis, wie es Minucius Felix in der Eingangsszene seines *Octavius* schildert, war auch im 1. Jahrhundert alltäglich. Die ersten Christen hatten nur dann eine Chance, sich dagegen durchzusetzen, wenn sie das ernst nahmen. Hätten sie eine exklusive Gruppe bleiben wollen, dann wäre die Abschottung nach außen das beste Rezept gewesen oder der Weg des Mysterienkultes, der nur wenigen Auserwählten offenstand – so, wie das bei den Eleusynischen Mysterien der Fall war oder im Mithras-Kult, in dem sich nur Männer und unter diesen überwiegend Beamte und Offiziere zusammenfanden. Aber sie wollten ausdrücklich alle Menschen erreichen, ungeachtet ihrer Herkunft, Nationalität oder Bildung.

Ein Paulus, der mit griechischer Philosophie vertraut war und in Athen mit offenen Augen durch die Stadt ging, ärgerte sich über die Vielzahl der Götterbilder, konnte aber anschließend mit Epikureern und stoischen Philosophen debattieren, vom Götterglauben der Griechen sprechen und auf den Altar anspielen, den die Athener »dem unbekannten Gott‹ geweiht hatten.[16] In Thessaloniki, kurz vor seiner Reise nach Athen, hatten Paulus und seine Begleiter den Altären und Inschriften für griechische und orientalische Gottheiten gegenübergestanden, die in den vergangenen Jahrzehnten von Archäologen wiederentdeckt worden sind. Der Kaiserkult war fest etabliert – der Gottessohn Augustus hatte hier einen eigenen Priester. Die Verehrung des Gottes Dionysos war in Thessaloniki Staatskult. Man hatte einen eigenen Stadtgott, den Kabeiros.[17] Es gab einen kleinen Serapis-Tempel; der Isis-und-Osiris-Kult ist durch Weihinschriften belegt. Gerade dieses Nebeneinander alter griechischer Gottheiten mit den aus Ägypten und dem Orient eingeführten stellte die Christen vor eine besondere Herausforderung; in den Augen vieler Zeitgenossen galten sie selbst als mystischer, orientalischer Kult, ein neuer Rivale unter den längst bekannten. Auch hier mußten also besondere Akzente gesetzt werden.

Vor allem Osiris bot sich dafür an: Dem Mythos zufolge war er von einem Rivalen, seinem Bruder Seth (griechisch: Typhon), getötet und zerstückelt worden. Seine Schwester und

Ehefrau Isis fand die Körperteile, mit Ausnahme der Genitalien, die sie durch ein goldenes Abbild ersetzte, das in Prozessionen mitgeführt wurde.[18] Osiris, vom Gott Anubis wiederbelebt, wurde zum Herrscher der Unterwelt und zum Richter über die Toten eingesetzt. Interessant wurde das für die Anhänger des Kults vor allem dadurch, daß sich alle Toten in Osiris verwandelten und dadurch wie dieser Unsterblichkeit erlangten. Das war eine Hoffnung, die Verstorbenen z.B. in Thessaloniki auch auf Grabsteinen nachgerufen wurde.[19] Paulus und seine Begleiter begnügen sich nun nicht damit, die Vielfalt der »Abgötter« zur Kenntnis zu nehmen oder sich darüber zu ärgern. Sie berichten vor den Juden in der Synagoge (Apostelgeschichte 17,1-3) und vor den Nichtjuden, die an andere Götter glauben (1. Thessalonicher 1,9-10), von Leiden und Auferstehung Jesu, des Messias, Sohn des wahren Gottes. Wie genau Paulus über den Kult der Isis und des Osiris informiert war – besser jedenfalls als heutige Paulus-Leser, denen die beiden meist nur noch aus der Arie des Sarastro in Mozarts *Zauberflöte* bekannt sind, das zeigt sich an den Details: Glaubten die Osiris-Anhänger, daß ihnen das ewige Leben in der Unterwelt garantiert sei, so betont Paulus: Der Sohn des lebendigen und wahren Gottes lebt nicht in der Unterwelt – er »wird wiederkommen vom Himmel« (1,10). Gegen Ende seines ersten Briefs an die Thessalonicher greift Paulus das noch einmal mit Worten auf, die allen Lesern in Thessaloniki – und überall im Römischen Reich, wo dieser auch wegen seiner Schaueffekte populäre Kult verbreitet war – sofort als Antwort verstanden wurde: »Brüder, wir wollen euch über die Verstorbenen nicht in Unkenntnis lassen, damit ihr nicht wie die anderen trauert, die keine Hoffnung haben: Denn es ist unser Glaube, daß Jesus gestorben und auferstanden ist, und so wird Gott auch die Verstorbenen mit Jesus (zur Herrlichkeit) führen« (4,13-14). Was die anderen glauben, sei eine Illusion, sagt Paulus, keine wahre Hoffnung. Seine Hoffnung auf Osiris setzen, das heißt, einem Aberglauben anhängen. Begründete Hoffnung auf die Auferstehung und das ewige Leben gibt es nicht auf dem Marktplatz der Religionen und Mysterien, sondern nur in Jesus, dem Sohn des lebendigen Gottes. Paulus verfolgt diese Linie beharrlich auch in anderen Briefen.[20] Und um gar nicht erst den Gedanken aufkommen zu lassen, daß hier gegen die orientalischen Mysterien nur ein weiterer Glaube ohne historisches Fundament gestellt wird, betont Paulus immer wieder den historischen Jesus, der gekreuzigt wurde und auferstand.[21]

Thessaloniki und Athen sind nur zwei Beispiele für das, was die Christen überall im Römischen Reich antrafen. Der Evangelist Johannes bietet seinen Lesern rhetorisch eine Gegenposition zum Isis-und-Osiris-Kult. Verschiedene Inschriften belegen, daß man Isis als eine Göttin ausgab, die feierlich von sich selbst als Schwester und Frau des Osiris immer wieder mit einer »Ich-bin«-Formel sprach (griechisch »*Ego eimi*«). Dem stellt Johannes pointiert die Worte entgegen, in denen Jesus seinerseits mit der »Ich-bin«-Formel beginnt: »Ich bin die Tür …«, »Ich bin der gute Hirte …« usw.[22] Daß der historische Jesus so gesprochen haben kann, ist philologisch nicht auszuschließen. Entscheidend aber ist, daß Johannes die Sätze, die von Jesus vermutlich aramäisch formuliert waren, griechisch nun genauso wiedergibt, daß die Herausforderung, oder positiver formuliert, die konkrete Alternative gegenüber dem ägyptisch-orientalischen Kult erkennbar wurde und seine Leser vor die Entscheidung gestellt waren: Jesus oder Isis?

Auch in Rom und im römisch geprägten Westen waren nicht nur die althergebrachten Götter in den Tempeln und auf den öffentlichen Plätzen präsent, sondern längst auch die ägyptisch-orientalischen Kulte, selbst wenn sie noch zu Beginn des 1. Jahrhunderts gelegentlich verboten wurden, um die Konkurrenz auszuschalten. Als Caligula aber die Verehrung des Serapis

40 n. Chr. zum Staatskult machte, war der Weg auch in diesem Teil des Reichs frei. Minucius Felix wählte in der Eingangsszene seines Dialogs *Octavius* nicht zufällig gerade den Serapis. Auch ein Petrus oder ein Paulus waren seiner Statue in Ostia ebenso wie in Rom und anderswo mit Sicherheit begegnet. Serapis, dessen Name auf der Zusammenziehung zweier anderer ägyptischer Gottheiten, Osiris und Apis, beruht, versprach Heil, Heilung und Fruchtbarkeit, wurde oft direkt neben Zeus gestellt und bot seinen Anhängern opulentes Essen bei Gemeinschaftsmahlen.[23] Das kam gut an, und man ging offenbar auch mit viel Aufwand zur Sache. Noch 197 n. Chr. spottet jedenfalls der christliche Autor Tertullian, der Vorwürfe gegen das Abendmahl der Christen zurückweist, über das Serapis-Festmahl und andere kultische Speiseriten:

> *Wenn so viele Stadtbezirke, Curien und Decurien sich erbrechen, wird die Luft verpestet, wenn die Salier ein Essen veranstalten, benötigen sie einen Kreditgeber, bei den Opfern und Prassereien zu Ehren des Herkules braucht es Berufsrechner, die die Kosten addieren, für die Apaturien, die Dionysien und die attischen Mysterien werden Köche zur Musterung ausgeschrieben, beim Rauch des Serapis-Mahls wird die Feuerwehr alarmiert.*
> *(Tertullian,* Apologeticum, *39,15)*[24]

Die Vielzahl der Alltags-Kulte war schon für die Zeitgenossen kaum noch überschaubar.[25] Manche waren nur von lokaler oder regionaler Bedeutung. Andere, wie etwa der Mithras-Kult, spielten in neutestamentlicher Zeit, in den vom Christentum erreichten Gegenden, noch kaum eine Rolle. Erst mit und nach Nero wurde dieser Kult wichtiger, bis er im 3. und 4. Jahrhundert von manchen Christen als Bedrohung empfunden wurde. Wieder andere, wie der Orakel-Kult des Alexander von Abonuteichos, mit dem sich Christen auseinanderzusetzen hatten, entstanden erst im 2. Jahrhundert. Das Grundproblem blieb jedoch stets das gleiche: Um sich durchzusetzen, durften sich die Christen nicht auf ihr ethisches und soziales Angebot beschränken, sie mußten auch deutlich machen, warum ihr Glaube als Religion den anderen überlegen war. In apostolischer Zeit wurden dafür die Voraussetzungen geschaffen. Den späteren Generationen ermöglichte das die Durchdringung der Gesellschaft, die auch in Zeiten der Verfolgung nie abbrach.

Trotz allem machte man es sich dabei nicht leicht. So wurde der Titel des Juden Jesus, »Messias«, wörtlich ins Griechische übertragen, auch wenn der neu geprägte Begriff »Christos« ohne Erklärung kaum richtig zu verstehen war. Einführung in den Glauben, »Initiation«, war unverzichtbar, das wußten alle Menschen dieser Zeit. Ein Glaube ohne Initiation war nichts wert. Doch war die christliche Inititation nicht wenigen vorbehalten, sondern stand allen offen, die sie suchten. Die Christen waren zu dieser Öffnung verpflichtet, weil der historische Jesus selbst sie so gewollt hatte: »Ich bin die Tür. Wer durch mich hineingeht, wird gerettet werden, er wird ein- und ausgehen und Weide finden. Der Dieb kommt nur, um zu stehlen, zu schlachten und umzubringen. Ich bin gekommen, damit sie das Leben haben und es in Überfluß haben« (Johannes 10,9-10). Die Christen, die dem gerecht werden wollten, mußten sich in einer Gesellschaft, deren Öffentlichkeit ihnen nicht wohlgesonnen war, etwas einfallen lassen. Man konnte nicht stets wie Paulus frei und offen auf Foren auftreten, man wollte es auch nicht immer, um bewußt die Nähe der Tempel und Statuen zu meiden. Rückzug in die Häuser – in angemietete Säle, in die eigenen vier Wände, in Privaträume, die von Gläubigen zur Verfügung gestellt wurden, war für den Gottesdienst und für die Lehrvorträge angemessen, nicht aber für den intellektuellen Dialog und eine Verbreitung, die alle Bereiche der Gesellschaft erreichen wollte.[26]

Einheit und Vielfalt

In dieser Situation zahlte sich ein Erbe aus, das die ersten Christen von den Juden übernahmen und konsequent weiterentwickelten: die Kultur der Buchreligion. Nicht spärlich informierende Inschriften und mündlich unterrichtete Riten, die selten einmal aufgeschrieben wurden, kennzeichneten das Christentum, sondern die schriftlichen Quellen, die alles festhielten, was es zu wissen gab. Man las und man schrieb, man rezipierte und produzierte, intensiv und zielbewußt. Blieben die Lehren der anderen Religionen »Insiderwissen«, das bestenfalls hinter verschlossenen Türen nachgelesen werden konnte, so standen die christlichen Schriften wie vor ihnen und mit ihnen die jüdischen jedem zur Verfügung, der lesen konnte. Lesen und Vorlesen waren Grundvoraussetzung von Anfang an. Schon im wohl ältesten Brief des Paulus, dem ersten an die Thessalonicher, wird das geradezu als apostolischer Auftrag formuliert: »Ich beschwöre euch bei dem Herrn [Jesus Christus], diesen Brief allen Brüdern vorzulesen« (1. Thessalonicher 5,27). Die Literatur wird ausgetauscht und verbreitet: »Und wenn der Brief [an die Kolosser] bei euch gelesen ist, daß er auch in der Gemeinde von Laodizea gelesen wird, und daß auch ihr den aus Laodizea lest« (Paulus an die Kolosser, 4,16). Auch die Offenbarung des Johannes hält fest, daß die schriftliche Botschaft größte Bedeutung hat: Johannes erhält vom erhöhten Christus nicht den Auftrag, sieben ausgewählte Gemeinden im Zuge einer Pastoralvisitation aufzusuchen und mit den Leuten dort zu plaudern – er soll ihnen Briefe schreiben, sieben Sendschreiben nach Ephesus, Smyrna, Pergamon, Thyatira, Sardes, Philadelphia und Laodizea (Offenbarung 1,9-3,22).

Die Erkenntnis zog sich wie ein roter Faden durch dieses Buch: Für die ersten Christen waren Schreiben, Lesen und Vorlesen strategische Mittel der Kommunikation mit allen Schichten der Gesellschaft.[27] Diese Strategie trat sehr früh neben die mündliche Überlieferung der Augenzeugen und ersetzte sie erst punktuell, dann überall noch im 1. Jahrhundert. Und dabei erwies sich eine Neuerung gegenüber den Gepflogenheiten dieser Zeit als bahnbrechend.

Die Juden hatten ihre Tempelbibliothek und ihre Synagogen-Archive, es gab die auf elf Höhlen verteilte Bibliothek von Qumran und wohl auch andere Sammlungen anderer jüdischer Gruppierungen, die nicht erhalten blieben. Sie sammelten, lasen und studierten, mehr als die anderen Völker und Kulturen, mehr als selbst die Römer, wie noch ein Seneca neidvoll anerkannte.[28] Aber wie es scheint, blieben sie damit vorwiegend unter sich. Ihre Bibliotheken standen nicht allen offen, sie luden Andersgläubige nicht aktiv ein, im Tempel oder in den Synagogen zu studieren. Auch die häufig abgeschriebenen und verschickten Texte der Essener waren vor allem für andere Juden bestimmt, nicht für Menschen außerhalb des Judentums. Griechen oder Römer, die sich über das Judentum informieren wollten, mußten Eigeninitiative entwickeln und waren auf persönliche Kontakte angewiesen.[29] Noch exklusiver war das Verhalten der griechischen und römischen Literaturverwalter. Hier muß man unterscheiden: Natürlich gab es die Buchläden in den Städten, in denen auf den ersten Blick alles zu haben war, was veröffentlicht wurde. Einzelne Buchhändler wie Atticus im 1. vorchristlichen Jahrhundert, bei dem Cicero Kunde war, oder Secundus, der in den achtziger Jahren des 1. nachchristlichen Jahrhunderts die Kodexausgaben von Homer, Vergil, Martial und Ovid vertrieb, sind uns sogar namentlich bekannt. Es fällt aber schnell auf, daß dieser zum Teil erstaunliche Betrieb, der schon für das Athen der Zeit Platons belegt ist,[30] der schönen Literatur vorbehalten blieb – den Epikern, Dramatikern, Lyrikern und Erzählern. Die Denker und Philosophen kamen nur mit Werken allgemeiner Lehre – wie Cicero etwa oder Seneca auf diesen Markt, nicht jedoch mit den Schulschriften, die der Bildung und Ausbildung des eigenen Anhängerkreises galten. Sehr schön läßt sich das an der Praxis des Aristoteles ablesen: Nur seine ausgearbeiteten Werke in Kunstprosa gab er in den Buchhandel, die Schulschriften dagegen kursierten in meist nur einem Exemplar unter den Mitgliedern des Aristoteles-Kreises und wurden für den eigenen Gebrauch von diesen selbst abgeschrieben. Das wurde traditionsbildend.[31]

Privatabschriften waren außerhalb der Akademien und Philosophenschulen eine Möglichkeit, Literatur in die eigene Bibliothek einzugliedern.[32] Doch das setzte zuerst einmal den Zugang zu einem abschreibbaren Exemplar voraus. Man konnte es privat erhalten, eine vorzügliche Informationsquelle waren aber auch die öffentlichen Bibliotheken, die es in jeder größeren Stadt gab. In der Zeit des frühen Christentums waren sie nicht mehr nur einem kleinen Kreis von Philologen und Wissenschaftlern vorbehalten, der kulturellen Elite, sondern standen im Prinzip jedem interessierten Leser offen.[33] Das galt für den Osten und für den Westen des Römischen Reichs. Im Westen waren sie seit der Errichtung der ersten öffentlichen Bibliothek Roms durch Caesar zur vielgenutzten Selbstverständlichkeit geworden. Man unterschied zwischen einer griechischen und einer lateinischen Abteilung. Beide waren auch ohne Sondergenehmigung (wie sie im griechischsprachigen Alexandria erforderlich zu sein schien) jedem Leser frei zugänglich. Aber auch hier gibt es keinerlei Hinweis darauf, daß religiöse Literatur erfaßt wurde. Philosophie, auch philosophische Texte, die sich mit der Götterlehre auseinandersetzten, waren seit Platon obligatorisch. Die eigentliche Lehre der Religionen, verfaßt von ihren eigenen Interpreten, hatte jedoch in neutestamentlicher Zeit keinen Platz in den Buchläden und Bibliotheken.

An dieser von den Religionen und Kulten nicht beklagten, sondern gewollten Schwachstelle des Systems setzten die Christen an. Ihre eigenen Quellenwerke – die Evangelien also und die Apostelgeschichte – mußten mehr noch als die Briefe und Briefsammlungen, die, wie wir sahen, ihre eigenen Vertriebswege hatten, einem möglichst großen Lesepublikum möglichst effektiv zugänglich gemacht werden. Das war auch formal gut zu vertreten, handelte es sich doch nicht nur um Glaubens-Initiation, sondern auch um Geschichtsschreibung und biographische Literatur. Lukas fand einen idealen Weg: Er widmete sein Doppelwerk, das Evangelium und die Apostelgeschichte, einem hochrangigen römischen Beamten, seiner Exzellenz Theophilos. Der Widmungsempfänger hatte, seine Zustimmung zur Widmung vorausgesetzt, nunmehr eine doppelte Aufgabe: Er mußte das ihm dedizierte Werk auf eigene Kosten vervielfältigen und verbreiten lassen.[34] Über Theophilos hatten zwei historische Grundschriften des frühen Christentums Zugang zu den professionellen Schreibstuben der reichsrömischen Verwaltung und zum besonders effizienten Postsystem, das diesem Verwaltungsapparat zur Verfügung stand. Lukas und Theophilos konnten sich gleichsam aussuchen, wohin, wie schnell und in wie vielen Exemplaren diese beiden Schriften zu versenden waren.

Wer nicht so strategisch günstig plaziert war wie Lukas, konnte nach dem Modell der privaten Vervielfältiger vorgehen – auch das war keineswegs unter der Würde gebildeter Christen: Außerhalb des Buchhandels Bücher zu vervielfältigen und zu vertreiben war schon seit Demosthenes (384–322 v. Chr.) kein unbekanntes Verfahren. Der berühmte Redner schrieb das Gesamtwerk des Historikers Thukydides eigenhändig achtmal ab, wohl kaum nur für den eigenen Gebrauch.[35] Es spielte keine Rolle, ob die ersten Christen im Umfeld der Evangelien-Autoren selbst abschrieben, ob ein Vorleser mehreren Schreibern gleichzeitig diktierte, oder ob man von Zeit zu Zeit professionelle Kopisten bezahlte. Entscheidend blieb, daß zügige Verfahren zur sofortigen Verbreitung der Schriften zur Verfügung standen.

Die Verbreitung der christlichen Quellentexte funktionierte reibungslos schon im 1. Jahrhundert, als öffentliche Bibliotheken und die Buchläden auf den Foren nicht daran dachten, solche Schriften zu sammeln oder zu verkaufen – sie taten es ja auch nicht mit den Werken anderer Religionen. Man mußte ein eigenes Vertriebssystem aufbauen, und das war angesichts des Potentials der schnell wachsenden Zahl an Gemeinden schon in den ersten Jahrzehnten kein Problem. Und man mußte dafür sorgen, daß dieses Vertriebsnetz auch Nichtjuden und Nichtchristen erreichte. Lukas hatte einen Weg gefunden. Die anderen fanden, nach antikem Muster, den Weg der Verteilung und Verbreitung über private Kanäle. Erstmals war hier eine Religion aktiv, die alles tat, um ihr Schrifttum nicht exklusiv zu halten, sondern so schnell und so weitgefächert wie möglich zu verbreiten. Schon solche Aktivitäten weckten Neugierde. Ein Petronius oder ein Chariton, um nur diese zwei in Erinnerung zu rufen, belesene und für alles Neue offene Autoren, hätten sich geradezu anstrengen müssen, um davon nichts zu erfahren. Nach dem Selbstmord Neros am 9. Juni 68 n. Chr. blieben die Christen im 1. Jahrhundert von Verfolgungen verschont.[36] Es ist nicht unvorstellbar, daß sie von Zeit zu Zeit auch öffentlich ihre Schriftrollen und ihre Kodizes vertrieben.

Von den örtlichen Gemeinden wurde ein Kopier- und Verbreitungssystem eingerichtet, das jeden Bedarf erfüllen konnte. Will man einen modernen Vergleich heranziehen, so entsprach das eher den Versandbuchhandlungen als den offenen Läden in den Städten. Dazu kamen bald eigene Bibliotheken. Es mag erstaunlich klingen, aber die Christen gingen das Risiko ein, trotz ständiger Bedrohung, die auch bei örtlich begrenzten Verfolgungen stets den Bücherbestand gefährdete, öffentlich bekannte und qualifizierten Lesern zugängliche Bibliotheken einzurichten. Eine, von der wir mit Sicherheit wissen, stand in Caesarea am Meer, in jener Stadt, die der Amtssitz des Pilatus gewesen war, in der mit Cornelius der erste römische Offizier Christ wurde und in deren Hafen Paulus das Schiff nach Rom nahm. Ab 231 n. Chr. wurde sie hier von Origenes aufgebaut, der aus Alexandria gekommen war und dort den Bibliotheksbetrieb als Student und Lehrer der Philologie und Philosophie kennengelernt hatte. Origenes stellte Stenographen, Kopisten, Kalligraphen und Korrekturleser an und schuf sich eine Bibliothek aus eigenen Werken, Bibelhandschriften und antiker Literatur. All das gelang in einer unsicheren Zeit, deren Risiken Origenes am eigenen Leib erfuhr: Während der reichsweiten Christenverfolgung unter Kaiser Decius 250/251 n. Chr. wurde er so schwer gefoltert, daß er 253 an den Spätfolgen starb.

Die Bibliothek überlebte ihn und hatte gegen Ende des Jahrhunderts, unter ihrem zweiten Leiter Pamphilus, bereits einen Bestand von 30 000 Schriftrollen und einer nicht bekannten Zahl von Kodizes.[37] Sie war ein Bestandteil der von Origenes eingerichteten theologisch-philosophischen Akademie. Es wäre aber falsch, daraus nun zu schließen, daß sie nur der internen Buchproduktion diente und nur einer Elite offenstand.[38] Der internationale Ruf, den sich Origenes schnell erwarb, beruhte im Gegenteil gerade darauf, daß er in bester alexandrinischer Tradition christliche Lehre und Forschung mit den Methoden der griechisch-römischen Philosophenschulen verband. Deren Texte wurden gelesen, waren also auch vorhanden und wurden im Bedarfsfall im eigenen Scriptorium kopiert. Diese Lehrtätigkeit des Origenes zog Schüler aus allen Teilen des Römischen Reichs an, darunter viele Nichtchristen. Die Bibliothek von Caesarea blieb nicht »Insidern« vorbehalten, sie war, wie jede Universitätsbibliothek und Institutsbibliothek heute, offen für alle, die studieren wollten und dafür die geistigen Voraussetzungen mitbrachten.[39]

Origenes schuf die bedeutendste Bibliothek des frühen Christentums, aber nicht die erste. Die von Pantaenus in Alexandria geleitete christliche Akademie, das »Didaskaleion«, an dem

Origenes studierte, war offenbar vorzüglich mit der theologischen und philosophischen Literatur der Zeit ausgestattet. Klemens von Alexandria, der dort gegen Ende des 2. Jahrhunderts zu arbeiten und zu forschen begann, zitiert und erörtert in seinen erhaltenen Werken eine solche Fülle an Literatur der unterschiedlichsten Provenienz, wie sie nur eine gutsortierte Bibliothek zur Verfügung stellen konnte. Auch wenn genauere Informationen fehlen, müssen wir annehmen, daß es in Alexandria eine christliche Bibliothek spätestens in der zweiten Hälfte des 2. Jahrhunderts gab, jedenfalls vor dem Eintreffen des Klemens, der sie allem Anschein nach benutzungsfertig und wohlbestückt vorfand.

Älter als Caesarea ist auch die Bibliothek in Jerusalem, die 212 n. Chr. von Bischof Alexander eingerichtet wurde. Euseb berichtet davon in seiner *Kirchengeschichte* (6,20,1-2), erwähnt, daß er selbst dort arbeitete und nennt einige von ihm konsultierte Werke. Wir können aber über Bischof Alexanders Bibliothek in Jerusalem und jene des Pantaenus in Alexandria noch weiter zurückgehen. In Smyrna hatte die christliche Gemeinde unter Bischof Polykarp, der 156 n. Chr. getötet wurde, offensichtlich eine eigene Bibliothek, in der sich wenigstens die Texte des Tanach (des Alten Testaments) und vielleicht weitere jüdische Schriften, die Evangelien und die Paulus-Briefe befanden – das jedenfalls kann aus Anspielungen in seinem Brief an die Philipper erschlossen werden, der um 135 n. Chr. verfaßt wurde. Darüber hinaus hatten Polykarp und dessen Mitarbeiter die Sammlung, Vervielfältigung und Verbreitung der Briefe des Ignatius übernommen, worum jener selbst während seiner Gefangenschaftsreise gebeten hatte.[40] Dazu gehörten aber bereits Archivare, Schreiber und der Zugang zu den Vertriebswegen. Das Vorbild stand der Christengemeinde vor Augen: Smyrna besaß eine Stadtbibliothek, deren Bedeutung schon zu Anfang des 1. Jahrhunderts der Geograph Strabo hervorhob.[41]

Noch einmal drei Jahrzehnte zurück gelangen wir zu Papias, dem Bischof von Hierapolis. Seine um 110 n. Chr. in fünf Büchern veröffentlichte Geschichte Jesu und der Jesusüberlieferung ist nur in Bruchstücken erhalten.[42] Doch die wenigen Auszüge reichen aus, um zu erkennen, daß dieser Autor an seinem Bischofssitz Zugang zu einer umfangreichen Bibliothek mit christlichen, pseudochristlichen und jüdischen Schriften hatte. Noch einmal gut zehn Jahre früher, um die Wende vom 1. zum 2. nachchristlichen Jahrhundert, liegt nahe, daß Ignatius, der Bischof von Antiochia, auch selbst eine Bibliothek zur Verfügung hatte. Dafür spricht nicht zuletzt, daß er in Antiochia Kontakt zu Menschen pflegte, die es gewohnt waren, in einer Bibliothek jüdische und wohl auch judenchristliche Bücher zu konsultieren und Quellenforschung zu betreiben.[43]

Die Vielzahl der Hinweise auf Bibliotheken und Bibliotheksbenutzung kann nur auf den ersten Blick erstaunen. Für Christen war der Zugang zu Texten ein unverzichtbares Element ihrer Strategie. Der klassische »Schriftbeweis«, das heißt der Nachweis, daß Jesus von Nazareth als Messias bereits in den alten jüdischen Schriften prophezeit worden war, konnte ja nur durchgeführt werden, wenn die Schriften zur Verfügung standen und überprüft wurden. So kommen wir auch über Ignatius hinaus ohne Mühe noch weiter ins 1. Jahrhundert, mitten in die apostolische Zeit: Wir erinnern uns – als Paulus und Silas/Silvanus in der Synagoge von Beröa über Jesus sprachen, hörten die Juden erst aufmerksam zu, und dann »forschten sie täglich in den Schriften, ob es sich so verhielte« (Apostelgeschichte 17,11). Das heißt: In Beröa – und mit Sicherheit nicht nur dort – gab es Synagogen-Bibliotheken. Und die standen nicht nur exklusiv den Priestern, Rabbinern oder Schriftgelehrten zur Verfügung, sondern jedermann, der lesen konnte und wollte. Da die Vermittlung der Lesefähigkeit ein Kernziel der jüdischen

Elementarbildung war,[44] greift man nicht zu hoch, wenn man voraussetzt, daß zumindest alle männlichen Zuhörer des Paulus und des Silas in der Lage waren, anschließend in der Bibliothek nachzulesen. Zur gleichen Zeit klingt das Evangelium des Johannes mit einer Bemerkung aus, die in ihrer liebevollen Zuspitzung eine reichhaltige Erfahrung mit Büchern und Büchersammlungen verrät: »Es gibt noch viele andere Dinge, die Jesus getan hat. Wenn man alles aufschreiben wollte, so würde, wie ich meine, die ganze Welt die Bücher nicht fassen, die zu schreiben wären« (Johannes 21,25).

Noch ehe die großen christlichen Gelehrten des 2. und 3. Jahrhunderts auftraten, Männer wie Pantaenus, Klemens von Alexandria, Julius Africanus und Origenes, hatten die aus dem Judentum kommenden Christen der ersten Generation dem neuen Glauben den Boden bereitet. Das Einrichten und Benutzen von Bibliotheken und vor allem ihre Zugänglichkeit für alle ernsthaft Interessierten war der Normalfall, nicht die Ausnahme. Der Kontakt, den die ersten Christen noch vor dem Verlassen Jerusalems, das heißt vor 66 n. Chr., mit den Essenern pflegten, wirkte bestärkend – es gab eben nicht nur die Tempelbibliothek und die Sammlungen in den Synagogen, sondern auch die umfassende Studienbibliothek von Qumran. Man wirkte daran mit, indem man den Bestand der 7. Höhle, die frühchristliche Papyprus-Sammlung in griechischer Sprache, die aus Rom gekommen war, zur Verfügung stellte.[45] Impulse aus der griechisch-römischen Umwelt wurden dankbar aufgenommen und strategisch umgesetzt. Auch Paulus wird seinen Teil dazu beigetragen haben, kam er doch aus Tarsos, einer Stadt, die zu seiner Zeit eine berühmte Ausbildungsstätte für Grammatik, Rhetorik und Philosophie besaß.[46] Wie dort mit Büchern umgegangen wurde, kann ihm kaum entgangen sein, als er, bereits Christ, zwischen 34 und 42 n. Chr. wieder dorthin zurückkehrte, von diesem Standort aus in Kilikien und Syrien missionierte[47] und wohl nicht nur geistliche, sondern auch geistige Kräfte für seinen weiteren Weg sammelte.

Für die Auseinandersetzung mit den Philosophien, Religionen und Kulten ihrer Umwelt waren die ersten Christen von Anfang an gerüstet. Sie hatten, nicht zuletzt dank ihrer Herkunft aus dem Judentum, einen entscheidenden Startvorteil. Lesen, Schreiben, Schriftliches sammeln, abschreiben und weitergeben, Gesammeltes allen Interessierten zugänglich machen – das war im 1. Jahrhundert revolutionär und erwies sich in den folgenden Jahrhunderten, bis zur Akzeptanz des Christentums als einer zugelassenenen Religion des Römischen Reichs seit dem Mailänder Toleranzerlaß von 313 n. Chr., als intellektueller Trumpf. Man kann daher auch verstehen, daß in den Verfolgungen bis hin zur letzten großen unter Diokletian an der Wende vom 3. zum 4. Jahrhundert das Konfiszieren und Vernichten christlicher Büchersammlungen auf dem Programm stand: Hier glaubte man, die Christen an ihrer überlegensten und empfindlichsten Stelle packen zu können, und ganz falsch lagen die Verfolger sicher nicht. Viele alte Handschriften sind durch Verfolgungsmaßnahmen verlorengegangen, doch war das System des Sammelns und Kopierens seit der Mitte des 1. Jahrhunderts so effizient, daß die Verluste immer wieder ausgeglichen wurden. Die Tatsache, daß die Schriften des Neuen Testaments die mit Abstand am besten und am umfangreichsten überlieferte Textsammlung der Antike sind, hat auch damit zu tun.

Jesus, seine ersten Nachfolger und die ersten, die über ihn schrieben, waren Menschen des 1. Jahrhunderts. Das Mosaik des historischen Jesus, der nach ältesten christlichen Glaubensbekenntnissen nicht nur Gottes Sohn und wahrhaft Gott, sondern auch wahrer Mensch war, und der folglich auch so verstanden werden muß, gewinnt einige farbige Steine hinzu, wenn wir die Zusammenhänge dieser Epoche ernst nehmen – Fischfang und Handelswege gehören ebenso dazu wie das Finanzwesen, Theater, Literaturproduktion, Religionsvermischung und Modekulte, mit multikulturellen Dialogen in mehreren Sprachen. Für die Christen ging es darum, die ersten Jahrzehnte in einer solchen Welt erfolgreich zu bestehen. Es steht heute außer Zweifel, daß ihnen das über alles Erwarten gelang. Am Ende des 1. Jahrhunderts waren sie im Römischen Reich präsent, unübersehbar, dialogbereit, gut ausgebildet, erfahren im Umgang mit Handels- und Verkehrsnetzen, erprobt als Kommunikatoren, die wußten, wie man schreibt und schreiben läßt, und konkurrenzlos in der Offenheit für alle Schichten der Gesellschaft. Dennoch war es alles andere als selbstverständlich, daß die Christen das 1. Jahrhundert überstanden. Die Katastrophen von 62, 64 und 70 hätten eine weniger von historischem Geschehen überzeugte Gemeinschaft auseinanderbrechen lassen. Die innerchristlichen Konflikte, die schon in den Seiten des Neuen Testaments spürbar sind und, wie wir sahen, im Zuge der neronischen Christenverfolgung offen ausbrachen, hätten das gesamte Gefüge in Frage stellen können, wenn nicht doch ein größeres Ganzes, das Festhalten am gekreuzigten und auferstandenen Messias Jesus, den Zusammenhalt immer wieder gesichert hätte. Die Einheit in der Vielfalt erwies sich bereits im 1. Jahrhundert als Grundlage, auf der die verschiedenen Fraktionen und Interessengruppen den größten gemeinsamen Nenner fanden und die Glaubensbotschaft mit zuvor nie gekannter Schnelligkeit und Breitenwirkung unter Juden, Griechen und Römern bekanntmachten. Kein späteres Jahrhundert hat die Leistungen dieser Blütezeit des Christentums übertroffen.

Anmerkungen

Anmerkungen zu Kapitel 1 (Einleitung)

1 Pontius Pilatus ist einer der am häufigsten genannten und beschriebenen römischen Statthalter im 1. Jahrhundert. Nicht nur die Schriften des Neuen Testaments erwähnen ihn, auch der jüdische Philosoph und Politiker Philo von Alexandria, ein Zeitgenosse, der um 50 n. Chr. starb, äußert sich über ihn, ebenso, noch in neutestamentlicher Zeit, der jüdische, in römischen Diensten schreibende Flavius Josephus, und schließlich, im Rückblick zu Beginn des 2. Jahrhunderts, der römische Historiker Tacitus. Eine 1961 in Caesarea Maritima, dem Amtssitz, gefundene Inschrift, die Pilatus selbst an einem Gebäude anbringen ließ, das Tiberius geweiht war, nennt auch seine offizielle Dienstbezeichnung: Er war »Praefectus«. Zum »Procurator« wurden die Statthalter in Judaea erst unter Kaiser Claudius (41–54 n. Chr.). Im Neuen Testament wird Pilatus auf griechisch korrekt mit dem Oberbegriff »hegemon«, Statthalter, bezeichnet.

2 Vgl. R. Heiligenthal, *Der verfälschte Jesus. Eine Kritik moderner Jesusbilder,* Darmstadt 1997. Heiligenthal widmete sein Buch dem Heidelberger Neutestamentler Klaus Berger, der selbst unermüdlich für eine Rückbesinnung auf historische Jesus-Quellen ficht. Einer seiner für breite Leserschichten geschriebenen Versuche erschien unter dem Titel *Wer war Jesus wirklich?*, Stuttgart 1995.

Anmerkungen zu Kapitel 2

1 Philo, *Über Abraham* 167; vor 50 n. Chr.

2 Vgl. gegen die heute verbreitete Ablehnung eines frühen Datums und der Zuschreibung an Jakobus, den Bruder Jesu, ausführlich u.a. P. Davids, *The Epistle of James,* Exeter 1982, 2-22; J. A. T. Robinson, *Wann entstand das Neue Testament?,* Paderborn/ Wuppertal 1986, 127-148 (engl. Original *Redating the New Testament,* London 1976, 118-139; jeweils mit weiterer Literatur), und D. Guthrie, *New Testament Introduction,* Leicester ⁴1990, 722-759. Besonders hilfreich ist bei Guthrie die sehr detaillierte Auseinandersetzung mit den unterschiedlichen Thesen über Datum und Verfasserschaft.

3 Brief des Paulus an die Galater, 3,16.

4   Zu den historischen Informationen und den zuverlässigen Angaben über Bethle-
    hem und Nazareth im Rahmen der Kindheitsgeschichte Jesu vgl. neuerdings
    v.a. K. Rosen, »Jesu Geburtsdatum, der Census des Quirinius und eine jüdische
    Steuererklärung aus dem Jahr 127 n. C.«, *Jahrbuch für Antike und Christentum*
    38 (1995), 5-15.
5   Text in W. Schneemelcher (Hrsg.), *Neutestamentliche Apokryphen,* Tübingen
    ⁵1987, Bd. 1, 367-369.
6   Vgl. u.a. G. Méautis, *Hermoupolis la Grande. Une métropole égypte sous
    l'empire romain,* Lausanne 1918; S. Gabra, *Rapport sur les fouilles d'Hermou-
    polis Ouest,* Cairo 1942; A. J. B. Wace u.a., *Hermoupolis Magna, Ashmunein.
    The Ptolemaic Sanctuary and the Basilica,* Alexandria 1959; M. Drew-Bear,
    »La culture grecque à Hermoupolis Magna«, in: *Proceedings of the 19th Inter-
    national Congress of Papyrology,* Cairo 1992, Bd. 2, 195 ff.
7   Die Übersiedlung der Jerusalemer Judenchristen ins transjordanische Pella, 66
    n. Chr., deren äußerer Anlaß die Weigerung war, am jüdischen Aufstand gegen
    die Römer teilzunehmen. Vgl. Euseb, *Kirchengeschichte* 3,53; C. Koester, »The
    Origin and the Significance of the Flight to Pella Tradition«, *Catholic Biblical
    Quarterly* 51 (1989), 90-106; B. Wander, *Trennungsprozesse zwischen Frühem
    Christentum und Judentum im 1. Jahrhundert n. Chr.,* Tübingen/Basel 1994,
    267-270.
8   Novum Testamentum Graece, Stuttgart, 27., rev. Aufl. 1993, 698.
9   Vgl. ausführlich unten 195-206.
10 Mit Ausnahme der Qumran-Höhle 7, die eine ursprünglich aus Rom stammen-
    de, jüdisch-christliche Textsammlung beherbergte, welche ausschließlich auf
    Papyrus geschrieben war, wurden in den Höhlen von Qumran am Toten Meer
    unter Hunderten von aramäischen und hebräischen Textstücken auf Leder bzw.
    Pergament nur noch wenige Papyrusfragmente gefunden – vierzehn in Höhle 6,
    und zwei in Höhle 4; doch nur jene zwei aus Höhle 4 sind griechisch beschrif-
    tet.
11 7Q5 = Markus 6,52-53; vgl. auch 7Q4 = 1. Timotheus 3,16-4,13. Dazu unten
    295-296; vgl. C. P. Thiede, *Jésus selon Matthieu. La nouvelle datation du pa-
    pyrus Magdalen d'Oxford et l'origine de l'Évangiles. Examen et discussion des
    dernières objections scientifiques,* Paris 1996, 101-118; C. P. Thiede/M. d'An-
    cona, *Der Jesus-Papyrus,* München 1986/Reinbek 1997 52-75; A. Läpple
    (Hrsg.), M. Wise/M. Abegg, Jr./E. Cook, *Die Schriftrollen von Qumran.* Über-
    setzung und Kommentar. Mit bisher unveröffentlichten Texten, Augsburg 1997,
    507-513.
12 Neben 7Q4 und 7Q5 kommen noch zehn zur Veröffentlichung anstehende Fun-
    de aus Oxyrhynchus hinzu. Sie tragen die Nummern P. Oxy. 4401 (Matthäus
    3,10-12; 3,16-4,3; 3. Jahrhundert); 4402 (Matthäus 4,11-12; 22-23; 3./frühes
    4. Jh.); 4403 (Matthäus 13,55-56; 14,3-5; spätes 2./frühes 3. Jh.); 4404 (Mat-
    thäus 22,34-37; 43,45; spätes 2. Jh.!); 4405 (Matthäus 23,30-34; 35-39; spätes
    2./frühes 3. Jh.); 4406 (Matthäus 27,62-64; 28,2-5; 5./6. Jh.); 4445 (Johannes
    1,29-35; 40-46; 3. Jh.); 4446 (Johannes 17,1-2; 11; 3. Jh.); 4447 (Johannes
    17,23-24; 18,1-5; 3. Jh.); 4449 (Brief des Jakobus 3,13-4,4; 4,9-5,1; 3./4. Jh.

388

– diesem Papyrus wurde mittlerweile in den neutestamentlichen Handschriftenlisten die Nummer »P100« zugeteilt).

13 Es sind die Handschriften 0189 mit Apostelgeschichte 5,3-21 aus dem späten 2.
Jahrhundert; 0162, mit Johannes 2,11-22, aus dem frühen 3. Jahrhundert; 0171
– das Fragment aus Hermopolis – mit Resten von Matthäus und Lukas, aus dem
späten 3. Jahrhundert und 0220, mit Römerbrief 4,23-5,3 und 8,13, ebenfalls
aus dem späten 3. Jahrhundert. Dazu kommt noch ein Fragment aus der griechischen Evangelienharmonie des Syrers Tatian, mit Teilen aus allen vier Evangelien, das aus historischen Gründen älter sein muß als 257 n. Chr. Es wurde in
Dura Europos gefunden, und dieser Ort wurde 257 von den Persern erobert. Die
Handschrift 0189, deren Entdeckungsort nicht bekannt ist, befindet sich heute
in der Berliner Papyrussammlung unter der Nummer P. 11765; das Pergament
0162, gefunden in Oxyrhynchus, kann in New York im Metropolitan Museum
of Art unter der Nummer 09.182.43 eingesehen werden; die Handschrift 0171
aus Hermopolis liegt heute unter der Nummer PSI 2.124 in der Bibliotheca Lau-
renziana Florenz; das Fragment 0220 aus dem Römerbrief des Paulus, in Kairo
erworben, befindet sich in einer Londoner Privatsammlung.

14 Vgl. K. Aland/B. Aland, *Der Text des Neuen Testaments,* Stuttgart [2]1989, 106-
137, 321; u.a.m.

15 Vgl. ausführlich unten 195-206, 313-319.

16 Zu Theophilos, seiner sozialen Stellung und deren Auswirkung auf die Verbrei-
tung der beiden ihm gewidmeten Lukas-Schriften vgl. u.a. N. Geldenhuys,
Commentary on the Gospel of Luke, London 1950, 53; E. J. Goodspeed, »Was
Theophilus Luke's Publisher?«, *Journal of Biblical Literature,* 73 (1954), 84-
92; E. Haenchen, *Die Apostelgeschichte,* Göttingen [16]1977, 143; M. Hengel,
Die Evangelienüberschriften, Heidelberg 1984, 31-32.

17 Vgl. ausführlich C. P. Thiede, *Einführung in die neutestamentliche Papyrologie,*
Barcelona 1998 (E.P.F.B. 5, in Vorb.).

18 H. Metzger, *Nachrichten aus dem Wüstensand. Eine Sammlung von Papyrus-
zeugnissen,* Zürich/München 1974, 4.

19 Von den vier Evangelien-Handschriften, die teils mit Sicherheit, teils hypothe-
tisch – die Untersuchungen und Debatten sind in einigen Fällen noch nicht abgeschlossen – ins 1. Jahrhundert gehören, 7Q5 (Markus), P64/P67 (Matthäus),
P4 (Lukas), P52 (Johannes), sind die letzten drei ägyptische Funde. Vgl. C. P.
Thiede/M. d'Ancona, *Der Jesus-Papyrus,* München 1996/Reinbek 1997, 102-
107, 184-187.

20 Papyrus Bodmer XVII. *Actes des Apôtres. Epîtres de Pierre, Jean et Jude*, Co-
logny-Genève 1961, 9-10.

21 Erstedition, mit Abbildung: C. P. Thiede, »Papyrus Bodmer L. Das neutestamentliche Papyrusfragment P73 = Mt 25,43/26,1-3«, *Museum Helveticum* 47/1,
1990, 35-40.

22 In Papyruslisten des Neuen Testaments wird es als »P73« geführt.

23 Vgl. J. M. Robinson, »The Discovery and Marketing of Coptic Manuscripts:
The Nag Hammadi Codices and the Bodmer Papyri«, in B. A. Pearson/J. E.
Goehring (Hrsg.), *The Roots of Egyptian Christianity,* Philadelphia 1986, 2-25.

24 So in der Standardliste Nestle-Aland, Novum Testamentum Graece, 27rev.,
    Stuttgart 1993, 688; vgl. K. Aland/B. Aland, *Der Text des Neuen Testaments,*
    Stuttgart ²1989, 96, 110.
25 Vgl. Anm. 20, 11.

Anmerkungen zu Kapitel 3

1 Im einzelnen dazu: R. A. Batey »Jesus and the Theatre«, *New Testament Studies*
   30 (1984), 563-574.
2 Josephus, *Jüdische Altertümer,* 19,344-351; vgl. die Kurzfassung des Todesbe-
   richts bei Lukas, Apostelgeschichte 12,19-23.
3 Zum archäologischen Kontext vgl. J. Vardaman, »A New Inscription which
   mentions Pontius Pilate as Prefect«, *Journal of Biblical Literature,* 81 (1962),
   70-71; A. Frova, »Caesarea, the Theatre«, in M. Avi-Yonah (Hrsg.), *Encyclopaedia of Archaeological Excavations in the Holy Land,* Englewood Cliffs, I,
   1975, 275. Der Stein ist heute im Israel Museum in Jerusalem zu sehen, eine miserable Kopie befindet sich unweit des Theaters in Caesarea.
4 Die Evangelien sind für die Unstimmigkeiten der modernen Zeitrechnung nicht
   verantwortlich. Ein Mönch namens Dionysius Exiguus, der von ca. 500-545 in
   Rom lebte, erarbeitete eine Fortsetzung der traditionellen »Ostertabelle«, mit
   der das auch heute noch wechselnde Datum des Osterfestes bestimmt wurde;
   dabei legte er erstmals das Jahr »von Christi Geburt« fest, verrechnete sich jedoch gleich zweimal, indem er ein Jahr »0« ansetzte, das es natürlich nicht gegeben haben kann, und außerdem die Tatsache nicht berücksichtigte, daß Jesus
   zu Lebzeiten des Herodes geboren wurde, der jedoch – nach diesem Kalender –
   bereits 4 v. Chr. gestorben war. Mit einer weiteren Folge der dionysischen Re-
   chenfehler hatte man es beim Jahreswechsel 1999/2000 zu tun: (Fast) alle Welt
   feierte das neue Jahrtausend in der Silvesternacht vom 31.12.1999 auf den
   1.1.2000. Da es aber kein Jahr 0 gab, ist 2000 nicht das erste Jahr des neuen,
   sondern das letzte Jahr des alten Jahrtausends. Das neue »Millennium« beginnt
   erst am 1. Januar 2001. Heute ist gesichert: Jesus wurde im Winter des Jahres
   7 v. Chr. geboren. Und obwohl der 25. Dezember erst im 4. Jahrhundert als der
   eigentliche Geburtstag festgelegt wurde – die Evangelien machen darüber keinerlei Angaben –, liegt das Datum völlig unabhängig von den religionspolitischen
   Gründen, die zu dieser Entscheidung führten, tatsächlich in jenem historisch zu-
   treffenden Zeitrahmen, in dem einige Ostkirchen den 6. Januar als Geburtstags-
   datum vorziehen. Die zuverlässigste Zusammenfassung des heutigen Kenntnisstands findet sich bei K. Ferrari d'Occhieppo, *Der Stern von Bethlehem in
   astronomischer Sicht. Legende oder Tatsache?*, Gießen/Basel ²1994.
5 *Jüdische Altertümer* 18,27.
6 Vgl. B. Schwank, Art. »Sepphoris«, Das Große Bibellexikon, Wuppertal/Gie-
   ßen/Basel, Bd. 3, ²1990, 1429 mit weiterführender Literatur zu Grabungsbe-
   richten. Zur nach längeren Kontroversen jetzt abgesicherten Datierung in diese
   Zeit vgl. auch den Bericht eines der jetzigen Ausgräber der Stadt, J. F. Strange,

Art. »Sepphoris«, *The Anchor Bible Dictionary.* Bd. 5, New York 1992, 1090 -1093.

[7] In seiner Schrift *Die wahre Lehre,* die nur teilweise durch die wörtlichen Zitate in der von Origenes verfaßten Widerlegung *Gegen Celsus,* ca. 250 n. Chr., erhalten ist.

[8] Heute besinnt sich z.B. die anglikanische »Church of England« wieder auf dieses Vorbild. Unter Bewerbern für das Priesteramt zieht sie immer häufiger jene Kandidaten vor, die bereits eine andere Berufsausbildung und eine mehrjährige Berufspraxis hinter sich haben, ehe sie in die Welt der Seelsorger, der Lehrer der Theologie und der Kanzelprediger eintreten.

[9] »Gegen Celsus« 6,34. Vgl. zum Textbefund bei Markus 6,3 B. M. Metzger, *A Textual Commentary an the Greek New Testament,* Stuttgart/New York [2]1994, 75-76. Eine möglicherweise bis in die Zeit Jesu zurückreichende Tradition der Rabbinen verbindet den Beruf des »Bauhandwerkers« – unabhängig vom benutzten Arbeitsmaterial – darüber hinaus aber auch mit besonderer Bildung – womit meist wohl die ungewöhnliche Kenntnis der Bibel und ihrer Auslegung gemeint sein dürfte. Vgl. D. Flusser, *Jesus,* Reinbek 1986, 22; W. Beilner, *Jesus ohne Retuschen,* Graz 1974, 142; vgl. auch R. Riesner, *Jesus als Lehrer,* Tübingen [3]1988, 219-222.

[10] Beispielsweise das Gleichnis vom Hausbau, Matthäus 7,24-29; der Hinweis auf den Einsturz des Turms von Siloah, Lukas 13,4; weiteres bei R. A. Batey, wie in Anm. 1.

[11] So schon S. J. Case, »Jesus and Sepphoris«, *Journal of Biblical Literature* 45 (1926), 14-22.

[12] Vgl. R. A. Batey, »As not this the Carpenter?« *New Testament Studies* 30 (1984), 249-258.

[13] Vgl. B. Schwank, »Das Theater von Sepphoris und die Jugendjahre Jesu«, *Erbe und Auftrag* 52 (1976), 199-206; vgl. a. R. A. Batey, »Jesus and the Theatre«, *New Testament Studies* 30 (1984), 563-574.

[14] Spätestens an dieser Stelle könnte gefragt werden, ob Jesus überhaupt – wie fast alle Juden seiner Zeit und seines Umfelds – in der Lage war, griechisch zu verstehen und zu sprechen. Die Frage ist allerdings längst eindeutig positiv beantwortet. Inzwischen geht es nicht mehr darum zu zeigen, ob Jesus mit dem Griechischen vertraut war, sondern wie gut – und ob er seine Kenntnisse auch aktiv nutzte. Gerade am Beispiel einer der »Heuchler«/»Schauspieler«-Stellen der Evangelien wies der Archäologe und Neutestamentler Benedikt Schwank nach, daß der historische Jesus das Alltagsgriechisch seiner Umwelt souverän beherrschte (»Ein griechisches Jesuslogion? Überlegungen zur Antwort Jesu auf die Steuerfrage«, in N. Brox/A. Felber u.a. (Hrsg.), *Anfänge der Theologie,* Graz 1987, 61-64). In einer späteren Publikation spitzte Schwank die Frage noch zu, um die heute veränderte Kenntnislage zu unterstreichen: »Niemand leugnet mehr, daß Jesus griechisch verstand und auch sprach. Diskutiert wird heute: Wieviel sprach er griechisch? Wieviel aramäisch? Ist er überhaupt zweisprachig aufgewachsen?« (B. Schwank, »Wenn Steine zu reden beginnen. Archäologie zum Verständnis des Neuen Testaments«, *Bibel und Kirche* 50 (1995),

40-47, hier 47. Ergänzend sei stellvertretend nur auf Markus 7,26 hingewiesen. Dort wird die Gesprächspartnerin Jesu, eine Syrophönizierin, ausdrücklich als griechischsprachig beschrieben. Dieser Hinweis des Markus kann seinen Sinn nur darin haben, die Fähigkeit Jesu, eine Unterhaltung (auch) in griechischer Sprache zu führen, ausdrücklich hervorzuheben.

15 Zum Text der Fragmente: J. Wieneke, *Ezechielis Judaei poetae Alexandrini fabulae quae inscribitur »Exagogé« fragmenta,* Münster 1931; B. Snell/R. Kannicht, *Tragicorum Graecorum Fragmenta,* Göttingen ²1986, Nr. 128; deutsche Übersetzung: E. Vogt (Hrsg.), *Jüdische Schriften aus hellenistisch-römischer Zeit,* IV.3, Gütersloh 1983, 118-131; vgl. u.a. auch E. Starobinski-Safran, »Un poète judéohellénistique: Ezéchiel le tragique«, *Museum Helveticum* 31 (1974), 216-224; H. Jacobsen, *The Exagoge of Ezekiel,* London 1983; G. W. E. Nickelsburg, »The Bible Rewritten and Expanded: Ezekiel the Tragedian«, in M. E. Stone (Hrsg.), *Jewish Writings of the Second Temple Period,* Assen/Philadelphia 1984, 89-156, hier 125-130, 134-135.

16 Vgl. zu Alexanders Buch über die Juden vor allem M. Stern (Hrsg.), *Greek and Latin Authors an Jews and Judaism,* Bd. 1, Jerusalem 1976, 157-164; Bd. 3, Jerusalem 1984, 16-22.

17 Euseb, *Praeparatio evangelica,* 9,17-39. Klemens von Alexandria behandelt Hesekiel/Ezechiel in seinen *Stromateis,* 1,23.

18 Vgl. B. Snell, »Ezechiels Moses-Drama«, *Antike und Abendland* 13 (1967), 150-164.

19 Philo, *Quaestiones et Solutiones in Genesin,* 203. Dieses Werk Philos ist nur in armenischer Fassung erhalten, und das Stück, aus dem Philo zitiert, ist nicht erhalten. Vgl. A. Nauck, *Tragicorum Graecorum Fragmenta,* Leipzig ²1889, 660.

20 »Platz der Juden, die auch Gottesfürchtige heißen«. Vgl. A. Deissmann, *Licht vom Osten. Das Neue Testament und die neuentdeckten Texte der hellenistisch-römischen Welt,* Tübingen ⁴1923, 391-392, mit Abb. Zur gelegentlichen Offenheit von Juden sogar für die Welt des Amphitheaters zu dieser Zeit vgl. R. Tracey, »Jewish Renovation of an Amphitheatre«, in G. H. R. Horsley *New Documents Illustrating Early Christianity,* Sydney 1987, 202-209.

21 *Aeneis* 4,9. Vgl. H. M. Cotton /J. Geiger, *Masada II. The Latin and Greek Documents,* Jerusalem 1989, S. 31-35, mit Abb.

22 Vgl. A. Millard, »Latin in First-Century Palestine«, in Z. Zevit/S. Gitin/M. Sokoloff (Hrsg.), *Solving Riddles and Untying Knots. Biblical, Epigraphic, and Semitic Studies in Honor of Jonas C. Greenfield,* Winona Lake 1995, 451-458.

23 Text (dt.) und Textgeschichte, mit weiterführender Literatur: C. Römer, »Der Briefwechsel zwischen Seneca und Paulus«, in W. Schneemelcher (Hrsg.), *Neutestamentliche Apokryphen,* Bd. 2, ⁵1989, 44-50.

24 Sueton, *Divus Augustus,* 85,2.

25 Vgl. Anm. 51.

26 Vgl. vor allem das Standardwerk von Martin Hengel, *Juden, Griechen und Barbaren. Aspekte der Hellenisierung des Judentums in vorchristlicher Zeit,* Stuttgart 1976. Hengel hat das Thema immer wieder aufgegriffen und es u.a. jüngst im Zusammenhang mit dem Bildungshintergrund des Saulus/Paulus behandelt:

M. Hengel, »The Pre-Christian Paul«, in J. Lieu/J. North/T. Rajak (Hrsg.), *The Jews Among Pagans and Gentiles in the Roman Empire,* London/New York [2]1994, 29-52.

27 Von zwei Satyrspielen des Aischylos, *Diktyulkoi* (Netzfischer) und *Isthmiastai* (Isthmosfahrer) sowie einem zur Hälfte erhaltenen des Sophokles, *Ichneutai* (Aufspürer), wurden Papyrusfragmente gefunden.

28 Zum jüdisch-christlichen Kontext dieses »Menander« vgl. P. W. van der Horst, *The Sentences of Pseudo-Phocylides,* Leiden 1978, 76; L. B. Barnard (Hrsg.), *St. Justin Martyr. The Second and First Apologies,* New York/Mahwah 1997, 37, 128 Anm. 146. Der lateinische Titel des Pseudo-Justin ist »De Monarchia«.

29 Juvenal, *Satura* 6, 63-66. Vgl. auch *Satura* 8, 188-199: »Auch das Volk hat keine Entschuldigung. Denn noch schamloser (als die miserable Leistung der Schauspieler) ist die Frechheit der Leute, die dasitzen und den Possenspielen der Patrizier zuschauen.« Christlicher Widerspruch gegen das Theater wird erst mit Tertullian (ca. 150–ca. 230 n. Chr.) zum Programm. Er widmete dem Thema eine eigene Schrift, *De spectaculis* (Über die Schauspiele), ca. 199 n. Chr. Vgl. auch sein *Apologeticum,* 15,1-3 und die Streitschrift *Gegen die Valentinianer,* 14. In bestimmten Zusammenhängen war christliche Kritik am Theaterbesuch kurz vor Tertullian auch schon von anderen christlichen Autoren geäußert worden, z.B. bei Theophilus von Antiochia, *An Autolykus* 3,15, um 180 v. Chr. Novatian, der nach Tertullian um 250 n. Chr. in Rom schrieb, verschärfte die Theaterkritik und lehnte es auch ab, schauspielartige Szenen des Alten Testaments als Entschuldigung für den Theaterbesuch heranzuziehen. »Daß David im Angesicht Gottes als Chorführer auftrat, hilft keineswegs den gläubigen Christen, die im Theater sitzen. Denn David verrenkte seine Gliedmaßen nicht in unzüchtigen Bewegungen, um ein aus griechischer Wollust entsprungenes Theaterstück tanzend aufzuführen. Harfen, Lauten, Flöten, Pauken und Zithern erklangen zum Lobpreis Gottes, nicht eines Götzenbildes.« (Novatian, *De spectaculis* 3,2). Etwa gleichzeitig entstand in Nordsyrien die *Zwölfapostellehre (Didascalia Apostolorum);* in dieser Lehrschrift wird antiklassische Kulturkritik zu einem bis ins Mittelalter reichenden Programm. So wird hier u.a. nicht nur vor dem Theaterbesuch gewarnt, sondern auch davor, mit Menschen zusammenzukommen, die durch Theaterbesuche verdorben sind. (2, 62,1). Weiteres zur christlichen Theaterkritik der nachbiblischen Zeit v.a. bei H. Jürgens, *Pompa diaboli. Die lateinischen Kirchenväter und das antike Theater,* Stuttgart 1972; W. Weismann, *Kirche und Schauspiele. Die Schauspiele im Urteil der lateinischen Kirchenväter unter besonderer Berücksichtigung von Augustin,* Würzburg 1972.

30 *Germania* 19. Aussagen, die in eine ähnliche Richtung gehen, gibt es bei Plinius d. Ä. (23–79 n. Chr.), *Naturgeschichte* 7,184; Martial (ca. 40–102 n. Chr.), *Epigramme* 5,78,26; Plinius d. J. (62–ca. 114 n. Chr.), *Briefe* 7,24,4-7; und sie setzen bereits längere Verfallsentwicklungen voraus.

31 Sueton, *Caligula* 57, beschreibt nicht die Kreuzigungsszene, sondern eine mißglückte Aufführung, in der gleich mehrere Schauspieler blutspeiend aus einem einstürzenden Haus rennen, »und die ganze Bühne schwamm im Blut«. Die Stelle bei Martial ist »De Spectaculis« *(Epigrammaton)* 7,4.

[32] Juvenal, *Satura* 8, 187-188.

[33] *Jüdische Altertümer* 18,63-64. Dieser Text, das sogenannte *Testimonium Flavianum,* ist in der Forschung umstritten, weil es scheint, daß Josephus den Gekreuzigten darin als »den Christus« bezeichnet – und dies könne ein Jude, der zweifelsfrei nicht Christ wurde, kaum getan haben. Ob diese Stelle von späteren, christlichen Schreibern eingefügt wurde, oder ob im Originaltext ein Wort entfiel (ursprünglich »wurde der Christus genannt« statt jetzt »war der Christus«), ist strittig. Jedenfalls enthalten alle Handschriften auch diesen Satz; und die Aussage über die Kreuzigung Jesu ist mit Sicherheit ein ursprünglicher Bestandteil des Josephus-Textes.

[34] Vgl. z.B. Aristoteles, *Poetik* 1453ª10 mit Sophokles, *Antigone* 1261-1262 und dem Brief des Jakobus, 1,15. Ein zentraler Begriff der alten, klassischen griechischen Tragödie erscheint auch in der griechischen Fassung des Alten Testaments, der »Septuaginta« und durchzieht vor allem das Neue Testament wie ein roter Faden. Für Fehlverhalten, das trotz des Bemühens, das Richtige zu tun, aus der menschlichen Unvollkommenheit entsteht, benutzt zuerst der Tragiker Aischylos, dann auch der Theoretiker Aristoteles in der *Poetik* das griechische Wort »hamartía«. Im Neuen Testament durchzieht dieses Wort fast alle Schriften, und mit der entsprechenden Interpretation ist es in den christlichen Wortschatz als »Sünde« eingegangen.

[35] Vgl. dazu vor allem R. Riesner, *Die Frühzeit des Apostels Paulus,* Tübingen 1994, 126-129.

[36] Vgl. C. P. Thiede/M. d'Ancona, *Der Jesus-Papyrus,* München 1996/Reinbek 1997, 195-197.

[37] Es gehört zu den vielen Unstimmigkeiten der Liste der Zitate »aus griechischen Schriftstellern« im Anhang zur Nestle-Aland-Ausgabe des griechischen Neuen Testaments, daß hier nur diese Euripides-Stelle genannt wird, die in keinerlei inhaltlichem Zusammenhang mit dem Paulus-Bericht steht. Weil Römisches dort nicht in den Blick kommt, bleibt auch unerwähnt, daß selbst der Komödienschreiber Terenz in seinem lateinischen *Phormio* 1,2,27 (bzw. 78) eine Variante bietet.

[38] Die solideste Darstellung der skeptischen Position findet sich bei R. Renehan, »Classical Greek Quotations in the New Testament«, in D. Neiman/M. Schatkin (Hrsg.), *The Heritage of the Early Church,* Rom 1973, 17-46.

[39] *Novum Testamentum Graece,* 27, rev. Aufl. Stuttgart 1993, 468.

[40] F. H. Sandbach, *Menandri Reliquiae Selectae,* Oxford ²1990. Zuvor hatte es allerdings in der Literatur zu Menander-Fragmenten gleich zwei Zuweisungen gegeben, frag. 187 Koerte und frag. 218 Kock.

[41] Frag. 1024 Nauck. Genaueres dazu, auch zu Menander, findet sich bei A. Nauck, *Tragicorum Graecorum Fragmenta,* Leipzig ²1889, Nachdruck mit Ergänzungen von B. Snell, Hildesheim 1964.

[42] Vgl. den Supplementanhang von Bruno Snell, wie oben in Anm. 41: Bernard Grenfell und Arthur Hunt, die beiden Oxforder Entdecker und Erstherausgeber der Oxyrhynchus-Papyri, hatten 1906 einen um 210 v. Chr. entstandenen Papyrus veröffentlicht, der das Zitat in 1. Korinther 15,33 wörtlich enthält. Da Gren-

fell und Hunt das Fragment bei einem anderen Papyrus mit einem Stück aus der *Elektra* des Euripides fanden und der Stil dem gleichen Autor zu entsprechen schien, lag nahe, die Wurzel des Zitats bei Paulus in einer Tragödie des Euripides anzunehmen.

43 Vgl. R. Renehan, wie in Anm. 38, 31-32. Vgl. zu dieser Stelle auch D.-A. Koch, *Die Schrift als Zeuge des Evangeliums. Untersuchungen zur Verwendung und zum Verständnis der Schrift bei Paulus,* Tübingen 1986, 42-45. Die eigentümliche Skepsis, die Renehan und Koch gegenüber dem Bildungsniveau des Paulus vertreten, wird nachdrücklich von M. Hengel, »The Pre-Christian Paul«, korrigiert (vgl. Anm. 26). Vgl. auch die ältere, zugleich ausführlichere Buchfassung, M. Hengel, *The Pre-Christian Paul,* London/Philadelphia 1991. Die vielfältigen und bewußten Bezugnahmen der neutestamentlichen Schriften auf das Bildungswissen der Zeitgenossen hat jüngst auch wieder Marius Reiser hervorgehoben: M. Reiser, »Die Wunder Jesu – eine Peinlichkeit?«, *Erbe und Auftrag* 73/6 (1997), 425-437.

44 Vgl. 1. Korinther 9,20-23. Es wird kaum ein Zufall sein, daß sowohl das Dramen-Zitat als auch diese Aussage über die strategische Flexibilität im gleichen 1. Brief an die Korinther stehen, die in einer multikulturellen, kultur- und unterhaltungsbegeisterten Stadt lebten. Für Milet, eine Stadt, in der sich Paulus aufhielt (Apostelgeschichte 20,15-17; 2. Timotheus 4,20), ist die Anwesenheit von Juden im Theater sogar durch eine Inschrift belegt.

45 Vgl. B. C. Crisler, »The Acoustics and Crowd Capacity of Natural Theatres in Palestine«, *Biblical Archaeologist* 39 (1976), 128-141, hier 137.

46 Die Eingangsverse des Lukas-Evangeliums (Lukas 1,1-4) sind der vielzitierte Beleg für einen Historiker, der Zeugen befragt und schriftliche Quellen heranzieht; die Schlußverse des Johannes-Evangeliums (Johannes 21,24-25; vgl. auch Johannes 19,35) sind der unmißverständlichste Anspruch auf die Glaubwürdigkeit des Augenzeugen.

47 Nur als Beispiele seien hier Abschnitte wie Markus 6,35-41; Markus 8,14-21 und Markus 9,14-27 genannt, und im Johannes-Evangelium auch solche Passagen wie Johannes 13,31-16,33 – mit dem Hin und Her der sich steigernden Wechselrede und dem sich daran anschließenden großen dramatischen Monolog der Hauptperson –, eine lange Szene, die höchste Bühnenqualität hat; oder auch, kürzer, Johannes 21,15-23. Sogar für die Offenbarung des Johannes, das letzte Buch des Neuen Testaments, wurde die These vertreten, daß es ebenso wie das Markus-Evangelium die Strukturform eines antiken Dramas widerspiegelt und bereits in frühchristlicher Zeit hätte aufgeführt werden können: J. Blevins, »The Genre of Revelation«, *Review and Expositor* 77 (1980), 393-408. Für Markus vgl. u.a. G. G. Bilezikian, *The Liberated Gospel: A Comparison of the Gospel of Mark and Greek Tragedy,* Grand Rapids 1977. Andere Arbeiten u.a. zum Einfluß der griechischen Tragödie auf Markus sind z.B. H. Baarlink, *Anfängliches Evangelium,* Kampen 1977, hier v.a. 68-107; B. Standaert, *L'Évangile selon Marc: Composition et genre littéraire,* Brugge 1978; H.-J. Steichele, *Der leidende Sohn Gottes,* Regensburg 1980, hier v.a. 299-302; F. J. Matera, *What are they saying about Mark?,* New York/Mahwah 1987, hier v.a. 75-85.

[48] Plotin lebte von ca. 205–270 n. Chr., und obwohl in seinen erhaltenen Werken keine namentliche Auseinandersetzung mit dem Christentum stattfindet, kannte er dessen Lehren und hatte unter seinen Schülern den Porphyrios, seinen späteren Biographen, der einer der leidenschaftlichsten Gegner des Christentums war. Es wäre zu bedenken, ob Plotin das Markus-Evangelium gekannt haben könnte und unabhängig von seiner Einschätzung des Inhalts die Form und den Kunstgriff des »gar«-Schlusses zu schätzen wußte.

[49] Markus 4,41; 5;15; 5,33; 6,49-50; 9,6; 9,32;10,32; 11,18; 16,8.

[50] Z.B. 2. Samuel 11,1-27, die Geschichte von Davids Ehebruch. R. Heni, *Die Gespräche bei Herodot,* Heilbronn-Sontheim 1977, vergleicht alttestamentliche Dialogformen mit Herodot. Er operiert für Herodot mit dem Begriff der novellistischen Gespräche und führt damit vielleicht ungewollt auf einen Irrweg. Denn mit »Novellen« oder »Romanen« haben unsere Texte, sei es nun Herodot, Xenophon, Markus, Matthäus, Lukas oder Johannes nichts zu tun – es sei denn, man definiert diese Gattungsbegriffe bis zur Unkenntlichkeit um. Hier werden Ursache und Wirkung verwechselt. Eine Klärung versucht, noch nicht mit der gebotenen Deutlichkeit, H. Kuch, »Die Herausbildung des antiken Romans als Literaturgattung«, in ders. (Hrsg.), *Der antike Roman. Untersuchungen zur literarischen Kommunikation und Gattungsgeschichte,* Berlin 1989, 11-51, hier 39-41. Den Hinweis auf R. Heni verdanke ich M. Reiser, Mainz.

[51] Vgl. ausdrücklich und bewußt zugespitzt den abschließenden Vers des Johannes-Evangeliums, 21,25: »Wenn man das alles aufschreiben wollte, so würde, wie ich meine, die ganze Welt die Bücher nicht fassen, die zu schreiben wären.«

[52] R. Osmond, *Changing Perspectives. Christian Culture and Morals in England Today,* London 1993, 38.

[53] A. Munro, *Lives of Girls und Women,* New York ²1974, 83.

[54] *De spectaculis* (Über die Schauspiele), 29-30.

[55] Lateinischer und deutscher Text bei K. Langosch (Hrsg.), *Geistliche Spiele. Lateinische Dramen des Mittelalters mit deutschen Versen,* Darmstadt 1961, 99-105.

[56] Die Dramen der Nonne Hrotsvita von Gandersheim (ca. 935–975) gehören trotz ihrer hohen literaturgeschichtlichen Bedeutung nicht hierher, da sie als Lesedramen konzipiert waren, nie aufgeführt wurden und auch keinerlei Auswirkung auf die spätere Bühnengeschichte hatten.

Anmerkungen zu Kapitel 4

[1] Seneca, *De superstitione,* fr. 42.

[2] Augustinus, *Über den Gottesstaat* 6,11; hier eingangs zitiert nach der Ausgabe *Vom Gottesstaat,* Zürich 1977, 313. Vgl. M. Stern (Hrsg.), *Greek and Latin Authors an Jews und Judaism,* I, Jerusalem 1976, 431. Nach dem hier gebotenen lateinischen Text die Übersetzung des Seneca-Zitats.

[3] Vgl. den Bericht über die Grabungen von Yigael Yadin bei M. Avi-Yonah/E. Stern (Hrsg.), *Encyclopaedia of Archaeological Excavations in the Holy Land,*

III, Jerusalem 1977, hier 809. Zum jüdischen Schul- und Bildungswesen zur Zeit Jesu noch immer maßgeblich: R. Riesner, *Jesus als Lehrer,* Tübingen ³1988, hier 153-245.

4 Vgl. zur Mehrsprachigkeit Jesu neuerdings auch S. E. Porter, »Jesus and the Use of Greek in Galilee«, in B. Chilton/C. E. Evans (Hrsg.), *Studying the Historical Jesus,* Leiden 1994, 123-154.

5 Die Synagoge von Ostia Antica, die heute am Rande des antiken Stadtgebiets wieder zugänglich ist, stammt aus dem frühen 1. Jahrhundert und ist eine der ältesten, vielleicht die älteste heute bekannte Synagoge außerhalb Israels. Juden und erste (Juden-)Christen, die über diesen Hafen nach Rom reisten oder die Hauptstadt auf diesem Wege verließen, hatten hier eine willkommene Anlaufstelle nahe am damaligen Flußlauf des Tiber, unweit seiner Einmündung ins Mittelmeer.

6 Magdala wird außerhalb des Neuen Testaments griechisch auch Taricheai genannt; so steht es z.B. im Originaltext der Stelle bei Strabo, die das erste Motto dieses Kapitels ist. Aus diesem Ort kam Maria »Magdalena« – d.h. »die aus Magdala«.

7 Josephus, *Vita* (Autobiographie), 280.

8 Auch das Haus des Petrus, in dem Jesus sich aufhielt, ist mit allen späteren Überbauungsschichten wieder ausgegraben worden und befindet sich heute unter einer hypermodernen Kapelle, die über den Hausresten auf hohen Betonstelzen steht, wie ein Science-fiction-Raumschiff, das leider nicht abheben will. Vgl. S. Loffreda, *Kapernaum,* Jerusalem 1994, 50-67, mit Farbabbildungen des ursprünglichen Zustands nach der Ausgrabung, 13, 54-56, 62-63, 65, 83.

9 Codex Theodosii 16,8,9.

10 Meines Wissens wurde die These, daß Theodosius I. die heute zu großen Teilen ausgegrabene und rekonstruierte Synagoge von Kapernaum erbauen ließ, erstmals von Bargil Pixner vorgeschlagen: B. Pixner, *Wege des Messias und Stätten der Urkirche,* Gießen/Basel ³1996, 126.

11 *Satura* 14,96-106. Dazu auch die Analyse der Quellen über die Annäherung von Nichtjuden an die jüdische Religion in Antike und Spätantike bei M. Stern, *Greek and Latin Authors an Jews and Judaism,* II, Jerusalem 1980, 102-107.

12 Vgl. S. Loffreda, »Le sinagoghe di Cafarnao«, *Bibbia e Oriente* 26 (1984), 103-114.

13 Vgl. z.B. Babylonischer Talmud, Megilla 3,5 (224).

14 Vgl. Apostelgeschichte 18,24-26 und die vielen Berichte über Auftritte des Paulus, z.B. Apostelgeschichte 14,1, u.v.a.m. Auch die Bekehrung des römischen Centurios Cornelius durch Petrus (Apostelgeschichte 10,1-48) setzt einen solchen Zusammenhang voraus: Cornelius wird ausdrücklich als »ein Gottesfürchtiger mit einem guten Ruf beim ganzen Volk der Juden« bezeichnet (10,22).

15 V. Tzaferis, »New Archaeological Evidence an Ancient Capernaum«, *Biblical Archaeologist* 46 (1983), 198-206; V. Tzaferis/M. Peleg, »Kefar Nahum«, *Excavations and Surveys in Israel* 4 (1986), 59. Der ausführliche Grabungsbericht ist noch unveröffentlicht.

16 Vgl. z.B. Apostelgeschichte 22,19; 2. Korinther 11,24-25; vgl. Markus 13,9.

[17] In seiner Schrift *De Baptismo* (Über die Taufe) 1.

[18] Johannes 1,29; 1. Petrus 1,18-19; Apostelgeschichte 8,32; vgl. Jesaja 53,5-8.

[19] Die griechische Inschrift wurde 1839 in sieben Fragmenten gefunden und lange Zeit irrtümlich auf das 3. bis 5. Jahrhundert datiert. Im letzten Fragment bittet Pektorios seine verstorbenen Eltern, seiner »im Frieden des Fisches« zu gedenken. Vgl. F. J. Dölger, *Ichthys,* Münster 1922, I, 12-15, 177-183; II, 507-515.

[20] So hat es die Luther-Übersetzung noch in der Revision von 1984; die katholisch-evangelische »Einheitsübersetzung« von 1979 übersetzt das griechische Wort gegen alle Tradition statt dessen mit »Retter«. Das ist philologisch nicht falsch, nimmt dem Begriff aber alles, was mit ihm seit dem ältesten Werk der deutschen Literatur, dem *Heliand,* der um 830 geschrieben wurde, verbunden ist.

[21] *Titus* 3,4-7: »Als aber erschien die Freundlichkeit und Menschenliebe Gottes, unseres Heilands, machte er uns selig – nicht um der Werke der Gerechtigkeit willen, die wir getan hatten, sondern nach seiner Barmherzigkeit – durch das Bad der Wiedergeburt und Erneuerung im Heiligen Geist, den er über uns reichlich ausgegossen hat durch Jesus Christus, unsern Heiland.«

[22] *De re coquinaria* 1,11.

[23] Vgl. die zweisprachige, lateinisch-deutsche Ausgabe von Robert Maier, *Das römische Kochbuch des Apicius,* Stuttgart 1991.

[24] *Geographia,* 16,2,45; zum Text vgl. das Motto dieses Kapitels. Diese Form der Fischverarbeitung muß für die Stadt von Anfang an charakteristisch gewesen sein, denn der griechische Name kann deutsch mit »Fischpökeleien« übersetzt werden. Der aramäische Name Migdal (Turm) dürfte vollständig Migdal Nunaja gelautet haben, »Fischturm«.

[25] Josephus, *Jüdischer Krieg* II, 635.

[26] Vgl. z.B. Johannes 21,6-8: »Er sagte zu ihnen: ›Werft das Netz auf der rechten Seite des Bootes aus, und ihr werdet etwas fangen.‹ Sie warfen das Netz aus und konnten es nicht mehr ziehen, so voll war es mit Fischen.« Vgl. auch Matthäus 13,47-50.

[27] Vgl. Lukas 5,6-7: »Und als sie das taten, fingen sie eine so große Menge Fische, daß ihre Netze zu reißen drohten. So winkten sie ihren Kollegen im anderen Boot: Sie sollten kommen und ihnen helfen. Und sie kamen, und gemeinsam füllten sie beide Boote bis zum Rand, so daß sie fast sanken.«

[28] G. R. Beasley-Murray *John,* Waco 1987, 401-404.

[29] Th. Zahn, *Das Evangelium des Johannes,* Leipzig/Erlangen [6]1921, Nachdr. Wuppertal/Zürich 1983, 692.

[30] Vgl. für eine ausführliche und ausgewogene Diskussion aller Aspekte der Verfasserfrage D. Guthrie, *New Testament Introduction,* Leicester [4]1990, 252-283. Guthries Analyse ist auch durch jüngere Arbeiten zur »johanneischen Frage« wie etwa jene von M. Hengel nicht überholt.

[31] Vgl. S. Freyne, »The Geography Politics and Economics of Galilee and the Quest for the Historical Jesus«, in B. M. Metzger/B. D. Ehrman (Hrsg.), *Studying the Historical Jesus,* Leiden 1994, 75-121, hier 110-111.

[32] Vgl. C. P. Thiede, »Babylon, der andere Ort: Anmerkungen zu 1. Petr 5,13 und Apg 22,17«, *Biblica* 67/4 (1986), 532-538; erw. in: ders. (Hrsg.), *Das Petrusbild in der neueren Forschung,* Wuppertal/ Zürich 1987, 221-229.

[33] Das entsprach einem halben Schekel. Vgl. Josephus, *Jüdische Altertümer* 3,194-195. Die von Matthäus »Stater« genannte Tetradrachme, die nach Josephus einem Schekel entsprach und ebenso wie die Doppeldrachme im syrischen (heute libanesischen) Tyros geprägt wurde, gehörte zu den wenigen Silbermünzen der Antike, deren Prägewert nie verändert wurde. Sie hatte ein Gewicht von 14,55 Gramm und einen Feingehalt von 93 Prozent Silber. Vgl. A. Ben-David, *Jerusalem und Tyros. Ein Beitrag zur palästinensischen Münz- und Wirtschaftsgeschichte* (126 a. C.–57 p. C.), Basel/Tübingen 1969.

[34] Daß Petrus verheiratet war, geht aus zwei voneinander unabhängigen Erwähnungen hervor; Jesus heilt seine Schwiegermutter (Markus 1,29-31), und der Junggeselle Paulus notiert, daß Petrus wie die anderen Apostel seine Frau auf Reisen mitnahm (1. Korinther 9,5).

[35] Vgl. u.a. Cassius Dio, *Römische Geschichte,* 65,7,2.

[36] Zur Datierung vgl. unten S. 261-279.

[37] Apostelgeschichte 11,26.

[38] Bei Lukas wird gelegentlich angenommen, daß er nicht Jude, sondern ein den Juden nahestehender »Gottesfürchtiger« war, der vielleicht Proselyt wurde, ehe er sich zu Jesus als Messias bekannte und sich den Christen anschloß. Die Basis für diese Vermutung ist ausgesprochen schmal. Man verweist auf zwei Stellen: auf den Brief an die Kolosser 4,7-14, wo er am Ende einer Namensliste steht und als Nichtjude angeblich herausgehoben wird; aber das ist ganz offensichtlich nicht der Fall. Und auf Hieronymus (ca. 350–420 n. Chr.), der mit fast vierhundertjähriger Verspätung behauptet, daß Lukas ein Heide war, der erst zum Judentum konvertierte und dann Christ wurde (»Questiones hebraicae in Genesim«). Eher war Lukas wohl wie viele andere Juden ein sogenannter »Hellenist«, das heißt ein vorwiegend griechischsprechender Jude, der entweder selbst oder von seinem Familienhintergrund her aus einer griechisch geprägten Kulturwelt kam. In Jerusalem hatten diese Hellenisten eine eigene Synagoge und schlossen sich auch als Christen in einer Gruppe zusammen, über die Lukas kenntnisreich informiert – vgl. Apostelgeschichte 6,1-7.

[39] *Jüdische Altertümer* 18,107-128; vgl. die Beschreibung der Schlacht von Betsaida im Aufstand gegen die Römer, in seiner Autobiographie *(Vita)* 398-407.

[40] Johannes 1,44; Markus 6,45-53; Markus 8,22-26, u.a.m.

[41] Für die Tochter entschied sich Josephus, *Jüdische Altertümer* 18,28; für die Gattin stimmt aufgrund von Münzfunden der Archäologe und Numismatiker F. Strickert, »The Coins of Philip«, in R. Arav/R. A. Freund (Hrsg.), *Bethsaida. A City by the North Shore of the Sea of Galilee,* Kirksville 1995, 765-189. Strickert fand Münzen, die offenbar eigens aus diesem Anlaß geprägt wurden und die Köpfe von Augustus und Julia tragen. Vgl. auch Ch. Strack, »Hier war er mit Sicherheit. In Betsaida graben Archäologen nach den Spuren Jesu«, *Das Heilige Land* 127/2 (1995), 11-13.

42 Simon ist zwar auch ein jüdischer Name, Schim(e)on oder, gräzisiert, Simeon (vgl. die Grußadresse des 2. Petrus-Briefs), kommt aber auch in der griechischen Literatur schon im 5. vorchristlichen Jahrhundert vor: Aristophanes, *Die Wolken 351*, geschrieben 423 v. Chr. »Petros«, »der Fels«, ist gleichfalls ein griechisches Wortspiel mit »petra« = »Stein«. Johannes bietet zusätzlich die aramäische Form »Kepha(s)« (Johannes 1,42), die Paulus gelegentlich vorzieht, wenn er von ihm spricht (1. Korinther 3,22; 9,5; 15,5; Galater 2,9). Doch der Neutestamentler und Qumran-Forscher James Charlesworth konnte glaubhaft machen, daß die griechische Namensform »Petros« (latinisiert »Petrus«) unter Juden auch in aramäischer Umschrift gebräuchlich war: J. Charlesworth, »Has the Name ›Peter‹ Been Found Among the Dead Sea Scrolls?«, in B. Mayer, *Christen und Christliches in Qumran?*, Regensburg 1992, 213-225.

43 Dies setzt Josephus in seiner *Vita*, 407, voraus.

44 »Wo lag Betsaida? Eine Studie«, *Das Heilige Land* 114/2-3 (1982), 25-31; »Searching for the New Testament Site of Betsaida«, *Biblical Archaeologist* 48 (1985), 196-206.

45 Vgl. R. Arav, »Bethsaida Excavations: Preliminary Report 1987-1993«, in R. Arav/R. A. Freund (Hrsg.), *Bethsaida. A City by the North Shore of the Sea of Galilee*, Kirksville 1995, 3-64. Vgl. auch die aktuelle Zusammenfassung aller Grabungsbefunde aus alt- und neutestamentlicher Zeit bei B. Pixner, »Betsaida – zehn Jahre später«, *Das Heilige Land* 128/3 (1996), 6-9, hier 6-7.

46 Vgl. den ersten vorläufigen Bericht von H.-W. Kuhn/R. Arav, »The Bethsaida Excavations: Historical and Archaeological Approaches«, in B. A. Pearson (Hrsg.), *The Future of Early Christianity*, Minneapolis 1991, 77-106.

47 Farbabbildung in D. W. Casey Jr., »Bethsaida – House of the Fishers, Part II«, *Holyland* 5/5 (1997), 2.

48 *Historia Naturalis* 3,56.

49 B. Pixner, *Wege des Messias und Stätten der Urkirche*, Gießen/Basel ³1996, 423. Bei Pixner, 393, auch eine Schwarzweiß-Skizze des Tonkrug-Kreuzes.

50 Bei R. A. Lipsius, *Die apokryphen Apostelgeschichten und Apostellegenden*, Braunschweig 1890, 20.

51 D. H. K. Amiran/E. Arieh/T. Turcotte, »Earthquakes in Israel And Adjacent Areas: Macroseismic Observations since 100 BCE«, *Israel Exploration Journal* 44 (1994), 260-305, hier 265, 294. Zu Herculaneum vgl. L. W. Barnard, »The Cross of Herculaneum Reconsidered«, W. C. Weinreich (Hrsg.), *The New Testament Age: Essays in Honor of Bo Reicke*, Bd. 1, Macon/Georgia 1984.

52 Eine Zweigstraße führte von Damaskus in östlicher Richtung über Kaspin und erreichte den See Genezareth bei Hippos-Susita. Mit der anderen Route verband sie sich nördlich von Bet-Schean.

53 S. Loffreda, *Kapernaum*, Jerusalem 1994, 18-19, 80-81.

54 IMP(ERATOR)/(CAES)AR DIVI/(TRAIA)NI PAR(THICI)/(FILIUS DIVI NERVAE N)EP(OS) TRAI/(AINUS HAD)RIANUS AUG(USTUS). Lateinischer Text und Farbabbildung bei G. Kroll, *Auf den Spuren Jesu*, Stuttgart ¹⁰1988, 214.

55 Der Wohlstand des Levi-Matthäus ist aus der Beschreibung seines Dinners im Lukas-Evangelium ersichtlich (Lukas 5,29). Weitere, offenbar dem Matthäus

unterstellte Zöllner in Kapernaum werden an der gleichen Stelle erwähnt und auch von Matthäus (9,9-10) und Markus (2,14-16) notiert.

[56] *Satura* 3,14; 6,542. In beiden Fällen transportieren die Juden Heu. Es ist durchaus möglich, daß die »sieben Körbe« auf dem östlichen Ufer und die »zwölf Körbe« auf dem Westufer auch symbolisch verstanden werden können. Aber hier geht es nicht um dieses »auch«, sondern um den ganz konkreten Textbefund.

[57] Markus 8,27-30; vgl. Matthäus 16,13-20.

Anmerkungen zu Kapitel 5

[1] Beide Zitate nach der Ausgabe Tacitus, *Historien,* Lateinisch/Deutsch, übs. und hrsg. von H. Vretska, Stuttgart 1984, 618-621, 644-645.

[2] Nach neuesten Forschungen befand sich dieser Palast im Bereich der heutigen Kirche St. Peter in Gallicantu, am Ostabhang des Zionsbergs. Erst kürzlich wurden dort nördlich des aus römischer Zeit stammenden Stufenwegs wieder weitere Bebauungsspuren aus neutestamentlicher Zeit freigelegt. Vgl., mit archäologischen Skizzen und weiterführender Literatur, B. Pixner, *Wege des Messias und Stätten der Urkirche,* Gießen/Basel [3]1996, 229-241.

[3] Th. Zahn, *Das Evangelium des Johannes,* Erlangen [6]1921, Nachdr. Wuppertal 1983, 626-627, 655-659.

[4] Hier wird vorausgesetzt, daß verschiedene Stellen der Evangelien zusammengenommen das folgende Bild ergeben: Die Mutter von Jakobus und Johannes hieß Salome und war die Schwester von Maria, der Mutter Jesu. Beide, die mit Elisabeth, der Mutter Johannes des Täufers verwandt waren, entstammten wie diese einer aaronitischen Priesterfamilie (Lukas 1,5). Vgl. ferner Matthäus 27,56; Johannes 19,25; Markus 15,40; 16,1.

[5] Der älteste, durch seine Inschrift genau datierbare, christliche Sarkophag ist der des kaiserlichen Kämmerers Marcus Aurelius Prosenes aus dem Jahr 217. Hier ist das Bildprogramm noch ganz »heidnisch«, nur die Inschrift verweist auf den christlichen Glauben des Bestatteten: »Receptus ad Deum«. Vgl. B. Brenk, *Spätantike und frühes Christentum.* Propyläen Kunstgeschichte Bd. 15, Frankfurt 1985, 32-33. Das Nebeneinander von christlichen und nichtchristlichen Bildmotiven und Texten war für die vorkonstantinische Übergangszeit nicht die Ausnahme, sondern die Regel. Dafür gab es viele Gründe – etwa jenen, daß innerhalb der gleichen Familie Christen neben Nichtchristen lebten und darauf Rücksicht genommen wurde. Es ist auch denkbar, daß ein Auftraggeber die Putten, Vögel, mythologische Szenen und andere Elemente antiker Sarkophagkunst als schmückendes Beiwerk der Tradition in Kauf nahm. Und mitunter waren Motive auch übertragbar – der klassische Schafsträger konnte als »Guter Hirte« gedeutet werden, und ob er von vornherein christlich gemeint war oder nicht, kann man nur an einem äußeren Indiz entscheiden: Der vorchristliche Hirte trägt Vollbart, der christliche ist rasiert.

[6] Abb. u.a. bei J. Engemann, *Deutung und Bedeutung frühchristlicher Bildwerke,* Darmstadt 1997, 63.

[7] Abb. u.a. bei R. Milburn, *Early Christian Art and Architecture*, Aldershot 1988, 69.

[8] Zum Asklepios-Kult und seiner Weiterentwicklung auch in frühchristlicher Zeit vgl. U. Victor (Hrsg.), *Lukian von Samosata. Alexandros oder der Lugenprophet,* Leiden 1997, 38-51.

[9] Artemidor, *Traumkunst* 255,24; hier zitiert nach der Ausgabe von F. S. Krauss/ G. Löwe, Leipzig 1991, 280.

[10] *Über das Wesen der Tiere* 3,31.

[11] Die englische Sprache hat davon noch eine Ahnung bewahrt; »cock« ist hier eine umgangssprachliche Bezeichnung für das männliche Geschlechtsteil.

[12] Vgl. Markus 13,35, wo die griechische Zeitbestimmung ausdrücklich gebraucht wird; vgl. auch die spezifische Benutzung dieses Fachausdrucks in verschiedenen alten Papyrus-Handschriften an der Stelle der Voraussage Jesu, Matthäus 26,34 – namentlich im P37 und im P45.

[13] Der Mithras-Kult, mit dem er gelegentlich in Verbindung gebracht wird, spielte sich – anders als die genannten – nicht öffentlich, sondern in geschlossenen Männerzirkeln ab.

[14] Apostelgeschichte 9,32-35. Der Aeneas der Heldensage war Sohn des Anchises und der Aphrodite (lateinisch Venus). Er floh aus dem brennenden, dem Untergang geweihten Troja, erreichte Karthago, wo er ein Liebesverhältnis mit Königin Dido begann und gelangte nach weiteren Abenteuern schließlich nach Latium. Dort gründete sein Sohn Iulus die Stadt Alba Longa, als deren Tochterstadt Rom entstand. Der Ursprung der Aeneas-Sage entstammt Homers *Ilias;* die Ausmalung und Fortführung ist das Werk des Vergil in seinem Nationalepos *Aeneis.* Kaiser Augustus erklärte Aeneas zum Stammvater seines Geschlechts.

[15] Papyrus Vindobonensis Sijpenstein 26, datiert auf ca. 270 n. Chr. Hier korrespondieren zwei untergeordnete Beamte miteinander, die offenbar beide Christen sind, wie die Gottesformel nahelegt (vgl. dazu H. Koskenniemi, *Studien zur Idee und Phraseologie des griechischen Briefes,* Helsinki 1956, hier 162).

[16] Wie das auch heute noch getrennt werden kann, führte der jüdische Altphilologe Günther Zuntz vor, der in seinem Aufsatz »Ein Heide las das Markusevangelium« (in H. Cancik (Hrsg.), *Markus-Philologie,* Tübingen 1984, 205-222) sich selbst als diesen »Heiden« bezeichnet, Reaktionen anderer – antiker – »Heiden« zu rekonstruieren versucht und zum Schluß, ohne »gläubig« geworden zu sein, dem Markus höchsten gestalterischen, literarischen Rang zuweist, indem er ihn »den christlichen Aischylos« nennt.

[17] E. Auerbach, *Mimesis,* Bern 1946. Hier zitiert nach der 6. Aufl. 1977, 45-46. Auch Auerbach war wie Günther Zuntz ein deutscher Jude, der vor dem Nationalsozialismus fliehen mußte; während Zuntz nach Manchester ging, verfaßte Auerbach sein Meisterwerk an der Universität von Istanbul.

[18] Zu Lydia: Apostelgeschichte 16,14; zu Prisca (Verkleinerungsform Priscilla) und ihrem Ehemann Aquila: Apostelgeschichte 18,1-3; 1. Korinther 16,19; Römer 16,3.

[19] Lukas 1,3-4; vgl. Apostelgeschichte 1,1.

[20] Zu Marcus Cornelius Fronto (ca. 95–ca. 166 n. Chr.) als Gegner des Christentums vgl. u.a. W. Speyer, »Zu den Vorwürfen der Heiden gegen die Christen«, *Jahrbuch für Antike und Christentum* 6 (1963), 129-135; C. P. Thiede, »A Pagan Reader of 2 Peter: Cosmic Conflagration in 2 Peter 3 and the *Octavius* of Minucius Felix«, *Journal for the Study of the New Testament* 26 (1986), 79-96.

[21] Apostelgeschichte 28,13; vgl. zum Schauplatz der Trimalchio-Geschichte K. Müller/W. Ehlers (Hrsg.), Petronius, *Satyrica,* München/Zürich ³1983, 489-490.

[22] 1. Petrus 1,1. Zur Verfasserfrage und Entstehungszeit des 1. Petrus-Briefs vgl. u.a. F. Neugebauer, »Zur Deutung und Bedeutung des 1. Petrusbriefs«, *New Testament Studies* 26 (1980), 61-86; geringfügig überarbeitet in C. P. Thiede (Hrsg.), *Das Petrusbild in der neueren Forschung,* Wuppertal 1987, 109-144; C. P. Thiede, Artikel »Erster Petrusbrief«, *Das Große Bibellexikon,* Bd. 3, Wuppertal/Gießen ²1990, 1169-1171. Zur Person des Petronius vgl. Plinius d. Ä., *Naturgeschichte* 37,20; Tacitus, *Annalen* 16,17-18; Plutarch, *Moralia* 60 d-e; K. F. C. Rose, »The Date and Author of the Satyricon«, *Mnemosyne,* Suppl. 16, 1971; M. S. Smith (Hrsg.), *Petronii Arbitri Cena Trimalchionis,* Oxford 1975; K. Müller/W. Ehlers, wie in Anm. 21, 485-487.

Bithynien bildete eine Provinz zusammen mit Pontus, das ebenfalls in der Adressatenliste des 1. Petrusbriefs erscheint. Auch im frühen 2. Jahrhundert erlangte die Gegend Bedeutung für die frühchristliche Geschichte: Kaiser Trajan sandte ca. 100 n. Chr. den Ritter Gaius Plinius Caecilius Secundus – meist »Plinius der Jüngere« genannt, um ihn von seinem Onkel, dem Flottenkommandanten, Natur- und Kulturhistoriker Gaius Plinius Secundus, Plinius »dem Älteren«, zu unterscheiden – als kaiserlichen Legaten hierher; und der Briefwechsel zwischen Plinius und Trajan über den juristisch korrekten Umgang mit den Christen ist das älteste erhaltene Zeugnis dieser Art.

[23] Tacitus, *Annalen* 16,18-19.

[24] K. Müller/ W Ehlers, wie in Anm. 21, 149.

[25] Plinius d. J., *Epistularum Libri Decem,* 10,96,6: »Alii ab indice nominati esse se Christiani dixerunt et mox negaverunt …« (»Andere, die vom Denunzianten angegeben wurden, sagten, sie seien Christen, widerriefen das aber …«).

[26] *Satyrica* 78,5-7.

[27] I. Ramelli, »Petronio e i Cristiani: Allusioni al vangelo di Marco nel Satyricon?«, *Aevum* 70 (1996), 75-80.

[28] Vgl. Hohelied 1,12; 4,13-14.

[29] Ilaria Ramelli hat die Verzeichnisse der erhaltenen lateinischen Literatur, den *Thesaurus Linguae Latinae* und das CD-ROM-Verzeichnis des Packard Humanities Institute, herangezogen und konnte dort nur eine einzige Stelle nachweisen, an der Nardenöl mit dem Tod in Verbindung steht: im *Bellum Hispaniense,* einem Augenzeugenbericht des Spanischen Kriegs, der 45 v. Chr. endete. Doch dort, Bell. Hisp. 33,3-4, wird Nardenöl nur zusammen mit Harz bei einem Scheiterhaufen benutzt, um den Körper eines Selbstmörders besser verbrennen zu können.

[30] E. Preuschen, »Die Salbung Jesu in Bethanien«, *Zeitschrift für die neutestamentliche Wissenschaft* 3 (1902), 252-53; 4 (1903), 88.

[31] *Satyrica* 78,5.

[32] Obwohl diese Umkehrung erst von Ramelli ausgearbeitet wurde, hatte die Forschung die These Preuschens schon lange zuvor und an gleicher Stelle als unsinnig abgelehnt. Vgl. u.a. D. G. Linder, »Zur Salbung Jesu in Bethanien«, *Zeitschrift für die neutestamentliche Wissenschaft* 4 (1903), 179-181; besonders prägnant die Notiz von O. Holtzmann, »Zur Salbung Jesu in Bethanien«, *Zeitschrift für die neutestamentliche Wissenschaft* 4 (1903), 181; ferner K. Goetz, »Zur Salbung Jesu in Bethanien«, *Zeitschrift für die neutestamentliche Wissenschaft* 4 (1903), 181-185. Vgl. auch P. Meloni, *Il profumo dell'immortalità.* L'interpretazione di Cantico 1,3, Rom 1975, hier 24-25 mit Anm. 103-106. Eine interessante Studie zur Kenntnis jüdischer Tischsitten bei Petronius, die zum Verständnis des Hintergrunds beiträgt, findet sich bei W. M. Clarke, »Jewish Table Manners in the *Cena Trimalchionis*«, *The Classical Journal* 87 (1991/1992), 257-263.

[33] So schon C. Saylor, »Funeral Games. The Significance of Games in the *Cena Trimalchionis*«, *Latomus* 46 (1987), 593-602. I. Ramelli verweist in ihrer Studie auch auf den Aufsatz von D. Gagliardi, »Il tema della morte nella Cena petroniana«, *Orpheus* 10 (1989), 13-25.

[34] Später, nachweislich seit dem 2. Jahrhundert, wurde den Christen öffentlich vorgeworfen, bei ihren Mahlzeiten rituell Menschenfleisch »nach Art des Thyestes« zu verzehren und dabei das Blut der Opfer zu trinken. Der Kannibalismus-Vorwurf wurde oft mit dem Thyestes-Mythos in Verbindung gebracht: Atreus hatte die Söhne seines Bruders Thyestes als Strafe für dessen Verführung seiner Frau getötet und ihm Leichenteile als Mahlzeit vorgesetzt. Die frühchristlichen Autoren setzten sich mit diesen polemischen Vorwürfen umsichtig und kenntnisreich auseinander – vgl. Aristides, *An Hadrian* 15 (ca. 120 n. Chr.); Minucius Felix, *Octavius* 9,1-7 (ca. 150 n. Chr.); Justin, *Apologie* 1,26 (ca. 150 n. Chr.); Athenagoras, *Bittschrift für die Christen* 3 (ca. 177 n. Chr.), und andere mehr.

[35] Lateinisch: »ut amplexas meas in crucem mittam« (*Satyrica* 126,9). »Crux« ist wörtlich das Kreuz, an dem die Römer Hinrichtungen vollzogen, wurde aber im übertragenen Sinne dann auch so gebraucht, wie wir umgangssprachlich vom »Galgenstrick« reden und damit nicht einen Gegenstand, sondern einen Menschen meinen.

[36] Vgl. den Brief des Paulus an die Epheser; vgl. a. R. Riesner, *Die Frühzeit des Apostels Paulus,* Tübingen 1994, 189-194.

[37] Vgl. C. P. Thiede, »Babylon, der andere Ort«, wie in Kapitel 4, Anm. 32.

[38] Vgl. H. Botermann, *Das Judenedikt des Kaiser Claudius. Römischer Staat und Christiani im 1. Jahrhundert,* Stuttgart 1996, 44-49.

[39] Die Berichte stammen von Beobachtern oder Historikern, die keine Christen waren, die Märtyrer-Rolle der römischen Gemeinde also sicher nicht verherrlichen wollten: vgl. Tacitus, *Annalen,* 15,38-44; Sueton, *Nero* 16,2; 38,1-3; vgl. a. Seneca, *Briefe an Lucilius* 95,30-33.

[40] G. Zuntz, »Wann wurde das Evangelium Marci geschrieben?«, in H. Cancik (Hrsg.), *Markus-Philologie,* Tübingen 1984, 47-71.

[41] Zur Leserschaft des Markus unter Rittern und Höflingen des Claudius und des Nero vgl. auch M. Sordi, »La prima comunità cristiana di Roma e la corte di Claudio«, in E. dal Covolo/R. Uglione (Hrsg), *Cristianesimo e istituzioni politiche da Augusto a Costantino,* Rom 1995, 15-23.

[42] Philipper 4,22. Zu Rom als Abfassungsort und zum Datum des Briefs sowie zu dieser Stelle vgl. u.a. F. F. Bruce, *Philippians,* Basingstoke 1984/Peabody Mass. 1989, XX-XII; H. Marshall, *The Epistle to the Philippians,* London 1992, XVII-XX.

[43] Wie u.a. der in Qumran-Höhle 7 gefundene Schriftrollenkrug mit der zweimaligen hebräischen Inschrift »Roma« zeigt. Vgl. Kapitel 7.

Anmerkungen zu Kapitel 6

[1] Deutsche Übersetzung nach J. Maier, *Die Qumran-Essener: Die Texte vom Toten Meer,* Bd. II, München 1995, 683-687, hier 684. Andere Übersetzungen geben Fr. 1, Kolumne 12, mit »die schwer Verwundeten« oder »die Kranken« wieder.

[2] Zu den ausdrücklich als Augenzeugenberichten dokumentierten Ereignissen gehört die Durchbohrung des Gekreuzigten: »Als sie aber zu Jesus kamen und sahen, daß er schon gestorben war, brachen sie ihm die Beine nicht, sondern einer der Soldaten stieß mit einem Speer in seine Seite, und sogleich kam Blut und Wasser heraus. Und der das gesehen hat, der hat es bezeugt, und sein Zeugnis ist wahr ...« (Johannes 19,33-35). Man brach den noch nicht ganz Toten die Beine, damit sie sich nicht mehr stützen konnten; das führte zum schnellen Tod vor allem aus Atemmangel. Johannes zitiert dann ausdrücklich zwei Stellen der allen Juden vertrauten Bibel, die hier in Erfüllung gingen (2. Mose/Exodus 12,46; Sacharja 12,10). Zu ihnen gesellt sich nun, seit der Entdeckung der Texte von Qumran, das Fragment 4Q521.

[3] Vgl. R. Merkelbach, *Roman und Mysterium in der Antike,* München 1962; R. Petri, *Über den Roman des Chariton,* Meisenheim/Glan 1963; G. P. Gold (Hrsg.); N. Holzberg, *Der antike Roman,* München/Zürich 1986, 52 (»spätestens 62 n. Chr.«); Chariton: *Callirhoe,* Cambridge (Mass.)/London 1995, 1-2, mit weiterführender Literatur, 20-26.

[4] *Kallirhoe* 4,3,3-6. Hier ist offenbar die Kreuzigungsweise beschrieben, bei der die Hand- und Fußgelenke nicht mit Nägeln, sondern mit Stricken am Kreuz befestigt wurden. Auch die vier Evangelien sagen nicht, daß Jesus mit Nägeln am Kreuz festgeschlagen wurde; das erschließt sich erst aus den ausdrücklichen Hinweisen auf die Wundmale des Auferstandenen (Johannes 20,24-29; vgl. Johannes 20,20; Lukas 24,39-40). Die Durchschlagung der Fersen mit einem Nagel ist für das 1. Jahrhundert n. Chr. durch den Fund eines durchnagelten Fersenknochens in Jerusalem belegt; vgl. J. Zias, »La prima cristianità in Terrasanta«, in A. Donati (Hrsg.), *Dalla Terra alle Genti. La diffusione del cristianesimo nei primi secoli,* [Ausstellungskatalog Rimini], Mailand 1996, 44-48; J. Zias/E. Sekeles, »The Crucified Man from Giv'at ha Mivtar: A Reappraisal«, *Israel Exploration Journal* 35 (1985), 21-27.

5 Vgl. jüngst wieder H. Botermann, »Rezension von R. Riesner, *Die Frühzeit des Apostels Paulus,* Tübingen 1994«, in *Gnomon* 69 (1997), 235-239 hier v.a. 237.

6 Aules Persius Flaccus, *Satiren,* 1,134.

7 Diese Forschungsrichtung begann mit Harald Riesenfeld und dessen Schüler Birger Gerhardsson in Schweden und erfuhr dann ihre wichtigste Fortführung bei Rainer Riesner in Deutschland. Vgl. u.a. H. Riesenfeld, »The Gospel Tradition and Its Beginnings«, *Texte und Untersuchungen zur Geschichte der altchristlichen Literatur* 73 (1959), 43-65; B. Gerhardsson, *Memory and Manuscript. Oral Tradition and Written Transmission in Rabbinic Judaism and Early Christianity,* Lund [2]1964; ders., *Die Anfänge der Evangelientradition,* Wuppertal 1977; R. Riesner, *Jesus als Lehrer. Eine Untersuchung zum Ursprung der Evangelien-Überlieferung,* Tübingen [3]1986.

8 J. A. T. Robinson, *Redating the New Testament,* London 1976; dt: *Wann entstand das Neue Testament?,* Paderborn/Wuppertal 1986.

9 Ausführlicher dazu Kapitel 10.

10 Vgl. sehr anschaulich H. Riesenfeld, »Neues Licht auf die Entstehung der Evangelien. Handschriften vom Toten Meer und andere Indizien«, in B. Mayer (Hrsg.), *Christen und Christliches in Qumran?,* Regensburg 1992, 177-194.

11 Sueton, *Vespasian* 23; vgl. Cassius Dio, *Römische Geschichte* 66,14.

12 Sueton, *Vespasian* 23.

13 Zur Bedeutung des »Gottessohn«-Titels in frühchristlicher Zeit vgl. Kapitel 9.

14 Euseb, *Kirchengeschichte* 3,5,3; vgl. Epiphanius, *Gegen die Häretiker* 29,7.

15 Ein Ereignis, das nach Abschluß der Apostelgeschichte des Lukas stattfand und daher erst vom jüdischen Historiker Flavius Josephus berichtet wird, *Jüdische Altertümer* 20,197-203.

16 Vgl. Josephus, *Jüdische Altertümer* 20,256; ders., *Jüdischer Krieg,* 2,279.

17 Euseb, *Kirchengeschichte* 3,5,3. Euseb, der seine *Kirchengeschichte* 324/325 n. Chr. publizierte, kommentiert die Notiz mit der Vermutung, daß dieses Orakel die Christen aus Jerusalem und Judäa ins Exil gehen ließ, damit Gottes Strafe – die Zerstörung aus der Hand der Römer – dort auf all jene fallen könne, die gegen Christus und seine Apostel Verbrechen begannen hatten. Wahrscheinlicher ist allerdings, daß die Urgemeinde das Geschehen um sie herum als Verwirklichung einer Prophezeiung Jesu verstand. Der zum Teil blutige innerjüdische Konflikt um das angemessene Verhalten gegenüber den Römern, ein »Bruderzwist«, in dem die Zeloten ihre Opponenten mitunter auch umbrachten, konnte an Matthäus 10,21-23 erinnern, wo eine solche Situation vorhergesagt und mit der Aufforderung zur Flucht verbunden wird. Daß die tatsächliche Flucht der Jünger dann anders ablief, als es Jesus im Matthäus-Evangelium formuliert, wurde schon früh als Hinweis auf die Datierung des Matthäus-Evangeliums verstanden: Es muß vor dem Auszug aus Jerusalem nach Pella abgefaßt worden sein, denn ansonsten wäre der Text der Jesus-Worte dem tatsächlichen Ablauf der Ereignisse angepaßt worden. Vgl. Th. Zahn, *Das Evangelium des Matthäus,* Leipzig/Erlangen 1903, [4]1922, Nachdruck Wuppertal/Zürich 1984, 407.

18 Simeon, der Sohn des Clopas, der ein Bruder des Joseph war. (Euseb, *Kirchengeschichte* 3,11). Damit blieb das Amt des Leiters der Jerusalemer Gemeinde nach dem rund sechsjährigen Interregnum weiterhin in der Familie Jesu.

19 Ausführlich mit Skizzen und Karten B. Pixner, *Wege des Messias und Stätten der Urkirche,* Gießen ³1996, 287-326.

20 Vgl. W. Weiser/H. M. Cotton, »Gebt dem Kaiser, was des Kaisers ist … Die Geldwährungen der Griechen, Juden, Nabatäer und Römer im syrisch-nabatäischen Raum«, *Zeitschrift für Papyrologie und Epigraphik* 114 (1996), 237-287.

21 Zu den Zahlen- und Preisangaben vgl. K. W. Weeber, *Alltag im Alten Rom,* Zürich 1995, 281-287; H.-M. v. Kaenel, »Römische Numismatik«, in F. Graf (Hrsg.), *Einleitung in die lateinische Philologie,* Stuttgart/Leipzig 1997, 670-696; A. Ben-David, *Jerusalem und Tyros. Ein Beitrag zur palästinensischen Münz- und Wirtschaftsgeschichte* (126 a. C.–57 p. C.), Basel/Tübingen 1969; A. Ben-David, *Talmudische Ökonomie. Die Wirtschaft des jüdischen Palästina zur Zeit der Mischna und des Talmud,* I, Hildesheim/New York 1974; W. Weiser/H. M. Cotton, wie in Anm. 20.

22 Zum Vergleich: Der Jahressold eines römischen Legionärs betrug zu dieser Zeit 225 Denare.

23 Es liegt nahe, daß die Hohenpriester das Geld aus der Tempelkasse nahmen, und in der befanden sich die Doppeldrachmen der Tempelsteuer, in Ausnahmefällen auch Tetradrachmen, falls zwei Erwachsene gemeinsam zahlten, wie Jesus das für sich und Petrus vorschlug. Einige griechische Handschriften des Matthäus-Evangeliums – z.B. der Codex Bezae Cantabrigiensis aus dem 5. Jahrhundert – setzten an die Stelle der »argyria« die »statäras«, also den Stater, die Tetradrachme. Das entspräche folglich einer Verdopplung des Wertes der dreißig Silberlinge. Auch die kommentierenden Kirchenväter Origenes und Euseb scheinen die Stelle so verstanden zu haben.

24 Bis heute sind für den Zeitraum von 37 *vor* Chr. bis 67 *nach* Chr. keine Münzen mit hebräischer bzw. aramäischer Beschriftung gefunden worden. Vgl. zum Stand bis 1967 ausführlich Y. Meshorer, *Jewish Coins of the Second Temple Period,* Tel Aviv 1967.

25 Vgl. H. S. J. Hart, »The Coin of ›Render unto Caesar …‹. A Note on Some Aspects of Mark 12;13-17; Matthew 22;15-22; Luke 20;20-26)«, in E. Bammel/ C. F. D. Moule (Hrsg,), *Jesus and the Politics of His Day*, Cambridge 1984, 241-248.

26 Abb. und Text u.a. in H. Mattingly *Coins of the Roman Empire in the British Museum,* I, London 1923, 126:45.

27 Benedikt Schwank erinnert an die Münzen, die von römischen Prokuratoren bzw. Präfekten in Palästina geprägt wurden und die dafür die griechische Umgangssprache bevorzugten. Auch auf ihren Münzen wird der Kaiser beim Namen und Titel genannt; eine Münze des Pontius Pilatus aus dem Jahr 29/30 n. Chr. trägt auf der Vorderseite den Text TIBERIOU KAICAROC (»des Kaisers Tiberius«). Er vermutet, daß auch die Tiberius-Münze, die Jesus benutzte, eine griechisch umschriftete war und schließt aus einer Reihe von sprachlichen Details des Berichts bei Markus, daß die ganze Szene in der von allen Beteiligten

verstandenen griechischen Sprache stattfand (B. Schwank, »Ein griechisches Jesuslogion? Überlegungen zur Antwort Jesu auf die Steuerfrage (Mk 12,16-17 parr)«, in N. Brox, A. Felber u.a. (Hrsg.), *Anfänge der Theologie*, Graz 1987, 61-64) Vgl auch F. Stauffer, *Christus und die Cäsaren. Historische Skizzen*, München/Hamburg [7]1966, 113-122.

28 Erster Grabungsbericht: Z. Greenhut, »Discovery of the Caiaphas Family Tomb«, *Jerusalem Perspective* 4/4-5 (July/October 1991), 6-12; ders., »The ›Caiaphas‹ Tomb in North Talpiot«, *Atiqot* 21 (1992), 63-71.

29 Berüchtigt war Kaiaphas keineswegs nur in christlichen Kreisen. Er und wohl auch andere Angehörige wurden des Mißbrauchs ihrer Positionen beschuldigt, und im Talmud gibt es eine Stelle, in der über die gesamte Sippe des Kaiaphas das »Wehe« ausgerufen wird (Traktat Pesachim 54).

30 Josephus, *Jüdische Altertümer* 18,95: »Iósäpon tòn Kaiáphan epikaloúmenon«. Vgl. auch 18,35.

31 Vgl. die sehr ausgewogenen Artikel von R. Reich, »Ossuary Inscriptions from the Caiaphas Tomb«, *Jerusalem Perspective* 4/4-5 (July/October 1991), 13-22; ders.»Caiaphas Name Inscribed on Bone Boxes«, *Biblical Archaeology Review* 18/5 (1992), 38-44,76. Reichs Darstellungen unterscheiden sich wohltuend von den Spekulationen zweier Artikel, die an der »Qajfa«-Identifizierung einige schon epigraphisch unhaltbare Zweifel äußerten: É. Puech, »A-t-an redécouvert le tombeau du grand-prêtre Caïphe?«, *Le Monde de la Bible* 80 (1993), 42-47; W. Horbury, »The ›Caiaphas‹ Ossuaries and Joseph Caiaphas«, *Palestine Exploration Quarterly* 126 (1994), 32-48. Ronny Reich bereitet eine neue Studie vor, in der er die Thesen von Puech und Horbury zusammenfassend widerlegt.

32 Die auffällige Häufung von Säuglings- und Kleinkindknochen begründet der Archäologe und Anthropologe Joseph Zias mit einer extremen Dürreperiode in Jerusalem zwischen 41 und 48 n. Chr. Und in genau diese Zeit fällt die Grabanlage, wie aus dem unten besprochenen Münzfund hervorgeht. J. Zias, »Human Skeletal Remains from the ›Caiaphas‹ Tomb«, *Atiqot* 21 (1992), 78-80.

33 Das Original befindet sich heute im Israel Museum, Jerusalem unter der Inventarnummer 61.529; lesbar sind Teile von vier Zeilen: TIBERIEUM/(PON)TIUS PILATUS/(PRAEF)ECTUS IUDA(EA)E/(D)E(DIT), »… (das) Tiberieum/Pontius Pilatus/Präfekt von Judäa/gab …«. Mit dem »Tiberieum« ist wohl ein dem Kaiser Tiberius zu Lebzeiten (!) geweihter Tempel gemeint; die Namensform entspricht zum Beispiel der griechischen des späteren Hadrian-Tempels in der gleichen Stadt, »Arianeíon« Eine (sehr schlechte) Kopie der Pilatus-Inschrift ist unweit des Theaters in Caesarea aufgestellt. Vgl. A. Frova, »L'inscrizione di Ponzio Pilato a Cesarea«, *Rendiconti, Academia di Scienze e Lettere Milano*, 95 (1961), 419-443.

34 In Jerusalem gab es zu dieser Zeit eine Gemeinde von Juden, die aus der nordafrikanischen Kyrenaika gekommen waren und hier ihre eigene Synagoge hatten (Apostelgeschichte 6,9; Vgl. 2,10.). Vgl. N. Avigad, »A Depository of Inscribed Ossuaries in the Kidron Valley«, *Israel Exploration Journal* 12 (1962), 1-12; J. Zias, »Ossuario col nome di Alessandro, figlio di Simone di Cirene«, in: A. Donati (Hrsg.), *Dalla Terra alle Genti. La diffusione del cristianesimo nei primi secoli* [Ausstellung Rimini 1996], Mailand 1996, 167.

[35] Das berichten nicht nur die Evangelien. Auch der Zeitgenosse Josephus teilt mit: »Die Sadduzäer sind der Meinung, daß die Seele zusammen mit dem Körper stirbt.« Vgl. seinen *Jüdischen Krieg,* 2,165. Die sorgsame Aufbewahrung der Knochen war da überflüssig. Vgl. auch Apostelgeschichte 23,8: »Die Sadduzäer behaupten nämlich, es gebe weder eine Auferstehung noch Engel noch Geister, die Pharisäer dagegen lehren beides.«

[36] Babylonischer Talmud, *Semachot* 13. Vgl. ferner *Sanhedrin* 46b, 47b.

[37] *Jüdische Altertümer* 19, 346-351.

[38] Vgl. J. M. C. Toynbee, *Death and Burial in the Roman World,* London 1971; D. C. Kurtz/J. Boardman, *Greek Burial Customs,* London 1971.

[39] Z. Greenhut, »Burial Cave of the Caiaphas Family«, *Biblical Archaeology Review* 18/5 (1992), 28-36,76; hier: 35. In den Grabanlagen bei Jericho wurden auch Ledersandalen gefunden, die man nach griechisch-paganer Sitte den Verstorbenen mitgab, um es ihnen auf der letzten Reise bequem zu machen. Vgl. R. Hachlili/A. Killebrew, »Jewish Funerary Customs during the Second Temple Period in the Light of Excavations at the Jericho Necropolis«, *Palestine Exploration Quarterly* 115 (1983), 109-132, hier 128. D. C. Kurtz/J. Boardman, wie in Anm. 38, hier 211.

[40] Vgl. L. Y. Rahmani, »Jason's Tomb«, *Israel Exploration Journal* 17 (1967), 61-100; D. C. Kurtz/J. Boardman, *Greek Burial Customs,* London 1971, 211.

[41] *Jüdischer Krieg* 2,154-158. Josephus bringt hier viel von seinem eigenen Bildungsgut ein, das er wohl seiner Kenntnis der Lehren des Pythagoras und Platons verdankt. In den erhaltenen essenischen Schriften Qumrans hat man das in dieser Form nicht gefunden. Wie sehr im Judentum dieser Zeit dennoch auch die Vorstellung von der Unsterblichkeit der Seele (zu trennen von der leiblichen Auferstehung der Menschen) anzutreffen war, zeigt (äth.) Henoch 22,1-13. Auch die Qumran-Essener glaubten allerdings daran, daß die Menschen beim endzeitlichen Strafgericht Gottes leiblich anwesend sind: vgl. die Sektenregel 1QS 4, 6-8; 11-14.

[42] Josephus, *Jüdische Altertümer* 19,355-358.

[43] Vgl. C. P. Thiede, »The Caiaphas Ossuary«, *The Jerusalem Post,* International Edition, September 19, 1992, 18.

Anmerkungen zu Kapitel 7

[1] J. Neirynek, *Le Manuscrit du Saint-Sépulchre,* Paris 1995. Jacques Neirynck ist Professor für Elektrizitätsforschung an der École polytechnique in Lausanne. Vielleicht hat seine Schweizer Arbeitsstelle ihn dazu inspiriert, am Ende seines Romans den ersten Schweizer zum Papst wählen zu lassen.

[2] »Dalla Terra alle Genti – La diffusione del cristianesimo nei primi secoli«, 30.3. – 30.9.1996. Der Autor dieses Buchs war Leiter des wissenschaftlichen Vorbereitungskomitees und Direktor der Ausstellung.

[3] In der Zeitschrift *Hadashot Arkheologiyot* 76 (1981), 24-25.

[4] Ich sah sie dort im März 1992, vier Jahre vor der *Times*/BBC-Story.

5 Markus 6,3; Matthäus 13,55; Judas 1,1.

6 »Iskariot« kann als »isch qeriot« verstanden verstanden, »der (Mann) aus Keriot«. Andere Deutungen sehen dahinter eine hypothetische aramäische Form von »sikarios« und verstehen ihn als Anhänger der zelotischen Sikarier-Bewegung, die auch im Neuen Testament vorkommt (Apostelgeschichte 21,38). Es wäre allerdings nicht zu erklären, wie ein Terrorist in den Jüngerkreis hineingekommen sein sollte. Interessanter ist die Alternative, daß »Iskariot« von der aramäischen Wurzel »sqr« abgeleitet ist. »Is sq(a)r(iot)« hieße »Mann der Lüge(n)«. Diesen Beinamen könnten die ersten Berichterstatter diesem Judas gegeben haben, um ihn von den vielen anderen Trägern des Namens Judas zu unterscheiden.

7 Lukas 6,16; vgl. Johannes 14,22, Apostelgeschichte 1,13.

8 Griechischer Text der Apostelgeschichte 7,45 und Hebräer 4,8; ferner ein Vorfahre Jesu gleichen Namens – griechischer Text von Lukas 3,29; dann noch Jesus mit dem Beinamen Justus, ein Freund des Paulus (Kolosser 4,11).

9 A. Rabinovich, »Bones of Jesus Found?«, *The Jerusalem Post,* 4. April 1996, 5. Da bereits 1926 von Eliezer L. Sukenik in einem Abstellraum des John-Rockefeller-Museums in Jerusalem ein Ossuar identifiziert wurde, auf dem ebenfalls in aramäischer Sprache »Jesus, Sohn des Joseph« stand, kann man mit der Logik der britischen Journalisten und ihrer internationalen Gefolgsleute schließen: Jesus hat nicht nur einmal gelebt, sondern zweimal, also ist er auch gleich zweimal begraben worden. Vgl. E. L. Sukenik, *Jüdische Gräber Jerusalems um Christi Geburt,* Jerusalem 1931; vgl. J. A. Fitzmyer, *A Manual of Palestinian Aramaic Texts,* Rom 1978, hier Nr. 106; L Y. Rahmani, *A Catalogue of Jewish Ossuaries in the Collections of the State of Israel,* Jerusalem 1994, No. 9.

10 »Reproduite et commentée depuis lors par un grand nombre, un trop grand nombre d'érudits«. L. Robert (Hrsg.), *Collection Froehner, I, Inscriptions grecques,* Paris 1936, 114-115, hier 114; Abb. Tafel XXXVI.

11 Dazu sorgfältig abwägend R. Riesner, »Nazareth-Inschrift«, *Das Große Bibellexikon,* Bd. 2, Wuppertal/Zürich/Gießen/Basel, ²1990, 1037; 1033 (Abb.). Vgl. jüngst vor allem E. Grzybek/M. Sordi, »L'Edit de Nazareth et la politique de Néron à l'égard des chrétiens«, *Zeitschrift für Papyrologie und Epigraphik,* 120 (1998), 279-291.

12 Deutscher Text auf der Grundlage der Edition von L. Robert (vgl. oben Anm. 11) nach C. K. Barrett/C.-J. Thornton, *Texte zur Umwelt des Neuen Testaments,* Tübingen ²1991, 15-16.

13 Apostelgeschichte 11,28;18,2.

14 Die Namen der Brüder werden von Markus (6,3) und Matthäus (13,55) mitgeteilt. Für den Namen eines der Brüder, Joses, hat Matthäus die traditionelle hebräische Form »Joseph«. Die Namen der Schwestern sind nicht überliefert. Vgl. Matthäus 13,56.

15 Eisenman hat sich dem Thema mit viel Fantasie und Erfindungsgabe mehrfach gewidmet; die absurdesten Spekulationen wurden von seinen journalistischen Adepten Michael Baigent und Robert Leigh in der als Qumran-Forschung verkauften Science-fiction-Erzählung *Verschlußsache Jesus* popularisiert. Vgl.

R. Eisenman, *James the Just in the Habakuk Pesher,* Leiden 1986, nachfolgende Aufsätze und neuerdings seine Monographie *James The Brother of Jesus. Recovering the True History of Early Christianity,* London 1997. Die nach oben offene Eisenman-Skala frei erfundener Unmöglichkeiten kann nur jene Leser beeindrucken, die nicht wissen, daß bereits die Chronologie der Qumran-Schriften entscheidend dagegen spricht: Alle Schriften, auf die er sich bezieht, sind sowohl nach papyrologischer als auch nach Radiocarbon (C 14)-Datierung lange vor dem Auftreten Jesu und der Entstehung der Urgemeinde verfaßt worden. Es kann also in ihnen nichts über Jakobus oder Paulus stehen. Die zuverlässigste Widerlegung Eisenmans und seiner Multiplikatoren findet sich bei O. Betz/R. Riesner, *Jesus, Qumran und der Vatikan,* Gießen/Freiburg [5]1994, 88-102.

16 Wenn man annimmt, daß die Geschwister Jesu tatsächlich seine Geschwister waren, jedoch nur mit einem gemeinsamen Elternteil, dann kann man einen neuen Erklärungsversuch mit Hilfe eines Qumran-Textes versuchen: In der »Tempelrolle« 11Q wird beschrieben, wie sich ein Mädchen zu verhalten hat, das ein Enthaltsamkeitsgelübde ablegt, ohne ihren Vater zu fragen und ihm davon erst nachträglich Mitteilung macht. Der Vater kann das Gelübde bestätigen oder aufheben (Tempelrolle Kolumne 53, Zeilen 16-21). Heiratet nun ein solches Mädchen, dann kann der Ehemann das Gelübde für ungültig erklären. Er muß jedoch nicht. Hebt er das Gelübde nicht auf, sind beide in ihrer Ehe daran gebunden (Tempelrolle Kolumne 54, Spalten 1-3). Der in Jerusalem und Tabga lehrende Qumran-Forscher und Archäologe Bargil Pixner vermutet nun, daß der Umkreis Marias und Josephs mit dem essenischen Gedankengut, das in der Tempelrolle kodifiziert ist, vertraut war. Er rekonstruiert daher folgenden Zusammenhang: Marias Vater konnte sie nur einem Mann anvertrauen, der bereit war, das Gelübde anzuerkennen. Nimmt man nun an, daß Joseph bereits Witwer war und Kinder aus erster Ehe hatte (eben die künftigen Halbschwestern und -brüder Jesu), könnte es ihm leichtgefallen sein, darauf einzugehen. Seine Nachkommenschaft, die eines Mannes aus dem Hause Davids, war ja gesichert. Pixner vermutet, daß gerade dieses von beiden bestätigte Gelübde den Joseph, der aufgrund seiner Gesetzestreue den Beinamen »Zadik«, der Gerechte, erhalten hatte (Matthäus 1,19) in um so größere Verwirrung und Verärgerung stürzte, als die mit ihm verlobte Maria nun plötzlich dennoch schwanger wurde (vgl. Matthäus 1,19-25). Vgl. B. Pixner, *Mit Jesus durch Galiläa nach dem fünften Evangelium,* Rosh Pina 1992, 51-52. Joseph kommt in den späteren Berichten, die Maria und die Brüder erwähnen, nicht mehr vor. Daraus ist geschlossen worden, daß er zu diesem Zeitpunkt nicht mehr am Leben war; das spräche für ein höheres Alter und damit für die These einer früheren Ehe mit Kindern. Seine Abwesenheit wäre aber auch damit zu begründen, daß er ein vielbeschäftigter Baumeister war, der nicht ständig seinen Kindern hinterherreisen konnte. Philologisch am problematischsten ist der erst um 383 n. Chr. durch Hieronymus aufgekommene Versuch, die Geschwister als Verwandte zweiten Grades, Vettern und Cousinen, zu interpretieren (*Adversus Helvidium* 13,14). Markus und Matthäus wären durchaus in der Lage gewesen, es so zu sagen, wenn es so gewesen wäre, denn das Griechische, in dem sie von Anfang an schrieben, hat

die entsprechenden Begriffe: »anepsiós« = Vetter, »anepsía« = Cousine. Sie schreiben aber »adelphós« = Bruder und »adelphä« = Schwester. »Anepisós« wird im neuteastamentlichen Griechisch auch benutzt, bei der Bezeichnung der verwandtschaftlichen Beziehung zwischen Markus dem Evangelisten – und Barnabas: »Es grüßt euch Aristarch, mein Mitgefangener, und Markus, der Vetter des Barnabas« (Kolosser 4,10).

17 Johannes 2,11-12.

18 Anhänger Jesu werden zumindest für Jerusalem und Umgebung – als das Kernland Judäas – als Folge seiner Vertreibung der Geldwechsler im Tempel schon früh erwähnt: Johannes 2,23.

19 Paulus verfaßte diese Liste für die Briefempfänger in Korinth wie ein Dokument, das nach jüdischem und römischem Recht Bestand haben sollte. Er betonte daher auch, daß viele Zeugen noch lebten, also gegebenenfalls persönlich befragt werden konnten. Und obwohl er wußte, daß Frauen die ersten waren, die das leere Grab und den Auferstandenen sahen, nannte er sie nicht, da das Zeugnis von Frauen nach geltendem Recht keine Gültigkeit hatte. Die Evangelisten dagegen, die Geschichtsschreibung betrieben, stellten notwendigerweise die Rolle der Frauen mit dem ihnen gebührenden Stellenwert dar, ohne Rücksicht auf juristische und gesellschaftliche Gepflogenheiten. Gerade dieser Sachverhalt, ein für viele damals sicher höchst unangenehmer Konflikt zwischen Ereignis und zeitgenössischem Denken, unterstreicht die historische Glaubwürdigkeit der Evangelienberichte, die darauf keine Rücksicht nahmen, sondern, frei nach Ranke, Geschichte so schrieben, wie sie gewesen war.

20 So zum Beispiel das sogenannte Hebräer-Evangelium, das wohlweislich nicht in den Kanon der siebenundzwanzig Schriften des Neuen Testaments aufgenommen wurde. Man soll nie ausschließen, daß auch in einem solchen Text, der mit etwa einhundertzwanzig Jahren Abstand zu den Ereignissen geschrieben wurde, noch vereinzelt zutreffende Informationen enthalten sind. Doch es unterscheidet eben die Evangelien ebenso wie Paulus von solchen Schriften, daß erst die späteren das Bedürfnis empfinden, ins Erzählen zu kommen und auszumalen, wo für die erste Generation noch die Sachnotiz ausreichte.

21 Vierzehn Jahre später war für Paulus noch Johannes als dritte Säule erwähnenswert: Galater 2,1 + 9.

22 Apostelgeschichte 12,6-11. Lukas berichtet, daß Petrus von einem »Angelos« (wörtlich »Boten«, deutsch als Engel übersetzt) befreit und durch zwei innere Tore und das äußere Haupt tor aus dem Gefängnis geführt wurde. Man kann das als unwahrscheinliche Wundererzählung abtun; schon Lukas schreibt mit dem Unterton des Erstaunens, daß so etwas möglich war und hält fest, daß Petrus selbst glaubte, wie in Trance zu sein, ehe er sich eine Straße weiter plötzlich allein und tatsächlich in Freiheit wiederfand. Der Historiker muß notieren, daß der Bericht offenbar auf genaue Ortskenntnisse zurückgeht – so werden nicht nur die Zahl der inneren Wachen und Tore und die Beschaffenheit des äußeren Tores notiert, sondern auch die sieben Stufen, die vom Tor zur Straße hinunterführten. (Das Detail der sieben Stufen wird von einer der interessantesten alten Handschriften des Neuen Testaments überliefert, dem Kodex D, Bezae Canta-

brigiensis.) Das wäre leicht als erfunden zu widerlegen gewesen, wenn es sich anders verhalten hätte. Man macht es sich also zu leicht, wenn man wundersame Gefängnisbefreiungen im Alten Testament und anderer Literatur als Quelle für eine Legende annimmt. Daß irgend etwas auch früher schon einmal geschehen war oder älteren Modellen ähnelt, kann für den Historiker keine Entschuldigung dafür sein, den zu untersuchenden Einzelfall nicht ernsthaft prüfen zu wollen. (Eine authentische moderne Parallele zu dieser Stelle bringt F. F. Bruce, *The Book of The Acts,* Revised Edition, Grand Rapids 1988, 236-237.) Ein Geschichtswerk – und das ist die Apostelgeschichte des Lukas nicht nur nach eigenem Anspruch – verändert oder verliert seinen Charakter nicht, wenn es sich in der sprachlichen Gestaltung eines Ereignisses bewußt, um Assoziationen zu wecken, dem Duktus früherer Geschehnisse angleicht. (Apostelgeschichte 5,19-21;16,25-26; Euripides, *Bacchae* 443-450, 586-602; vgl. R. Reitzenstein, *Die hellenistischen Wundererzählungen,* Leipzig 1906, 120-122).

Wer nicht an Wunder glaubt, kann das Geschehen auch rational erklären, etwa so: Nach der fragwürdigen Hinrichtung des Jakobus gab es im Umkreis des Herodes Agrippa die Auffassung, daß der König zu weit gegangen war. Die Hinrichtung der zweiten und noch wichtigeren Führungspersönlichkeit mußte verhindert werden, wenn es nicht zu schwerwiegenden Problemen mit den Römern kommen sollte. Der eleganteste Weg war es, Petrus zur Flucht zu verhelfen und ihm nahezulegen, das Land zu verlassen (was auch geschah – Apostelgeschichte 12,17). An offenbar schlafenden Wachen vorbei den inneren Bereich zu durchqueren, war für einen »Insider« eine ebenso leichte Übung wie das Öffnen des Haupttors, das der noch schlaftrunkene Pertrus »wie von allein« aufgehen sah. Die Sache war so geschickt eingefädelt, daß Agrippa nichts anderes übrigblieb, als die Wachen ergebnislos zu verhören und zu einer Disziplinarstrafe zu verurteilen (Apostelgeschichte 12,19).

[23] So der judenchristliche Historiker Hegesipp um 160 n. Chr., überliefert von Euseb, *Kirchengeschichte* 2,23,6.

[24] Die ausführlichste neuere Erörterung aller Quellen über Agrippa I. findet sich, mit einigen problematischen Schlußfolgerungen, bei D. R. Schwartz, *Agrippa 1,* Tübingen 1990.

[25] Zu den verschiedenen Studien, ihren Methoden und Ergebnissen vgl. jetzt W. Reinhardt, »The Population Size of Jerusalem and the Numerical Growth of the Jerusalem Church«, in R. Bauckham (Hrsg.), *The Book of Acts in Its Palestinian Setting* (Bd. 4 der Reihe *The Book of Acts in Its First Century Setting*), Grand Rapids/Carlisle 1995, 237-265.

[26] Text in Corpus Inscriptionum Judaicarum (CIJ) 1404; griechisch mit deutscher Übersetzung und Abbildung bei A. Deissmann, *Licht vom Osten. Das Neue Testament und die neuentdeckten Texte der hellenistisch-römischen Welt,* Tübingen [4]1923, 378-380. Der oben gegebene deutsche Text folgt dem griechischen Original, entspricht aber nicht der griechischen Zeilenteilung, sondern trennt nach inhaltlichen Akzenten.

[27] Nach der Zerstörung von Stadt und Tempel im Jahr 70 n. Chr. war es den Juden – anders als den (Juden-)Christen, die sich am Aufstand gegen die Römer nicht

beteiligt hatten –, ohnehin nicht gestattet, in Jerusalem zu leben und Synagogen zu bauen. Auch dies erzwingt eine Datierung in die Zeit vor 70.

28 Zum römischen Namenssystem und der Zuordnung von Freigelassenen vgl. u.a. R. Riesner, *Die Frühzeit des Apostels Paulus. Studien zur Chronologie, Missionsstrategie und Theologie,* Tübingen 1994, 126-136.

29 Im Original steht das Wort am Ende der 9. und am Beginn der 10., letzten Zeile und wird auf etwas unbeholfene Weise abgetrennt, wohl aus ungeschickter Berechnung des zur Verfügung stehenden Platzes auf dem Stein: pre/sbyteroi.

30 Z.B. Apostelgeschichte 11,30; 14,23; 15,2-6; 16,4; 20,17; 21,18; Jakobus 5,14; 1. Timotheus 5,17-19; Titus 1,5; 1. Petrus 5,1 + 5.

31 Ähnliches gilt für den Begriff »epískopos«, aus dem das Wort »Bischof« abgeleitet ist. Ämterstrukturen mit »Bischöfen« und »Presbytern« sind keine späte Entwicklung einer in Jahrzehnten gereiften Kirche, sondern Bestandteile der frühesten Gemeindestruktur. (Vgl. den unbestrittenen Brief des Paulus an die Philipper 1,1 mit 1. Timotheus 3,2; Titus 1,7; auch Apostelgeschichte 20,28.) Auch die essenischen Gemeinden, die älter waren als das Christentum, zwischen 28 und etwa 66 n. Chr. aber vor allem durch die »Außenstelle« in Jerusalem mit Jüngern und der Urgemeinde Berührung hatten, kannten einen Aufseher, der als »Mebaqquer« bezeichnet wurde und dem »Epískopos/Bischof« der ersten Christen ähnelte (vgl. z.B. die in Qumran gefundene »Gemeinderegel« 1QS 6,12-23 und die »Damaskusschrift« CD 9,18-22; Vgl. H. Braun, *Qumran und das Neue Testament,* II, Tübingen 1966, 328-332). Darüber hinaus bezeichnet sich ein neutestamentlicher Autor, Johannes, selbst als »Presbyter«: 2. Johannes 1; 3. Johannes 1.

32 Vgl. dazu neuerdings umfassend R. Riesner, »Synagogues in Jerusalem«, in R. Bauckham (Hrsg.), *The Book of Acts in Its Palestinian Setting* (Bd. 4 der Reihe »The Book of Acts in Its First Century Setting«), Grand Rapids/Carlisle 1995, 170-211.

33 Die Zahl von dreitausend neuen Gemeindemitgliedern nennt Lukas in Apostelgeschichte 2,41; etwas später war diese Zahl auf »etwa fünftausend« angewachsen (Apostelgeschichte 4,4). Gelegentlich werden solche Zahlen für viel zu hoch gehalten. Angesichts von bis zu 200 000 Einwohnern und vielen Pilgern (wie sie z.B. in Apostelgeschichte 2,8-11 vorausgesetzt sind) scheint das aber eher bescheiden, jedenfalls keineswegs unrealistisch. Vgl. dazu auch W. Reinhardt, wie in Anm. 25.

34 Apostelgeschichte 2,44-46; auch 4,32: »Die Menge der Gläubigen aber war ein Herz und eine Seele. Keiner nannte etwas von dem, was er hatte, sein Eigentum, sondern sie hatten alles gemeinsam.« Vgl. u.a. die essenische »Gemeinderegel« 1QS 6,19-20; 9,8; »Damaskusschrift« CD,12,8. Vgl. dazu auch R. Riesner, »Essener und Urkirche in Jerusalem«, *Bibel und Kirche* 40 (1985), 64-76.

35 Vgl. Apostelgeschichte 5,3-4.

36 Josephus, *Jüdischer Krieg,* 5, 201. Vgl. den Babylonischen Talmud, *Joma* 19a; 38a.

37 2. Mose/Exodus 13,2-15 mit 4. Mose/Numeri 18,15; 3. Mose/Leviticus 12,1-13.

[38] 2. Makkabäer 15,25-36; vgl. Josephus, *Jüdische Altertümer* 12, 406-412.

[39] Häufig wird die Inschrift auf diesem Ossuar anders gelesen, als »Knochen der Söhne des Nikanor aus Alexandria, der die Tore gemacht hat«; die Zeile in hebräischen Buchstaben wird dementsprechend als Nikanor (und) Alexa(nder) interpretiert, das heißt als die Namen der Söhne. Dann müßte man allerdings annehmen, daß die Namen im griechischen Text gar nicht aufgeführt werden, sondern nur im aramäischen. Sinnvoller ist es da, die Namensnennung des tatsächlich Bestatteten in beiden Sprachen vorauszusetzen. Das philologische Problem am Anfang des griechischen Textes versuchte Jack Finegan zu lösen: Liest man herkömmlich »OCTATWNTOYNEIKA/NOR usw.« als »Osta ton tou Nikanor usw.«, dann wäre »osta« die Zusammenziehung von »ostéa«, Knochen, und dann weiter »der des Nikanor«. Zwischen »der« und »des« wäre »Verwandte«, Angehörige«, oder im Sinne der Interpretation der aramäischen Zeile als zweier männlicher Eigennamen auch »Söhne« zu denken. Man kann aber auch die ersten sieben Buchstaben als ein Wort lesen, »ostaton«. Obwohl dieses Wort anderswo nicht belegt ist (ebensowenig wie »osta«, das als Kontraktion verstanden werden müßte), wäre es ein sprachlich korrekter griechischer Neologismus, der »Knochenbehältnis« bedeutet. Dann müßte »Ossuar des Nikanor …« verstanden werden. Vgl. J. Finegan, *The Archaeology of the New Testament,* Princeton 1992, 357-359, mit Abb.

[40] Vgl. dazu ausführlich K. Haacker, »Die Stellung des Stephanus in der Geschichte des Urchristentums«, in W. Haase/H. Temporini (Hrsg.), *Aufstieg und Niedergang der römischen Welt* (ANRW), Teil II, Band 26.2, Berlin/New York 1995, 1515-1553.

[41] Apostelgeschichte 2,47; 3,9-11; 5,13.

[42] Apostelgeschichte 5,34-39. In den Worten des Ratsmitglieds Gamaliel, während eines Verhörs der Apostel vor dem Synhedrion, dem Hohen Rat: »Darum rate ich euch: Laßt von diesen Menschen ab und gebt sie frei. Ist dieses Vorhaben oder dieses Werk von Menschen, so wird es untergehen. Ist es aber von Gott, so könnt ihr sie nicht vernichten, sonst werdet ihr noch wie Leute dastehen, die gegen Gott streiten wollen« (5,38-39).

[43] Apostelgeschichte 8,1. Daß Saulus, der spätere Paulus, Pharisäer war, sagt er selbst: Philipper 3,5. Vgl. Apostelgeschichte 23,6; 26,5.

[44] Diejenigen, die Stephanus bestatteten und die Totenklage hielten, werden als »fromme Männer« bezeichnet, »andres eulabeis«, was im Sprachgebrauch des Lukas nur für Juden oder gesetzestreue Neukonvertiten vorkommt.

[45] Zu dieser Stelle, ihren theologischen und archäologischen Voraussetzungen vor allem C. Spicq, »L'épître aux Hébreux: Apollos, Jean-Baptiste, les Hellénistes et Qumrân«, *Revue de Qumrân* 1 (1958 – 59), 365-90; R. Riesner, »Jesus, the Primitive Community, and the Essene Quarter of Jerusalem«, in J. Charlesworth (Hrsg.), *Jesus and the Dead Sea Scrolls,* New York 1992, 198-234; O. Betz/ R. Riesner, *Jesus, Qumran und der Vatikan,* Gießen /Freiburg [5]1994, 169-184, mit weiterführender Literatur.

[46] J. Maier/K. Schubert, *Die Qumran-Essener. Texte der Schriftrollen und Lebensbild der Gemeinde,* München/Basel 1982, 130.

47 Vgl. C. P. Thiede,»Qumran und die Folgen: Zur Mehrsprachigkeit der Essener und des Frühchristentums«, *ibw journal* 32/1 (1994), 13-19, hier 14-15.

48 7Q4 = 1. Timotheus 3,16-4,3; 7Q5 = Markus 6,52-53; 7Q19 = Kommentar zum Römerbrief (?). Vgl. zur aktuellen Debatte und den Gegenstimmen jüngst C. P. Thiede, *Jesus selon Matthieu. La nouvelle datation du Papyrus Magdalen d'Oxford et l'origine de l'Évangiles. Examen et discussion des dernières objections scientifiques,* Paris 1996, hier vor allem 101-118. Vgl. auch die Beiträge des Symposium-Bandes *Christen und Christliches in Qumran?*, hrsg. v. B. Mayer, Regensburg 1992; ferner C. P. Thiede»Das unbeachtete Fragment 7Q19 und die Herkunft der Höhle 7«, *Aegyptus* 74, 1994, 123-128; M. Wise/M. Abegg Jr./ E. Cook, *Die Schriftrollen von Qumran.* Übersetzung und Kommentar. Mit bisher unveröffentlichten Texten, hrsg. v. A. Läpple, Augsburg 1997, 507-573.

49 Man kann auch vermuten, daß nicht alle Essener, die Christen wurden, deswegen ihre Siedlung(en) verließen oder verlassen mußten. Die Formulierung des Lukas,»sie wurden dem Glauben gehorsam«, könnte in dieser Richtung eine gewisse Reserve beinhalten. (So B. Pixner, *Wege des Messias und Stätten der Urkirche,* Gießen/Basel [3]1996, 333.) Das wäre dann natürlich eine zusätzliche Erleichterung für den Wechsel der in Höhle 7 gefundenen Schriften von Jerusalem in eine Höhle unmittelbar bei der Essenersiedlung von Qumran gewesen.

50 Zur Chronologie vgl. R. Riesner, *Die Frühzeit des Apostels Paulus. Studien zur Chronologie, Missionsstrategie und Theologie,* Tübingen 1994, 52-65, 285-296.

51 Vgl. C. P. Thiede, *Simon Peter – From Galilee to Rome,* Exeter 1986/Grand Rapids [2]1988, 135-167; S. Dockx,»Chronologie zum Leben des heiligen Petrus«, in C. P. Thiede (Hrsg.), *Das Petrusbild in der neueren Forschung,* Wuppertal 1987, 85-108.

52 Vgl. R. Riesner, *Die Frühzeit des Apostels Paulus,* wie in Anm. 51, 286.

53 Plinius, *Naturgeschichte* 31,20; Martial, *Epigramme* 14,27.

54 Apostelgeschichte 8,36-39; 10,1-38.

55 Apostelgeschichte 10,1. Vgl. hierzu und im folgenden C. P. Thiede, Artikel »Kornelius«, *Das Große Bibellexikon,* Bd. 2, Wuppertal/Zürich/Gießen [2]1990, 822-823.

56 Josephus, *Jüdische Altertümer,* 19, 364-366.

57 Man kann hier z.B. an 3. Mose/Leviticus 18,6-18 denken.

58 Es mag so scheinen, als sei diese Regelung für Christen ohne jüdischen Hintergrund am schwersten zu akzeptieren. Doch gerade sie wird noch bis ins 2. Jahrhundert von europäischen Christen befolgt und ausdrücklich hervorgehoben. Daß eine neutestamentliche Schrift wie die Offenbarung des Johannes auf die Vorschriften des Sendbriefs zurückgreift, ist vielleicht zu erwarten (Offenbarung 2,14-20). Aber auch die Märtyrer im gallischen Lyon beziehen sich noch 178 n. Chr. darauf (Euseb, *Kirchengeschichte* 5,1,26), und etwa zwanzig Jahre später folgt der lateinisch schreibende Tertullian diesem Beispiel (*Apologeticum* 9,13). F. F. Bruce erinnert in diesem Zusammenhang daran, daß noch gegen Ende des 9. Jahrhunderts der englische König Alfred diese Formel des Jerusalemer Aposteltreffens in die Präambel seines Gesetzbuchs aufnahm (F. F. Bruce, *The Book of The Acts,* Revised Edition, Grand Rapids 1988, 299-300).

[59] 3. Mose/Leviticus 17,8-13.

[60] Jakobus 1,25; 2,12. Es ist hier mit einem Teil der älteren und neueren Forschung vorausgesetzt, daß der Brief tatsächlich authentisch von Jakobus stammt. Vgl. u.a. P. H. Davids, *The Epistle of James. A Commentary on the Greek Text,* Exeter 1982, 2-22; R. Bauckham, *Jude and the Relatives of Jesus in the Early Church,* Edinburgh 1990, 128-133; D. Guthrie, *New Testament Introduction,* ⁴1990, 722-753, mit ausführlicher Erörterung aller Argumente und Positionen und der Schlußfolgerung: »In these circumstances the authorship of James, the Lords brother, must still be considered more probable than any rival.« (746).

[61] Die Auseinandersetzung mit Petrus und den »Leuten des Jakobus« in Antiochia, von der Paulus berichtet (Galater 2, 11-21) war kaum durch Anweisungen des Jakobus ausgelöst worden, sondern von Leuten, die sich – ohne Autorität – auf ihn beriefen (vgl. Apostelgeschichte 15,24). Es ist auffällig, daß sich gerade der Paulus-Begleiter Barnabas in der Kontroverse um die Tischgemeinschaft nicht Paulus anschließt, sondern Petrus, der erneut höchstes diplomatisches Geschick beweist, indem er beiden Seiten, den Judenchristen und den Heidenchristen, in einer delikaten Situation offenbar einvernehmlich gerecht wird. Es scheint, daß Paulus dies später auch einsah und die Lehren daraus zog – so jedenfalls wäre 1. Korinther 9,19-23 zu verstehen.

[62] Eine aufschlußreiche Beobachtung gelang dem Archäologen und Neutestamentler Benedikt Schwank. Er beschreibt die Ausgrabung einer Synagoge auf der jüdischen Festung Masada: »Das Bild von den Ausgrabungen in Masada hilft uns nicht nur, Lukas 13,12 zu verstehen; denn wir sehen, daß es in den damaligen Synagogen keine Empore für die Frauen gab. Es erklärt uns gleichzeitig folgende Stelle aus dem Jakobusbrief (nach der Einheitsübersetzung): ›Wenn *in eure Versammlung* (eis synagogän hymon) ein Mann mit goldenen Ringen und prächtiger Kleidung kommt, und zugleich ein Armer ... und zu dem Armen sagt ihr ... Setz dich zu meinen Füßen (kathou hypo to hypopodion mou, wörtlich: Setz dich unter meinen Fußschemel) ... [Jakobus 2,3].‹ Wer vom Grabungsbefund ausgeht, wird *synagogä* hier nicht mit ›Versammlung‹ übersetzen, sondern mit ›Synagogengebäude‹. Denn in den Synagogen gab es diese typische Sitzordnung. Diese neue Übersetzung nun: ›Wenn in eure Synagogen ein Mann ... kommt‹, setzt dann allerdings voraus, daß der Jakobusbrief zu einer Zeit abgefaßt wurde, in der es noch geschlossene juden-christliche Gemeinden gab, die ihre bisherigen Gottesdiensthäuser auch für die christlichen Gottesdienste verwendeten. Und das würde bedeuten (was ich seit Jahren mit Gerhard Kittel und vielen anderen vertrete), daß der Jakobusbrief der älteste unter den neutestamentlichen Briefen ist, also vor den Paulusbriefen etwa um 40 bis 45 n. Chr. abgefaßt. Der Römerbrief wäre dann eine Art Echo auf Ansichten über die Bedeutung der Werke, die von den Empfängern des Jakobusbriefs mißverstanden worden sind.« (B. Schwank, »Wenn Steine zu reden beginnen. Archäologie zum Verständnis des Neuen Testaments«, *Bibel und Kirche* 50 (1995), 40-47, hier 44, mit Abb., 43.

1 Papyrus PMich VIII 466, in heutiger Chronologie datiert auf den 26. März 197 n. Chr. (»im zehnten Jahr Trajans, unseres Herrn, Phamenoth 30«). Vgl. H. C. Youtie/J. G. Winter (Hrsg.), *Papyri and Ostraca from Karanis,* Second Series, No.s 464-521, Ann Arbor 1951 (= Michigan Papyri Vol. 8).

2 Vgl. L. Casson, Reisen in der antiken Welt, München [2]1978, 220; B. Beitzel, »Travel and Communcation (Old Testament World)«, in *Anchor Bible Dictionary* VI, New York 1992, 644-648; hier 646-647; B. M. Rapske, »Acts, Travel and Shipwreck«, in D. W. J. Gill/C. Gempf (Hrsg.), *The Books of Acts in Its Graeco-Roman Setting,* Grand Rapids/Carlisle 1994 (Bd. 2 der Reihe *The Book of Acts in Its First Century Setting*), 1-47. Mit Marschgepäck schafften auch Soldaten »nur« einen Durchschnitt von 30 Kilometer, in Gewaltmärschen auch mehr. Von neueren Kommentatoren wird allerdings oft übersehen, daß ein Gepäckmarsch in der Kolonne unter eigenen Bedingungen abläuft und nie die Geschwindigkeiten erreichen kann, die dem Einzelreisenden oder gar dem Eilboten möglich sind. Ein Truppenkontingent bewegt sich stets nur so schnell wie der langsamste Soldat, nicht wie der schnellste, während für die Nachrichtenübermittlung natürlich der schnellste ausgewählt wird. Wenn etwa Flavius Josephus bestätigt, daß man unter den fußwegerprobten Juden in Galiläa, Judäa und Samaria 40 Kilometer pro Tag erreichen konnte (*Lebensbeschreibung* 269-270), ist das alles andere als eine Übertreibung. Das ist auch heute noch im Selbstversuch nachvollziehbar: Einigermaßen trainiert schafft ein Mann mittleren Alters ohne schweres Gepäck mühelos mindestens 6 Kilometer pro Stunde, wenn er es eilig hat. Um 40 Kilometer zurückzulegen, muß er also rund $6^{1}/_{2}$ Stunden unterwegs sein. Das ist, mit Erholungspausen, eine keineswegs unzumutbare Tagesleistung.

3 Vgl. L. Casson, wie in Anm. 2, 220-223.

4 Cicero, *Briefe an Atticus,* 5,14,1.

5 Jüdische Pilger aus Kappadozien sind beim Wochenfest in Jerusalem anwesend: Apostelgeschichte 2,9. Der 1. Brief des Petrus, ca. 59/60 n. Chr. in Rom geschrieben, ist als Rundschreiben adressiert an die Gemeinden in Pontus, Galatien, Kappadozien, der Provinz Asia und in Bithynien: 1. Petrus 1,1. (Für die Datierung und zum Abfassungsort des Briefs vgl. F. Neugebauer, »Zur Deutung und Bedeutung des 1. Petrusbriefs«, *New Testament Studies* 26 (1980), 61-86, geringfügig überarbeitet in C. P. Thiede (Hrsg.), *Das Petrusbild in der neueren Forschung,* Wuppertal 1987, 109-144; C. P. Thiede, Artikel »Erster Petrusbrief«, *Das Große Bibellexikon,* Band 3, Wuppertal/Zürich/Gießen [2]1990, 1169-1171; D. Guthrie, *New Testament Introduction,* Leicester [4]1990, 760-804, mit Analyse der unterschiedlichen Ansätze.

6 1. Petrus 1,1 und 5,12-13. Vgl. auch oben Anm. 1; zur Ortsangabe Babylon = Rom vgl. C. P. Thiede, »Babylon, der andere Ort: Anmerkungen zu 1 Petr 5,13 und Apg 12,17«, *Biblica* 67 (1986), 532-538, geringfügig überarbeitet in C. P. Thiede (Hrsg.), *Das Petrusbild in der neueren Forschung,* Wuppertal 1987, 221-229.

7 Philipper 1,13 und 4,22; vgl. 1,7 und 1,12-25. Vgl. L. J. Kreitzer, *Striking New Images. Roman Imperial Coinage and the New Testament World,* Sheffield 1996, 117-118, 123. Zu einer ausführlichen Erläuterung des historischen Hintergrunds vgl. D. Guthrie, wie in Anm. 2, 545-555. Vgl. dazu auch die Untersuchungen von Marta Sordi, die ferner verschiedentlich auf die Adlige Pomponia Graecina als hochrangige Christin Roms hinweist, deren Hinwendung zum Christentum 42 n. Chr. während des ersten Petrus-Aufenthalts erfolgt sein könnte, und die unter Nero, 57 n. Chr., als Paulus noch nicht und Petrus noch nicht wieder in der Hauptstadt waren, wegen ihres »fremden Aberglaubens« angeklagt wurde (Tacitus, *Annalen* 13,32,3 ff.): M. Sordi, *I Cristiani e l'Impero Romano,* Mailand ²1991, 33-37.

8 Apostelgeschichte 27,1-28,16, hier v.a. 27,13-44. Der Bericht des Lukas gilt in der Fachliteratur – unter Althistorikern und Nautikern – als der zuverlässigste Augenzeugenbericht eines solchen Geschehens, der aus der Antike überliefert ist. Vgl. dazu u.a. H. Hellenkemper, »Der Weg in die Katastrophe. Mutmaßungen über die letzte Fahrt des Mahdia-Schiffes«, in G. Hellenkemper Salies (Hrsg.), *Das Wrack. Der antike Schiffsfund von Mahdia,* I, Köln 1994, 159: »Der genaueste und umfangreichste Bericht über eine Schiffskatastrophe ist in der Apostelgeschichte Kap. 27, wohl aus dem Jahre 60 n. Chr. überliefert.«

9 Vgl. Apostelgeschichte 28,13-14. Neben der jüdischen Gemeinde gab es demnach in Puteoli zur Zeit der Reisen von Josephus und Paulus bereits Christen, deren Gastfreundschaft für eine ganze Woche ausreichte. Puteoli, heute Pozzuoli, liegt rund 12 Kilometer nördlich von Neapel. Die Stadt war um 521 v. Chr. von Griechen gegründet worden (den griechischen Namen Dikaearchia benutzt Josephus; Lukas entscheidet sich für die griechische Umschrift der lateinischen Bezeichnung). Puteoli war einer der wichtigsten Umschlaghäfen für Getreideimporte aus dem Osten, und da es auch ein beliebter, alle Annehmlichkeiten bietender Ferienort war, wählten viele Reisende es als Anlaufstelle, ehe sie auf dem Landweg weiter nach Rom fuhren.

10 Josephus, *Jüdische Altertümer,* 20,189-195, hier vor allem 195.

11 Will man die Wortwahl des Josephus nicht ganz so hoch ansiedeln, kann man auch die allgemeine Anwendung des Begriffs »theosebäs« auf die Juden aus griechischer Sicht heranziehen: Eine im Theater von Milet gefundene Inschrift, die auf die frühe Kaiserzeit zu datieren ist und in diesem Buch bereits erwähnt wurde, reserviert die fünfte Sitzreihe von unten für die Juden der Stadt: »Platz der Juden, die auch Gottesfürchtige heißen.« (Griechischer Text und Abb. bei A. Deissmann, *Licht vom Osten. Das Neue Testament und die neuentdeckten Texte der hellenistisch-römischen Welt,* Tübingen ⁴1923, 391-392). Die wohl von der griechischen Stadt- bzw. Theaterverwaltung veranlaßte Inschrift trennt gerade nicht zwischen Juden und ihnen nahestehenden Gottesfürchtigen, sondern bezeichnet die Juden selbst als »theosébioi«. Andere Inschriften zeigen aber auch, daß der Ausdruck auf Menschen angewandt wurde, die weder geborene Juden noch Konvertiten waren, sich jedoch einer Synagogengemeinde angeschlossen hatten. Vgl. G. H. R. Horsley, *New Documents Illustrating Early Christianity. A Review of the Greek Inscriptions and Papyri published in 1978,*

Sydney 1983, 123-125, hier v.a. 125. Vgl. auch C. Hemer, *The Book of Acts in the Setting of Hellenistic History,* Tübingen 1989, 444-447, zur Veröffentlichung einer Inschrift des 3. Jahrhunderts n. Chr. aus Aphrodisias, auf der »theosebäs« eindeutig unkonvertierte Heiden meint, die der Synagoge nahestanden. Es ist auffällig, daß Lukas in seiner Apostelgeschichte, die vor 62 n. Chr. entstand, den Ausdruck nicht benutzt, da er zu seiner Zeit noch auf Juden bezogen wurde, wie das auch der innerjüdische Sprachgebrauch von der Thora bis zu Johannes und die Theaterinschrift von Milet bestätigen. Erst langsam und wohl aus vereinzelten Ausnahmen entwickelte sich der Sprachgebrauch, wie wir ihn bei Josephus und dann später in der Inschrift von Aphrodisias antreffen: »Theosebäs« meint nun die Nichtjuden, die nach jüdischen Gepflogenheiten leben und die Synagoge besuchen. Im zeitlichen Zwischenraum benutzt Lukas vielleicht auch sicherheitshalber, um Mißverständnisse zu vermeiden, für einen Gottesfürchtigen die Ausdrücke »phoboúmenos ton theón« und »sebómenos ton theón« (Zum Sprachgebrauch des Lukas und dessen Umfeld vgl. B. Wander, *Trennungsprozesse zwischen Frühem Christentum und Judentum im 1. Jahrhundert n. Chr.,* Tübingen/Basel 1994, 173-191.) In jedem Fall ist die Anwendung des Begriffs »theosebäs« auf Poppaea Sabina das Dokument einer besonders engen Beziehung dieser Gattin Neros zum Judentum.

12 Vgl. dazu jetzt in allen Einzelheiten auch H. Botermann, *Das Judenedikt des Kaisers Claudius,* Stuttgart 1996, 50-140.

13 Obwohl Josephus vor allem in seinem *Jüdischen Krieg* die Untaten des Prokurators möglicherweise überzeichnet, sind er und der römische Historiker Tacitus sich in der Beurteilung des Zusammenhangs einig: »Es war Florus, der uns (die Juden) zwang, gegen die Römer Krieg zu führen« (*Jüdische Altertümer* 20,257). Und Tacitus, nach der Aufzählung einer Reihe von unnötigen Unterdrückungsmaßnahmen unter Vorgängern dieses Prokurators: »Dennoch dauerte die Geduld der Juden, bis Gessius Florus Prokurator wurde. Unter ihm brach der Krieg aus.« *(Historien,* 5,10).

14 Sueton, *Nero,* 35,3.

15 Angaben über Reiserouten und Reisezeiten unter den verschiedenen Witterungsbedingungen finden sich u.a. bei H. Bender, *Römischer Reiseverkehr. Cursus publicus und Privatreisen.* Aalen 1978; R. Riesner, *Die Frühzeit des Apostels Paulus. Studien zur Chronologie, Missionsstrategie und Theologie,* Tübingen 1994, 273-282.

16 *Jüdische Altertümer* 20,200-203.

17 Paulus spricht in Milet davon, daß er die Anwesenden nicht mehr wiedersehen wird, mit Worten, die auch von den Zuhörern als Todesahnung verstanden werden (Apostelgeschichte 20,18-38); wenig später, in Caesarea, betont er ausdrücklich, er sei bereit, sich »in Jerusalem für den Namen Jesu, des Herrn, fesseln zu lassen und sogar zu sterben« (Apostelgeschichte 21,13). Es gehört zu den seltsamsten Verirrungen der neutestamentlichen Textinterpretation, solche Stellen so zu interpretieren, als seien sie von Lukas nach dem erfolgten Tod des Paulus rückinterpretierend erfunden worden. Die geläufigen Spätdatierungen der Apostelgeschichte sind mit solchen Verzweiflungstaten nicht zu retten. Ähn-

lich eigenartig ist der vergleichbare Versuch, Jesu Ankündigung des gewaltsamen Todes des Petrus im Johannes-Evangelium (21,18-19) als »Beweis« dafür zu deuten, daß dieses Evangelium erst nach dem Tod des Petrus geschrieben worden sein kann.

[18] Vgl. die umfassendste Darstellung des historischen Umfelds mit einer Erörterung unterschiedlichster Datierungsversuche seit A. v. Harnacks bahnbrechender Absicherung einer Datierung um 62 n. Chr. in seinen *Neuen Untersuchungen zur Apostelgeschichte und zur Abfassungszeit der synoptischen Evangelien,* Leipzig 1911: C. Hemer, *The Book of Acts in the Setting of Hellenistic History,* Tübingen 1989, 365-410. Hemer befaßt sich auch mit Argumenten, denen zufolge bestimmte innerkirchliche Strukturformen, die Lukas angeblich voraussetzt, erst lange nach 70 n. Chr. formuliert werden konnten. Zur vorgeblichen Unkenntnis paulinischen Denkens und der Paulus-Briefe vgl. auch durchschlagend H. Botermann, *Das Judenedikt des Kaisers Claudius. Römischer Staat und Christiani im 1. Jahrhundert,* Stuttgart 1996, 36-37.

[19] Man hat die Angabe »Tausende« mitunter für eine maßlose Übertreibung gehalten, doch ist sie angesichts der oben schon erörterten Bevölkerung Jerusalems – und es ist ja ein erheblich größeres Einzugsgebiet als nur Jerusalem gemeint – eher eine bescheidene Zahlengröße.

[20] An ihrer Authentizität kann kein ernsthafter Zweifel bestehen, da sie zu den Ereignissen gehören, von denen Lukas als Augenzeuge berichtet (Apostelgeschichte 21,17-18). Zur tatsächlichen Gegenwart des Lukas vor allem bei den von ihm mit der »wir«-Formulierung eingeleiteten Berichten vgl. jüngst u.a. H. Botermann, *Das Judenedikt des Kaiser Claudius, Römischer Staat und* Christiani *im 1. Jahrhundert,* Stuttgart 1996, 35-40. Vgl. auch C.-J. Thornton, *Der Zeuge des Zeugen. Lukas als Historiker der Paulusreisen,* Tübingen 1991, 360-367.

[21] Über die fünfte Satire, 176-184, schrieb Menahem Stern, sie sei lebendiger und näher an der Wirklichkeit des jüdischen Sabbat als die meisten Anspielungen auf jüdische Bräuche in der antiken Literatur (M. Stern, *Greek and Latin Authors on Jews and Judaism,* Bd. 1, Jerusalem 1976, 435-437, hier 435.).

[22] Lukillios in der *Anthologia Palatina,* 11,75.

[23] *Inscriptiones Latinae Selectae* (ILS) 8794, vgl. unten S. 43 und Anm. 60; vgl. a. H. Bardon, *Les empereurs et les lettres latines d'Auguste à Hadrien,* Paris 1968, 213.

[24] Cassius Die, *Römische Geschichte,* 61, 20,1-21,2.

[25] Cassius Dio spricht von Kinderspielen (*Römische Geschichte* 62,1,1); vgl. Tacitus, *Annalen* 14,14-16; Sueton, *Nero,* 11,1-12,2; 23,2-24,2.

[26] Tacitus, *Annalen* 14, 44,1-5.

[27] Es gehört zu den bedauerlichen Mißgriffen gerade vieler neuerer Übersetzungen, daß sie hier völlig anachronistisch behaupten, Jesus habe das Buch des Propheten Jesaja »aufgeschlagen«. Der griechische Text spricht natürlich präzise davon, daß er eine Schriftrolle aufrollte. Die auch sonst um größte sprachliche Genauigkeit bemühte Elberfelder Übersetzung spricht richtig von »aufrollen« (4,17) und »zusammenrollen« (4,20). Auch Friedolin Stiers Übersetzung hat wenigstens in 4,20 das korrekte Zusammenrollen.

28 Vgl. E. Pöhlmann, *Einführung in die Überlieferungsgeschichte und in die Textkritik der antiken Literatur,* I: Altertum, Darmstadt 1994, 87-88.

29 Darüber ist viel geschrieben worden; eine neuere, knappe Zusammenfassung aus der Perspektive der neutestamentlichen Textforschung findet sich bei B. M. Metzger, *The Text of the New Testament. Its Transmission, Corruption, and Restoration,* New York/Oxford, 3., erw. Ausg. 1992, 5-7. Vgl. auch ausführlich H. Blanck, *Das Buch in der Antike,* München 1992, 75-101 (dort auch eine gute Beschreibung der Herstellungstechniken, mit Skizzen); E. Pöhlmann, wie in Anm. 28, 79-96.

30 »Rom hat gesprochen, die Sache ist erledigt«, auf die Autorität des Papsts in Rom bezogen und abgeleitet von Augustinus, *Sermones* 131,10.

31 Sueton, *Divus Julius* 56,6.

32 Horaz, *Dichtkunst (De arte poetica),* 386-390. Horaz zieht das Pergament dem Papyrus vor, denn auf dem aus Tierhaut hergestellten Pergament ließ der Text sich leicht(er) abwischen, also auch korrrigieren oder völlig erneuern.

33 Persius, *Satiren* 3,10-11. Persius notierte sogar den Färbungsunterschied zwischen der Haar- und der Fleischseite eines aus Pergamentblättern hergestellten Notizbuchs.

34 2. Korinther 2,12; Apostelgeschichte 16,8-11; 20,5-6. Ignatius, Bischof von Antiochia, den man unter Kaiser Trajan ca. 109 n. Chr. in Rom den wilden Tieren vorwarf, wurde von Antiochia aus über Smyrna und Troas nach Rom transportiert. In Troas schrieb er mehrere Briefe, unter anderem an Polykarp, den Bischof von Smyrna, in dem er die »überraschend schnelle« Abreise von Troas mitteilt (An Polykarp 8,1). Das ist auch ein Hinweis darauf, wie man hier auf akzeptable Witterungsbedingungen wartete und dann sehr schnell handeln mußte. Unter solchen Bedingungen scheint einige Jahrzehnte früher auch Paulus aus Troas abgereist zu sein – andernfalls hätte er kaum so wichtige Besitztümer zurückgelassen wie »Mantel«, »Bücher« und »Pergamente«.

35 Vgl. dazu vor allem C. H. Roberts/T. C. Skeat, *The Birth of the Codex,* London 1983, 22.

36 Die Bedeutung der *»membranas«* bleibt natürlich auch erhalten, wenn man 2. Timotheus 4,23 mit T. C. Skeat so übersetzt: »… und die Bücher, ich meine die Pergamentnotizbücher«. Griechisch *»malista«* hieße dann nicht »Vor allem«, sondern wäre qualifizierend die Definition der »Bücher« *(»biblía«).* Vgl. T. C. Skeat, »›Especially the Parchments‹: A Note on 2 Tim 4.13«, *Journal of Theological Studies* 30 (1979), 173-177. Dagegen spricht allerdings, daß der Ausdruck »biblía« nun einmal gerade nicht Notizbücher, sondern abgeschlossene Werke bezeichnet. Gegen die Interpretation von Skeat vorwegnehmend auch schon Th. Birt, *Das antike Buchwesen in seinem Verhältnis zur Literatur,* Berlin 1982, repr. Darmstadt 1974, 88-89.

37 Zu 2. Timotheus 4,23 schreibt er, der Begriff *»phailónäs«* könne »hier wohl nur den gemeinsamen Behälter der ›biblía‹ bedeuten«. (Th. Birt, *Das antike Buchwesen,* wie in Anm. 36, 65.) Das griechische Wort ist vom lateinischen »paenula« abgeleitet – schon wieder also ein Buchbegriff, der aus dem Lateinischen ins Griechische übernommen wurde –, und auch dort kann er natürlich den klassi-

schen Reisemantel bezeichnen, wird aber auch im übertragenen Sinn für Einhüllungsstoffe benutzt. So z.B. bei Martial, *Epigrammata* 13,1,1-2.

[38] Wie in Anm. 36, 89. Auch einige Kommentatoren der alten Kirche wie Chrysostomos verstanden ihn schon so, und eine der ältesten Übersetzungen, die syrische Peshitta aus dem späten 4. Jahrhundert, hat ihn so übersetzt.

[39] Unter den führenden Vertretern der Abfassung zu Lebzeiten des historischen Paulus werden folgende Daten erörtert: J. A. T. Robinson, *Redating the New Testament*, London 1976 (dt.: *Wann entstand das Neue Testament?*, Paderborn/Wuppertal 1986): 58 n. Chr.; S. de Lestapis, *L'Énigme des Pastorales de Saint Paul*, Paris 1976: 58-60 n. Chr.; B. Reicke, »Chronologie der Pastoralbriefe«, *Theologische Literaturzeitung* 101 (1976), 81-94: 59-60 n. Chr.; J. van Bruggen, *Die geschichtliche Einordnung der Pastoralbriefe*, Wuppertal 1981: 59-60 n. Chr.; G. D. Fee, *1 and 2 Timothy, Titus*, San Francisco 1984: um 60 n. Chr.; M. Prior, *Paul the Letter-Writer and the Second Letter to Timothy*, Sheffield 1989: um 60/61 n. Chr.

[40] J. Jeremias, »Zur Datierung der Pastoralbriefe«, *Zeitschrift für die neutestamentliche Wissenschaft und die Kunde der älteren Kirche*, 52 (1961), 101-104. Die Argumente des renommierten Neutestamentlers gegen eine Spätdatierung müssen gerade deswegen ernst genommen werden, weil er eines der Hauptargumente für ein angeblich nachpaulinisches Datum, den Sprachgebrauch und die kirchliche Ämterstruktur, sprachlich und geschichtlich widerlegt.

[41] Vgl. dazu auch M. McCormick, »The Birth of the Codex and Apostolic Life-Style«, *Scriptorium* 39 (1985), 150-158; H. Y. Gamble, *Books and Readers in the Early Church. A History of Early Christian Texts*, New Haven/London 1995, 49-66.

[42] So verhielten sich z.B. die Juden in Beroea nach Vorträgen des Paulus: »Sie forschten Tag für Tag in den Schriften nach, ob sich dies wirklich so verhielte.« (Apostelgeschichte 17,11).

[43] Traktate Sabbath 16,1 und 116a; vgl. J. Genoth-Bismuth, *Un homme nommé Salut. Genèse d'une 'hérésie' à Jerusalem*, Paris [2]1995, 205-207.

[44] Die Schrift der Vorderseite, bei der es sich wohl um eine längere Urkunde oder ein vergleichbares Dokument handelte, wurde von Guy Wagner auf »fin Ier/IIe siècle« datiert. Da die andere Seite notwendigerweise später geschrieben wurde, vielleicht aber auch nur Tage oder Wochen später, würde man sich ungefähr in diesem Zeitraum bewegen. Allerdings sprechen auch die handschriftlichen Kriterien der Seite mit Offenbarung 1,13-20 selbst für das frühe 2. Jahrhundert. Vgl., mit den Belegen, D. Hagedorn, »P.IFAO II 31: Johannesapokalypse 1,13-20«, *Zeitschrift für Papyrologie und Epigraphik* 92 (1992), 243-247, mit Tafel IX.

[45] Ein Beispiel dafür ist der heute in in der British Library London aufbewahrte Papyrus P.Oxy VIII 1075/1079 mit 2. Mose/Exodus 40,26-32, und auf der anderen Seite, von einem anderen Schreiber, Offenbarung 1,4-7 (= P 18).

[46] Martial, *Epigrammata* I, 117, 9-18; I, 2,5-8.

[47] *Epigrammata* I, 2, 1-4; 14, 186-194.

[48] Dazu E. Pöhlmann, *Einführung in die Überlieferungsgeschichte und in die Textkritik der antiken Literatur*, I, Darmstadt 1994, 88-89.

49 *Epigrammata* 14, 184-192.

50 Es sind aus der Zeit Martials und der darauffolgenden Epoche nur wenige nicht-christliche Kodex-Fragmente erhalten. Zum einen sollte man das nicht überbe-werten. Immerhin beweist gerade der einzige erhaltene Kodex der Martialzeit, ein Fragment einer ansonsten unbekannten Geschichte der Mazedonischen Kriege, das heute im British Museum London aufbewahrt wird (P.Oxy 30), daß nicht nur Martial für die neue Form einstand: Dieses Buch fehlt auf seiner Liste, entstammt also einer unabhängigen Publikationsmaßnahme. Zum anderen blieb die Rolle lange Zeit gerade unter den traditionsbewußten Bibliophilen, die eigentliche Form. Manchen mag der Kodex auch ästhetisch, trotz der Sorgfalt der Ausstattung mit einem Porträtbild des Autors, wie bei der Vergil-Ausgabe, einfach noch zu sehr an das Notizbuch erinnert haben, das man im Alltag und für die Arbeit benutzte. Zum dritten muß man wie immer bei Fragen der archäologischen Überlieferungsgeschichte berücksichtigen, daß die Funde auch großer Handschriftenanhäufungen, wie etwa entlang des oberägyptischen Nils, keine geschlossenen Bibliotheken überliefern. Die beiden schon früher erwähnten Ausnahmen, Qumran und Herculaneum, sind ebendies: Ausnahmen. Gerade Qumran hilft uns, die Situation besser einzuschätzen: In den dortigen Höhlen wurden alle Texte der hebräischen Bibel in mehr oder weniger umfangreichen Fragmenten entdeckt, nur einer nicht: das Buch Esther. Daraus wurde gefolgert, daß die orthodoxen Qumran-Essener dieses Buch aus ihren Bibliotheken ausgeschlossen hatten, da es das einzige Buch ist, in dem der Name Gottes nicht vorkommt. Die einfachere und erheblich wahrscheinlichere Lösung ist, zugespitzt formuliert, daß es nicht gefunden wurde, weil es nicht gefunden wurde. Von anderen Schriften gibt es nur einen einzigen Beleg, und der hätte umgekehrt auch verlorengehen können. Inzwischen weiß man, daß sich Qumran-Schriften durchaus auf Gedanken des Buches Esther beziehen – es war dort also bekannt und wurde benutzt. Daß etwas in einem bestimmten Umfeld nicht gefunden wurde, darf also *a priori* nicht heißen, daß es dort unbekannt war oder nicht existierte. Eine schnellere Verbreitung des Kodex für die pagane Literatur kann im zweiten und dritten Jahrhundert auch daran gescheitert sein, daß man mit zunehmender Verbreitung des christlichen Schrifttums dieses Format geradezu mit den Christen identifizierte und diese Nähe von der literarisch einflußreichen, den Buchmarkt mitbestimmenden Aristokratie gescheut wurde. Vgl. dazu auch C. P. Thiede, *Rekindling the Word,* Leominster 1995, 84-92. Einige abweichende Vorstellungen sind festgehalten bei dem verdienten australischen Textforscher G. H. R. Horsley, »Classical Manuscripts in Australia and New Zealand, and the Early History of the Codex«, *Antichthon* 27 (1993 [1995]), 60-85, hier v.a. 76-83. Horsley und seine Gewährsleute hängen allerdings noch einer überholten, romantischen Vorstellung von im wesentlichen ungebildeten Urchristen an, die keinerlei literarische Interessen hatten. So vertritt beispielsweise Guglielmo Cavallo die Auffassung, der Kodex habe sich aus einem niedrigen sozialen Milieu entwickelt und habe in der Anfangszeit vorwiegend Werke minderer literarischer und sprachlicher Qualität aufgenommen. Wie wir in diesem

Buch gesehen haben, ist das Gegenteil richtig. Beiträge zur Debatte auch in A. Blachard (Hrsg.), *Les débuts du codex,* Tunrhout 1989; vgl. ferner T. C. Skeat, »The Origin of the Christian Codex«, *Zeitschrift für Papyrologie und Epigraphik* 102 (1994), 263-268. Mit Konstantin, dem ersten engagiert pro-christlich auftretenden Kaiser, änderte sich ab 313 n. Chr. auch die säkulare Ver-lagslandschaft; der Kodex wurde hof- und gesellschaftsfähig – nun gerade auch, weil er das typisch christliche Format war.

51 Vgl. dazu und zu weiteren Formen C. P. Thiede/M. d'Ancona, *Der Jesus-Papyrus,* München 1976/Reinbek 1997, 203-212, mit weiterführender Litera-tur.

52 Harald Riesenfeld erbrachte den Nachweis, daß es sich hier entgegen der land-läufigen Meinung nicht um einen vorgefertigten Hymnus handelt: H. Riesen-feld, »Unpoetische Hymnen im Neuen Testament? Zu Philipper 2,1-11«, *Schrif-ten der Finnischen Exegetischen Gesellschaft* 38 (Helsinki 1983), 155-168. Auch der Hebräerbrief bedient sich des 110. Psalms, um Christus als Herrn mit Gott dem Herrn zu verbinden: Hebräer 10,11-18.

53 Darauf wies schon Adolf Deissmann hin: A. Deissmann, *Licht vom Osten. Das Neue Testament und die neuentdeckten Texte der hellenistisch-römischen Welt*, Tübingen [4]1923, 298-299, mit Belegen. Deissmann zeigt auch, daß diese Paral-lele (die nicht zu verwechseln ist mit der Abhängigkeit des einen vom anderen und die auch noch den »Sklaven/Knechts«-Status des Gläubigen gegenüber dem Herrn einbezieht) (vgl. 1. Korinther 7,21-22; Galater 1,10; Epheser 5,6; Kolosser 4,12; 2. Timotheus 2,24; 1. Petrus 2,16; Jakobus 1,1; Offenbarung 19,2-5, 22,3) »die Verbreitung der christlichen Kultsprache und des Christus-kultus selbst« zumindest im Osten erleichterte, denn die Menschen dort ver-standen solche Sprache »in ihrem Vollsinn«.

54 Dort in griechischen Buchstaben. Da im antiken Griechisch ohne Wortabstände geschrieben wurde (scriptio continua), kann man »Marana tha« (Unser Herr, komm!) oder, weniger wahrscheinlich, »maran atha« (unser Herr ist gekom-men) trennen und verstehen. In der Offenbarung des Johannes 22,20 ist die For-mel bereits griechisch übersetzt und auch in der Bedeutung festgelegt: »Er, der dies bezeugt, spricht: ›Ja, ich komme bald.‹ Amen. Komm, Herr Jesus!« (Amän, érchou kyrie Iäsou). Die nach-neutestamentliche »Didache« oder »Apostelleh-re« aus der ersten Hälfte des 2. Jahrhunderts hat noch einmal die aramäische Formel in griechischer Umschrift (Didache 10,6).

55 Aramäischer und deutscher Text bei K. Beyer, *Die aramäischen Texte vom To-ten Meer,* Göttingen 1984, 292 (Text), 282 (philologische Erläuterung). Deutsch auch bei J. Maier, *Die Qumran-Essener: Die Texte vom Toten Meer,* Bd. 1, Mün-chen 1995, 350-351. Vgl. J. A. Fitzmyer, *A Wandering Aramean.* Collected Ara-maic Essays, Missoula 1979, 115-142.

56 Vgl. oben 165-167 den Abschnitt über das Nikanor-Tor.

57 Unter den Autoren des Neuen Testaments verzichtet allein Markus, der älteste Evangelist, auf die Bezeichnung »kyrios« für Gott und/oder Jesus. Erst die Ver-fasser der späten Anhänge an sein Evangelium haben das nachgeholt (Markus 16,19-20).

58 Z.B. auf einer in Oxyrhynchus gefundenen Tempelrechnung, P.Oxy. 1143.

59 W. Dittenberger, *Orientis Graeci Inscriptiones Selectae* (OGIS), I-II, Leipzig 1903-1905, Nr. 606.

60 Papyrus P.Oxy. 37; U. Wilcken, *Griechische Ostraka aus Ägypten und Nubien,* Leipzig 1899, Nr. 1038.

61 Die Ausnahme war Gaius, genannt Caligula, der zunehmend wahnsinnig wurde und seiner eigenen Gottheit einen Tempel errichten ließ (Sueton, *Gaius,* 22). Seine Absicht, 40 n. Chr. die eigene Statue als Götterbild im Tempel von Jerusalem aufstellen zu lassen, führte zu Unruhen und Petitionen. Vgl. Josephus, *Jüdischer Krieg* 2, 184-203; *Jüdische Altertümer* 18, 257-309. Vgl. auch Philo von Alexandria, *De legatione ad Gaium,* 29-43. Die Durchführung des Plans wurde nicht ernsthaft versucht; 41 n. Chr. wurde Caligula ermordet.

62 U. Wilcken, wie in Anm. 57.

63 H. Dessau, *Inscriptiones Latinae Selectae,* Berlin 1, 1982-3.2, 1916 (ILS), Nr. 8794.

64 P.Oxy. 246. Übersetzung nach A. Deissmann, *Licht vom Osten,* wie in Anm. 53, 139-141; dort auch der griechische Text und Abb. 28.

65 Übersetzung nach A. Deissmann, wie in Anm. 53, 84 (dort auch griechischer Text und Abb. 11).

66 Zur Verfasserschaft, Person des Autors und Datierung des Briefs ausführlich und wegweisend R. Bauckham, *Jude and the Relatives of Jesus in the Early Church,* Edinburgh 1990, v.a. 134-178. Vgl. auch E. E. Ellis, *Prophecy and Hermeneutic in Early Christianity,* Tübingen 1978, v.a. 220-254.

67 Josephus, *Jüdischer Krieg,* 7,409-419. Übersetzung bei O. Michel/O. Bauernfeind (Hrsg.), *Flavius Josephus, De Bello Judaico/Der Jüdische Krieg* (griechisch-deutsch), Bd. II,2, München/Darmstadt 1969, 150-151. Die Szene spielt in Alexandria, wohin sich Sikarier nach der Niederschlagung des Aufstands gegen die Römer geflüchtet hatten. Josephus hält diese Sikarier für Fanatiker, ein öffentliches Risiko, das die anderen Juden nur unnötig gefährdete. In der Tat brachten sie einige Juden um, die beim Versuch, nun auch in Alexandria gegen Römer vorzugehen, nicht mitmachen wollten. Wie das Zitat zeigt, kann immerhin auch Josephus seine Bewunderung für ihre Standhaftigkeit nicht verbergen.

68 »Dominus et Deus noster«: Sueton, *Domitian* 13,2.

69 »Martyrium des Polykarp« 8,1-2, zitiert nach A. Lindemann/H. Paulsen (Hrsg.), *Die Apostolischen Väter,* Griechisch-deutsche Parallelausgabe, Tübingen 1992, 258-285, hier 269. Ähnlich reagierte fünfundzwanzig Jahre später, 180 n. Chr., der Christ Speratus aus dem nordafrikanischen Scilli (im heutigen Tunesien), der dem Prokonsul auf dessen Befehl, beim »Genius« »unseres Herrn, des Kaisers«, zu schwören, sich mit Worten weigert, die er aus dem 1. Korintherbrief abgeleitet haben kann (und Paulus-Briefe hatte er in seiner Bibliothek, wie sich beim Verhör herausstellte): »Ich kenne meinen Herrn, den König der Könige und den Herrscher über alle Völker.« (Vgl. O. v. Gebhardt, *Acta Martyrium Selecta,* Berlin 1902, 22-27).

[1] Zu Origenes und Timotheus I. vgl. O. Eißfeldt, »Der gegenwärtige Stand der Erforschung der in Palästina neu gefundenen hebräischen Handschriften«, *Theologische Literaturzeitung* 74 (1949), 597-600; C. P. Thiede, Artikel »Schriftenfunde vom Toten Meer«, *Das Große Bibellexikon,* Wuppertal/Gießen/Zürich [2]1990 Bd. 3,1403-1409.

[2] Als ich 1994 mit den Vorbereitungen für eine archäologische Ausstellung im italienischen Rimini begann, gehörte 4Q246 zu den besonderen »Wunschobjekten«; die israelische Antikenbehörde ließ es restaurieren und neu verglasen, und so wurde es von März bis September 1996 erstmals öffentlich im Rahmen der Ausstellung »Dalla Terra Alle Genti – La diffusione del cristianesimo nei primi secoli« gezeigt, als eines der Beispiele für die Verbindung des Christentums mit dem jüdischen Urgrund, aus dem es entstand. Vgl. den Katalog *Dalla Terra Alle Genti – La diffusione del cristianesimo nei primi secoli,* a cura di Angela Donati, Mailand 1996, Nr. 235, S. 313; zum Kontext auch S. 314-323.

[3] O. Gillie, »Scroll Fragment challenges basic tenet of Christianity«, *The Independent,* 1. September 1992. Schon der Anspruch, eine Neuentdeckung veröffentlicht zu haben, war irreführend: Unter der Bezeichnung »4QPsDanAª« war das Fragment seit 1958 in weiten Teilen bekannt, hatte aber niemanden aufgeregt. Erst Vermes versuchte, daraus etwas Aufsehenerregendes zu machen.

[4] Diese Vertrautheit konnte jüngst der Althistoriker Klaus Rosen auch für den Bericht des Lukas über den Census des Qurinius (Lukas 2,1-7) nachweisen. Rosen zeigt u.a. am Beispiel der bei En-Gedi am Toten Meer gefundenen Steuererklärung der Jüdin Babatha, daß Lukas mit großer Genauigkeit einem Formular folgte, das jedem Leser im Römischen Reich aus eigener Erfahrung bekannt war. Im einzelnen erläutert er, wie auch die Rahmenbedingungen – die Reise von Nazareth zum ererbten Familienbesitz in Bethlehem – nichts mit Legenden zu tun haben, sondern historischem Geschehen entsprechen. (K. Rosen, »Jesu Geburtsdatum, der Census des Quirinius und eine jüdische Steuererklärung aus dem Jahr 127 nC.«, *Jahrbuch für Antike und Christentum,* 38 (1995), 5-I5.)

[5] Über den »Gesalbten« und den »Sohn Gottes« und die Beziehung zwischen den beiden ist viel geschrieben worden. Neueres findet sich u.a. bei M. Hengel, *Der Sohn Gottes. Die Entstehung der Christologie und die jüdisch-hellenistische Religionsgeschichte,* Tübingen [2]1977; M. Karrer, *Der Gesalbte. Die Grundlagen des Christustitels,* Freiburg 1990; O. Betz, *Was wissen wir von Jesus?,* Wuppertal/Zürich 1991, 106-121; U. B. Müller, »›Sohn Gottes‹ – ein messianischer Hoheitstitel Jesu«, *Zeitschrift für die neutestamentliche Wissenschaft* (ZNW) 87 (1996), 1-32.

[6] Menander, *Thais,* vgl. Euripides, *Aiolos* Fr.1024 ~ 1. Korinther 15,33; Arat, *Phainomena* 5 = Apostelgeschichte 17,28; (Pseudo-)Epimenides, *De oraculis,* vgl. Kallimachos, »Eis Día« 8 ~ Titus 1,12; Aischylos, *Prometheus* 325, vgl. Aischylos, *Agamemnon* 1624, Pindar, *Pythische Ode* 2,94-5, Euripides, *Bakchen* 795 ~ Apostelgeschichte 26,14.

[7] Fragment 13 Diels; vgl. Fragment 54 Bywater.

8   Achikar 8,18 ~ 2. Petrus 2,22.
9   Robert W. Daniel hat jüngst vorgeschlagen, daß der Name auf der Mosaikin-
    schrift lateinisch nicht als [Ac]icar, sondern als »[Ep]icar[mus]« rekonstruiert
    werden sollte. Auch das wäre literarhistorisch bedeutsam: Epicharmos war ein
    innovativer Komödienautor des 5. vorchristlichen Jahrhunderts, der seine The-
    men der Mythologie entnahm und von Platons Sokrates geschätzt wurde (Theai-
    tet 152e). Vgl. R. W. Daniel, »Epicharmus in Trier: A Note on the Monnus-Mo-
    saic«, *Zeitschrift für Papyrologie und Epigraphik* 114 (1996), 30-36.
10 Griechischer Text und Übersetzung in G. Pfohl (Hrsg.), *Griechische Inschriften
    als Zeugnisse des privaten und öffentlichen Lebens,* München ²1980, 64-65;
    dort auch weiteres Belegmaterial.
11 »… theòn theou hyón«. Text und Übersetzung in G. Pfohl, *Griechische In-
    schriften,* wie in Anm. 9, 65.
12 M. Fränkel u.a. (Hrsg.), *Die Inschriften von Pergamon,* 2, Berlin 1890 (Bd.
    VIII.2 der »Altertümer von Pergamon«), Nr. 381.
13 Wer eine deutsche Bibelübersetzung aufschlägt, wird das Wort in Esther 5,1
    nicht finden, denn unsere Übersetzungen kommen aus dem hebräischen Grund-
    text, der sich nicht nur hier von der griechischen Fassung unterscheidet. In
    2. Makkabäer 3,39 gibt die »Einheitsübersetzung« es mit »Wächter« wieder, in
    2. Makkabäer 7,35 mit »… des allmächtigen Gottes, der alles sieht«.
14 Sardis VII 1 Nr. 8, in V. Ehrenberg/A. H. M. Jones, *Documents Illustrating the
    Reigns of Augustus and Tiberius,* Oxford ²1955, Nr. 99. Deutscher Text voll-
    ständig in H. Fries (Hrsg.), *Historische Inschriften zur römischen Kaiserzeit von
    Augustus bis Konstantin,* Darmstadt 1984, 19-20, hier 20.
15 »… Kaisara theón ek theou«. Papyrus Oxy. 1453.
16 Griechisch »Krátistos«, Lukas 1,3. Vgl. für die Rangbezeichnung auch Apo-
    stelgeschichte 23,26; 24,3 und 26,25.
17 Zur Vorstellung vom »göttlichen Menschen« in der Kaiserzeit jetzt wegweisend
    D. S. du Toit, *THEIOS ANTHROPOS. Zur Verwendung von theois anthropos
    und sinnverwandten Ausdrücken in der Literatur der Kaiserzeit,* Tübingen
    1997. Vor dem Hintergrund des antiken Belegmaterials weist du Toit schlüssig
    nach, daß der »Gottessohn«-Begriff der Christen nichts mit der antiken Vorstel-
    lung vom göttlichen Menschen zu tun hatte oder gar aus ihr abgeleitet ist, son-
    dern im Gegensatz dazu stand.
18 Appian, *Bellorum Civiliorum Liber* II, 148; 619. Den Hinweis auf Appian ver-
    danke ich Ulrich Victor, Berlin.
19 Philo, *De legatione ad Gaium,* 154.
20 Es scheint, als könne man im derzeitigen Stadium der Ausgrabungen des von
    Herodes dem Großen gestifteten Augustus-Tempels von Caesarea Philippi
    ebenfalls den Kult der »Dea Roma« wahrscheinlich machen. (Mündliche
    Mitteilung des Grabungsleiters der Israelischen Antikenbehörde, Vassilios
    Tzaferis.)
21 Die Deutung und Bedeutung ist immer wieder hin und her gewendet wor-
    den. Einige recht unterschiedliche Ansätze vertreten u.a. E. Puech, »Fragment
    d'une apocalypse en araméen (4Q246 = pseud-Dan^d) et le ›Royaume de Dieu‹«,

Revue Biblique 99 (1992), 98-132; H.-J. Fabry, »Neue Texte aus Qumran«, *Bibel und Kirche* 48 (1993), 25-27; O. Betz/R. Riesner, *Jesus, Qumran und der Vatikan. Klarstellungen,* Gießen/Freiburg ⁵1994, 115-118. Wichtig auch C. A. Evans, »The Recently Published Dead Sea Scrolls and the Historical Jesus«, in B. Chilton/C.A. Evans, *Studying the Historical Jesus,* Leiden/New York/Köln 1994, 547-565, u.a. 549-552.

[22] Zur Datierung der Offenbarung/Apokalypse vgl. neuerdings K. Berger, *Theologiegeschichte des Urchristentums,* Tübingen/Basel 1994, 568-571.

[23] Vgl. z.B. die Pan-Interpretation bei John Milton, »On the Morning of Christ's Nativity«, *Hymn* VIII, 85-92. Eine umfassende Darstellung der christlichen Pan-Deutungen unter dem Aspekt des Todes des »Großen Pan« findet sich bei R. Kany, »Claudia Procula und der Große Pan. Zur antiken paganen und christlichen Vorgeschichte eines Traumes in Dorothy Sayers' ›The Man Born to be King‹«, *arcadia* 30 (1995), 62-70.

[24] Vgl. G. Zuntz, »Ein Heide las das Markusevangelium«, in H. Cancik (Hrsg.), *Markus-Philologie. Historische, literargeschichtliche und stilistische Untersuchungen zum zweiten Evangelium,* Tübingen 1984, 205-222, hier 205.

[25] Sueton, *Claudius,* 25,4. Vgl. dazu jetzt H. Botermann, *Das Judenedikt des Kaisers Claudius,* Stuttgart 1996.

[26] Zu den Datierungen vgl. im einzelnen unten Kapitel 10.

[27] Vgl. zum Sprachgebrauch des Paulus neuerdings D. Wenham, *Paul – Follower of Jesus or Founder of Christianity?,* Grand Rapids 1995, hier v.a. 129-136.

[28] Römer 15,27. Vgl. dazu, mit weiteren Belegen, jetzt auch R. Riesner »Christologie in der Jerusalemer Urgemeinde«, *Theologische Beiträge* 28 (1997), 229-243, hier 241-243.

[29] Rainer Riesner sieht eine Möglichkeit, den Zeitraum dieser Entwicklung noch weiter einzuengen. Da nach der Verfolgung durch Agrippa I. (41. n. Chr.) die Gruppe der Zwölf nicht mehr als ein Kollegium in Jerusalem residierte, das Traditionen bilden und weitergeben konnte, könne man die Formulierung der grundlegenden christologischen Bekenntnistradition vielleicht auf das Jahrzehnt zwischen der Auferstehung Jesu und der Verfolgung durch Agrippa I. verkürzen (R. Riesner, wie in Anm. 28, 243). Es ist sicher naheliegend, daß die grundlegenden Bekenntnisse – man möchte sagen aus praktischer Notwendigkeit – in den ersten Jahren festgelegt wurden. Für die Konsolidierung und Weitergabe war die ständige Anwesenheit des vollständigen Zwölferrats aber offensichtlich nicht erforderlich: Zum einen traf man sich nach längerer Unterbrechung 48 n. Chr. wieder beim Apostel-Kongreß in Jerusalem und schuf neue Formeln über Juden- und Heidenmission (Apostelgeschichte 15,4-29). Zum anderen reiste selbst Paulus später noch einmal in die Stadt, um sich auch ohne die anderen Elf mit Jakobus zu beraten und von ihm bestärken zu lassen – für Paulus waren Jakobus und sein Kollegium entscheidungstragend genug (Apostelgeschichte 21,15-26). Vielleicht sollten wir von zwei Etappen reden – 30 bis 41. n. Chr. und 48 bis 62 n. Chr. Mit dem Tod des Jakobus 62 n. Chr. ist jedenfalls mit Sicherheit der Schlußpunkt erreicht.

[30] Vgl. Apostelgeschichte 17,10-12.

31 Einigen hebräischen Handschriften gelang dennoch die Hervorhebung – das
»JHWH« wurde in paläohebräischer Schrift abgesetzt.

32 Vgl. F. Dunand, *Papyrus Grecs Bibliques* (Papyrus Fouad Inv. 266), Volumina
de la Genèse et du Deutéronome. Kairo/Paris 1966; J. W. Wevers, *The Text History of the Greek Deuteronomy,* Göttingen 1978, 64-85.

33 Papyrus pap4QLXXLev[b], hier 3. Mose/Leviticus 4,27. Vgl. F. W. Skehan/E. Ul-
rich/J. E. Sanderson (Hrsg.), *Qumran Cave 4, IV, DJD IX,* Oxford 1992, 174 und
Tafel 120. Unter den erhaltenen griechischen Bibelhandschriften ist dieser
Qumran-Fund ein Einzelbeleg; daß die Abkürzung i-a-o aber weithin gebräuchlich war, belegen griechische »Zauberpapyri«, in denen diese Vokalkombina-
tion formelhaft für den Namen des jüdischen Gottes steht.

34 Es gab unter diesen fünfzehn Begriffen auch eine zweite Kategorie, die nicht
durchweg trinitarisch war und nicht immer abgekürzt wurde – »Matär« (Mutter
= Mutter Jesu) z.B., oder »Anthropos« (= [Menschen-]Sohn.) Die Standardwer-
ke zur Entwicklung dieser sogenannten »heiligen Namen« oder »Nomina sacra«
sind L. Traube, *Nomina Sacra: Versuch einer Geschichte der christlichen Kür-
zung,* München 1907; A. H. R. E. Paap, *Nomina Sacra in the Greek Papyri of
the First Centuries A.D.,* Leiden 1959. Neuere Literatur in H.-A. Rupprecht,
Kleine Einführung in die Papyruskunde, Darmstadt 1994, 192-197. Belege in
den Papyri des Neuen Testaments bei J. O'Callaghan, *»Nomina Sacra« in pa-
pyris graecis saeculi III neotestamentariis,* Rom 1970; S. Brown, »Concerning
the Origin of the Nomina Sacra«, *Studia Papyrologica* 9 (1970), 7-19. Eine hilf-
reiche, in den Schlußfolgerungen allerdings irreführende Zusammenfassung des
traditionellen Kenntnisstands bietet auch D. Trobisch, *Die Endredaktion des
Neuen Testaments.* Eine Untersuchung zur Entstehung der christlichen Bibel,
Freiburg/Göttingen 1996, 16-35.

35 Vgl. u.a. C. H. Roberts, *Manuscript, Society and Belief in Early Christianity,*
London 1979, 26-48; C. P. Thiede, *Rekindling the Word,* Leominster 1995, 1-19,
hier v.a. 13-19.

36 Kommentar und Abbildung in E. G. Turner, *Greek Manuscripts of the Ancient
World,* Second Edition Revised and Enlarged by P. J. Parsons, London 1987,
100-101.

37 Grundsätzliches zu Abkürzungen in literarischen Handschriften der (außer-
christlichen) Antike bei K. McNamee, *Abbreviations in Greek Literary Papyri
and Ostraca,* Chico 1981. Zu dokumentarischen Handschriften vgl. A. Blan-
chard, *Sigles et abbréviations dans les papyrus documentaires grecs,* London
1974.

Anmerkungen zu Kapitel 10

1 Gelegentlich wird diese Aussage Jesu so verstanden, als beziehe sie sich auf
sämtliche Zeichen und Geschehnisse, die der Wiederkehr des Messias, des Christus vorausgehen werden, so daß Jesus hier also erkläre, einige der Umstehenden würden diesen Tag noch erleben. Das allerdings ist durch die griechische

Satzkonstruktion und Wortwahl ausgeschlossen. Gerade das Umfeld dieses Verses innerhalb der Rede Jesu schließt aus, daß er hier seine Wiederkehr, die Parusie meinen kann: Nicht nur muß erst die Zerstörung des Tempels erfolgen, sondern der Tempel bleibt dann noch eine unbestimmte Zeit lang »wüst« (Matthäus 23,38). Will man also überhaupt eine Beziehung zum Höhepunkt der Endzeit herstellen, dann geht das nur, wenn man als weiteres »Signal« voraussetzt, daß der Tempel nicht mehr zerstört – mit anderen Worten also: wiederaufgerichtet – sein wird. Hier bietet sich eine Parallele zum heute in der israelischen Tagespolitik so problematischen Verhalten einiger jüdischer Bewegungen an, die alles unternehmen wollen, um den Tempel in Jerusalem wieder aufzubauen – denn nur dann werde der Messias kommen.

2 Der 2. Petrusbrief wird von der Mehrheit der heutigen Neutestamentler für unecht gehalten und dreißig bis achtzig Jahre nach dem Tod des historischen Petrus datiert. Gerade diese Warnung vor der Naherwartung der Wiederkunft Christi gilt als Indiz dafür, daß der Brief erst in der zweiten oder dritten christlichen Generation verfaßt worden sein kann. Es ist allerdings das schwächste vieler schwacher Argumente gegen die Echtheit des Briefs; wie wir sahen, ist die Warnung vor übereilter Spekulation ein Kennzeichen der frühesten Äußerungen; den bereits genannten Stellen lassen sich weitere hinzufügen: Matthäus 24,45-25-13 (v.a. 24,48-62); 1. Korinther 15,19. Der 2. Petrusbrief (3,4) setzt ebenso wie der 1. Korintherbrief des Paulus (15,6) voraus, daß eine große Zahl von Christen bereits gestorben ist; eine Naherwartung im wörtlichen Sinn ist also ausgeschlossen. Auch »Väter« des Glaubens (2. Petr. 3,4) sind bereits zu Lebzeiten des Petrus gestorben: Stephanus, der Johannesbruder Jakobus, der Jesusbruder Jakobus. Vgl. ausführlich C. P. Thiede, Artikel »Zweiter Petrusbrief«, in *Das Große Bibellexikon,* Bd. 3, Wuppertal/Zürich/Gießen [2]1990, 1171-1174. Daß einzelne Christen, vielleicht sogar ein Paulus, zwischenzeitlich darauf hofften, die Wiederkehr Christi noch zu erleben, steht auf einem anderen Blatt. Es wäre ein Aspekt der Interpretation jener Mahnung Jesu gewesen, jederzeit damit zu rechnen, also so zu leben, als könnte es noch heute nacht geschehen. Darauf läuft ja nicht zuletzt die Lehre Jesu hinaus: Wer an ihn glaubt, lebt und handelt so, als könnte er in der Tat schon morgen wiedergekommen sein. Das ist ein Appell an die Rolle der Christen in der Gesellschaft – an keiner Äußerung Jesu ist dagegen abzulesen, daß die erste Generation der Christen das Privileg genießen werde, es noch zu erleben. Paulus jedenfalls hat die Hoffnung, selbst noch dabeizusein (1. Thessalonicher 4,15; 1. Korinther 15,52) schon früh modifiziert: »Denn wir wissen, daß der, der den Herrn Jesus auferweckt hat, auch uns mit Jesus auferwecken und uns mit euch vor sich stellen wird« (2. Korinther 4,14). Wenigstens soviel sagt diese Äußerung an die gleichen Leser, die einige Jahre zuvor den ersten Brief erhalten hatten: Er selbst, Paulus, werde wohl längst tot sein. Im Interesse seiner Leser in Korinth ist das eine Korrektur, aus der aber keine Enttäuschung herauszulesen ist: Paulus, der nicht zum ersten Mal einen Lernprozeß durchläuft und das Ergebnis sofort mitteilt, schließt sich, vielleicht nach genauerer Information über das, was der historische Jesus – den er nicht kennengelernt hatte – zu diesem Thema sagte, der Perspektive des 90.

Psalms und des Kollegen Petrus an. Das hat eine praktische Konsequenz: Um so intensiver muß nun die erste Generation darangehen, solange sie noch am Leben ist, die Lehren Jesu zu verbreiten.

3 Übersetzung nach E. Lohse, *Die Texte aus Qumran*. Hebräisch und Deutsch, Darmstadt 1981, 227-243, hier 234-237. Die aus dem masoretischen Text des Buches Habakuk ergänzten Textlücken sind in Zitatzeichen, »/«, gesetzt.

4 Petrus bezieht sich hier, wie der Qumran-Text, auf eine Schrift der hebräischen Bibel. Was für den Qumran-»Pescher« der Prophet Habakuk ist, ist im 2. Petrusbrief der 90. Psalm: »Denn tausend Jahre sind vor dir wie ein Tag, der gestern vergangen ist, und wie eine Nachtwache« (Psalm 90,4). Der 2. Petrusbrief variiert den Psalm, indem er dem Zitat die Umkehrung der Satzglieder voranstellt (»Ein Tag ist wie tausend Jahre«). An dieser Nuance kann man in Endzeit-Kommentaren in der frühchristlichen Literatur erkennen, ob sie sich auf Psalm 90,4 oder auf 2. Petrus 3,8 beziehen.

5 Der »Lehrer der Gerechtigkeit« trat nach heutigem Kenntnisstand zur Zeit des Makkbabäers Jonathan (161 – 143 v. Chr.) in Erscheinung. Mit Jonathan nahm erstmals ein Politiker das Amt des Hohenpriester in Anspruch; dieser unerhörte Akt war wohl auch das auslösende Moment für den Auszug der Anhänger des »Lehrers der Gerechtigkeit«. Möglicherweise kann er doch noch namentlich identifiziert werden: Ein noch umstrittenes Fragment aus Qumranhöhle 4 nennt ihn allem Anschein nach »Zedekiah«. Das wäre auch deswegen interessant, weil »Lehrer der Gerechtigkeit« hebräisch »moreh ha-zedeq« heißt, »zedek« also bewußt mit dem Eigennamen »Zedek-iah« in Verbindung stehen könnte. Vgl. E. M. Cook, *Solving the Mysteries of the Dead Sea Scrolls. New Light an the Bible*, Grand Rapids 1993, 122-123; O. Betz/R. Riesner, *Jesus, Qumran und der Vatikan, Klarstellungen,* ⁵1994, 190. Die abstrusen, in immer neuen Büchern verbreiteten Vorstellungen Robert Eisenmans, den »Lehrer der Gerechtigkeit« mit dem Jesusbruder Jakobus zu identifizieren und Paulus mit dem »Frevelpriester« oder »Mann der Lüge«, der ihn verfolgt, muß man hier nur erwähnen, weil sie durch den Bestseller *Verschlußsache Jesus* Verbreitung fanden. Es erübrigt sich fast, darauf hinzuweisen, daß Personen der Zeit um 150 vor Chr. schlechterdings nicht mit Gestalten des Neuen Testaments identisch sein können, und daß Texte, die im 1. Jahrhundert vor Christus entstanden und deren Entstehungszeit sowohl paläographisch als auch durch Radiocarbontests abgesichert ist, weder verschlüsselt noch unverschlüsselt über Ereignisse der christlichen Urgemeinde berichten können. Vgl. auch oben das Kapitel »Unter Brüdern: Jakobus und Jerusalem«.

6 Schon im 8. Jahrhundert vor Christus gab es dort eine erste Siedlung dieses Namens (vgl. Josua 15,61). Die »Kupferrolle« aus Qumranhöhle 3 erwähnt den Namen mehrmals (3Q15 4,13-14; 5,1-12).

7 »Apologia pro Iudaeis« 1; vgl. »Quod omnis probus liber sit« 775-76; vgl. a. Josephus, *Jüdischer Krieg* 2,124.

8 Gelegentlich wird vermutet, daß »Damaskus« ein Deckname ist. Obwohl es dafür im Text keinerlei Anhaltspunkte gibt, ist es dabei zu den seltsamsten Phantasien gekommen. Inzwischen dürfte geklärt sein, daß der Text tatsächlich das

syrische Gebiet in und um Damaskus meint, in dem sich essenische Niederlassungen befanden. Auch die berühmte Kupferrolle 3Q15 setzt essenische Verstecke in der Gegend von Damaskus voraus. Vgl. u.a. J. Magnin, »Notes sur l'Ébionisme, II«, *Proche Orient Chrétien* 24 (1974), 225-250; B. Pixner, *Wege des Messias und Stätten der Urkirche, Jesus und das Judentum im Licht neuer archäologischer Erkenntnisse,* Gießen ³1996, 149-179.

[9] Vgl. in diesem Buch 205-210.

[10] Vgl. C. P. Thiede, »Die Evangelien und ihre Handschriften: Legenden, Gerüchte und neue Perspektiven«, in *Insel Almanach auf das Jahr 1998,* Frankfurt 1997, 22-33, hier v.a. 32-33.

[11] H. Botermann, *Das Judenedikt des Kaisers Claudius. Römischer Staat und Christiani im 2. Jahrhundert,* Stuttgart 1996. Ihr Ausgangspunkt ist der Streit um die Geschichtlichkeit, den Ablauf und das Datum der Vertreibung von Juden und Christen aus Rom durch Kaiser Claudius, die im Neuen Testament von Lukas in seiner »Apostelgeschichte« referiert wird (18,2); was sie sagt, gilt allerdings auch grundsätzlich.

[12] H. Botermann, wie in Anm. 11, 19-21.

[13] Wie in Anm. 11, 34. Botermann findet immerhin Unterstützung bei dem Mainzer Neutestamentler Marius Reiser, der im Zusammenhang mit historischen Jesusworten den Grundsatz aufstellt, »daß nicht die Behauptung der Authentizität, sondern deren Bestreitung zu beweisen ist« (M. Reiser, *Die Gerichtspredigt Jesu,* Münster 1990 191). Vgl. zu Lukas auch A. D. Baum, *Lukas als Historiker der letzten Jesusreise,* Wuppertal/Zürich 1993, v.a. 39-154 über den Prolog des Evangeliums.

[14] G. Theißen, *Lokalkolorit und Zeitgeschichte in den Evangelien. Ein Beitrag zur Geschichte der synoptischen Tradition,* Freiburg (Schweiz)/Göttingen 1989, 211.

[15] Theißen wie in Anm. 14, 292.

[16] Theißen wie in Anm. 14, 294.

[17] Theißen wie in Anm. 14, 288, 294.

[18] So, und nur so, gelingt es beispielsweise Gerd Theißen, offenbar ernsthaft zu behaupten, die Weiterentwicklung der Überlieferung Jesu »führte eher zum Thomasevangelium als zu den synoptischen Evangelien« (Theißen wie in Anm. 14, 303). Theißen machte sich hier zu einem der ersten Sprecher einer Mode, für die neuerdings Theologen wie John Dominic Crossan und das sogeannte »Jesus Seminar« stehen. Man muß schon ziemlich hartnäckig darum bemüht sein, die historischen Evangelien abzuwerten, um auf den Gedanken zu kommen, in einer buntgemischten Sammlung von 114 zum Teil vielleicht sehr alten, zum Teil aber auch geradezu antichristlichen Sprüchen (nichts anderes ist das in einer Handschrift des späten 4. Jahrhunderts als Teil einer Sammlung von »gnostischen« Texten überlieferte sogenannte »Thomas-Evangelium«, das weder mit Thomas noch mit der Gattung »Evangelium« auch nur das Geringste zu tun hat) eine den Evangelien überlegene Traditionslinie erkennen zu wollen. Vgl. dazu auch C. P. Thiede, »Die Evangelien und ihre Handschriften: Legenden, Gerüchte und Perspektiven«, in *Insel Almanach auf das Jahr 1998,* Frankfurt 1997, 22-33, hier 27-30.

[19] Vgl. M. Hengel, »Entstehungszeit und Situation des Markusevangeliums«, in H. Cancik (Hrsg.), *Markus-Philologie,* Tübingen 1984, 1-45, hier 31: »Inhaltlich spricht nichts für eine Entstehung nach dem Katastrophenjahr.« (Kursiv beim Autor.) Der von Hubert Cancik herausgegebene Band ist übrigens eines der allzu seltenen Beispiele dafür, daß sich Altphilologen und Neutestamentler an einen Tisch setzen können, wenn sie nur wollen. Cancik selbst ist Altphilologe; der 1992 verstorbene Altphilologe und Hellenismus-Experte Günther Zuntz legt in diesem Band seine Datierung des Markus-Evangeliums auf das Jahr 40 n. Chr. vor (»Wann wurde das Evangelium Marci geschrieben?«, 47-71).

[20] Theißen wie in Anm. 14, 278-284. Wenn in diesen Abschnitten in erster Linie auf Theißens Thesen zurückgegriffen wird, dann geschieht das stellvertretend. Es würde den Rahmen dieses Buchs sprengen, alle Versuche darzustellen, die Spätdatierungen der Evangelien zu retten.

[21] Vgl. Sueton, *Vespasian* 7.

[22] Josephus, *Jüdischer Krieg,* 3, 400-402.

[23] Sueton, *Vespasian* 5.

[24] Josephus, *Jüdischer Krieg,* 6, 300-309.

[25] Josephus, *Jüdischer Krieg* 4,618; vgl. 4,656.

[26] Theißen wie in Anm. 14, 284.

[27] Theißen wie in Anm. 14, 285.

[28] Theißen wie in Anm. 14, 285.

[29] Sporadisch brach an einigen wenigen Stellen der Stadt auch Feuer aus. Spuren davon werden heute im sogenannten »Burnt House« im Jüdischen Viertel gezeigt. Solche Einzelbrände sind bei mechanischen Städtezerstörungen häufig. Vgl. dazu M. J. Astill, »Fire Damage in Roman Buildings«, *The Bulletin of The Association of Roman Archaeology* 2 (1996), 11-12. Wie wichtig der Vers Matthäus 22,7 für die Verfechter der Spätdatierung ist, zeigte jüngst auch die Kontroverse um die Datierung einer Handschrift des Matthäus-Evangeliums in die Zeit um 66 n. Chr. Das kann natürlich gar nicht möglich sein, wie der Neutestamentler Eduard Lohse in einer Rezension erklärte, da man ja weiß, daß Matthäus erst in den achtziger Jahren des 1. Jahrhunderts schrieb. Vgl. C. P. Thiede/M. d' Ancona, *Der Jesus Papyrus,* München 1996, und die Besprechung von E. Lohse im »Sonntagsblatt« vom 3.5.1996 sowie die Replik im Anhang der Taschenbuchausgabe des *Jesus-Papyrus,* Reinbek 1997, 251-258, hier 253-255. Theißens ergänzende Argumente für seine Spätdatierung liegen alle auf der gleichen Linie: Matthäus, der offenbar nicht in der Lage war zu sagen, was er meinte, verändert, adaptiert und arrangiert sein Material auf geheimnisvoll verschlüsselten Wegen so, daß es in eine Zeit der Ruhe nach dem Sturm paßt, in der man sich entspannt zurücklehnen und über ethische Verantwortung nachdenken konnte. Die Feststellung, daß eine Spätdatierung des Matthäus-Evangeliums anhand dieser Stelle nicht möglich ist, befreit natürlich nicht vor der Aufgabe, die Unterschiede in den Fassungen dieses Gleichnisses bei Lukas (14,15-24) und Matthäus zu verstehen. Meist wird versucht, die Evangelisten als Veränderer dingfest zu machen; so hätte dann Matthäus den Satz von der an-

gezündeten Stadt, der bei Lukas fehlt, hinzuerfunden – im Rückblick auf die Zerstörung Jerusalems. Das geht nicht, wie wir gesehen haben, und es widerspricht auch einer Grundeinsicht in die Überlieferung der Reden von Wandervortragenden. Gerade die Gleichnisse und die großen Reden hat Jesus selbstverständlich nicht nur einmal vorgetragen. Die zentralen Themen der »Bergpredigt« des Matthäus finden sich in der »Feldpredigt« bei Lukas – schon die unterschiedliche Ortsangabe betont, daß Jesus hier zum gleichen Themenbereich (mindestens) zweimal sprach und dabei natürlich auch unterschiedliche Akzente setzte. Wer selbst regelmäßig Gastvorlesungen und Vorträge an verschiedensten Orten hält, weiß aus eigener Erfahrung, daß man am nächsten Ort etwas wegläßt oder hinzufügt, vielleicht sogar spontan mit Blick auf das andere Publikum. Dementsprechend kann eine »Pointe« des zweiten Vortrags in der Berichterstattung über den ersten fehlen, weil sie im ersten gar nicht benutzt wurde. Es ist nicht unvorstellbar, sondern realistisch, daß Jesus das Gleichnis vom königlichen Hochzeitsmahl einmal mit und einmal ohne den drastischen Bezug auf den strafenden König erzählt hat. (Eine interessante neuere Arbeit zu dieser Stelle, die m.W. erstmals auch die handschriftliche Überlieferung ausgiebig berücksichtigt, ist M. A. Pohl, *»Die Gerufenen aber waren nicht würdig«. Das Gleichnis vom Festmahl Mt 22,1-14 par Lk 14,15-24. Mit einer Erörterung zur Entstehungszeit des Matthäus-Evangeliums,* Passau 1997 (Diplomarbeit an der Kath.-Theol. Fakultät der Universität Passau, unveröffentlicht).

Ein weiteres beliebtes Argument für ein vorgeblich spätes Datum des Matthäus ist die These, Matthäus setze bereits ein weitentwickeltes Stadium der Kirche voraus; sein Bild von der Kirche in Kapitel 16,17-19 trage schon institutionelle Züge, und es gebe bereits eine kirchliche Disziplinargewalt (18,17-19). Auch hier wird der methodische Fehler begangen, die Ankündigung oder Absichtserklärung für den vollinhaltlich durchgeführten Vollzug zu halten. Der Begriff »Kirche« (griechisch »ekklesía«), den Jesus bei Matthäus benutzt, um Simon mit einem Wortspiel zum Petrus, also zum Fels zu erklären, setzt nicht späte christliche Autoritätsstruktur voraus, sondern ist fest im jüdischen Denken und Vokabular der Jesuszeit und früherer Epochen verankert. Es kann daher sogar offenbleiben, ob Jesus in dieser Szene aramäisch sprach (dann hätte er den Ausdruck »qahal« gebraucht) oder griechisch – auch dafür gab es das Modell des Wortgebrauchs in der griechischen Übersetzung des Alten Testaments, der »Septuaginta«, die über zweihundert Jahre älter war als Jesus. Vgl. u.a. O. Betz, »Felsenmann und Felsengemeinde«, in ders., *Jesus – der Messias Israels,* Tübingen 1987, 99-126; G. Maier, »Die Kirche im Matthäusevangelium: Hermeneutische Analyse der gegenwärtigen Debatte über das Petrus-Wort Mt 16,17-19«, in C. P. Thiede (Hrsg.), *Das Petrusbild in der neueren Forschung,* Wuppertal 1987, 171-197; J. H. Charlesworth, »Has the name ›Peter‹ Been Found Among the Dead Sea Scrolls?«, in B. Mayer, *Christen und Christliches in Qumran?,* Regensburg 1992, 213-225; zum Gesamtzusammenhang R. H. Gundry, *Matthew. A Commentary on His Handbook for a Mixed Church under Persecution,* Grand Rapids [2]1994, 328-375.

[30] Theißen wie in Anm. 14, 288.

31 Theißen wie in Anm. 14, 292.

32 Theißen wie in Anm. 14, 294.

33 Theißen wie in Anm.14, 292. Obwohl fast alle Neutestamentler seiner Meinung sind, gab es immer schon Gegenstimmen, nicht nur die von John A. T. Robinson, die Theißen hier übergeht. Immerhin zitiert er in seiner Anm. 98 fairerweise C. H. Dodd, der das Entscheidende schon gesagt hatte, zieht aber daraus nicht die Lehre: »So far as any historical event has coloured the picture, it is not Titus's capture of Jerusalem in A. D. 70, but Nebuchadnezzar's capture in 586 B. C. There is not a single trait of the forecast which cannot be documented directly out of the Old Testament.« (C. H. Dodd, *More New Testament Studies,* Manchester 1968, 69-83, hier 79.) Vgl. auch, mit einschlägigen Argumenten für die Datierung der synoptischen Evangelien vor 62 n. Chr.: B. Reicke, »Synoptic Prophecies on the Destruction of Jerusalem«, in D. E. Aune (Hrsg.), *Studies in New Testament and Early Christian Literature,* Leiden 1972, 121-134.

34 Die Beschreibung der Belagerung und der Eroberung finden sich bei Tacitus, *Historia* 5,10-13 und Josephus, *Jüdischer Krieg,* 5-6. Hier: *Jüdischer Krieg* 5,130-135.

35 Josephus, *Jüdischer Krieg* 5, 491-511.

36 Theißen ist sich selbst nicht ganz wohl in seiner Haut. Obwohl er behauptet, die »circumvallatio« »ist keineswegs so selbstverständlich, daß Lk sie ohne konkrete Kenntnisse hätte prophezeien können« (293), muß er in der Anm. 180 dann doch zugeben, daß diese Technik seit 146 v. Chr. (!) »in der römischen Belagerungskunst die Regel war«.

37 Theißen wie in Anm. 14, 293.

38 H. Riesenfeld, »Neues Licht auf die Entstehung der Evangelien. Handschriften vom Toten Meer und andere Indizien«, in B. Mayer (Hrsg.), *Christen und Christliches in Qumran?,* Regensburg 1992, 177-194.

39 H. Riesenfeld wie in Anm. 38, 190.

40 H. Riesenfeld wie in Anm. 38, 190.

41 H. Riesenfeld wie in Anm. 38, 192.

42 H. Riesenfeld wie in Anm. 38, 193.

43 J. A. T. Robinson, *Redating the New Testament,* London 1976 (dt.: *Wann entstand das Neue Testament?,* Paderborn/Wuppertal 1986). Robinson datiert alle Schriften des Neuen Testaments und eine frühchristliche Schrift außerhalb des Neuen Testaments, die Didache, jeweils einzeln begründet, in die Zeit zwischen 40 und 68 n. Chr. J, Wenham, *Redating Matthew, Mark and Luke. A Fresh Assault on the Synoptic Problem,* London 1991. Wenham datiert den Beginn der Evangelientradition in die vierziger Jahre, trotz unterschiedlicher Einzelakzente bei der Beurteilung von Querverbindungen, also parallel zu Robinson.

44 H. Odeberg, »Über das Johannes-Evangelium«, *Zeitschrift für systematische Theologie* 16 (1939), 173-188. Odeberg, »einer der hervorragendsten Kenner des Judentums in neutestamentlicher Zeit«, habe gezeigt, »daß die im Johannes-Evangelium referierten Streitgespräche zwischen Jesus und den Vertretern des jüdischen Volkes bis in Einzelheiten hinein Vorstellungen und Lehrmeinungen des palästinischen Judentums gerade in der Zeit vor dem Aufhören des Tempel-

kults treu bewahrt haben«. Und: »Die Entstehung des Johannes-Evangeliums in Kleinasien um das Jahr 100 sei eine unmögliche Annahme. Das Evangelium sei von paulinischer Theologie völlig unberührt, und dies deute darauf hin, daß es eben nicht nach Paulus abgefaßt sein kann. Das Problem der Heidenmission liegt noch ganz außerhalb des Horizonts.« (Riesenfeld wie in Anm. 38, 183.)

[45] O. Gigon, *Erwägungen eines Altphilologen zum Neuen Testament,* Basel 1972. Vgl. auch ders., *Die antike Kultur und das Christentum,* Gütersloh 1966, 142-181. Gigon zählt neben Wolfgang Schadewaldt zu den Altphilologen, die sich früh für die historische Authentizität und in die Anfänge zurückreichende Entstehungszeiten der Texte einsetzten. Vgl. W. Schadewaldt, »Die Zuverlässigkeit der synoptischen Tradition«, *Theologische Beiträge* 13 (1982), 198-221.

[46] Vgl. hierzu auch C. P. Thiede, »Jesus ist nicht nur eine Glaubensfrage«, in R. Flöhl/H. Ritter (Hrsg.), *Wissenschaftsjahrbuch '97,* Frankfurt 1997, 475-479.

[47] *Acta Petri* 20. Deutscher Text bei W. Schneemelcher (Hrsg.), *Neutestamentliche Apokryphen in deutscher Übersetzung,* Tübingen [5]1989, 243-289, hier 274-275. Griechisch-lateinischer Text: L. Vouaux, *Les Actes de Pierre,* Paris 1922. Die Stelle, die gerade gelesen und nun von Petrus berichtet wurde, war die Verklärung Jesu (Markus 9,2-13; 2. Petrus 1,16-19): Petrus erzählt, »was wir geschrieben haben« (»quae gratia ipsius [gemeint ist Jesus] quod coepimus, scripsimus«), und nur diese Szene haben sowohl Markus als auch Petrus beschrieben der eine in seinem Evangelium, der andere in seinem zweiten Brief.

[48] 2. Korinther 8,18: »Wir haben aber den Bruder mit ihm gesandt, dessen Lob wegen des Evangeliums in allen Gemeinden ist.« Neuere Übersetzungen verwischen das, was der griechische Satz sagt, indem sie hinzuerfinden: »… wegen *der Verkündigung* des Evangeliums«. Weil man in der alten Kirche noch wußte, was wirklich im griechischen Text steht, kam man nicht auf den Gedanken, hier könne es sich statt eines tatsächlichen schriftlichen Evangeliums »nur« um die Verbreitung der mündlichen Botschaft, der »guten Nachricht« handeln. Da sich im Personenkreis um Paulus zur Zeit des 2. Korintherbriefs nicht mehr Markus, sondern nur noch Lukas befand, lag der Gedanke nahe, ihn als den »Bruder« zu identifizieren. Zu diesem Vers als heute sehr umstrittenem, aber schon von den ältesten Kommentatoren in der christlichen Antike erkanntem Bezug auf Lukas und sein approbiertes Evangelium vgl. ausführlich Ph. E. Hughes, *The Second Epistle to the Corinthians,* Grand Rapid, [2]1986, 312-316; J. Wenham, *Redating Matthew, Mark and Luke. A Fresh Assault on the Synoptic Problem,* London 1991, 230-238; H. Riesenfeld, wie in Anm. 38, 182.

[49] Zu 2. Korinther 8,18 vgl. oben Anm. 48. In Apostelgeschichte 13,5 wird berichtet, wie Markus, der auch Johannes Markus oder wie hier nur Johannes genannt wird, aber durch den Kontext stets als die gleiche Person identifizierbar bleibt, Paulus und Barnabas nach Zypern begleitet. (Zum Phänomen der »Doppelnamen« in der Antike, das uns nicht nur im Neuen Testament öfter begegnet vgl. z.B. Levi/Matthäus, Simon/Petrus/Kephas, Saulus/Paulus, usw. – vgl. G. H. R. Horsley, *New Documents Illustrating Early Christianity,* Sydney 1981, 89-96 [Nr. 55].) Er wird hier griechisch als »hyperétäs«, als Diener oder Gehilfe, bezeichnet, jedoch nicht etwa mit Bezug auf Paulus und Barnabas, sondern

attributiv, so als sei Markus bereits zum Zeitpunkt dieser Reise als »hyperétäs«
bekannt. Da Lukas im Prolog zu seinem ersten Werk, dem Evangelium, die Tra-
denten schriftlicher Jesusüberlieferung als »hyperétai tou lógou« bezeichnet, als
»Diener des Wortes«, könnte man vermuten, daß die auffallende Form des
Wortgebrauchs in Apostelgeschichte 13,5 den Markus als einen dieser Die-
ner kennzeichnen will. Vgl. R. O. P. Taylor, *The Groundwork of the Gospels*,
Oxford 1946, 21-30; F. F. Bruce, *The Acts of the Apostles*, Leicester [2]1952, 255;
C. P. Thiede, »The Origin and Tradition of the Gospel of Mark in the Light of
Recent Investigations«, *Rendiconti. Istituto Lombardo / Accademia di scienze e
lettere* 126 (1992), Mailand 1994, 129-147, hier 145-146.

50 Erläuterte Abbildungen bei E. G. Turner, *Greek Manuscripts of the Ancient
World*, Second Edition Revised and Enlarged, Ed. by P. J. Parsons, London
1987, 34-35 (Nr. 6,7,8,10). Den ersten Nachweis, daß in diesem Brauch die
zwangsläufige Bestätigung frühester Autorenzuschreibungen für die Evangelien liegt, erbrachte Martin Hengel: M. Hengel, *Die Evangelienüberschriften*,
Heidelberg 1984.

51 Abbildungen bei Turner/Parsons wie in Anm. 50, 46-49, 104-105 (Nr.
17,18,61).

52 Auch neutestamentliche Papyrushandschriften im Kodexformat zeigen, daß
darüber hinaus die Endbetitelung der Rolle ebenfalls auf das letzte Blatt des Kodex übertragen wurde. Das älteste Beispiel für eine Kopfzeile in einem Evan-
gelienpapyrus ist der Bodmer II (P66, Johannes-Evangelium), ca. 150 n. Chr.
Der Schluß ist nicht vollständig erhalten, so daß offenbleiben muß, ob auch eine Endbetitelung eingetragen war. Kopf-und Endtitelzeile sind erhalten im Bodmer XIV/XV (P75, Lukas- und Johannes-Evangelium), ca. 200 n. Chr. Ein besonders schönes Beispiel für die Endbetitelung bietet der älteste Papyrus der
beiden Petrus-Briefe, Bodmer VII/VIII (P72), vom Ende des 3. Jahrhunderts:
Hier werden Verfasser und Werktitel genannt (»Petrou epístolä B« = »Des
Petrus 2. Brief«), und darauf folgen Friedenswünsche des Kopisten an die
Leser.

53 Ob dieser Johannes mit dem Verfasser der anderen unter diesem Namen bekannten Schriften des Neuen Testaments identisch ist, dem 1. Brief, dem Evangelium und der Offenbarung, kann hier nicht erörtert werden. Negativ urteilt
M. Hengel, *Die johanneische Frage. Ein Lösungsversuch*, Tübingen 1993, in einer ausführlichen Auseinandersetzung mit Hengels Argumenten kommt dagegen A. D. Baum aufgrund einer Analyse der Papias-Stelle und des Euseb-Kom-
mentars *Kirchengeschichte* 3,39,4-7 zum Ergebnis der Identität und zeigt vor
allem, daß und warum der von Papias benannte Presbyter Johannes identisch
ist mit dem »Lieblingsjünger« und Verfasser des Evangeliums. A. D. Baum,
»Papias und der Presbyter Johannes. Martin Hengel und die johanneische
Frage«, *Jahrbuch für evangelikale Theologie* 9, Wuppertal/Zürich 1995, 21-
42. Ähnlich wie Baum argumentiert zu den Papias-Stellen detailliert auch
R. H. Gundry, *Matthew. A Commentary an His Handbook for a Mixed Church
under Persecution*, Grand Rapids [2]1994, 611-616.

54 Euseb, *Kirchengeschichte* 3,39,13.

55 Weitere Angaben aus frühchristlicher Zeit, teils wegen des verständlicherweise
   nur geringen Interesses an den Details sehr knapp und daher zum Teil gelegentlich auch mißverstanden: Irenäus, *Gegen die Häretiker* 3,1,1 (bei Euseb, *Kir-*
   chengeschichte 5,8,2-4), ca. 180 n. Chr., über alle vier Evangelien; die *Anti-*
   markionitischen Prologe, um 180 n. Chr., über Markus, Lukas und Johannes;
   der *Canon Muratori* (um 190 n. Chr.) besonders über Lukas; Klemens von
   Alexandria, *Hypotyposen* (bei Euseb, *Kirchengeschichte,* 2,15,2 und 6,14,7),
   um 200 n. Chr., vor allem über Markus; Tertullian, *Gegen Marcion* 4,2,1-5; 5,3,
   um 207 n. Chr, über alle vier Evangelien; Origenes, »Kommentar zum Matthäus-Evangelium« (bei Euseb, *Kirchengeschichte* 6,25, 3-6), um 230 n. Chr.,
   über alle vier Evangelien; Euseb selbst in seiner *Kirchengeschichte* (3,24,5-8),
   über alle vier Evangelien. Weiteres findet sich in manchen Einleitungen zum
   Neuen Testament und in Geschichten des neutestamentlichen Kanons nachgewiesen. Ungeachtet vieler neuerer Literatur (v. Campenhausen, Bruce, Metzger
   u.a.) ist am ausführlichsten immer noch Th. Zahn, *Geschichte des neutesta-*
   mentlichen Kanons. I: Das Neue Testament vor Origenes, Leipzig 1888-1889,
   II: Urkunden und Belege zum ersten und dritten Band, Erlangen/Leipzig 1890-
   1892 (Bd. 3 wurde nie veröffentlicht); ders., *Grundriß der Geschichte des neu-*
   testamentlichen Kanons, Leipzig [2]1904, erweiterter Nachdruck Wuppertal
   1985.
56 Die Lateinkenntnisse des Markus und ihre Spuren in seinem Evangelium führten sogar einmal dazu, eine lateinische Urfassung zu vermuten: Vgl. P.-L.
   Couchoud, »L'Évangile de Marc, a-t-il été écrit en Latin?«, *Revue de l'Histoire*
   des Religions 47 (1926), 161-192.
57 Vgl. dazu oben 175-177.
58 Klemens von Alexandria, *Hypotyposen,* bei Euseb, *Kirchengeschichte* 6,14,7.
   Klemens leitet, der Paraphrase des Euseb zufolge, diese Darlegung mit der Bemerkung ein, er habe »von den alten Presbytern« erfahren, daß jene Evangeli-
   en, welche die Genealogien enthalten, als erste geschrieben wurden. Versteht
   man das scheinbar wörtlich, dann wären Matthäus und Lukas mit ihren Stamm-
   bäumen Jesu gemeint (vgl. Matthäus 1, 2-17; Lukas 3, 23-38). Will man nicht
   annehmen, daß Klemens bzw. seine Presbyter Unsinn erzählten, muß man den
   griechischen Text, den wir nicht im Original des Klemens, auch nicht als Zitat,
   sondern in der indirekten Wiedergabe Eusebs haben, anders verstehen: Die
   Stammbäume Jesu, wie sie in zwei der vier Evangelien enthalten sind, bilden
   den ältesten Bestand der historischen Jesusforschung durch die Evangelisten.
   Sie, diese Stammbäume, sind nicht das älteste aufgeschriebene Überlieferungs-
   gut – das sind die Mit- oder Nachschriften der Jesusworte. Erst im Zuge der historischen Absicherung der gesammelten Informationen, nach Ostern (die Re-
   densammlungen sind natürlich im wesentlichen vorösterlich), wurde es
   interessant, die Abstammung des endgültig als Messias erkannten Jesus aus der
   Linie des Königs David auch darzustellen. Insofern enthalten Matthäus und Lukas dann tatsächlich die Schicht, die am weitesten zurückreicht, also in diesem
   Sinne auch am ältesten ist.
59 Klemens, *Hypotyposen* 6, bei Euseb, *Kirchengeschichte* 2,15,2.

60 Vgl. Apostelgeschichte 13,13 – Markus trennt sich in Paphos von Barnabas und Paulus und reist nach Jerusalem; vermutlich, weil er erfahren hatte, daß Petrus inzwischen dort eingetroffen war. Es bot sich die Gelegenheit, persönlich über das Werk zu sprechen.

61 Ignatius starb wohl um 109 n. Chr., jedenfalls unter Kaiser Trajan, in Rom den Märtyrertod. Seine sieben erhaltenen Briefe entstanden auf der von mindestens vier Zwischenaufenthalten (Philadelphia, Smyrna, Troas, Neapolis) unterbrochenen Überführungsreise nach Rom. Einer der Briefe ist an die Christen in Philadelphia gerichtet, einer Stadt, die Hierapolis, dem Bischofssitz des Papias, benachbart war. In diesem Brief schreibt Ignatius: »Ich ermahne euch aber, nichts aus Eigennutz zu tun, sondern wie Schüler Christi zu handeln. Da hörte ich von einigen sagen: ›Wenn ich es nicht in den Urkunden finde, glaube ich es nicht im Evangelium.‹ Und als ich ihnen sagte: ›Es steht da geschrieben‹, antworteten sie mir: ›Das muß untersucht werden.‹« (An die Philadelphier 8,2). Mit den »Urkunden« (griechisch »archeion«, was sowohl das Archiv meint als auch dessen Inhalt) sind hier entweder die alten jüdischen Schriften gemeint, die von Christen später als Altes Testament bezeichnet wurden, oder judenchristlich-»gnostisches« Schrifttum der Gruppe, gegen die Ignatius in seinem Brief ankämpft. Man hat den Hinweis des Ignatius, »Es steht (da) geschrieben«, meist so verstanden, als meinte der Bischof die prophetischen Hinweise auf Jesus im Alten Testament. Die Replik seiner Opponenten kann man aber eher so verstehen, daß sie in ihren eigenen Schriften nicht das finden, was Ignatius lehrt, und noch kein Evangelium ernsthaft zum Vergleich herangezogen haben. Ignatius will den Meinungsunterschied über das jeweilige Schrifttum entschärfen, indem er sagt, die wahren »Urkunden« seien für ihn das Kreuz, der Tod und die Auferstehung Jesu. Wenn im Brief an die Philadelphier (vgl. auch 5,1-2; 9,2) die andere Ebene mitschwingt, wie sie auch der heutige theologische Sprachgebrauch kennt – »Evangelium« ist sowohl das einzelne Werk als auch die verkündete Botschaft von Christus –, dann ist doch im Brief des Ignatius an die Christen in Smyrna die Doppeldeutigkeit ausgeräumt: Jene, die Christus verleugnen, sind Anwälte des Todes statt der Wahrheit, erklärt er und fährt fort: »Nicht die Worte der Propheten überzeugten sie, auch nicht das Gesetz des Mose, ja bis jetzt nicht einmal das Evangelium, noch unser aller Leiden.« (Brief an die Smyrnäer, 5,1.) Hier wird das schriftliche Evangelium – als Gattungsbegriff – neben die Bücher der Propheten und die Bücher des Mose, die Thora, gestellt, erst dann kommt ein Hinweis auf die Verfolgungen, denen Ignatius dann selbst zum Opfer fiel. Ignatius unterstreicht das noch einmal etwas später: »So ist es nun angemessen, sich von solchen (Irrlehrern) fernzuhalten und über sie weder privat noch in der Öffentlichkeit zu reden, sondern auf die Propheten zu hören, vor allem aber auf das Evangelium, in dem uns das Leiden und die Erfüllung der Auferstehung mitgeteilt wurden« (An die Smyrnäer 7,2). So, wie »die Propheten« als Sammlung der prophetischen Bücher die eingeführte Bezeichnung war, haben wir »das Evangelium« für die Gesamtheit der schriftlichen Jesusberichte. Im übrigen zeigt Ignatius durch Zitate, Paraphrasen und Anspielungen, daß er die Evangelien des Matthäus und des Johannes sehr gut kannte und wohl auch weit-

gehend auswendig beherrschte, und mit Markus und Lukas zumindest vertraut war.

[62] Irenäus, *Gegen die Häretiker* 3,1,1, bei Euseb, *Kirchengeschichte* 5,8,2-4.

[63] Origenes, *Kommentar über das Matthäus-Evangelium,* bei Euseb, *Kirchengeschichte* 6,14,5-7.

[64] So zuerst Origenes um 233 n. Chr. in seiner Lukas-Homilie; vgl. insgesamt B. Blatz, »Das koptische Thomasevangelium«, in W. Schneemelcher, *Neutestamentliche Apokryphen in deutscher Übersetzung,* I: Evangelien, Tübingen [5]1987, 93-113, hier 93-94.

[65] *Gegen die Häretiker* 3,1,1, bei Euseb, *Kirchengeschichte* 5,8,3.

[66] Vgl. E. E. Ellis, »Entstehungszeit und Herkunft des Markus-Evangeliums«, in B. Mayer (Hrsg.), *Christen und Christliches in Qumran?,* Regensburg 1992, 195-212, hier 199-200). Ellis weist hier auch daruf hin, daß der lateinische Ausdruck »excessus«, den der sogenannte »Antimarkionitische Prolog« im Zusammenhang mit Petrus und dem Markus-Evangelium kurz vor oder kurz nach Irenäus benutzt (die Reihenfolge ist in der Forschung umstritten), ebenfalls »Tod« oder »Auszug« heißen kann, so daß wiederum der Kontext entscheiden muß. Vom sehr fragmentarischen Prolog haben wir allerdings kein zusammenhängendes textliches Umfeld. Die Belege bei Irenäus sind jedoch eindeutig genug: Das Markus-Evangelium wurde geschrieben, als Petrus (und Paulus) noch lebte(n) – der Antimarkionitische Prolog erwähnt nur Petrus –, so daß auch Irenäus im Datum bestätigt, daß spätestens vor 67 n. Chr. liegen muß. Die Datierung in die Zeit vor 62, genauer: vor 59, d.h. vor dem Wiedereintreffen des Petrus in Rom, ist durch Irenäus nicht widerlegt, sondern zusätzlich ermöglicht. A. D. Baum – »Die Publikationsdaten der Evangelien in den ältesten Quellen. Zu Irenäus, *adversus haereses* 3,1,1«, *Jahrbuch für evangelikale Theologie* 11 (1997), 77-92 – hat jüngst versucht, hinter Ellis zurückzukommen, indem er den Sprachgebrauch des Irenäus an dieser Stelle als Übernahme einer fremden, von Irenäus bereits vorgefundenen Quelle erklärt. Das allerdings würde ein untypisches Maß an Naivität oder Kritiklosigkeit voraussetzen. Wie käme Irenäus darauf, einen für ihn zweifelsfrei falschen Wortgebrauch zu übernehmen, und dies zudem an einer Stelle, die noch nicht einmal als Quelle gekennzeichnet ist? Daß Irenäus sich hier publikationstechnisch anders ausdrückt als an anderen Stellen seines Buchs – darauf verweist Baum zu Recht – liegt daran, daß er einen Sonderfall der Literaturgeschichte zu kommentieren hat. Das darf allerdings nicht mit dem unzweideutig geklärten Gebrauch des Wortes »exodos« = Weggang – gegen »thanatos« = Tod – in seinem Gesamtwerk verwechselt werden.

[67] »Überlieferte«: griechisch »paradédoken«.

[68] Zu dieser Bedeutung des griechischen »paradédoken« vgl. schon J. Chapman, »St Irenaeus on the Dates of the Gospels«, *Journal of Theological Studies* 6 (1905) 563-569, hier 567.

[69] Das griechische Wort ist »themelioúnton«.

[70] Vgl. Römerbrief 15,24; 1. Clemens 5,7; vgl. auch den »Canon Muratori«.

[71] Der »Antimarkionitische Prolog« zu Markus bringt das Evangelium nur mit der Abreise des Petrus in Verbindung – Paulus fehlt. Möglicherweise schien es dem

Autor nicht erforderlich, auch die zweite Etappe der Markus-Überlieferung eigens zu erwähnen; ihm dürfte es gereicht haben, die richtige Ursprungsfeststellung weiterzugeben: Markus begann die schriftliche Überlieferung nach dem Weggang des Petrus. Irenäus, dem so viel an der Gemeinsamkeit von Petrus und Paulus liegt, bringt den zweiten Apostel ins Spiel und zieht damit zwei Informationsstränge zusammen. Man könnte auch vermuten, daß der »Antimarkionitische Prolog« – was wahrscheinlich ist – erst nach Irenäus entstand und diesen »korrigierte«, indem er den strenggenommen überflüssigen Hinweis auf Paulus strich.

72 Zu den Belegen für solche Kruginschriften als Herkunftsbezeichnungen vgl. C. P. Thiede, *Die älteste Evangelien-Handschrift? Ein Qumran-Fragment wird entschlüsselt,* Wuppertal/Zürich [4]1994, 62-63, 83.

73 Vgl. G. Kennedy, »Classical and Christian Source Criticism«, in W. O. Walker, *The Relationship Among the Gospels. An Interdisciplinary Dialogue,* San Antonio 1978, 125-155.

74 H.-J. Schulz, *Die apostolische Herkunft der Evangelien,* Freiburg/Basel/Wien, 3., völlig neu gestaltete und aktualisierte Auflage 1997.

75 Schulz untersucht die Evangelien konsequent nach den von ihm erläuterten Kriterien; philologische Gesichtspunkte und Aspekte, die für die klassische Geschichtswissenschaft wichtig sind, kommen daher nicht immer in sein Blickfeld. Sein Gewährsmann ist hier vor allem der Geschichtsdidaktiker Hugo Staudinger mit dessen einflußreicher Monographie *Die historische Glaubwürdigkeit der Evangelien,* Wuppertal/Zürich, 7., neu bearb. Aufl. 1995. Schulz und Staudinger sparen das Matthäus-Evangelium, das von ihren Zugängen nur teilweise erfaßt werden kann, weitgehend aus und begnügen sich mit ungefähren Angaben, die allerdings auch darin übereinstimmen, daß sie dieses Evangelium wie die anderen drei in die Zeit vor 70 n. Chr. legen.

76 Vgl. dazu neben der Arbeit von H.-J. Schulz u.a. W. Bittner, *Jesu Zeichen im Johannesevangelium. Die Messiaserkenntnis im Johannesevangelium vor ihrem jüdischen Hintergrund,* Tübingen 1987; ferner z.B. W. Gericke, »Zur Entstehung des Johannes-Evangeliums«, *Theologische Literaturzeitung* 90 (1965), 807-820; L. Morris, *Studies in the Fourth Gospel,* Grand Rapids/Exeter 1969; F. L. Cribbs, »A Reassessment of the Date of Origin and the Destination of the Gospel of John«, *Journal of Biblical Literature* 89 (1970), 39-55. Es zeigt sich u.a., daß die scheinbar andere Sprache, die Jesus bei Johannes spricht, nur da wirklich anders ist, wo Johannes überliefert, wie Jesus im Zweiergespräch oder im kleinsten Kreis redet. Das ist eine Selbstverständlichkeit, die noch heute jedem Lehrer und Vortragenden aus eigener Erfahrung einleuchtet: Man spricht vor großem Publikum anders, mit anderem Vokabular und in anderem Duktus, als im kleinen »Tutorium« oder im intimen Dialog. Erfreulicherweise setzt sich langsam aber immer mehr die Erkenntnis durch, daß solche Unterschiede der »Zielgruppen-Beziehung« auch bei den angeblich unüberbrückbaren Gegensätzen zwischen den »echten« und »unechten« Paulus-Briefen eine Rolle spielen. Noch nicht einmal die auf den ersten Blick unvereinbaren Chronologien der Passionswoche Jesu sind Widersprüche. Markus, Matthäus und Lukas auf der

442

einen Seite und Johannes auf der anderen haben unterschiedliche Kalendersysteme benutzt, die dank der Qumran-Funde heute wieder erkennbar sind. (Vgl. u. a: A. Jaubert, *La date de la Cêne,* Paris 1957; B. Schwank, »War das letzte Abendmahl am Dienstag der Karwoche?«, *Bibel und Kirche* 13 (1958), 34-44; E. Ruckstuhl, *Die Chronologie des Letzten Mahles und des Leidens Jesu,* Einsiedeln 1963; ders., *Jesus im Horizont der Evangelien,* Stuttgart 1988, 101-184; ders., »Zur Frage einer Essenergemeinde in Jerusalem und zum Fundort von 7Q5«, in B. Mayer, *Christen und Christliches in Qumran?,* Regensburg 1992, 131-137). Käme heute etwa ein Historiker auf den Gedanken, die Geschichtlichkeit östlicher Berichte über die russische Oktober-Revolution anzuzweifeln, nur weil sie nach anderem Kalender »in Wirklichkeit« im November stattfand?

77 H.-J. Schulz, wie in Anm. 74, 340. Zum Johannes-Evangelium ausführlich 291-393. Einer der besten Kenner des archäologisch und topographisch immer wieder bestätigten Detailwissens dieses Evangelisten, der Archäologe und Neutestamentler Benedikt Schwank, der Johannes mit seinen Mitarbeitern in hohem Alter letzte Hand an den Text anlegen sieht und daher ein Entstehungsdatum der publizierten Endfassung des Evangeliums in den neunziger Jahren des 1. Jahrhunderts vorzieht, hebt dennoch die Wichtigkeit der von Schulz begründeten Identifizierung hervor und unterstreicht sie behutsam mit eigenen Argumenten. Für Schwank ist auch der »Lieblingsjünger«, der in diesem Evangelium besonders hervorgehoben wird, keine andere Person. B. Schwank, *Evangelium nach Johannes,* St. Ottilien 1996, 505-508, v.a. 507; vgl. auch 7-8, 339-341.

78 J. A. T. Robinson, *Redating the New Testament,* London 1976, 254-311 (deutsch: *Wann entstand das Neue Testament?,* Paderborn/Wuppertal 1986, 265-322; ders., *The Priority of John,* London 1985. Robinson kommt zu dem Ergebnis, daß die Endfassung des Johannes-Evangeliums mitsamt dem »Nachwort« (Kapitel 21) um 65 n. Chr. veröffentlicht wurde.

79 Damit ist nicht gesagt, daß essenisches Gedankengut keinen Einfluß auf spätere jüdische und christliche Positionen behielt. Einzelne Essener haben sicher auch Zuflucht bei Gruppen wie den Ebioniten gefunden. Entscheidend ist hier nur, daß es die Sadduzäer und die Essener als straff organisierte Gemeinschaften nach den Jahren 68 (Qumran), 70 (Jerusalem) bzw. 73/74 (Masada) nicht mehr gab.

80 Vgl. F. Manns, *John and Jamnia: How the Break Occurred Between Jews and Christians,* Jerusalem 1988, v.a. 15-30.

81 Vgl. dazu auch mit weiteren Belegen C. P. Thiede/M. d'Ancona, *Der Jesus-Papyrus,* München 1996/Reinbek 1997, 80-82.

82 Nachträglich einseitige, verfälschende Interpretationen gegen den Text können allerdings nie verhindert werden. Das belegen nicht nur jene, die sich auf die Evangelien berufen wollten, um die Juden als »Gottesmörder« darzustellen, sondern umgekehrt eben auch die, die sich heute die Texte so lange zurechtbasteln, bis aus dem Johannes-Evangelium eine Streitschrift gegen die Juden geworden ist. Vgl. grundsätzlich auch M. Hengel, »Das früheste Christentum als eine jüdische messianische und universalistische Bewegung«, *Theologische*

Beiträge 28 (1997) 197-210, hier v.a. 201-203. Hengel verweist hier u.a. auf die Arbeiten des jüdischen Forschers Richard L. Rubinstein. Die zum Teil scharfen Auseinandersetzungen zwischen den verschiedenen jüdischen Gruppierungen, zu denen in den ersten Jahrzehnten eben auch noch die messianische Jesus-Bewegung gehörte, werden im Neuen Testament als das wiedergegeben, was sie waren: als zum Teil erbitterter »innerjüdischer Familienstreit«. Rubinstein nennt sogar die harte Aussage des Paulus in 1. Thessalonicher 2, 14-16, die oft als Ausgang des katastrophalen christlichen Antisemitismus gedeutet wird, »a family dispute« und vergleicht die Sprache mit den drastischen Aussagen der Schriftrollen vom Toten Meer gegenüber anderen jüdischen Gruppen (R. L. Rubinstein, *My Brother Paul,* New York 1972, 115). Hengel selbst spricht von einem grundlegenden anthropologischen Problem, dem »Wachsen von Haß und Streit in der eigenen Familie« (a.a.O., 202-203).

83 H.-J. Schulz, wie in Anm. 74, 380-381. Schulz entwickelt Beobachtungen von J. A. T. Robinson, *The Priority of John,* London 1985, weiter. Es ist ihm zu verdanken, daß er die Leistung Robinson nicht nur hier auch einer größeren deutschen Leserschaft bekannt gemacht hat. Noch immer ist *The Priority of John* nicht auf deutsch erschienen.

84 H.-J. Schulz wie in Anm. 74, 381-385, hier v.a. 382. Er läßt dabei weitgehend offen, wann das Evangelium des Johannes über den Kreis seiner Schüler hinaus verbreitet wurde. Obwohl es seine Wurzeln im Jerusalem der vierziger Jahre hat, schließt er nicht aus, daß es seine Endgestalt »erst« in den sechziger Jahren in Ephesus fand und für ein internationales Publikum als Vermächtnis des Apostels nach dessen Tod herausgegeben wurde.

85 K. Berger, *Theologiegeschichte des Urchristentums,* Tübingen/Basel 1994, 653-671, hier v.a. 653. Für sich selbst schließt Berger ein noch früheres Datum aus, weil er im Schlußkapitel (21,18-23) den bereits eingetretenen Martyriumstod des Petrus, nach 64 und vor 68 n. Chr. – am ehesten wohl 67 n. Chr. – vorausgesetzt sieht. Jüngst hat er seine Überzeugung von einem frühen Datum in einem populärwissenschaftlichen Buch noch zugespitzt: *Im Anfang war Johannes. Datierung und Theologie des vierten Evangeliums,* Stuttgart 1997. Originell wie stets versucht er hier, nicht nur weitere Belege zu liefern; mit viel Mut zum Risiko unternimmt er dann auch noch den Drahtseilakt, den »Lieblingsjünger« dieses Evangeliums mit Andreas, dem Bruder des Petrus zu identifizieren.

86 Vgl. oben 202-203.

87 Die Bildwelt der »Offenbarung« greift natürlich auch auf alttestamentliche Modelle zurück, so, wie Jesus das bei seiner Ankündigung der Zerstörung Jerusalems tut.

88 Josephus, *Jüdischer Krieg* 2,17-4,3; *Lebensbeschreibung* 71-71.

89 Vgl. V. Tzaferis, »New Archaeological Evidence an Ancient Capernaum«, *Biblical Archaeologist* 46 (1983), 198-204; vgl. a. G. Kroll, *Auf den Spuren Jesu,* Stuttgart 101988, 235-236.

90 Die erste christliche Bezugnahme auf diese Zeit der Verfolgung und die Tötung der Apostel Petrus und Paulus enthält die 1. Brief des römischen Christen Cle-

mens an die Korinther (5,1-6,4). Aus der Schilderung des Clemens geht hervor, daß sich dabei eine weitere Prophezeiung Jesu erfüllte: »Brüder werden einander dem Tod ausliefern und Väter ihre Kinder, und die Kinder werden sich gegen ihre Eltern auflehnen und sie in den Tod schicken« (Markus 13,12). Der 1. Clemensbrief wird meist um 96/97 n. Chr. datiert; John A. T. Robinson konnte dagegen das schon aus dem Text Naheliegende plausibel machen: Der Hinweis auf die gerade erst zurückliegende Zeit der Verfolgung bezieht sich natürlich nicht auf die sogenannte, sehr begrenzte Verfolgung Domitians, sondern auf die des Nero. Der 1. Clemensbrief ist spätestens Anfang 70 n. Chr. entstanden. (J. A. T. Robinson, *Redating the New Testament,* London 1976, 312 -358; (dt.: *Wann entstand das Neue Testament?,* Paderborn/Wuppertal 1986, 323-369.

[91] Apostelgeschichte 11,27-28; vgl, Sueton, *Claudius* 18; Tacitus, *Annalen* 12,43; Josephus, *Jüdische Altertümer* 20,2,6; 5,2.

[92] Die folgenden Überlegungen gehen auf eine noch unveröffentlichte Studie zurück, eine insgesamt überaus beachtenswerte, sehr anregende und streng methodisch vorgehende Arbeit, deren Publikation dringend zu wünschen ist: P. Staak, *Die Frühdatierung des evangelischen Zeugnisses. Die historische Datierung der synoptischen Evangelien, der Apostelgeschichte, der Offenbarung des Johannes, des zweiten Briefes an die Thessalonicher, des ersten Petrusbriefes und angehängt die Datierung des zweiten Buches der Könige,* Kemnitz (Oktober) 1996.

[93] Wir erinnern uns, daß Paulus selbst in Rom nicht in irgendeinem Kerker schmachtete, sondern im Hausarrest Besucher empfangen und frei lehren konnte (Apostelgeschichte 28,16 und 30-31).

[94] Das Kolorit der Reden Jesu ist an anderer Stelle dadurch bewahrt, daß der Appell, dem was er sagt, an Ort und Stelle genau zuzuhören, von den Evangelisten mitüberliefert wurde: z.B. Markus 4,9; Matthäus 11,15; Lukas 14,35.

[95] Eines der von Jesus angekündigten Zeichen für die kommende Endzeit hatte sich am entscheidenden Schauplatz, dem Tempel, zu Lebzeiten der ersten Generation schon fast erfüllt. Ein Kaiser hatte seine Hand im Spiel gehabt. Anlaß genug, von nun an sehr genau aufzupassen. Die Emphase der beiden Evangelisten ist um so auffälliger, als es an nachfolgenden Stellen, die von Spätdatierern gern als Rückblicke auf längst Geschehenes interpretiert werden, solche Hinweise nicht gibt. Gerade die neronische Verfolgung ab 64 n. Chr., die in der Darstellung des 1. Clemensbriefs zumindest partiell auch als Erfüllung einer Jesus-Prophezeiung zu verstehen ist und die unmittelbar vor dem Hinweis auf den »Greuel der Verwüstung« steht (Markus 13,12; vgl. Matthäus 10,21; dazu 1. Clemens 6,1-4), hätte zu einer entsprechenden Ermahnung an die Leser geführt, zumal auch hier wieder ein Kaiser – statt Caligula diesmal Nero – die Verantwortung trug. Auch dieser Vergleich bestätigt, daß die ersten Evangelien einen klaren Blick für die Zeitgeschichte haben, aber eben vor der Christenverfolgung durch Nero geschrieben wurden.

[96] *The Times,* London, 24.12.1994, und die nachfolgende internationale Berichterstattung.

[97] Anlaß zu der Berichterstattung in der Londoner *Times* war ein Vorabdruck des wissenschaftlichen Artikels, der vom Besitzer der Papyrus, dem Magdalen College Oxford, an die *Times* weitergeleitet wurde. Der Artikel selbst, in dem die Datierung nicht im Mittelpunkt steht, sondern erst abschließend nach einer Neuedition des Papyrus-Textes untersucht wird, erschien dann Ende Januar 1995: C. P. Thiede, »Papyrus Magdalen Greek 17 (Gregory-Aland P64). A Reappraisal«, *Zeitschrift für Papyrologie und Epigraphik* 105 (1995),13-20, Tafel IX.

[98] Ausführlich dazu C. P. Thiede/M. d'Ancona, *Der Jesus-Papyrus,* München 1996/Reinbek 1997. In der Ausgabe Reinbek 1997 auch eine knapp gefaßte Auseinandersetzung mit der Kontroverse seit dem Erscheinen der Erstausgabe (251-258).

[99] P64 (Magdalen College Oxford, P. Magdalen Greek 17) = Matthäus 26: 7-8; 10; 14,15; 22-23; 31; 32-33. P67 (Fundación S. Lucas Evangelista, Barcelona, Inv. 1) = Matthäus 3: 9;15; 5: 20-22; 25-28.

[100] Jüngst als ausführliche Zusammenfassung der Arbeit und des Forschungsstands: J. O'Callaghan, *Los primeros testimonios del Nuevo Testamenta.* Papirologia neotestamentaria, Córdoba 1995, 95-145. Vgl. (auch über 7Q4) C. P. Thiede, »Papyrologische Anfragen an 7Q5 im Umfeld antiker Handschriften«, B. Mayer (Hrsg.), *Christen und Christliches in Qumran?,* Regensburg 1992, 57-72; C. P. Thiede/M. d'Ancona, *Der Jesus-Papyrus,* München 1996/Reinbek 1997 52-76. In seiner Monographie setzt sich O'Callaghan u.a. auch mit Versuchen auseinander, das 1. Timotheus-Fragment 7Q4 mit anderen biblischen – alttestamentlichen – Stellen zu identifizieren, wie sie jüngst von Émile Puech wiederaufgegriffen wurden. Vgl. dazu ausführlich auch C. P. Thiede, *Jésus selon Matthieu. La nouvelle datation du papyrus Magdalen d'Oxford et l'origine des Évangiles,* Paris 1996, 101-118, und zu neueren Veröffentlichungen: ders., *Il Papiro Magdalen. La comunità di Qumran e le origini del Vangelo,* Casale Monferrato, 1997, 7-14.

[101] Vgl. zum papyrologischen Urteil auch H. Hunger, »Rezension von C. P. Thiede, Il più antico manoscritto dei vangeli?«, Rom 1987, in *Tynche* 2 (1988), 278-280; ders., »7Q5 – Markus 6,52-53 – oder? Die Meinung des Papyrologen«, in B. Mayer (Hrsg.), *Christen und Christliches in Qumran?,* Regensburg 1992, 33-56, mit 23 Abb.; A. Passoni dell'Acqua, *Il Testo del Nuovo Testamento,* Leumann (Torino) 1994, 33-37 und die Rezension von O. Montevecchi, *Aegyptus* 74 (1994), 206-207, mit der Aufforderung an die Neutestamentler, den 7Q5 endlich mit einer »P«-Nummer in die Liste der neutestamentlichen Handschriften aufzunehmen. Wichtig auch jüngst A. Läpple (Hrsg.), M. Wise/M. Abegg, Jr./E. Cook, *Die Schriftrollen von Qumran.* Übersetzung und Kommentar. Mit bisher unveröffentlichten Texten, Augsburg 1997, Nr. 150 »Christliches in Höhle 7? 7Q4, 7Q5«, 507-513.

[102] Die Voraussetzungen dafür lagen längst vor; Papyrologen wie C. H. Roberts, T. C. Skeat und I. Gallo hatten – noch ohne sichtbare Belege – erkannt, daß der (christliche) Kodex notwendigerweise vor 70 n. Chr. eingeführt wurde (vgl. C. H. Roberts/T. C. Skeat, *The Birth of the Codex,* London 1983, 57-61; I. Gallo, *Greek and Latin Papyrology,* London 1986, 14); zu einem solchen Phä-

nomen gehören natürlich auch die »Realien«, selbst wenn sie nicht mehr erhalten wären. Man erinnere sich nur daran, daß es eine ganze Reihe antiker Werke gibt, selbst so populäre wie die Schriften Lukians von Samosata, für die bis heute kein einziger Papyrus aufgetaucht ist. Was das für die Textgeschichte und die Edition bedeutet, kann jetzt sehr schön gerade an diesem Beispiel gesehen werden: Vgl. U. Victor (Hrsg.), *Lukian von Samosata, Alexandros oder der Lügenprophet,* Leiden/New York/Köln 1997, 57-79.

[103] Die Chancen, daß die Kritiker der Neudatierung des P64/P67 recht behalten könnten, schwinden mit der zunehmenden Infragestellung der herkömmlichen und immer noch benutzten Kriterien zur Bestimmung von festgelegten Schriftstilen und indirekt datierter (statt sicher bestimmbarer) Vergleichshandschriften. Jüngst hat einer der Begründer der modernen Papyrusrekonstruktion, der finnische Papyrologe Heikki Koskenniemi, in zwei Artikeln auch in der Auseinandersetzung mit Kritik nachdrücklich die Richtigkeit der Neudatierung des P64 betont und sich zugleich auch für die Identifizierung des Qumran-Fragments 7Q5 mit Markus 6,52-53 eingesetzt, deren Bedeutung er auf eine Stufe mit der Entzifferung der »Linear B«-Schrift stellt: H. Koskenniemi, »Uutta tietoa evankeliumien syntyajoista«, *Sanansaattaja* 23 (1996), 4; »Vielä Matteuksen evankeliumin syntyajasta«, *Sanansaattaja* 32 (1996), 8. Der Autor dieses Buchs wird demnächst seinerseits eine umfassende Weiterführung der Debatte vorlegen.

[104] Der jüngste Advokat des Zwei-Kolumnen-Arguments ist T. C. Skeat, »The Oldest Manuscript of the Four Gospels«, *New Testament Studies* 43 (1997), 1-34. Skeat erklärt einleitend, daß er seine Studie über die drei Paypri P64, P67 und P4 seit 1994 vorbereitet; neueste Literatur scheint er danach nur noch selten herangezogen zu haben. So bietet er in seiner Rekonstruktion des Oxforder Papyrus P64 im Vers 26,22 noch immer den falschen Text, obwohl die richtige Fassung nicht nur paläographisch erschlossen, sondern auch durch eine konfokale Laser-Scanning-Analyse bewiesen wurde – vgl. u.a. C. P. Thiede, »Papyrus Magdalen Greek 17 (Gregory Aland P64). A Reappraisal«, *Zeitschrift für Papyrologie und Epigraphik* 105 (1995), 13-20; C. P. Thiede/M. d'Ancona, *Der Jesus-Papyrus,* München 1996/Reinbek 1997, 91-97; C. P. Thiede/G. Masuch, »Neue mikroskopische Verfahren zum Lesen und zur Schadensbestimmung von Papyrushandschriften«, B. Kramer/W. Luppe/H. Maehler/G. Poethke (Hrsg.), *Akten des 21. Internationalen Papyrologenkongresses,* Berlin 1995, Stuttgart/Leipzig 1997, 1102-1112, mit Abb., hier v.a. 1109-1111 und Abb. 5-7.

[105] Zur Geschichte dieser Auffassung vgl. C. P. Thiede, wie in Anm. 104, 13; C. P. Thiede, *Rekindling the Word,* Leominster 1995, 58-62.

[106] Abhängig von T. C. Skeat hat sich jüngst der Neutestamentler Graham Stanton für das (späte) »vierfache« Evangelium mit dem P4/P64/P67 als erstem Beleg eingesetzt: G. N. Stanton, »The Fourfold Gospel«, *New Testament Studies* 43 (1997), 320-351.

[107] Eine Zusammenfassung der Sachargumente gegen die Zusammengehörigkeit in C. P. Thiede/M. d'Ancona, *Der Jesus-Papyrus,* München 1996/Reinbek 1997, 99-109; dort auch weitere Literatur. T. C. Skeats Versuch, dennoch an der Zu-

sammengehörigkeit festzuhalten (vgl. sein Aufsatz in Anm. 104) mißlang auch deswegen, weil er die entscheidenden Punkte, wie er selbst mitteilt, nicht am Original überprüfen konnte (wie das der Autor dieses Buchs bei wiederholter Gelegenheit tat), sondern nur anhand von Fotos. Die mitentscheidende Tatsachenfeststellung, daß der P4 zur Kennzeichnung von Absätzen oder »Paragraphen« zwei Buchstaben in den linken Zeilenrand ausrückt, während der P64/P67 stets nur einen einzigen ausrückt, versucht er vergeblich, auf seinen Fotos mit dem Millimetermaß zu widerlegen.

108 Vgl. oben 201.

109 Interessante und kontroverse Überlegungen zur Funktion der Einführung des Kodex für die Verbreitung des Neuen Testaments finden sich neuerdings auch bei D. Trobisch, *Die Endredaktion des Neuen Testaments. Eine Untersuchung zur Entstehung der christlichen Bibel,* Freiburg (Schweiz)/Göttingen 1996.

110 Das ist Stantons ausdrückliche Meinung, die er sogar noch den frühen Christen selbst unterstellt: G. Stanton, vgl. oben Anm.106 und ders., *Gospel Truth?,* London [2]1997, 203-204.

111 Die sprichwörtlichen »hidden agendas« und »vested interests« der anglo-amerikanischen Diskursforschung.

112 Vgl. oben 203-206.

113 Der P45 ist nach neueren Untersuchungen allerdings wohl doch schon auf ca. 150 n. Chr. zu datieren. Vgl. Ph.W. Comfort, *The Quest for the Original Text of the New Testament,* Grand Rapids 1992, 31-33.

Anmerkungen zu Kapitel 11

1 Marcus Minucius Felix, *Octavius,* Edition J. Beaujeu, Paris 1964. Lateinisch und deutsch hrsg. v. B. Kytzler, Stuttgart [3]1993. Obwohl die Schrift meist noch in die Zeit nach Tertullians Apologetik, 197 n. Chr., datiert wird, sprechen die chronologischen und inhaltlichen Bezüge für die Zeit zwischen 143 und 161 n. Chr. Vgl. u.a. E. Norden, *Antike Kunstprosa,* Leipzig [3]1918 (Nachdr. Darmstadt 1974), II, 605-606; S. Rossi, »L'Octavius fu scritto prima del 161«, *Giornale italiano di filologia* 12 (1959), 289-304; ders., »Ancora sull ›Octavio‹ di Minucio Felice«, *Giornale italiano di filologia* 16 (1963), 293-313; H. v. Campenhausen, *Lateinische Kirchenväter,* Stuttgart 1960, 12,17; C. P. Thiede, »A Pagan Reader of 2 Peter: Cosmic Conflagration in 2 Peter 3 and the ›Octavius‹ of Minucius Felix«, *Journal for the Study of the New Testament* 26 (1986), 79-96.

2 Vgl. zur historischen und rechtlichen Situation und zur Rolle des Philmeon-Briefs v.a. M. Sordi, *Paolo a Filemone o Della schiavitù,* Mailand 1987. Es ist sicher kein Ruhmesblatt der christlichen Geschichte, daß in späteren Jahrhunderten, als eine gut organisierte Kirche den Einfluß und die Macht hatte, Veränderungen von oben herbeizuführen, der Sklavenstand als gleichsam gottgegeben weitergeführt wurde und in der frühen Neuzeit auch der Sklavenhandel christliche Unterstützung fand, bis 1807 wiederum ein Christ im britischen Unterhaus, William Wilberforce, den letztlich unaufhaltsamen Prozeß der Beendi-

gung von Sklaverei und Sklavenhandel einleitete (Vgl. dazu auch C. P. Thiede, *Wir in Europa – Wurzeln, Wege, Perspektiven,* Bonn [2]1996, 130-132.).

3 Es geht hier um das Bild der Frau in der antiken Gesellschaft, nicht um Sonderfälle, die es immer gab, wie etwa die Priesterinnen der Vesta in Rom oder die des Orakels in Delphi, oder die Ausnahmegestalten in der jüdischen Geschichte wie Miriam, die Schwester des Mose, Ruth, Naomi, Esther, die Richterin Deborah und die Prophetin Hannah, die ihren außergewöhnlichen Rang gerade auch dadurch behielten, daß sie Ausnahmen in einer von Männern bestimmten Kult- und Gesellschaftsordnung waren und durch ihr Handeln keinerlei Veränderung im allgemeinen Ansehen der Frauen bewirkten. Die Trennung von Männern und Frauen in den Synagogen ist ein Kennzeichen dieser Unterscheidung, die das orthodoxe Judentum bis heute beibehält, während sie bereits im Judenchristentum aufgehoben wurde. Vgl. u.a. G. Dautzenberg/H. Merklein/K. Müller (Hrsg.), *Die Frau im Urchristentum,* Freiburg 1983; J. F. Gardner, *Women in Roman Law and Society,* London 1986 (dt.: *Frauen im antiken Rom. Familie, Alltag, Recht,* München 1995); G. Wigoder (Hrsg.), *The Encyclopedia of Judaism,* Jerusalem 1989 732-734.

4 Johannes 20,14-18. Johannes hebt die Rolle der Maria von Magdala hervor; auch am leeren Grab nennt er nur sie, während die anderen Evangelisten mehrere Frauen aufzählen. Auch Johannes läßt allerdings im ersten Bericht der Maria durch die Pluralform »wir« unzweideutig erkennen, daß sie nicht allein am Grab war (20,2).

5 Zur inzwischen philologisch und historisch geklärten Streitfrage, ob Junia(s) Mann oder Frau war, vgl. V. Fàbrega, »War Junia(s), der hervorragende Apostel [Rom 16,7] eine Frau?«, *Jahrbuch für Antike und Christentum* 27/28 (1984/ 1985), 47-64; mit Handschriftennachweis P. Lampe, *Die stadtrömischen Christen in den ersten beiden Jahrhunderten.* Untersuchungen zur Sozialgeschichte, 2., überarbeitete und erweiterte Auflage, Tübingen 1989, 137, 147-148, 452.

6 Vgl. P. Lampe, wie in Anm. 5, 136-137. Man darf nicht vergessen, daß gerade Paulus, der einzige Junggeselle unter den Aposteln (vgl. 1. Korinther 9,5), immer wieder die verantwortliche Rolle der Frau hervorhebt. Ihn als Frauenfeind darzustellen, wie es in manchen Kreisen Mode geworden ist, verfälscht das Gesamtbild. Der berühmt-berüchtigte Abschnitt im 1. Korintherbrief (11,3-12), in dem Paulus auf eine konkrete Frage der Gemeinde von Korinth antwortet, der Frau die Bedeckung des Kopfes vorschreibt und sie dem Mann unterordnet und ihr dann, in einem folgenden Abschnitt (4,33-25), untersagt, in der Gemeindeversammlung zu reden, folgt Punkt für Punkt geltendem jüdischem Brauch. Trifft Paulus hier ein Vorwurf, so ist es der, in seinem Eingehen auf die spezifischen lokalen Bedürfnisse der Korinther sein eigenes Prinzip der Freiheit vor dem Gesetz zurückgestellt zu haben. Und doch ist auch dies wieder eine vielleicht nur allzu konsequente Ableitung aus dem Motto, das er im gleichen Brief über sein Handeln stellt: »den Juden ein Jude, den Griechen ein Grieche – denen unter dem Gesetz (des alten Glaubens) wie einer unter dem Gesetz, denen ohne Gesetz wie einer ohne Gesetz« (9,21), um »auf alle Weise einige zu retten« (9,22). Hier, für die Korinther, greift er weit zurück in die gemeinsame

jüdische Tradition, die auch das Schweigen der Frau im (synagogalen) Gottesdienst vorschrieb: Frauen durften dort weder aus der Heiligen Schrift vorlesen
noch darüber predigen. Paulus kann immerhin nicht ganz verbergen, daß ihm
die Linie lieber ist, die er mit der Diakonin Phoebe in Kenchreae oder der Apo-
stolin Junia in Rom, mit der Hausgemeindeleiterin Lydia oder der Hauskir-
chenbesitzerin Prica/Priscalla verfolgte; und so findet sich selbst in diesem 1.
Korintherbrief eine aufschlußreiche Zwischenbemerkung:»Doch im Herrn (Jesus Christus) ist weder die Frau etwas ohne den Mann noch der Mann etwas ohne die Frau, denn wie die Frau vom Mann, so kommt auch der Mann durch die
Frau, alles aber stammt von Gott« (11,11-12). Das mußte auch die Korinther
nachdenklich stimmen. Aus heutiger Sicht bleibt die kontroverse Frage, ob alle
Anweisungen aller Briefe des Neuen Testaments für alle Christen an allen Orten zu allen Zeiten absolut verbindlich sein wollten. Nimmt man Paulus zum
Maßstab, sollte die Antwort nicht schwerfallen.

7 L. Friedländer, *Darstellungen aus der Sittengeschichte Roms,* Band I, Leipzig
[10]1922, 303-307.

8 Das gilt nicht nur für das von ihm beanspruchte Vorrecht, seinen Fall vor dem
Kaiser in Rom verhandeln zu lassen. Beispielsweise gewinnt er in einer kritischen Situation den neidvollen Respekt des Obersten der römischen Garnison in
Jerusalem, der sein Bürgerrecht für viel Geld erworben hatte, während Paulus
es als Geburtsrecht besaß (Apostelgeschichte 22,28).

9 Die Datierung dieser Schrift schwankt in der Forschung wie bei kaum einer anderen; selbst ein Datum nach Kaiser Konstantin, im 4. Jahrhundert, wurde vorgeschlagen, doch scheinen die sprachlichen Kriterien und gesellschaftlichen
Rahmenbedingungen, die der Inhalt reflektiert, für ein Datum zu sprechen, das
eher noch vor Minucius, vielleicht vor 140 liegt. Vgl. L. W. Barnard, *Studies in
the Apostolic Fathers and Their Background,* Oxford 1966, 165-173; A. Linde-
mann, »Paulinische Theologie im Brief an Diognet«, in A. M. Ritter (Hrsg.),
*Kerygma und Logos. Beiträge zu den geistesgeschichtlichen Beziehungen zwi-
schen Antike und Christentum,* Göttingen 1979, 337-350.

10 Am Rande sei vermerkt, daß in dieser Phase der Darstellung christlicher Positionen auch dezidiert antijüdische Töne vorkommen. Man will sich als Bürger
unter Bürgern darstellen und versucht daher, sich von der noch eigenen Riten lebenden jüdischen Kultusgemeinschaft zu distanzieren. Auch der Diognetbrief
(polemisch vor allem 3,5-4,6) entzieht sich dem nicht. Für eine größere geistige Nähe zum urchristlichen Denken spricht dagegen die Argumentation im Octavius. In seiner Replik auf Caecilius betont Octavius, was Juden und Christen
gemeinsam haben. Der Untergang nach 70, wie ihn die ausdrücklich zitierten
Flavius Josephus und Antoninus Julianus beschreiben, wird nicht als Strafgericht über ein abtrünniges Volk verstanden, sondern als Folge des Handelns der
jüdischen Rebellen, deren Untaten in Jerusalem vor und während der Belagerung durch die Römer 68–70 n. Chr. einem Verlassen Gottes gleichkamen. (So
die Interpretation des jüdischen Historikers Menachem Stern zu *Octavius* 33,
2-5: M. Stern, *Greek and Latin Authors on Jews and Judaism.* Vol. I, Jerusalem
1976, 458-459.) Minucius Felix läßt seinen Octavius auch ausdrücklich beto-

nen, daß man noch das (vom Jerusalemer Apostelkongreß 48 n. Chr. auch für nichtjüdische Christen verbindlich gemachte) Verbot einhalte, das Blut eßbarer Tiere zu genießen (30,6).

[11] Vgl. oben 234-237.

[12] Vgl. oben 107-108.

[13] Apostelgeschichte 19,23-40.

[14] Offenbarung 9,20.

[15] Das griechische Wort »mythos« wird seltsamerweise in den Übersetzungen unterschiedlich wiedergegeben. Im Neuen Testament erscheint es an fünf Stellen: 1. Timotheus 1,4; 4,7; 2. Timotheus 4,4; Titus 1,14; 2. Petrus 1,16.

[16] Apostelgeschichte 17,16,34; vgl. oben 107-108 Vgl. u.a. D. W. J. Gill, »Achaia«, in D. W. Gill/C. Gempf (Hrsg.), *The Book of Acts in its Graeco-Roman Setting,* Grand Rapids/Carlisle 1994, 433-453, hier 443-447. Immer noch lehrreich auch Eduard Nordens Studie von 1912: *Agnostos Theos,* Stuttgart [6]1974.

[17] Vgl. Cg. Edson, »Cults of Macedonia«, *Harvard Theological Review* 41 (1948), 153-204; ders., *Inscriptiones Thessalonicae et viciniae* (Inscriptiones Graecae Epiri, Macedoniae, Thraciae, Scythiae II/1), Berlin 1962.

[18] Kult und Riten sind ausführlich beschrieben bei Plutarch, *Isis und Osiris* 12-27, um 100 n. Chr.

[19] Vgl. B. Schwank, »Wenn Steine zu reden beginnen. Archäologie zum Verständnis des Neuen Testaments«, *Bibel und Kirche* 50 (1995), 40-47, hier 41.

[20] Vgl. z.B. Römer 15,13; Kolosser 1,27, 1. Timotheus 1,1.

[21] In den eben zitierten Briefen z.B. 1. Thessalonicher 2,15; Römer 1,3-4; Kolosser 2,8-12; 1. Timotheus 2,5 + 13.

[22] Johannes 10,7-14, u.a.m. Wohl der erste, der diese Parallele sah und sie mit der Isis-Inschrift aus Ios belegt, war A. Deissmann, *Licht vom Osten. Das Neue Testament und die neuentdeckten Texte der hellenistisch-römischen Welt,* Tübingen [4]1923, 109-113. Vgl. auch E. Stauffer, *Jesus. Gestalt und Geschichte,* Bern 1957, 130-146.

[23] Zahlreiche solcher Einladungen zum Serapis-Mahl wurden in Oxyrhynchus gefunden; während in der Regel Einzelpersonen einladen, ist ein heute in Köln aufbewahrtes Billet erhalten, in dem Serapis selbst zu Tisch bittet (P. Köln Inv. 2555, 3. Jh. n. Chr.). Vgl. B. Kramer/R. Hübner (Hrsg.), *Kölner Papyri* (P.Köln) Band 1, Opladen 1976, 175-177.

[24] Die Salier waren eine Priesterschaft. Den Abschluß ihrer Feste bildeten vom Staat bezahlte Festmahle. Die Apaturien waren ein dreitägiges athenisches Fest im Spätherbst.

[25] Einen nützlichen Überblick bietet H.-J. Klauck, *Die religiöse Umwelt des Urchristentums,* I, Stuttgart/Berlin/Köln 1995; II, Stuttgart/Berlin/Köln 1996. Vgl. auch M. Beard, »Römische Religion. 2, Kaiserzeit«, in F. Graf (Hrsg.), *Einleitung in die lateinische Philologie,* Stuttgart/Leipzig 1997, 492-519.

[26] Ein Beispiel für ein angemietetes Lehrhaus ist die in Ephesus von Paulus zwei Jahre lang benutzte Schule des Tyrannus (Apostelgeschichte 19,9); Privathäuser für Gemeindetreffen begegnen uns z.B. in Korinth (das Haus des Gaius, Römer 16,23) und in Troas, wo während eines langen Vortrags von Paulus ein Mann

namens Eutychus einschläft und aus dem Fenster des Versammlungsraums im 3. Stock fällt (Apostelgeschichte 20,9). Christen bevorzugten die obersten Stockwerke von Privathäusern oder Häuserblocks (»insulae«). Das hatte den Nachteil, daß es dort schnell unerträglich heiß wurde, aber den entscheidenden Vorteil, daß man unwillkommene Besucher mit Vorwarnzeit kommen sah und hörte. Für heutige Archäologen entsteht daraus das Problem, christliche Versammlungsstätten der Frühzeit kaum nachweisen zu können – was wieder ausgegraben wird, sind Kellerräume und Erdgeschosse, nicht die obersten Stockwerke (seltene Ausnahmen wie in Ostia Antica bestätigen die Regel).

[27] In der Antike kannte man das stumme Lesen nicht; auch die Privatperson las stets laut, selbst wenn sie allein war.

[28] Vgl. oben 66-67.

[29] Eine gute, umfassende Darstellung der ausgesprochen zurückhaltenden Einstellung gegenüber einer aktiven Informationspolitik unter den Juden in neutestamentlicher Zeit findet sich bei M. Goodman, »Jewish Proselytizing in the First Century«, in J. Lieu/J. North/T. Rajak, *The Jews Among Pagans and Christians In the Roman Empire,* London/New York [2]1994, 53-78.

[30] Vgl. Th. Birt, *Das antike Buchwesen in seinem Verhältnis zur Literatur,* Berlin 1882, repr. Aalen 1974, 342-364, 430-437; vgl. H. Blanck, *Das Buch in der Antike,* München 1992, 113-178.

[31] Vgl. Th. Birt, wie in Anm. 30, 435-437.

[32] Vgl. H. Blanck, wie in Anm. 30, 117-118.

[33] Verkürzend und damit irreführend T. Dorandi, »Tradierung der Texte im Altertum; Buchwesen«, in H.-G. Nesselrath (Hrsg.), *Einleitung in die griechische Philologie,* Stuttgart/Leipzig 1997, 3-76, hier 12; richtig dagegen H. Blanck, wie in Anm. 30, 133-152, hier v.a. 144-145, 152, mit dem Beleg des Polybios für dem freien Zugang zu hellenistischen Bibliotheken. Vgl. auch W. Clarysse/K. Vandorpe, *Boeken en Bibliotheken in de Oudheid,* Leuven 1996, 74-87.

[34] Vgl. E. Haenchen, *Die Apostelgeschichte,* Göttingen [16]1977, 143, Anm. 4; M. Hengel, *Die Evangelienüberschriften,* Heidelberg 1984, 31-32.

[35] Lukian, *Adversus indoctum* 4; vgl. H. Blanck, wie in Anm. 30, 118; dort auch weitere Beispiele.

[36] Die Verfolgung durch Domitian, 95/96 n. Chr., betraf »nur« wenige Familien und deren Umfeld im Einzugsbereich des Kaiserhofs und hatte keine Auswirkungen auf das öffentliche Leben in Rom, ganz zu schweigen vom Römischen Reich. Vgl. M. Sordi, *I Cristiani e l'Impero Romano,* Mailand [2]1991, 45-61. Sofern er sich nicht persönlich bedroht fühlte, schien Domitian sogar großzügig mit Christen umzugehen, die ihm vorgeführt wurden: Das Beispiel der Behandlung zweier Enkel des Jesus-Bruders Judas, die er nach einem Verhör freiließ, wird vom Historiker Hegesipp überliefert (bei Euseb, *Kirchengeschichte* 3,19-20). Tertullian jedenfalls urteilte hundert Jahre später: »Domitian, der seiner Grausamkeit nach nur ein halber Nero war, hatte es auch einmal versucht [Christen zu verfolgen]. Aber weil er wohl noch ein Mensch war, unterdrückte er das Begonnene schnell und setzte sogar die wieder in ihre Ämter ein, die er verbannt hatte.« (*Apologeticum* 5,4).

[37] Vgl. Isidor, *Etymologiae* 6,6,1.

[38] So T. Dorandi, wie in Anm. 33, 14.

[39] Man wird bei der Frage, wann und für wen eine Bibliothek »offen« oder »öffentlich« ist, an die Kontroverse um den Zugang zu den Schriftrollen vom Toten Meer erinnert. Sie sollen, hieß es vor einiger Zeit auch in erfolgreichen Büchern, eine »Verschlußsache« gewesen sein, nur eine kleine Elite habe den Zugang unter sich ausgemacht. Der tatsächliche Sachverhalt wurde verschwiegen: Um zu den sorgfältig und gesichert aufbewahrten Rollenfragmenten Zugang zu erhalten, mußte man nachweisen, daß man überhaupt die Voraussetzungen mitbrachte, etwas damit anfangen zu können – schlicht gesagt also, daß man die Sprachen beherrschte, in denen die Rollen geschrieben waren, und daß man etwas von Paläographie und Papyrologie verstand. Für den Kreis derer, die solche selbstverständlichen Voraussetzungen mitbrachten, waren die Rollen jederzeit zugänglich, auch die noch nicht veröffentlichten. Der Autor dieses Buchs hatte schon ab 1985, als der angebliche »Skandal« noch gar nicht hochgespielt worden war, regelmäßig mit Original-Fragmenten der Qumran-Schriftrollen arbeiten können. Natürlich mußte man sich bei der Arbeit mit noch unveröffentlichten Fragmenten verpflichten, die Texte nicht zu publizieren, ehe dies nicht der damit offiziell beauftragte Wissenschaftler getan hatte. Dieses Gebot der wissenschaftsethischen Fairneß wurde von einigen wenigen, die sich dadurch ausgeschlossen fühlten, verfälschend als Behinderung der Freiheit der Forschung ausgelegt. Verheimlicht, verschlossen oder zurückgehalten wurde jedenfalls kein einziger Qumran-Text.

[40] Ignatius, *An Polykarp,* 8,1, vgl. Polykarp, *An die Philipper,* 13,2 (Es spielt hier keine Rolle, ob der heute erhaltene Brief des Polykarp, wie manche Forscher meinen, aus zwei Briefen zusammengesetzt ist. Daß die Äußerung über die Ignatius-Briefe authentisch ist, wird nicht bezweifelt.).

[41] Strabo, *Geographika* 14,646.

[42] Vgl. oben 271-274.

[43] In seinem Brief an die Christen in Philadelphia (8,2) berichtet er von einer Auseinandersetzung in Antiochia, in der ihm entgegengehalten wird, daß sie den Worten des Bischofs nicht glauben, wenn sie die Jesus-Botschaft nicht in den Dokumenten finden können. (Vgl. oben Kapitel 10, Anm. 61). Was auch immer diese Aussage konkret beinhaltet – das Nachlesen in den Evangelien oder das Überprüfen der Prophezeiungen im Alten Testament –, das Wort, das hier gebraucht wird, ist »archeion«. Und das meint nicht nur, wie sicher an dieser Stelle vor allem, die Dokumente selbst, sondern auch den Ort ihrer Aufbewahrung, das Archiv, die Bibliothek. Das dürfte für die Existenz einer Bibliothek in Antiochia sprechen, in der neben den frühchristlichen Schriften auch das jüdische Schrifttum zugänglich war. So H. Y. Gamble, *Books and Readers in the Early Church. A History of Early Christian Texts,* New Haven/London 1995, 152-153. Auf jeden Fall wird durch den Text ausdrücklich vorausgesetzt, daß diese Textsammlung mühelos zugänglich war.

[44] Vgl. v.a. R. Riesner, *Jesus als Lehrer. Eine Untersuchung zum Ursprung der Evangelien-Überlieferung,* Tübingen [3]1988, 182-193.

45 Vgl. oben 170-171.
46 Vgl. H. Blanck, wie in Anm. 30, 175.
47 Vgl. C. Schilling, Artikel »Tarsus«, in *Das Große Bibellexikon*, Band 3, Wuppertal/Zürich/Gießen ⁷1990, 1526-1529, hier v.a. 1528-1529; R. Riesner, *Die Frühzeit des Apostels Paulus. Studien zur Chronologie, Missionsstrategie und Theologie*, Tübingen 1994, 236-237, 286.

Personen- und Ortsregister

Die Anmerkungen wurden nicht berücksichtigt.

458

461

1270, ein Jahr vor Marco Polo, bricht der italienisch-jüdische Kaufmann Jacob von Ancona zu einer Handelsreise bis ans Ende der Welt auf – nach China. Er wählt den gefährlichen Seeweg und trifft nach 16 Monaten an seinem Ziel ein, in der kosmopolitischen Hafenstadt Zaitun, der Stadt des Lichts.

Was ihm auf seiner Reise widerfahren ist, welche Menschen er getroffen und welche neuen Bräuche und Sitten er kennengelernt hat, schildert Jacob nach seiner Rückkehr in einem packenden, farbenfrohen Reisebericht – dessen Manuskript über 700 Jahre später wiederentdeckt wurde. Ein spannendes Buch, das Marco Polos Klassiker in nichts nachsteht und das ein großartiges und authentisches Panorama weitgehend unbekannter Seiten des mittelalterlichen Lebens zeichnet.

»Eine spannende, kenntnisreiche Geschichte, deren Lektüre lohnt.«   Frankfurter Neue Presse

»Ein Lesegenuß.«   Neues Deutschland

ISBN 3-404-64171-X

Helmut Uhlig

BUDDHA
UND JESUS
Die Überwinder
der Angst

Buddha und Jesus – beide gelten als Gründer einer Weltreligion. Doch nach Helmut Uhlig, dessen Werke über asiatische Religon, Geschichte und Kultur zu den meistgelesenen und wichtigsten der Gegenwart gehören, haben sie noch mehr gemeinsam. Für ihn waren beide von derselben philosophischen Tradition geprägt und strebten – obwohl in Glaubensfragen verschiedener Auffassung – nach der Erlösung der Menschheit. War Jesus ein Bodhisattva, ein Erleuchter? Und starb er nicht am Kreuz, sondern in Kaschmir, einem Land, in dem er zuvor schon 18 Jahre gelebt haben soll?

Uhligs Beweisführung fasziniert und regt zum Nachdenken an. Ein Buch, das einen das Christentum und dessen zentrale Figur in einem neuen Licht sehen läßt.

ISBN 3-404-64164-7

BASTEI
LÜBBE